飞行器贸易概论

郝爱民　王泉泉　等 主编

CCTP 中国商务出版社
CHINA COMMERCE AND TRADE PRESS

图书在版编目（CIP）数据

飞行器贸易概论 / 郝爱民，王泉泉等主编. —— 北京：中国
商务出版社，2018.9
ISBN 978-7-5103-2614-1

Ⅰ. ①飞… Ⅱ. ①郝… Ⅲ. ①飞行器—国际贸易—概
论 Ⅳ. ①F416.5

中国版本图书馆CIP数据核字(2018)第212032号

飞行器贸易概论
FEIXINGQI MAOYI GAILUN

郝爱民　王泉泉　等 主编

出　　版：	中国商务出版社	
地　　址：	北京市东城区安定门外大街东后巷28号　邮编：100710	
责任部门：	国际经济与贸易事业部（010-64269744　bjys@cctpress.com）	
责任编辑：	张高平	

总 发 行：	中国商务出版社发行部（010-64266119 64515150）
网购零售：	中国商务出版社淘宝店（010-64269744）
网　　址：	http://www.cctpress.com
邮　　箱：	cctp@cctpress.com

印　　刷：	廊坊蓝海德彩印有限公司		
开　　本：	889毫米×1194毫米　1/16		
印　　张：	22.75	字　　数：	477千字
版　　次：	2018年9月第1版　印　　次：		2018年9月第1次印刷
书　　号：	ISBN 978-7-5103-2614-1		
定　　价：	58.00元		

前　言

　　20世纪初，第一架由动力驱动、重于空气的航空器飞行成功，实现了人类翱翔天空的梦想，也标志着航空时代的真正开始。100多年来，航空业与时代同步，与高速发展的科学技术一起，急剧地影响和改变着人类的生产方式和生活方式，使人们的时间和空间观念发生了飞跃性的变化，极大地推动了经济和社会的发展。

　　我国航空业在航空运输、通用航空、机队规模、航线布局、法规建设以及运输保障等方面实现了持续快速发展，我国已成为当今世界名副其实的航空运输大国。截至2016年4月底，中国大陆地区各航空公司飞机在役总数为2814架。各航空公司飞机在役和订购总数为4146架，包括商用飞机、通用飞机、无人机等各种飞行器零部件等的贸易量越来越大，目前我国已经成为世界第二大航空运输系统，是国际上公认的极具活力和潜力的航空飞行器市场，在中国经济社会发展和世界民航事业发展的进程中，扮演着愈来愈重要的角色。

　　在航空产业链中，飞机租赁产业兼具带动经济发展、增强创税能力、提升产业结构、拉动关联产业等优势，是沟通产业链上下游、联结实体经济与金融资本的平台，是航空经济生态系统的枢纽。面对中国巨大的飞机租赁市场，有必要将租赁作为一种重要的战略投资手段从支持产业发展的高度理解租赁业。同时，我国的民族飞机租赁业要实现跨越式的发展，也要增强中国租赁公司的自身实力，包括资金、人才、知识和经验等方面，通过自身的快速发展，以增强与外资公司的市场竞争能力，探索一条适合自身发展的道路。

　　据统计，飞行器贸易中仅飞机租赁业务目前市场规模已经超过1万亿人民币。飞行器（航空器）贸易、租赁企业近三年间年均增长超过100%，需要大量的相关人才。由于起步晚，国内飞行器（航空器）贸易领域在专业人才、技术、租赁资产管理等方面还有很大差距，目前我国境内多数飞行器（航空器）贸易企业是综合化经营，但是只有专业化发展才能在竞争中取胜。国内目前的飞行器（航空器）贸易结构和模式单一，人才缺乏，新的模式、新的交易结构亟待开发完善。

一、课程特点

应该说，飞行器贸易作为现代贸易的一个分支，尚处于发展变化中，离成为一个独立的、系统的学科还有很大的距离。但是飞行器贸易的专业性极强，涉及面广，操作复杂，具有边缘性学科的性质。要完成一项飞行器交易，需要涉及国际金融、贸易、财会、税务、保险、担保、法律以及飞机、发动机技术、航空运输等多方面的专业知识。本课程力图反映出飞行器贸易这一特点。因此，本课程具有以下几个方面的特点：

第一，在内容的安排上具有全面性、逻辑性和系统性。本书包括飞机租赁理论和实务两大部分。理论部分全面介绍了飞机租赁的现状、产生原因，飞机租赁的概念、分类以及世界上飞机租赁的主要方式和结构；实务部分则从操作的角度分别介绍了飞机租赁的工作程序、租赁飞机的保险与担保、租赁飞机的资金筹措、租赁飞机项目的评价、飞机租赁的成套协议及有关法律问题、飞机租赁会计以及飞机租赁的案例分析。这样做的目的是希望将飞机租赁作为一个统一的和系统性的知识呈现给读者，而不是支离破碎的和分段截取式的。

第二，力求反映飞机租赁的最新理论与方法。飞机租赁的发展历史只有40多年，作为一门新兴的学科尚处在不断的发展之中。因此可能每天都会产生新的交易方式或结构；另外，飞机租赁受各国法律、政策的变化影响较大，这就意味着今天广受欢迎的租赁方式，到明天可能已无法再做。鉴于此，本书必须力求将飞机租赁的最新进展介绍给读者。

第三，力求可操作性。飞机租赁是一门操作性很强的学科，这就要求我们告诉读者如何进行飞机租赁交易。因此，在本书的结构安排上，我们将主要的篇幅放在操作层面上，希望读者通过对本书的阅读，在理解飞机租赁的理论基础上，学会如何去进行飞机租赁交易。

第四，站在承租人的立场上介绍飞机租赁的理论与实务。飞行器（航空器）贸易概论课程的设计和开发是根据企业运行中真实发生的或可能发生的贸易事件进行场景设计和课程内容开发，课程开发置身于具体的飞行器（航空器）贸易情境中，使其按照真实的飞行器（航空器）贸易工作过程要求，完成具体的学习任务。飞行器（航空器）贸易专业学习情境要以飞行器（航空器）贸易工作岗位典型工作任务的内容为根据来构建，它的组织与实施要以工作环节的连续性和飞行器（航空器）贸易情境的实际性为内在逻辑来安排，其中分析和描述工作过程是确定学习情境和设计能力训练项目的基础，其任务就是将这些有教学价值的工作过程描述出来，并将其设计成具体的学习情境，尽量以具体的教学项目、能力训练项目的形式出现。

整体而言，飞行器（航空器）贸易课程开发是以飞行器（航空器）贸易案例为背景，飞行器（航空器）贸易具体工作为核心，飞行器（航空器）贸易岗位任务为依据，飞行器（航空器）贸易能力培养为根本，结合学生的人本性进行的。学习情境的设计与开发是整个课程开发的重要环节，要坚持工作过程的完整性、职业成长的规律性和学生认知的规律性相结合的原则。

二、课程框架

以各类包括民航飞机、通航飞机为主的各种飞行零部件的飞行器（航空器）贸易由于其专业性强，价值高，涉及航空公司、航空制造企业、融资银行、保险公司及其他私人企业等诸多方面，并要了解宏观经济、运输、保险、金融、商品等领域的相关知识，是一种庞大的、复杂的、需多方协作配合的贸易模式，飞行器（航空器）贸易要求学生掌握飞行器构造的基础理论，熟悉航空航天飞行器基本知识及飞行器估价。掌握有关飞行器（航空器）国际、国内贸易的流程、政策和法规，了解其理论前沿，因为飞行器普遍价值较高。例如，一架波音737-600客机的价格通常约为6000万美元，需要在飞行器支付与结算过程当中熟悉融租租赁业务及保险业务。

"飞行器贸易概论"管工融合型特色课程结构见图0-1。

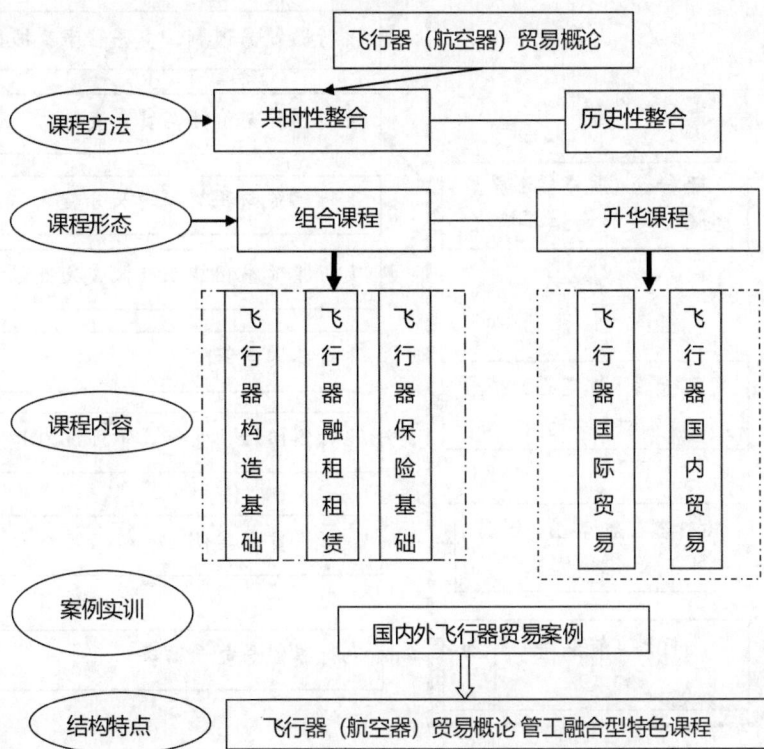

图 0-1　课程结构

三、课程内容

本教材共分十四章，结构如图0-2所示。

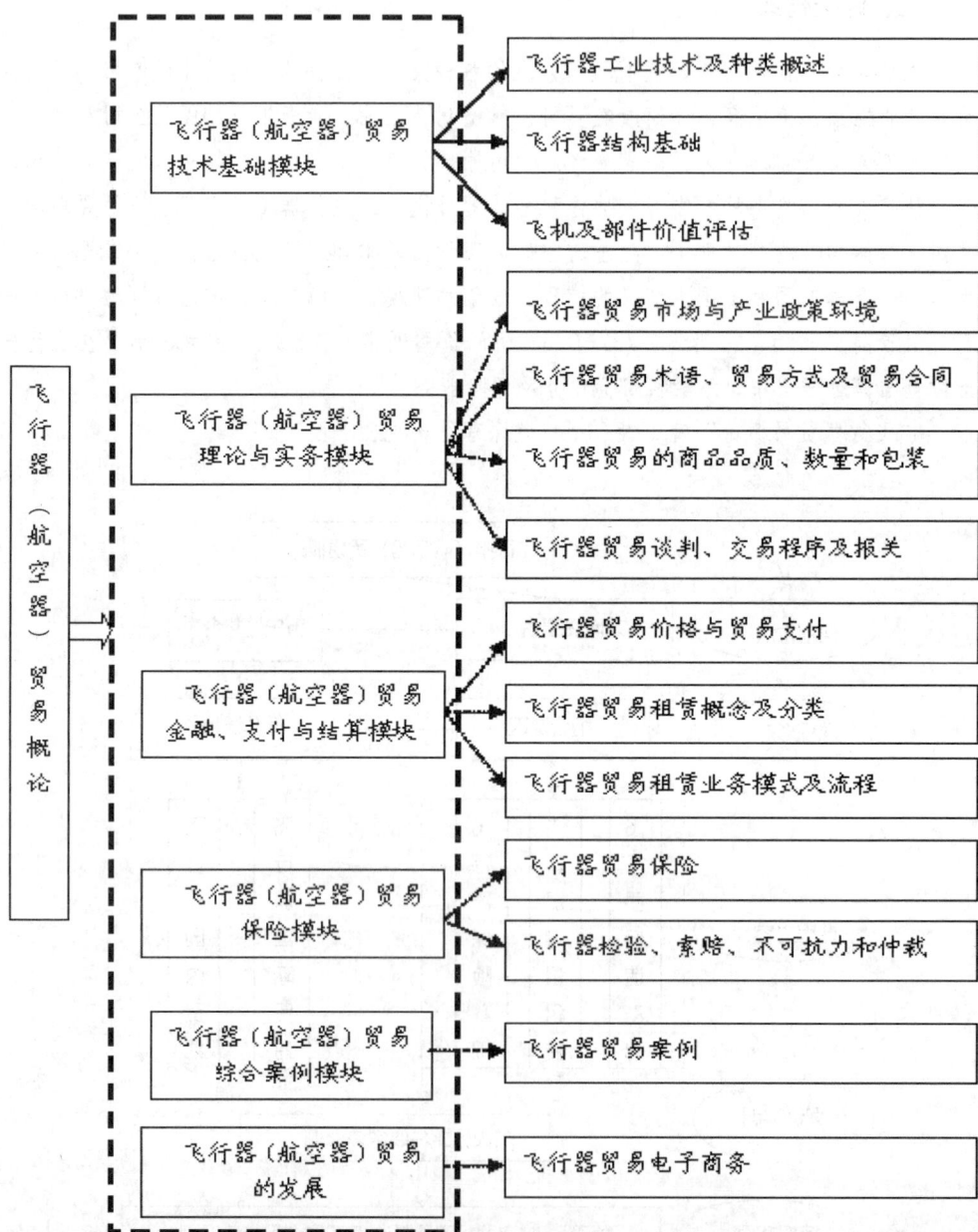

飞行器（航空器）贸易概论

飞行器（航空器）贸易技术基础模块
- 飞行器工业技术及种类概述
- 飞行器结构基础
- 飞机及部件价值评估

飞行器（航空器）贸易理论与实务模块
- 飞行器贸易市场与产业政策环境
- 飞行器贸易术语、贸易方式及贸易合同
- 飞行器贸易的商品品质、数量和包装
- 飞行器贸易谈判、交易程序及报关

飞行器（航空器）贸易金融、支付与结算模块
- 飞行器贸易价格与贸易支付
- 飞行器贸易租赁概念及分类
- 飞行器贸易租赁业务模式及流程

飞行器（航空器）贸易保险模块
- 飞行器贸易保险
- 飞行器检验、索赔、不可抗力和仲裁

飞行器（航空器）贸易综合案例模块
- 飞行器贸易案例

飞行器（航空器）贸易的发展
- 飞行器贸易电子商务

图 0-2　课程内容

四、课程要求

"飞行器贸易概论"管工融合型特色课程的构建以及模块化项目式一体化教学方式的实施,激发学生主动学习的兴趣和激情,提高学生的综合职业能力,推动学生高层次就业发展,促进人才的培养,从而带动学校的专业发展,提高学校的知名度,增强学校的竞争力。体现培养目标,突出实用性。课程体系的设置要紧紧围绕贸易类专业培养目标。宏观上,为航空贸易产业的需要培养专业人才;微观上,突出复合型人才的培养,既注重基础教育和专业知识教育,更应加强技术实践与开拓应用能力的训练。同时,课程设置还要遵循实用、面向社会的原则。课程的内容要体现出时代性和先进性,既要有一定的理论和方法,又要突出应用性和实践性。通过具体的课程教学包括飞机资产管理、飞机及部件交易经纪、飞机融资代理、飞机及部件价值评估、飞机残值处置、航空投资咨询及管理、飞机租赁咨询等全方位、客户化的航空产业链服务,使教育服务于社会的根本宗旨和要求得以实现。

五、编写分工

本教材的出版是郑州航空工业管理学院秉持"航空为本、管工结合"的办学理念的一次创新探索,教材的出版得到了郑州航院航空背景的管工结合型课程项目资助,得到学校领导和教务处领导的大力支持。本书是经济类实践性较强的贸易、金融、保险的知识与飞行器这种具体的特殊贸易品相结合的有益尝试。我院多位老师参与了本教材的编写,其中,郝爱民老师负责第一章绪论部分;刘战合老师负责第二章飞行器结构基础和第十二章飞行器技术贸易中第一节飞行器工业技术及分类部分;刘春玲老师负责第一章绪论、第三章飞行器国际贸易基础和第八章飞行器国际贸易的交易程序部分;任改玲老师负责第四章飞行器国际贸易术语和第七章飞行器贸易支付部分;薛贺香老师负责第五章飞行器贸易合同的标的及运输和第十一章飞行器贸易的其他方式部分;李建平老师负责第六章飞行器贸易的保险部分;李鹏和米文通老师负责第九章飞行器租赁业务和第十章我国飞行器租赁业务的发展部分;王泉泉老师负责教材最后三章的内容。全书由郝爱民教授设计总体框架,王泉泉老师统一汇编,陈晓燕博士对教材的建设也提出了富有建设性的意见,我院研究生魏亚飞、余月圆、刘梦婷、马鸿鑫、吴莉在繁忙的学习期间,参与了本教材的校订工作。中国商务出版社张高平老师为本教材的及时出版给予了大力的支持。特别需要感谢姚俊先生和中原航空融资租赁股份有限公司航空事业部高级经理王相南对本书提出的宝贵意见。在此,对为本教材辛勤付出的上述各位老师和同学表示衷心的感谢!

希望这本教材的出版能为经管类课程特色化做出贡献。作为一个课程探索,本教材仍然有许多需要改进的地方,希望各位读者不吝提出修改建议,同时要对本教材参考文献中的各位作者以及可能由于疏漏而未列入参考文献的作者致以衷心的感谢。

目 录

第一章　绪　论……………………………………………………………1

　第一节　飞行器贸易定义及分类……………………………………3

　第二节　全球飞机进出口现状………………………………………7

　第三节　世界民用飞机产品市场趋势……………………………13

　第四节　民航飞机市场……………………………………………14

　第五节　通用航空市场……………………………………………19

　第六节　军用飞机市场……………………………………………26

第二章　飞行器结构基础……………………………………………37

　第一节　飞行器分类………………………………………………38

　第二节　飞行器结构基础…………………………………………45

　第三节　飞行器部件价值评估……………………………………58

第三章　飞行器国际贸易基础………………………………………67

　第一节　飞行器国际贸易的相关范畴……………………………68

　第二节　国际分工与飞行器市场…………………………………73

　第三节　飞行器国际贸易政策……………………………………74

　第四节　飞行器国际贸易措施……………………………………80

第四章　飞行器国际贸易术语………………………………………89

　第一节　贸易术语与国际惯例……………………………………90

　第二节　贸易术语的解释…………………………………………94

第五章　飞行器贸易合同的标的及运输……………………………………105
　第一节　飞行器贸易的商品名称和品质………………………………106
　第二节　飞行器贸易的商品数量………………………………………109
　第三节　飞行器贸易的商品包装………………………………………110
　第四节　飞行器贸易的货物运输………………………………………111
　第五节　飞行器贸易合同的基本内容…………………………………114

第六章　飞行器贸易的保险………………………………………………119
　第一节　海上运输保险的保障范围……………………………………120
　第二节　海洋运输保险险别与保险条款………………………………126
　第三节　飞行器贸易合同货物运输保险实务…………………………131
　第四节　通用航空的保险服务方案……………………………………142
　第五节　保险与相关制度关系：美国通用航空产品责任限制制度及其启示……144

第七章　飞行器贸易支付…………………………………………………155
　第一节　飞行器贸易中的价格…………………………………………156
　第二节　支付工具………………………………………………………158
　第三节　支付方式………………………………………………………162
　第四节　飞机买卖合同中付款的约定…………………………………181

第八章　飞行器国际贸易的交易程序……………………………………185
　第一节　国际贸易交易程序……………………………………………186
　第二节　购买民用飞机的工作程序……………………………………189
　第三节　二手飞机的交易程序…………………………………………192

第九章　飞行器租赁业务…………………………………………………197
　第一节　飞行器租赁的内涵……………………………………………198
　第二节　飞行器租赁的种类……………………………………………209
　第三节　飞行器经营租赁的结构、框架和流程………………………213
　第四节　飞机融资租赁的模式及流程…………………………………218

第十章　我国飞行器租赁业务的发展……………………………………249
　第一节　我国飞机租赁业发展现状分析………………………………250
　第二节　我国飞机租赁盈利模式及未来发展趋势……………………256

第三节　我国飞机租赁业务发展面临的主要问题…………………………258

第四节　天津东疆保税港区SPV飞机租赁业务模式及流程………………259

第十一章　飞行器贸易的其他方式……………………………………………271

第一节　飞行器经销与代理……………………………………………………272

第二节　飞行器寄售与拍卖……………………………………………………274

第三节　飞行器招标与投保……………………………………………………275

第四节　飞行器展卖……………………………………………………………276

第十二章　飞行器技术贸易……………………………………………………279

第一节　飞行器工业技术及分类概述…………………………………………280

第二节　飞行器技术贸易概述…………………………………………………289

第三节　知识产权与飞行器技术贸易内容……………………………………291

第四节　飞行器技术贸易程序和合同…………………………………………298

第十三章　航空服务贸易………………………………………………………309

第一节　服务贸易概述…………………………………………………………310

第二节　航空贸易的国际法规…………………………………………………313

第三节　飞机保养、维修和大修服务行业分析………………………………317

第四节　飞行器服务贸易与电子商务…………………………………………320

第五节　我国机场服务的缺失…………………………………………………323

第六节　飞行器驾驶技术培训…………………………………………………325

第十四章　飞行器贸易案例……………………………………………………331

第一节　曙光龙腾服务器航天国防应用案例…………………………………332

第二节　MSC. Software 航空航天行业解决方案……………………………333

第三节　航空国际联盟——斯堪的纳维亚航空公司（SAS）的个例研究……334

第四节　通用电气飞机引擎公司………………………………………………335

第五节　飞行器租赁的国际经验借鉴——爱尔兰模式………………………336

第六节　飞机融资租赁…………………………………………………………339

第七节　国际航空制造商服务转型……………………………………………340

第八节　中美签署《适航实施程序》实现全面对等互认……………………342

参考文献…………………………………………………………………………346

第一章

绪

论

> > > > > >

第一章

绪　论

■【内容提要】

　　本章介绍了飞行器贸易的基本知识，包括飞行器的定义及分类；飞行器贸易的分类及定义，包括国内贸易与国际贸易，飞行器的整机交易和零部件交易，飞行器的首次交易和二次交易；全球飞机进出口的趋势；并对具体的民航、通航和军事市场进行了介绍。

　　人类很早就有在空中像鸟类一样飞行的理想，古希腊的阿尔希塔斯所制造的机械鸽、澳大利亚的飞去来器、中国的孔明灯和风筝都是人类这个伟大梦想的实践，世界上最早的飞行器就是中国发明的风筝。在中国古代，有人在文学著作中描述了飞行的理想，还有人设计了一些大型的风筝飞行器，试图实现这种脱离大地束缚的理想。明朝的万户，就设计了一种将几十支火药火箭绑在椅子上，手拿风筝进行飞行的试验。15世纪，意大利的列奥纳多·达·芬奇也曾设计过飞行器。现代飞行器的发展，得益于19世纪工业革命带来的科学和技术的巨大飞跃。19世纪，不断有人试图突破空气的束缚，但均以失败告终。随着内燃机的发明和广泛应用，在空气中的飞行也逐渐成为可能。1903年，美国的莱特兄弟率先在美国制造出能够飞行的飞机，并且实现了飞行的梦想。随后，飞机及其相关的科学和技术，得到了飞速发展。关于空气动力飞行器在国外已经有很多的科研机构乃至个人都有较深的研究。但在中国却是个遥远的梦想，随着时代发展的脚步，也有一些人大胆提出一些方式方法，但至于实质性的进展我们没有看到。美国马丁公司就高调推出一款适合载人的单人空气动力飞行器，并且标价为10万美元，已经配备于科学探索、海洋、军事，等等。

第一节 飞行器贸易定义及分类

飞行器贸易的标的就是飞行器及其附属产品和服务，了解飞行器贸易，需从了解飞行器开始。

一、飞行器的定义和分类

飞行器（Flight Vehicle）是由人类制造、能飞离地面、在空间飞行并由人来控制的，在大气层内或大气层外空间（太空）飞行的器械飞行物。飞行器分为五类：航空器、航天器、火箭、导弹和制导武器。在大气层内飞行的飞行器称为航空器，如气球、滑翔机、飞艇、飞机、直升机等。它们靠空气的静浮力或空气相对运动产生的空气动力升空飞行。在太空飞行的称为航天器，如人造地球卫星、载人飞船、空间探测器、航天飞机等。它们在运载火箭的推动下获得必要的速度进入太空，然后依靠惯性做与天体类似的轨道运动。[1] 火箭是以火箭发动机为动力的飞行器，可以在大气层内，也可以在大气层外飞行。导弹是装有战斗部的可控制的火箭，有主要在大气层外飞行的弹道导弹和装有翼面在大气层内飞行的地空导弹、巡航导弹等。制导武器是能够按照一定规律进行的、在大气中飞行的、高命中率的武器，如末敏弹、制导炮弹等。本课程的飞行器主要是指航空器（见图1-1）。

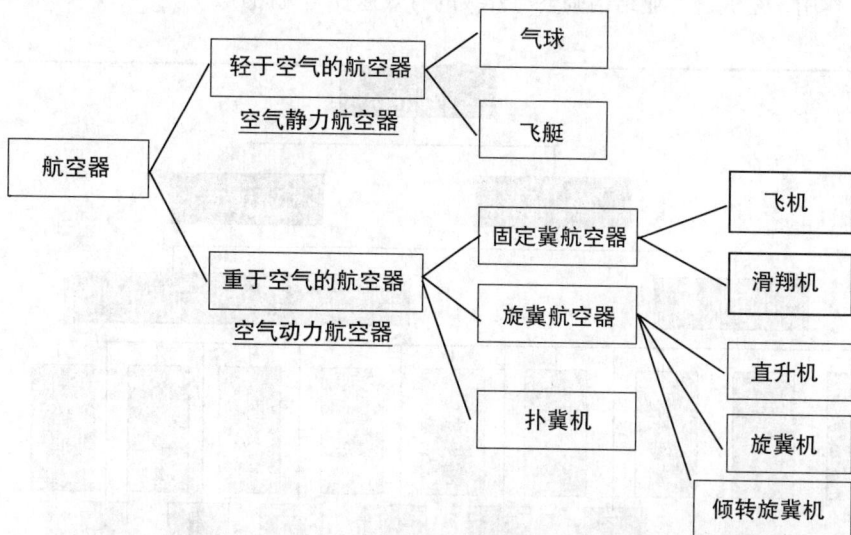

图 1-1 航空器的分类

---

[1]《中国大百科全书》总编委会. 中国大百科全书. 中国大百科全书出版社，2009.

二、航空业的分类

航空业通常理解为与航空活动有关的服务行业，这种划分应是航空服务的范畴。分为民用航空和军用航空两类，前者主要是指使用各类航空器从事除了军事性质（包括国防、警察和海关）以外的所有航空活动，后者则属于军事性质的用途。本教材主要关注的是民用航空。民用航空业中又可分为商业航空和通用航空两类。

商业航空（Commercial Aviation）也称为航空运输，是指以航空器进行经营性的客货运输的航空活动。它的经营性表明这是一种商业活动，以营利为目的，是交通运输的一个组成部门，与铁路、公路、水路和管道运输共同组成了国家的交通运用系统。

通用航空（General Aviation），是指除军事、警务、海关缉私飞行和公共商业航空运输飞行以外的航空活动，用于此类活动的飞机统称为通用飞机。目前，通用航空器飞行高度一般在2000米左右，属低空空域范围。低空空域通常是指不影响运输航空航线的空域，美国法令规定3000米以下为低空，该标准同时被世界多国所认同。目前，许多国家将低空交通与地面交通同等看待。以美国为例，空域按照50米间隔分层，3000米以下完全开放。

随着人们对生活效率和质量要求的不断提高，通用航空的发展前景十分广阔，从航空活动，逐渐扩展为一个综合产业。以公务机、轻型飞机、直升机、运动飞机等飞机制造为核心，以航空租赁和航空运输为主干，集研发、制造、销售和运营服务为一体，涉及庞大的周边和地面产品集群，产业链长，经济拉动效应高，对一、二、三产业都有巨大的带动作用，是促进产业结构调整与升级的有效途径（见图1-2）。

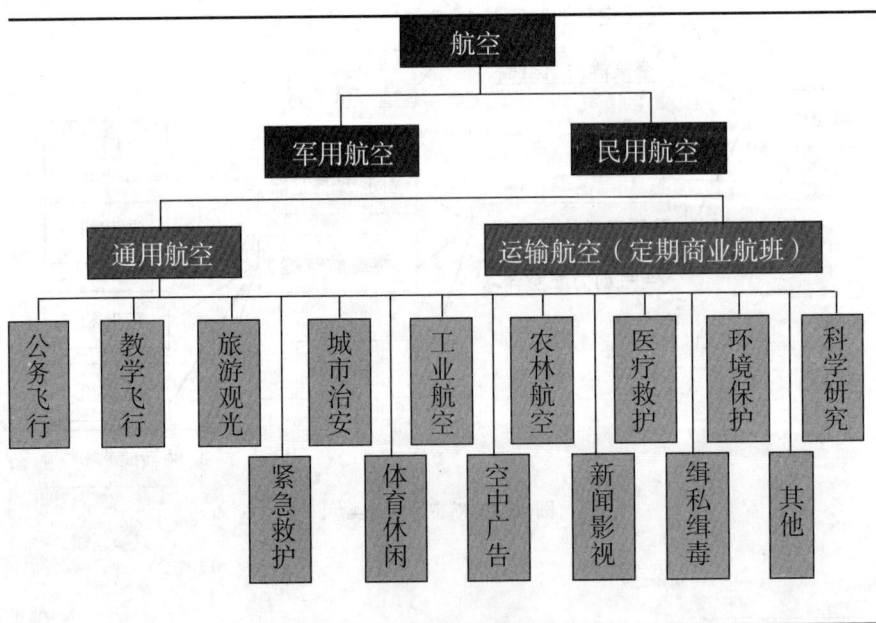

图 1-2　航空业的分类

三、飞行器贸易的分类

飞行器产生后，在平等自愿的前提下进行的飞行器交易随之兴起。因为飞行器涉及的使用范围很广，对飞行器贸易的认识，需依据分类的标准来进行。

（一）飞行器国内贸易和飞行器国际贸易

从贸易范围来划分，可以分为飞行器的国内贸易和国际贸易。由于大多数飞行器的贸易涉及的是国家间的交易，因此本教材主要内容将放在国际交易方面。飞行器国内贸易（Internal Trade of Flight Vehicle）是指在同一个关税制度下的一国国内飞行器的交换活动。该贸易活动不涉及关税、外汇等进出口政策和措施的影响。飞行器国际贸易（International Trade of Flight Vehicle），又称国际飞行器贸易，是指国家（地区）与国家（地区）之间所进行的飞行器的交换活动的总称。

两种贸易形式在社会再生产中的地位相同，都是商业活动，都处在社会再生产过程中的交换环节，处于社会再生产过程中的中介地位。交易过程大同小异，商品流通运动的方式却完全一样，即G–W–G。经营的目的都是通过交换取得更多的利润。它们的基本职能也一样，都受经济规律的影响和制约，都是以货币为媒介实现商品的交换，即做买卖。其他活动如融资、储存、运输、报关都必须为它服务；同时都必须遵循基本经济规律，例如，价值规律、供求规律、节约流通时间规律等。当然，二者的区别也是显而易见的，主要体现在以下三个方面：

1. 国际贸易比国内贸易更为复杂。首先，货币和度量衡制度不同。对外贸易双方国度不同，所使用的货币和度量衡可能有所不同。在对外贸易中，一般都采用美元作为计价结算工具，两国货币如何兑换？在两国度量衡不一致时，应采用哪种单位？凡此种种，都比国内贸易复杂。其次，报关手续复杂。各国海关对货物进出口都有准许、管制或禁止的规定。出口货物的种类、品质、规格、包装和商标都要符合输入国海关的规定，与飞行器相关的产品更是如此。因此，进出口的报关手续复杂。再次，贸易习惯复杂。各国商业习惯不同，对外贸易中所遵循的规约和惯例，其适用范围如何？解释可能也将不一致，稍有不慎，就会影响贸易。再其次，货物运输复杂。对外贸易的货物运输，要考虑运输的方式及合同的条款、运费、承运人与托运人的责任，还要办理相关的手续及仲裁与索赔。处理运输过程也十分复杂。最后，货物的保险复杂。为了避免对外贸易运输过程中可能遭受损失，必须对运输货物加以保险。但洽购保险、确定保险条款、签订保险合同，划分保险人与被保险人的责任，计算保险费与货物受损时的索赔等，均比国内贸易保险复杂。

2. 国际贸易困难大于国内贸易。首先，语言不同。共同的语言是交易双方进行沟通的桥梁，也是顺利达成交易和完成交易的基础。语言在传递的过程中会有信息的丢失，不同的语言间的理解更是如此，在贸易的关键环节常常因为语言问题而产生纠纷。其次，法律、风俗习惯不同。世界各国的商业法律不同，因此，国际贸易的买卖合同、运输合同或保险合同，如发生纠纷无法解决时，只能根据某些国际惯例和国际规则进行仲裁和索赔。但是很多国际条约在法律上是不具强制力和约束力的。在实际执行时往往没有执行效果。此外，各国风俗习惯，宗教信仰也有许多不同。所以，对商品的种类、品质、规格、包装等方面的要求千差万别，也造成国际贸易的困难大于国内贸易。最后，国际贸易的障碍更多。因为各国为保护本国生产能力、技术和市场，或是为了争夺国外市场，往往采取关税和非关税壁垒限制外国商品进口和某些本国关键商品的出口，这就给进出口商设置了更多的贸易障碍。

3. 国际贸易风险更大。这主要体现在信用风险、商业风险、汇兑风险、价格风险和政治风险五个方面。第一，信用风险大。经营对外贸易的进出口商从接洽开始，经过报价、还价、确认后订立合同，再到出口厂商交货，进口厂商支付货款，需经过一段较长的时间。在此期间，交易双方可能因经营状况发生变化而不能履约。如可能因经济危机或严重自然灾害导致出口厂商破产不能交货，或因类似原因使进口厂商倒闭不能付款。第二，商业风险大。在对外贸易中，进口商往往以各种理由拒收货物，对出口商来说就是商业风险。拒收理由多数是货样不符、交货期晚、单证不符。这些理由在货物遭到拒收前是无法确定的。拒收后，虽可交涉弥补，但损失已发生。第三，汇兑风险大。经营对外贸易的买卖双方必有一方要以外币计价，外汇汇率不断变化，如掌握不好，有一方就要负担汇兑亏损。第四，价格风险大。出口商与进口商签订合同后，在出口商进货前，如果货物价格上涨，他要承担其风险。进口商接货后，如果该货价格下跌，他要承担其风险。第五，政治风险大。世界各国大多实行贸易管制，由于各国经济状况和国际政治经济形势经常变化，有关贸易国的贸易管制政策和措施也经常改变，因此进出口商承担了许多国内贸易所不需承担的政治风险。

（二）飞行器整机和零部件贸易

从飞机交易的内容来看，可以分为整机交易和飞机零部件交易。其中整机交易比较好理解，是指将飞行器整体单机作为交易内容的交易，具有交易金额大，涉及面广，交易程序相对简单等特点。飞机零部件贸易，是指将飞机的各个部分分解开来进行交易。与整机交易相比，飞机零部件的贸易对飞机各个部分的技术要求，规格型号的要求更加严格，在交易过程中的磋商更加烦琐。

（三）飞行器的首次交易和二次交易

顾名思义，飞行器的首次交易是指对从飞行器制造企业生产线上生产出来的飞行器或其零部件的交易。二次交易，是指在飞行器首次交易后，对飞行器再次进行的系列交易的总称。二次交易可以是整机交易，也可以是零部件交易。事实上，因为飞行器金额巨大，很多航空公司都会选择在二次交易市场上购买飞机。

在二次交易市场上，对于已经退役飞机的拆解是值得关注的领域。飞机拆解过程技术复杂，科技含量高，每架飞机可拆解5万个大部件，其中两万个部件要经过修复、认证进入国内国际航材市场销售，循环再利用。在国际航空市场，循环使用二手零部件是普遍模式，销售飞机废品远没有销售二手零部件获得的利润多。一般来说，一架总价5000万美元的飞机，到使用期限后，回收价格为1/10，即500万美元左右，拆解后，进入零件市场，可卖出1000万美元。更重要的是，飞行器拆解会拉动周边产值，如物流、维修等，将创造企业产值的10~20倍（见表1-1）。

表1-1 飞机拆解后各部分部件的流向

部件名称	市场流向
航空仪表	经过飞行适应性检测，合格后可重新回到航空市场
紧急滑梯	经过飞行适应性检测，合格后可重新回到航空市场
起落架	经过飞行适应性检测，合格后可重新回到航空市场。一支飞机起落架可以卖到100万美元
蒙皮	铝皮（蒙皮），可进入啤酒和饮料业被再次利用制作成饮料包装（易拉罐）
轮子	一些装修设计公司，经常利用飞机零部件制作一些别致的作品，比如用油箱和飞机轮子制作时尚的咖啡桌
机身	可以整体卖给机场进行消防安全和除冰除雪的演练
舱门、舷窗	可以重新抛光、塑型，成为艺术品
发动机	经过飞行适应性检测，合格后可重新回到航空市场。一台发动机可以卖到数百万美元
座椅	座椅可能流向学校或是私人家里，经济舱联排座椅（3座）售价2000元人民币左右，商务舱座椅（2座）3000元人民币左右，头等舱座椅4000元人民币左右
飞行摇杆	飞行摇杆可能被影视公司或是收藏家购买
其他材料	在飞机废品的利润来源方面，铝贡献了最大的部分，随后是钢铁、钛、塑料和纺织品等其他材料

第二节　全球飞机进出口现状

随着人们生产效率的不断提升，生活水平的不断提高，人们对出行效率、运输效率的要求也在不断地提高，由此，带来了对于飞机运输服务需求爆发式的增长。面对如此需求，飞行器制造企业的生产技术也在不断进步；加上飞机生产的集约化，使得飞机的性能成本不断地得到改善。供给与需求的相互促进，激发了一个欣欣向荣的全球飞机交易市场。

一、全球飞机进口现状

整体而言，全球飞机进口在波动中保持增长，近年来增长迅速。2006—2010年，全球飞机销售额累计增长116亿美元（涨幅15%），年均上涨5个百分点。其中2008年涨幅最大，增长186亿美元（涨幅22%）。随后2009年快速下降193亿美元（降幅18%），降至2007年的销售额以下。2010年略有回升，但仍低于2008年的高点，到2012年才超过2008年高点，并继续快速上涨。2011年以来，全球飞机销售额以年均10%的增速上涨，其中2012年以19%的增速，为近五年来最快的增长速度。2015年是全球飞机进口额最大的一年，全球飞机进口额较2014年增长8亿美元（见图1-3）。

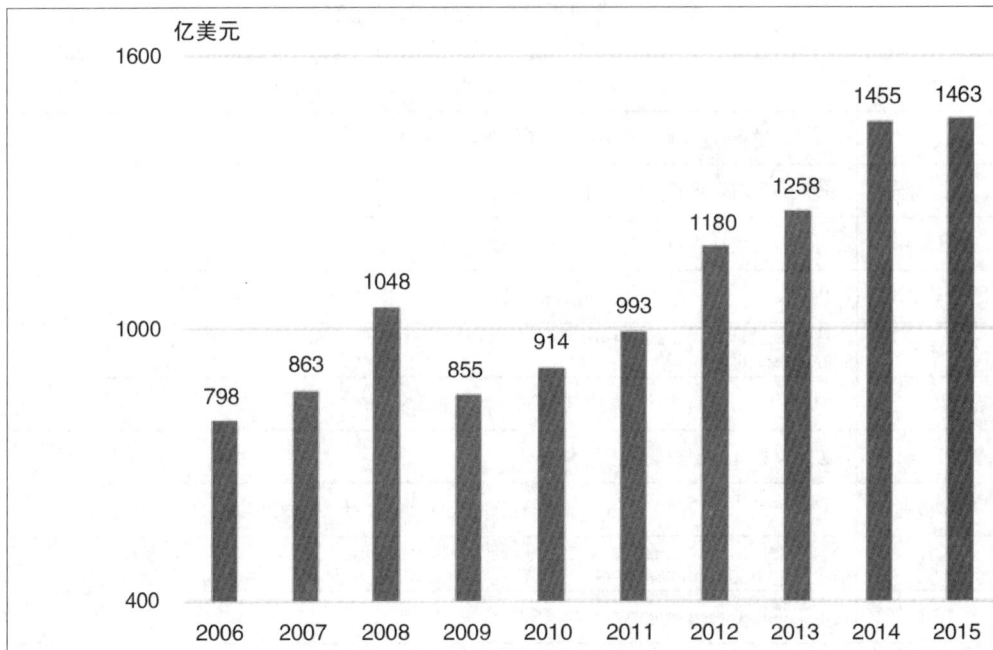

图 1-3 2006—2015年全球飞机进口额变化

从全球主要进口市场分布来看，中国是全球最大的飞机进口市场。2013年，中国飞机进口规模增长33%，达209亿美元，取代法国成为全球最大的飞机进口国。2014年依旧保持较快发展，同比2013年增长24%，进口额达260亿美元，是历年来最高。2015年较2014年略有下降，进口总额257亿美元，占全球总进口额的18%，中国依旧是全球最大的飞机进口国。

其余进口规模较大的国家有美国、德国、爱尔兰、法国和英国。这5个国家2015年飞机进口规模均在100亿美元以上，合计占总进口规模的48%，总规模达696亿美元。其中，美国的飞机进口2011年以来一直快速增长，从2011年的100亿美元，至2015年的183亿美元，累计上涨83%，年均上升17%。

德国飞机进口较为不稳定，从2011年进口161亿美元，到2015年进口167亿美元，累计上涨仅4%，其间先升后降，在2014年达到峰值197亿美元，随之2015年迅速下降15%。爱尔兰2015年飞机进口突飞猛进，从2014年的10亿美元增长至2015年的127亿美元，增长10倍有余，这或许得益于爱尔兰发达的航空租赁产业。法国2011年来，其飞机进口额持续下降，从2012年的164亿美元，下降至2015年的118亿美元，降幅达28%，这或许与法国发达的航空工业与法国国内相关航空企业的战略调整相关。英国与爱尔兰类似，其在2014年进口飞机达112亿美元，而此之前的2011—2013年并没有进口飞机，随后的2015年虽有小幅下降到仍然达到101亿美元（见图1-4）。

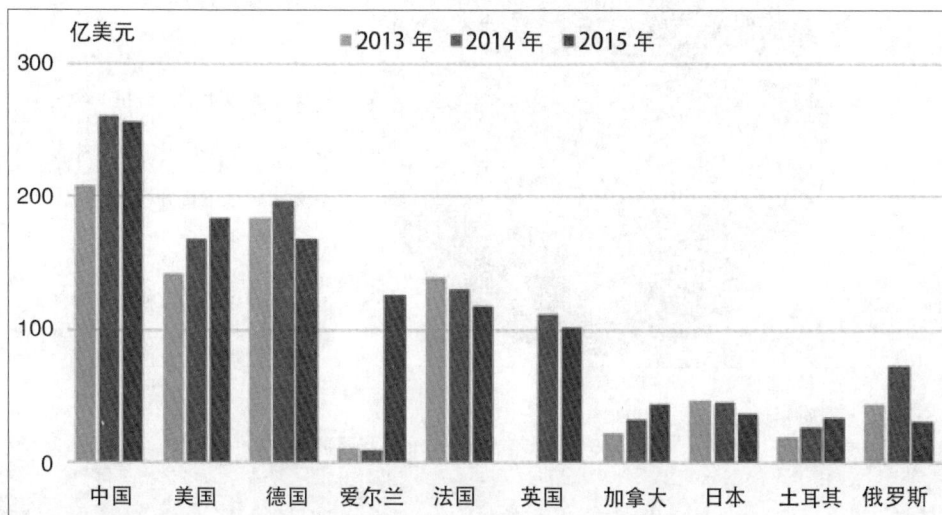

图 1-4 2015年全球飞机主要销售市场

从全球主要进口品类来看，全球进口以空载重量以15吨以上的大飞机为主。2011年以来，全球飞机进口主要是15吨以上的大飞机，每年在全球飞机的市场份额中占80%以上。15吨以上的大飞机在2015年的总进口规模达1281亿美元，在全球的进口市场中占比为88%，较2014年下降1个百分点，进口规模下降3亿美元。其次是空载重量在2～15吨的中型飞机，2011年以来，其在全球的进口规模中较为稳定，在90亿～100亿美元，但在全球飞机进口的比重一直下降，从2011年的9%下降至2015年的6%。2015年是其峰值，总进口额为95亿美元，较2014年同比增长5亿美元（涨幅5%）。

另外三个进口飞机类型：空载重量超过2吨的直升机、空载重量不超过2吨的直升机、空载重量不超过2吨的小型飞机及其他航空器，在全球进口中的比重较小，2011年以来，合计在全球飞机进口中比重在6%左右，其中以空载重量超过2吨的直升机占比最大，空载重量不超过2吨的小型飞机及其他航空器的比重最小（见图1-5）。

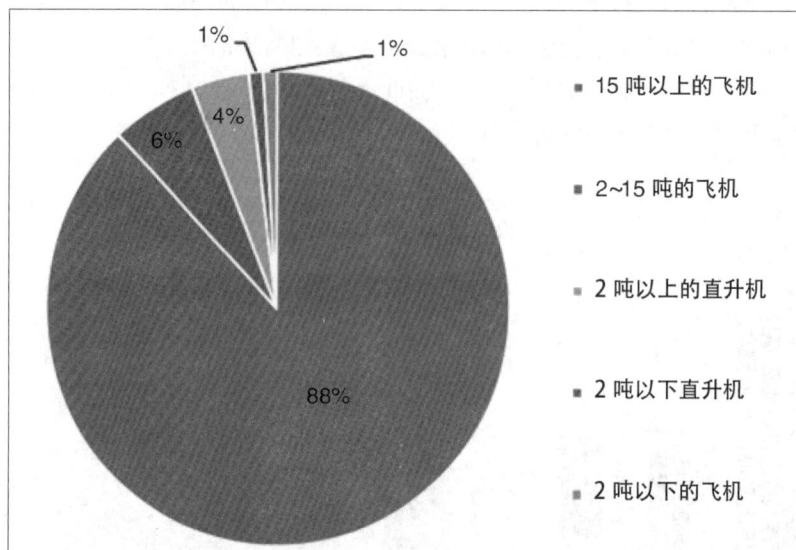

图 1-5　2015年全球进口的飞行器种类

二、全球飞机出口现状

　　总体而言，飞机出口在2008年达到峰值后急剧下降，近年来在稳步恢复，增速渐缓。2008年是全球飞机出口的峰值，当年出口规模达1252亿美元，随后的2009年，急剧下降四成，至752亿美元。其中美国飞机出口从2008年的481亿美元，降至2009年的24亿美元。2010—2012年，全球飞机出口保持10%以上的增速，2012年出口规模再次超过千亿美元，达1054亿美元。2013年开始增速放缓，当年增速较2012年下降5个百分点，至8%，2014年进一步降为6%，2015年同比几乎无变化（见图1-6）。

　　从主要的飞机出口来源地区来看，法国成为最大的飞机出口国，美国一蹶不振。2011—2014年，法国飞机出口缓慢增长，从2011年的428亿美元，增至2014年的488亿美元，2015年下降6%，至458亿美元。2015年，法国飞机出口规模占全球总出口规模的38%，远超其他国家。

　　作为欧洲航空航天产业的领导国家，法国在航空工业方面有着极高的造诣和技术水平，其飞机生产研发能力一直领先。在民用航空方面，空中客车集团（由法国、德国、西班牙与英国共同成立，总部设在法国的图卢兹）是世界上的两大民用航空集团之一，

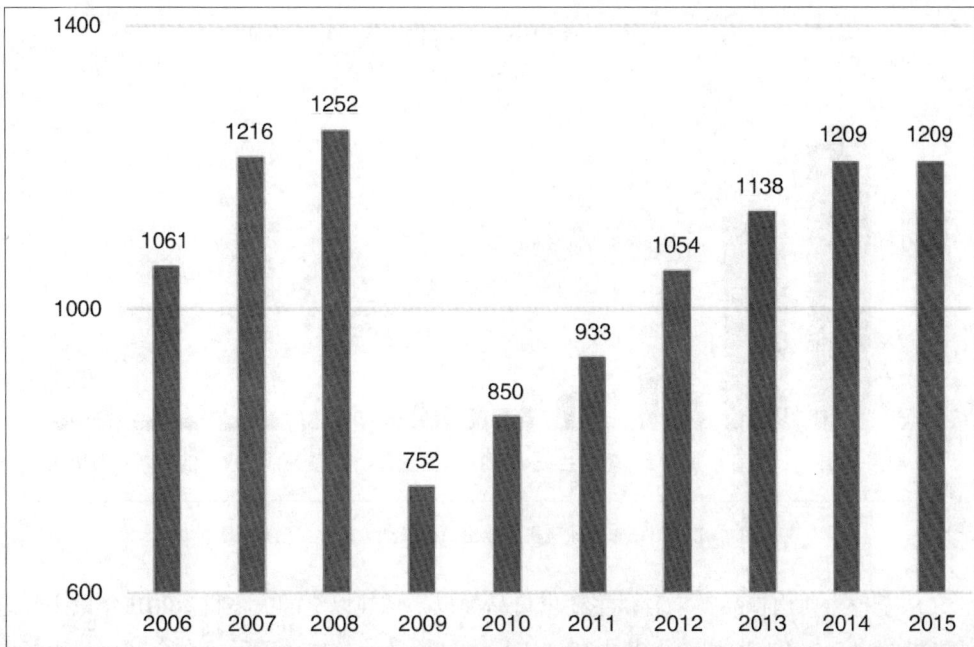

图 1-6　2006—2015年全球飞机出口额变化（单位：亿美元）

与美国的波音公司几乎瓜分了世界民用航空90%以上的市场份额。另外还有法国自有的达索和法国航空，在全球市场中也占有一席之地。除此之外，法国还有一批专门以航空航天专业教学为亮点的院校与专业，例如国立高等航天航空学院、国立高等航空制造工程师学校、国立高等机械与航空技术学校、国立民用航空学校、高等航空与汽车工业学院以及图卢兹大学等，都是航空航天专业人才培养基地中的翘楚。正是基于这些优势，法国在全球的民航产业一直保持领先优势。法国出口的飞机中90%以上为15吨以上的大飞机，其次有6%左右的2~15吨的中型飞机。

美国2008年飞机出口规模为481亿美元，2009年仅为24亿美元，随后6年间，一直未有大的起色，最高值也仅为2014年的51亿美元。虽然美国具有波音、洛克希德等大型的飞机制造厂商，在全球范围内具有重要地位，但就近年来的成绩来看，差强人意（见图1-7）。

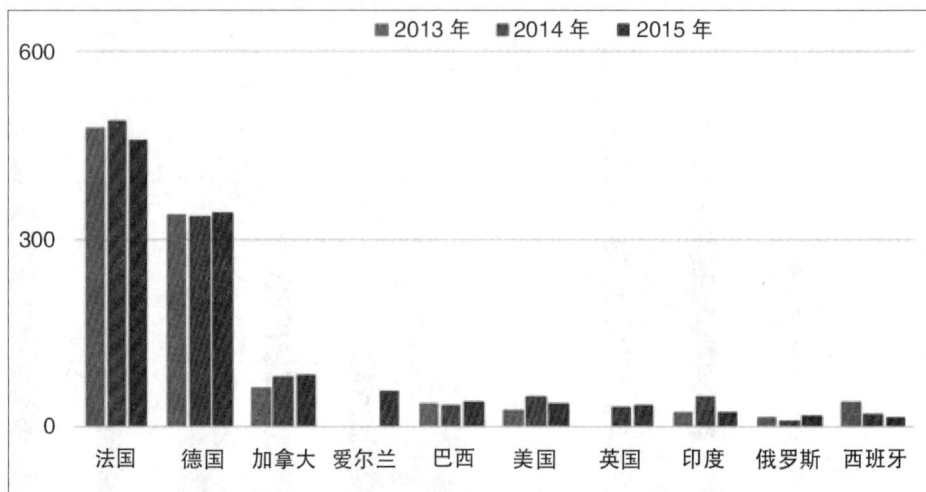

图 1-7 2015年全球飞机主要出口来源地（单位：亿美元）

从全球主要出口品类来看，主要出口品类也是15吨以上的大飞机。2011年以来在全球飞机的出口中在80%以上。其中2015年，出口规模达1012亿美元，在全球出口市场中的占比为82%，较2014年提高2个百分点，出口规模增加15亿美元。其次是空载重量在2～15吨的中型飞机，2011—2014年，在全球的出口规模中稳步增长，从2011年的81亿美元，增长至2014年的116亿美元，2015年略有下滑，当年出口规模112亿美元。2011年以来在全球出口市场中的占比为9%左右。

另外，空载重量超过2吨的直升机、空载重量不超过2吨的小型飞机及其他航空器、空载重量不超过2吨的直升机，在全球市场中的比重较小，2011年以来，在全球出口市场中的比重在7%左右。其中，以空载重量超过2吨的直升机占比最大，空载重量不超过2吨的直升机的占比最小（见图1-8）。

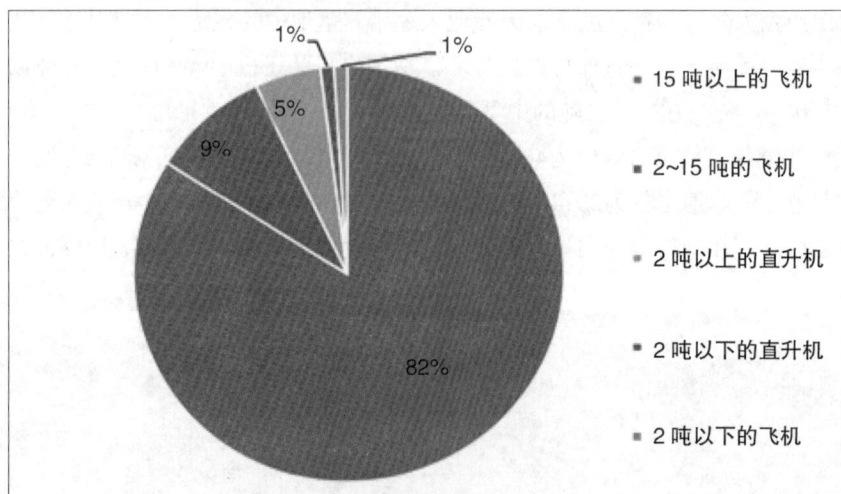

图 1-8 2015年全球出口的飞行器种类

第三节　世界民用飞机产品市场趋势

近50年，全球商业航空的惊人成就及发展速度，充分反映了宏观经济和社会发展的变迁，经济与文化的交流发展也为航空业的发展提供了机会。了解飞机市场的趋势，对学习飞行器贸易来讲意义毋庸置疑。

一、亚太地区将成为新飞机需求的主要来源

亚太地区将成为新飞机需求主要来源。2014年，新增客机和货机总计10940架，总价值1.8万亿美元，占同期全球新增飞机总量的37%，超过欧洲、北美及中东地区。

2014年2月，空客公司发布了其最新亚太地区航空市场预测。未来20年，全球航空旅客周转量（RPK）将以年平均4.7%的速度递增，全球客机机队规模将从2012年的16094架增长一倍多，达到33651架，年均增长率为3.7%。在全球区域市场中，亚太地区各航空公司将引领全球航空市场对更大、更高效飞机的需求。未来20年，亚太地区的航空客运量将以年平均5.8%以上的速度增长，高于全球平均增长速度。到2032年，亚太地区客机数量将从现在的4960架增长到12130多架，年均增长率约4.5%，也高于全球平均增长速度。新增客机和货机总计10940架，总价值1.8万亿美元，占同期全球新增飞机总量的37%，超过欧洲、北美及中东地区。空客公司预测，中国国内航空旅客周转量将以年平均7%的速度增长，并将在2032年成为全球流量最大的区域航线。

2014年2月，波音公司也在新加坡航展前发布了其最新亚太地区航空市场预测。波音公司预测，未来20年，全球航空旅客周转量（RPK）将以年平均5.0%的速度递增，全球客机机队规模将从2012年的20310架增长一倍多，达到41240架，年均增长率为3.6%。在全球区域市场中，强劲的经济和客流增长将成为亚太地区新飞机需求的主要推动因素。未来20年，亚太地区的航空客运量将以年平均6.3%的速度增长，高于全球平均增长速度。到2032年，亚太地区的机队规模将达到现在的近三倍，从2012年的5090架飞机增长到2032年的14750架，年均增长率约5.5%，也高于全球平均增长速度；新增飞机共计12820架，总价值1.9万亿美元，占同期全球新增飞机总量的36%。波音公司预测，到2032年，中国市场的规模将由2012年的2100架增长到6450家，达到现在的三倍多，占全球比例将从现在的10.3%增长到15.6%。此外，中国市场将接收新客机5580架，价值约7800亿美元。

中国国内航空旅客周转量将以年平均6.9%的速度增长，在2032年达到1.52万亿客公里，成为仅次于美国（1.54万亿客公里）的全球流量第二大的区域航线，从两家飞机制造商发布的预测数据来看，在未来20年，全球客机机队规模将翻倍，而亚太地区将成为新飞机需求量增长的主要带动力。该区的客机机队规模有望达到现在的近三倍，作为在

亚太地区发展速度领先的中国新飞机需求量超过了5000家，市场前景十分广阔。

二、单通道客机仍将是主要机型

从波音公司发布的预测数据来看，在未来20年，单通道客机将继续占据中国航空公司机队的主导位置，根据空客公司的全球市场预测，在今后20年时间内，全球新增客机和货机数量达到29200架，价值4.4万亿美元。其中单通道飞机20240架，双通道宽体飞机7270架，超大型飞机1710架。波音公司预测全球新客机交付量35280架，价值4.8万亿美元，其中支线客机交付量约为2020架，价值超过800亿美元；单通道客机交付量将超过24670架，价值达2.29万亿美元；双通道喷气式客机交付量将达7830架，总价值约2.19万亿美元；超大型飞机将达760架，总价值约2800亿美元。

从两家飞机制造商发布的预测数据来看，在未来20年，单通道飞机仍将是大部分航空公司的首选，其新飞机交付量约占70%。据波音公司估算，目前在世界范围内单通道飞机机队规模大约占总量的64%，到2042年这一比例有望提高到70%。而与此同时，支线客机的比例将从2012年的13%下降到6%，宽体客机的比例基本保持稳定（从23%增长到24%），而未来超大型宽体客机的比例将仅占宽体客机的10%。波音公司预测，在未来20年，在中国市场，支线客机交付量将达到240架，单通道客机交付量将达到3900架，双通道客机交付量将达到1340架，超大型飞机交付量将达到100架。从波音公司发布的预测数据来看，在未来20年，单通道客机将继续占据中国航空公司机队的主导位置。

未来40年，世界航空运输市场将迎来快速发展期，尤其在亚太地区，随着新兴经济体的不断发展壮大，航空旅客周转量将实现迅速增长，对新飞机的需求量将逐步加大。虽然目前我国的民用飞机产业仍处在起步阶段，但如果能够认真学习和研究竞争对手的成功经验，抓住难得的历史机遇，必定能创造辉煌。

第四节　民航飞机市场

与所有商品一样，分析民航的市场也需从供给、需求两个方面来展开。

一、全球民航飞机的供给分析

民航飞机的供给主要受两大民航飞机生产商波音和空客的控制。从历史数据来看，波音和空客在航空运输业的周期波动中非常谨慎地安排了每年的民航飞机生产数量，其生产量的周期波动幅度远远低于订单所反映的需求端的波动幅度，大致实现了供给端的平稳增长。原因在于，第一，航空公司在选择购买飞机时主要考虑飞机的安全性和可靠性。除波音和空客以外，民航飞机制造市场还存在一些其他的生产企业，例如巴西航空公司、加拿大的庞巴迪宇航公司，以及新兴的俄罗斯伊尔卡特（Irkut）公司、中国商飞公司等。新兴飞机生产企业会提供价格更为低廉的民航飞机，但对于航空公司而言，民航飞机飞行的安全性比价格更为重要。航空公司在选购飞机时会将安全性、可靠性放在首位。第二，由于不同类型的民航飞机在操作、性能和维护方面有很大差别，若同一家航空公司购买不同生产企业生产的不同类型的飞机，那么该航空公司需要额外配备专门的机组人员并投入大量的培训费用，从而造成运营成本的上升。为减少培训费用支出，航空公司都会选择热门机型组建机队，波音公司和空客公司的主要机型就成了多数航空公司的首选（见图1-9）。

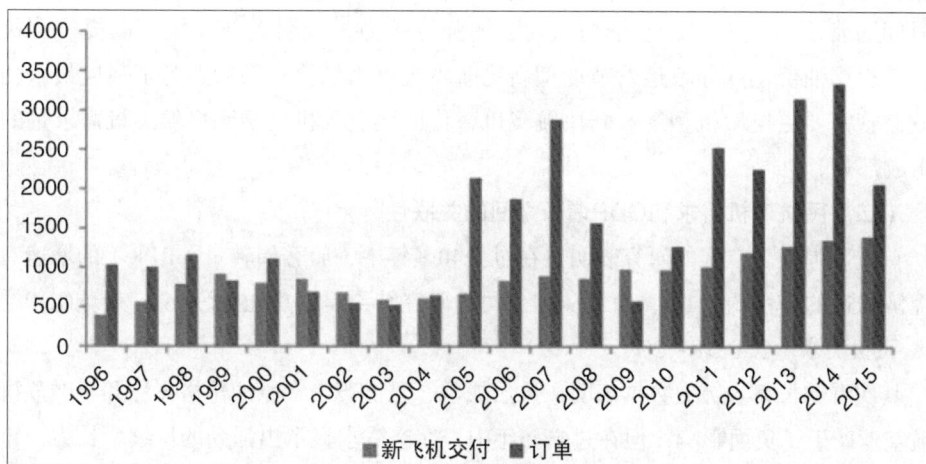

图 1-9　波音和空客历年订单数量和当年交付民航飞机数量

图1-9的横坐标表示时间，纵轴表示新飞机的需求量和供给量。其中需求量用订单数量表示，供给量用新飞机的交付数量表示。图1-9显示的是从1996年到2015年历年波音和空客订单数量和当年交付民航飞机数量。第一，很显然，新飞机交付数量的变化程度远远小于订单数量的变化程度。第二，从1996年到2015年交付数量有变化，但变化幅度很小。

二、全球民航飞机的需求分析

（一）民航飞机需求的影响因素分析

从整个国际宏观系统来看，民航飞机需求受很多复杂的经济变量影响，但从用途来看，民航新飞机的需求来自三个方面：自然增长需求、新市场需求、替代需求。

1. 自然增长需求。自然增长需求主要来自经济的增长。经济增长带来居民消费水平的提高、商品交易的繁荣，促进了商务出行的人数和次数；商品交易的繁荣增加了货运的频率和规模，消费增长的同时休闲旅游的出行也得到提升。旺盛的民航出行需求开始可以通过增加民航飞机飞行频率来满足，但最终表达为对新民航飞机的需求。

2. 新市场需求。这里的新市场是指新的民航市场以及新的航线。一方面，伴随着航空运输业的自由化趋势，更少的航空管制和新航线的增加非常明显地促进了新兴市场对民航飞机的需求。另一方面，在发达国家，随着廉价航空的运营，很多过去被认为需求并不足以支撑航线盈利的路线也会成功运营。新市场和新航线的开发，必然会导致对民航飞机需求量的增加。

3. 替代需要。所有的资产都有寿命，民航飞机也不例外。随着服役时间的增长，民航飞机需要的维护和维修费用将逐渐上升。当达到民航飞机资产的边际收入等于边际成本时，就意味着民航飞机经济寿命的终结。相对于其他资产，民航飞机的实际使用时间通常更短。首先，航空公司为了增强竞争力，会引进新飞机，以提升乘机体验；其次，油价上涨导致运营节能型新民航飞机更为划算；最后，为了适应最新的碳排放监管需要更换旧机型等。新民航飞机替代旧民航飞机是预测民航飞机需求量的重要组成部分。

（二）民航飞机需求和GDP增长之间的关联性

首先看弹性。空客的研究表明，在过去40多年中，旅客周转量（RPK）的增速对世界经济增速的弹性约为1.3，而Ascend公司的研究结果是2.0。也就是说，全球GDP增长1%，飞机需求增长1.3%~2%。

其次看增长率。历史数据表明，虽然战争、恐怖袭击、原油价格飞涨和金融危机都对航空业产生了负面影响，但在过去45年中，航空需求显示出强劲的持续增长力，年均增长率约为5.8%，同一时期实际GDP年均增长率约为3.6%，民航飞机数量增长率约为4.1%。

最后看市场预测。根据波音最新的市场预测，2015年到2035年全球GDP增速为2.9%，航空需求增速为4.8%。波音认为全球范围内中产阶级人数的持续增加，尤其是亚洲新兴市场——中国和印度庞大的人口基数，将为航空需求的上涨提供坚实的支持（见图1-10）。

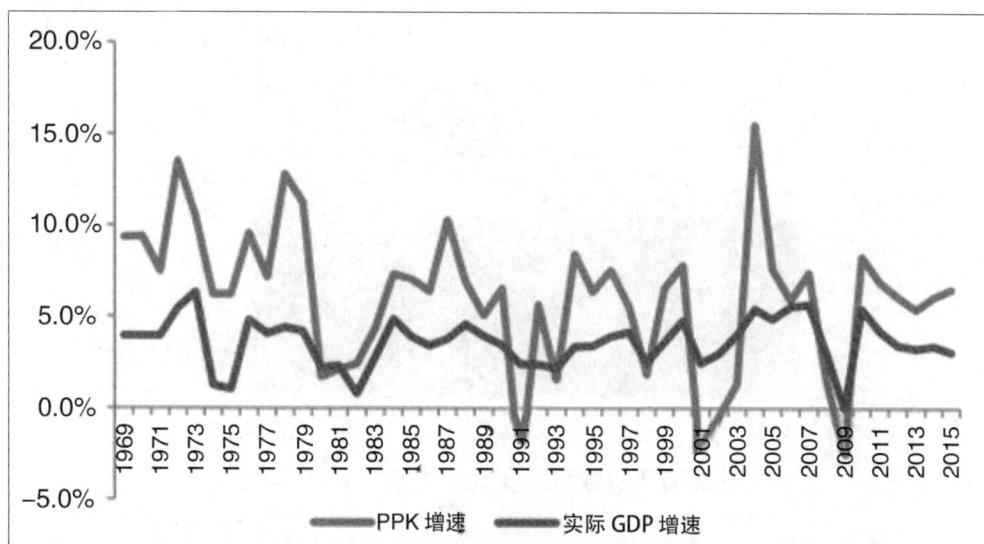

图 1-10 航空需求增速与实际 GDP 增速高度相关

图1-10横坐标表示时间，纵坐标表示旅客周转量的增速和实际GDP的增速。从长期趋势来看，两者具有趋势大致相同；从增速来看，除了1991年、2001年、2009年以外，其他年份旅客周转量的增速均大于实际GDP的增速。

（三）民航飞机需求的长期趋势预测

空客和波音在2015年和2016年分别发布了对未来20年民航飞机市场的预测，预测结果都非常乐观。空客认为，全球机队数量将从2015年初的17354架增加至2034年的35749架，年均复合增长率为3.7%。其中原有机队按照每年7.1%的比例退役，20年间新民航飞机的总需求为3781架，替换需求占比为42%，而新增需求占比为58%（自然增长需求和新市场需求共同组成了的新增需求）。波音认为，全球机队数量将从2016年初的22510架增加至2035年的45240架，年均复合增长率为3.6%。其中原有机队按照每年6.7%的比例退役，20年间新民航飞机的总需求为39620架，替换需求占比为43%，而新增需求占比为57%（见图1-11、1-12）。

18395

31781

13386

17354

3968

2015 年初   2034 年

■ 原有飞机数量 ■ 替换需求 ■ 新增需求

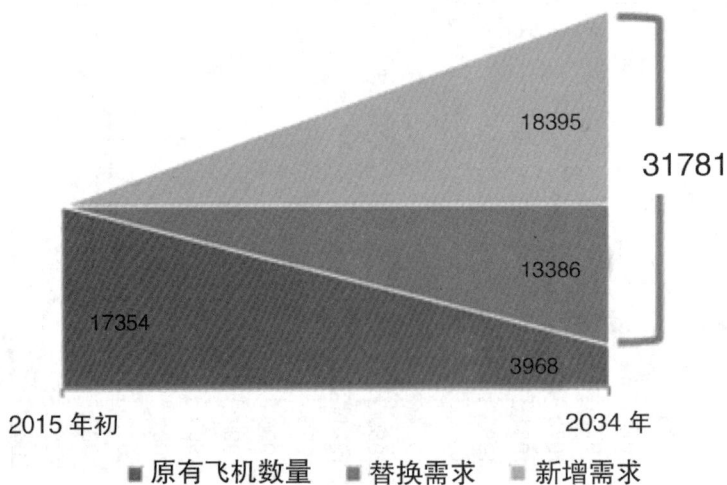

图 1-11　空客预测2015—2034年民航飞机需求量

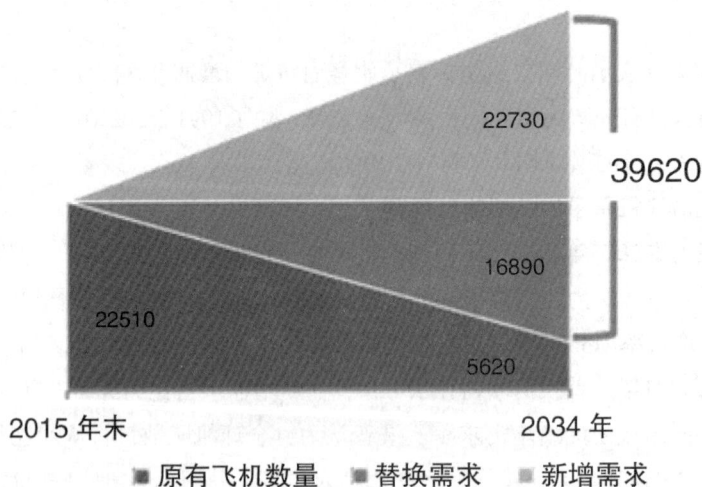

22730

39620

16890

22510

5620

2015 年末   2034 年

■ 原有飞机数量 ■ 替换需求 ■ 新增需求

图 1-12　波音预测2015—2034年民航飞机需求量

三、中国民用航空市场发展现状

随着我国国民经济的持续发展和人民生活水平的不断提高，航空运输行业在国家经济、社会发展和现代化建设中发挥着越来越重要的作用。我国作为全球人口最多、经济增长速度最快的国家之一，民航运输业近年来大部分时间里一直保持着10%以上的速度增长。2013年末、2014年末、2015年末，我国民航运输飞机在册数分别为2152架、2370架、2650架，年复合增长率为10.97%。经过30多年的发展，中国目前已成为全球第二大航空运输市场，航空客、货、邮运输需求均同步增长。

根据波音公司在2015年发布的中国市场展望报告，预测未来20年中国将需要6330架新飞机，总价值约为9500亿美元；中国民航机队规模在未来20年将扩大到现在的3倍，到2034年将增至7210架。在全球范围内，波音公司预测世界未来20年内将需要38050架新飞机，总价值合计5.6万亿美元。其中，中国在新机交付数量和市场价值方面均占全球总量的近17%。目前，中国国内航空运输市场规模是美国的40%。根据预测，中国将在2030年超越美国成为全球最大民航运输市场。

2015年9月，中航工业在北京航展现场举行2015—2034年民用飞机中国市场预测年报新闻发布会，发布了对未来20年中国民用飞机市场的最新预测：预计到2034年末，中国航空公司客机机队规模将达到6360架，其中大型喷气客机5378架，支线客机982架；货机机队规模将达到708架。预计2015—2034年，中国需要补充各型民用客机5522架（不包括香港、澳门特别行政区和台湾地区的航空公司的需求），其中大型喷气客机4580架，支线客机942架。民航机队的持续增长将给民航机载设备研制、机载设备维修以及测控设备研制行业带来广阔的市场。

第五节　通用航空市场

所谓通用航空是指除军事、警务、海关缉私飞行和公共商业航空运输飞行以外的航空活动。用于此类活动的飞机统称为通用飞机。通用航空产业以公务机、轻型飞机、直升机、运动飞机等飞机制造为核心。通用航空器飞行高度属低空空域范围。低空空域通常是指不影响运输航空航线的空域，美国法令规定3000米以下为低空，该标准并同时被世界多国所认同。

通用航空广泛应用于抢险救灾、气象探测、海洋监测、科学试验、遥感测绘、教育训练、文化体育、旅游观光等领域，产业链涉及冶金化工、先进材料、电子信息、新能源以及基础设施建设、人员培训、金融服务等各个领域。从通用航空产业链构成来看，通用飞机制造是核心，上游是配件制造，下游是销售；前段是设计，后端是试飞。接下来是通用航空运营配套产业链，包括直接运营、人员培训和机场服务。最后一个环节是MRO（维修、修理和大修），保证飞行安全和保持飞机性能（见图1-13）。

```
              ┌─────────────┐
              │ 通用航空     │
              │ 产业         │
              └──────┬──────┘
         ┌───────────┴───────────┐
    ┌─────────┐            ┌─────────┐
    │ 核心产业 │            │ 关联产业 │
    └────┬────┘            └────┬────┘
         │                      │
 ┌───────────────┐      ┌──────────────┐
 │ 通用航空器制   │      │ 金融保险配套  │
 │ 造、维修       │      └──────────────┘
 └───────────────┘
 ┌───────────────┐      ┌──────────────┐
 │ 通用航空运营   │      │ 电子信息、新型 │
 │               │      │ 能源等高科技产 │
 └───────────────┘      │ 业集群         │
                        └──────────────┘
 ┌───────────────┐      ┌──────────────┐
 │ 运营综合保障   │      │ 服装、橡胶等传 │
 │（空管、机场、  │      │ 统制造业       │
 │ 油烊、MRO ）   │      └──────────────┘
 └───────────────┘
```

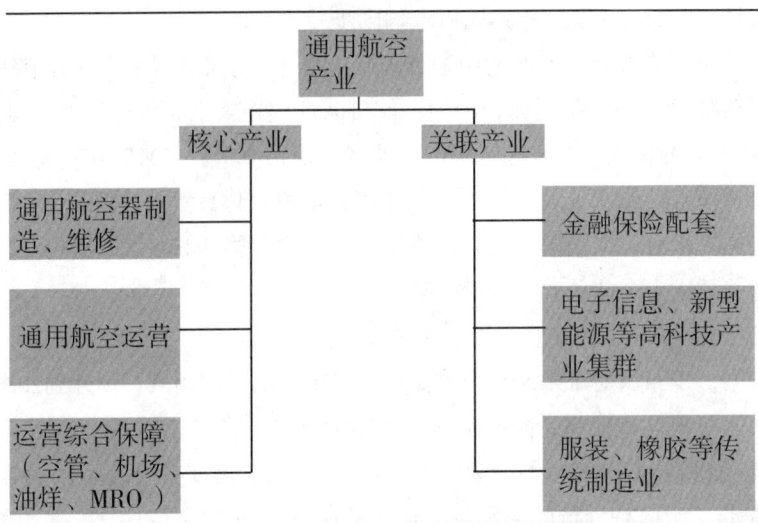

图 1-13　通用航空产业链

　　通用航空产业投资效益巨大，投入产出比例高达1∶10，就业带动比1∶12，远高于汽车等传统装备制造业。随着通用航空向各个领域的渗透，通航产业正逐步成为带动科技、旅游、农业等传统产业升级和经济发展方式转变的重要力量。

一、全球通用航空产业特点

（一）全球通用航空产业规模不断扩大

　　根据美国通用航空制造商协会（GAMA）发布的《2011年通用航空统计手册及产业展望》（General Aviation Statistical Databook & Industry Outlook 2011）数据显示，2011年全世界约有通用飞机32万架，占所有民用飞机的90%。其中，美国拥有通用飞机22.3万架，占世界总量的69.7%。2011年，全球通用飞机交付量为1865架，是1994年的1.7倍；销售收入为191.0亿美元，同比增长0.4%，是1994年的5.1倍。其中，活塞发动机飞机、涡轮螺旋桨飞机及商务喷射机的交付量分别为860架、324架和681架；销售收入分别为4.1亿美元、10.9亿美元和175.9亿美元，分别是1994年的3.7倍、1.5倍和6.0倍（见表1-2）。

表1-2　2011年全球通用飞机交付量及销售收入

项目			2011年	2011年与1994年相比
全球通用飞机	交付量		1865架	1.7倍
	销售收入		191.0亿美元	5.1倍
	活塞发动机飞机	交付量	860架	—
		销售收入	4.1亿	3.7
	涡轮螺旋桨飞机	交付量	324架	—
		销售收入	10.9亿	1.5
	商务喷射机	交付量	681架	—
		销售收入	175.9亿	6.0

从区域交付量看，2011年北美洲、欧洲、亚太地区、拉丁美洲及中东和非洲地区，活塞发动机飞机交付量占全球的比重分别为58.5%、12.6%、15.9%、8.5%和4.6%，涡轮螺旋桨飞机交付量占全球的比重分别为58.4%、12.3%、14.5%、11.9%和3.0%，商务喷射机交付量占全球的比重分别为50.3%、19.5%、13.5%、9.7%和7.1%（见表1-3）。

表1-3　2011年各地区通用飞机交付量全球占比

	活塞发动机飞机	涡轮螺旋桨飞机	商务喷射机
北美洲	58.5%	58.4%	50.3%
欧洲	12.6%	12.3%	19.5%
拉丁美洲	15.9%	14.5%	13.5%
中东	8.5%	11.9%	9.7%
非洲	4.6%	3.0%	7.1%

从商务喷射机制造商看，美国赛斯纳（Cessna）、加拿大庞巴迪、美国Gulfstream（湾流）、巴西航空工业公司（Embraer）、法国达索猎鹰公务机等位居前五位，2011年交付量分别为183架、182架、107架、99架和63架。

从涡轮螺旋桨飞机制造商看，美国赛斯纳（Cessna）、瑞士皮拉图斯（Pilatus）、美国Hawker Beechcraft（豪客比奇）、法国Socata（法国宇航集团Daher子公司）、美国派珀飞机（Piper Aircraft）等位居前列，2011年交付量分别为93架、69架、55架、38架、32架。

从活塞发动机飞机制造商看，美国西锐设计公司（Cirrus Design Corporation）、美国赛斯纳（Cessna）、奥地利钻石（Diamond）飞机公司、美国派珀飞机（Piper Aircraft）、美国Champion飞机公司等位居前列，2011年交付量分别为255架、245架、

182架、104架和29架。

（二）发达国家继续主导全球通用航空产业

从全球看，通用航空产业主要集中在美国、欧洲、加拿大、澳大利亚等发达国家和地区。美国拥有成熟的通用航空市场，通用航空产业链的上游、中游和下游企业之间相互推动、相互制约，形成完整的产业链条，是世界通用航空产业最为发达的国家。目前通用航空业已成为美国国民经济增长的重要引擎之一，2011年美国拥有通用飞机22.3万架，占世界总量的69.7%，拥有近2万个通用航空机场，飞行时间超过2500万小时（2/3以上的时间是商业用途飞行），年载客量高达1.66亿人次，通用航空产业给美国带来直接的经济产值超过500亿美元，间接的经济产值超过1500亿美元，占美国GDP的1%以上，并提供了126.5万个就业岗位。2011年，美国通用飞机交付量为1215架，销售额为84亿美元，与2009年相比增长17.1%。其中，活塞发动机飞机、涡轮螺旋桨飞机及商务喷射机的交付量分别为668架、193架和354架，销售收入分别为3.4亿美元、5.6亿美元和75.1亿美。2011年，美国通用飞机出口量为486架，出口额为43亿美元。

（三）新兴工业化国家是未来通用航空发展的重要市场

全球经济的快速发展，极大地激发了全球新兴工业化国家大力发展通用航空产业的热情。2011年，巴西、俄罗斯、印度和中国GDP同比增速分别达到5%、4.2%、9%和10%，平均经济增速远高于同期的美、欧、日等发达经济体，是名副其实的世界经济发动机。巴西和南非是通用航空市场开发最早的新兴市场国家，通航飞机保有量均超过1万架。巴西、俄罗斯、印度、中国和南非等金砖五国国土面积总和占全球的30%，总人口29.65亿，占全球的42%，目前总共拥有通用飞机约4.5万架，占全球的比重不足15%，未来市场发展空间大。当前，延续世界范围内产业转移的大趋势，包括通用航空制造业在内的高端制造业由发达国家向发展中国家转移的比重逐年增加。印度被众多直升机制造商视为未来几年最有潜力的市场；欧洲几个著名通用飞机制造商纷纷到印度和中国寻找合适的合作伙伴，旨在打造多种型号直升机和公务机的支持和生产中心，满足新兴国家和全球市场的需求。

二、我国通用航空产业发展概况

经过60多年快速发展，我国通用航空产业从无到有、从小到大，为中国民航各项事业的发展奠定了基础，也为国民经济和社会发展发挥了重要作用。

据了解，目前国产轻型飞机中，最便宜的是北航生产的蜜蜂系列，价格在15万~32万元；北京科源和厦门飞机有限公司生产的AD200和AD100飞机，价格都在20万元左

右；沈阳飞机制造公司与捷克埃维特合资生产的EV97超轻型飞机，价格在50万～60万元；石家庄飞机制造厂生产的小鹰500轻型飞机，价格是199万元。南方多家航空俱乐部使用的赛斯纳飞机价格在100多万元。而外国的轻型飞机中，特别适合初学者的轻型飞机塞斯纳172R也要18万美元。据了解，现在停降在北京首都机场的私人飞机售价一般在100万～1000万元人民币，以300万～400万元的居多。

（一）产业规模不断扩大

2013年底，通用航空企业适航在册航空器总数达到1519架，其中教学训练用飞机340架。截至2013年底，获得通用航空经营许可证的通用航空企业189家。其中，华北地区48家，中南地区39家，华东地区36家，东北地区20家，西南地区24家，西北地区16家，新疆地区6家。2013年，我国通用航空生产作业飞行59.1万小时，比上年增长14.3%。其中，工业航空作业完成9.64万小时，比上年增长25%；农林业航空作业完成3.41万小时，比上年增长7%；其他通用航空作业完成45.89万小时，比上年增长12.5%。

"十二五"初期，中国有通航企业148家，通用航空飞机规模达到1269架。2011年，我国通用航空产业产值约为90亿元，同比增长85.5%。截至2011年底，我国持有通用航空经营许可证的企业共有123家，通用航空飞机1124架（同比增长85.5%），通用航空从业人员为10861人，通用航空机场和临时起降点共有286个。2011年，全国通用航空共完成作业飞行小时50.27万小时，同比增长28.5%。其中，工业航空作业达5.67万小时，同比减少13.4%；农林业航空作业达3.32万小时，同比增长11.9%；训练飞行达37.22万小时，同比增长40.8%；其他通用航空作业达4.07万小时，同比增长29%。民航局的统计公报显示，2013年我国通用航空的飞行总量达到60万小时。

（二）产业基础不断夯实

在自主研发生产多种型号军用飞机和大型民用运输机的基础上，我国已经具备了自主研制和批量生产通用飞机的能力，涌现出了诸如中航工业通用飞机、江西洪都航空工业、中航工业哈尔滨飞机、山东滨澳（生产奥地利钻石系列飞机）、中航工业直升机、中航工业沈阳飞机（与美国塞斯纳合作生产塞斯纳162轻型飞机）、中俄直升机技术（青岛）有限公司、青岛海利直升机等一批龙头企业，通用航空产业发展基础不断夯实。我国通用飞机制造业经过多年的发展已建立了完整的研发、试验、生产和服务体系，具备了自主研制和批量生产部分型号通用飞机的能力。固定翼飞机方面，除已自行设计完成的Z9、Z11、N5A、H425等型号外，目前在制和在研的主要型号有运-5B、运-12、运15-2000、小鹰500等轻型多用途飞机；天骄200、天骄100喷气式公务机，领航100和领航150涡桨增压公务机；海鸥300和蛟龙600水陆两栖飞机；SR22私人飞机等。在民用直升机方面，目前，我国已经突破了以直升机总体设计和旋翼体系为代表的核心技术，具备了第三代直升机的研发能力。除直5、直8、直9、直11、H410、H425等已投入了批量生产外，新近自主研制的AC系列通用直升机整机性能已达到了国际第三代直升机水平。

（三）产业基地不断发展

目前，我国已经建立了西安、沈阳、哈尔滨、安顺、成都、上海、天津、珠海等8个国家或省部级航空高技术产业基地。此外，山东滨州、江西南昌、河北石家庄等地也都在积极发展以制造为基础的通用航空产业基地（见图1-14）。

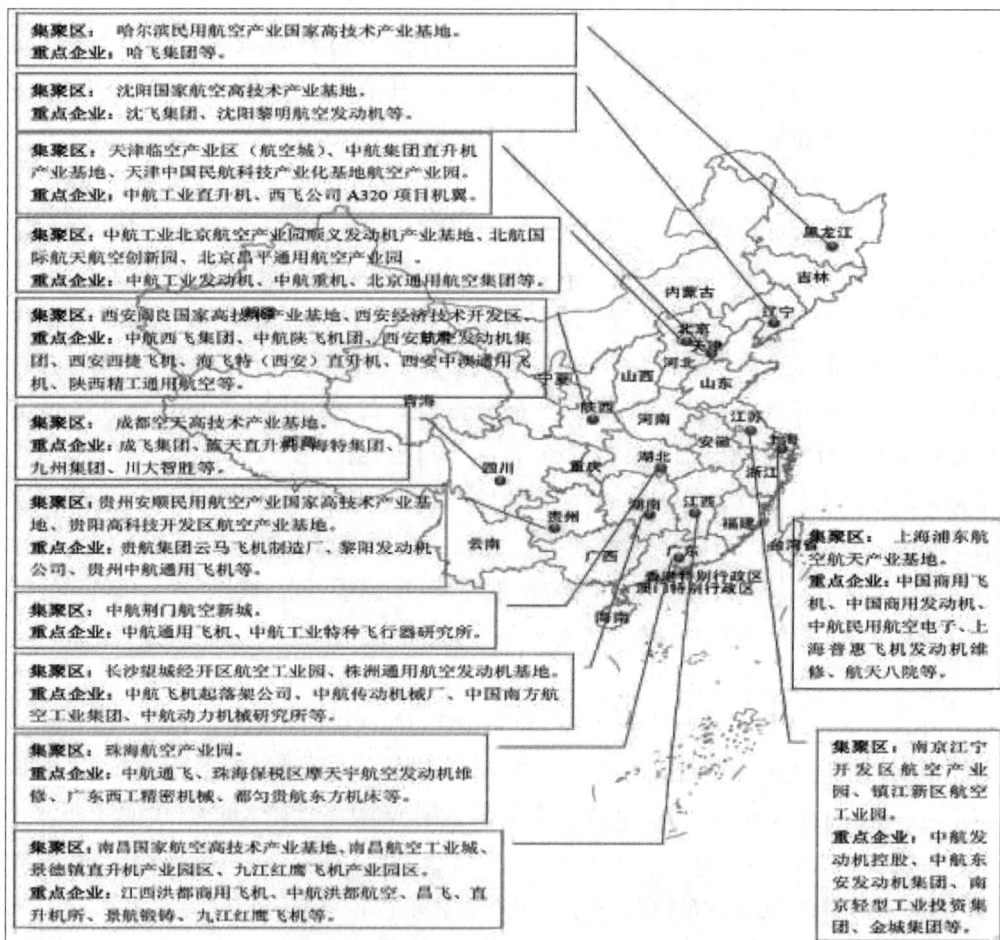

图 1-14　全国通用航空产业集聚区分布图

资料来源：工业和信息化部电子科学技术情报研究所

（四）政策体系不断完善

2009年，国家空管委、民航局先后发布《关于加快通用航空发展的意见》和《关于印发加快通用航空发展有关措施的通知》，提出设立通用航空专项资金，对农林航空、紧急医疗救护、应急救援等公益性通用航空项目依据作业飞行量按年度进行补贴，提升通用航空作业服务能力。从2010年开始，民航局每年安排的补贴资金额度不低于1.5亿元，并纳入民航预算管理范畴。2010年11月，国务院、中央军委发布《关于深化我国低空空域管理改革的意见》，提出用5~10年时间有管制地逐步开放高度1000米以下和高度4000米（含）以下的低空空域，首次明确了深化低空空域管理改革的总体目标、阶段目标和主要任务。2015年，在全国范围内推开低空空域改革，并在北京、兰州、济南、南京、成都飞行管制区分类划设低空空域，初步形成全国一体的低空空域运行管理和服务保障体系。2011年4月，民航局发布《中国民用航空发展第十二个五年规划》，提出要加快基础设施建设，扩大服务领域和规模，加快通用航空事业发展。当前，我国低空空域的逐步开放，为通用航空产业的发展提供了广阔空间，使得困扰我国通用航空发展的根本难题得以缓解。

虽然我国通用航空产业已取得较快发展，但与发达国家相比，我国通用航空产业发展仍然相对滞后。当前，我国通用航空产业整体规模不大，通用飞机制造企业数量少、型号少，发展水平较低，通用航空产业价值链很不完善，这与我国国土面积、人口数量和快速发展的经济实力极不相称。2011年，我国通用飞机数量为1124架，其中我国拥有的通用飞机大部分为进口飞机，国产飞机所占比例不足40%，而同期美国通用飞机数量却高达22.3万架，加拿大、澳大利亚、巴西等国家通用飞机的数量也达到3.1万架、1.1万架和1.0万架；我国通用航空飞机占民用飞机的比例只有35.2%，而世界民航发达国家的比例则为80%以上；我国通用航空机场仅有70个（不包括临时起降点），而同期美国通用航空机场数量却达到1.95万个；我国通用航空产业关键岗位人才缺乏，目前持证飞行的驾驶员仅有1700多名，而美国却有近60万名；我国目前通用航空市场主要集中在政府、企业支付为主的航空作业，公务飞行占比约为6%，远低于全球50%的占比。此外，我国通用航空产业发展还存在低空开放晚且区域少，基础设施和服务体系不健全，相关政策法规和制度体系不完善等诸多制约因素。

当前，我国发展通用航空产业的瓶颈是目前的空域管理体制，空域不开放，生产的通用飞机无法起飞。目前，国内除民航航路和机场上空的空域是由民航总局管辖外，其他空域全部是实行军事管制。而在欧美等发达国家，低空领域是完全开放的。以美国为例，其3000米以下空域完全开放，这就使得其通用航空产业快速发展。这种产业归口于民航、空域归口于军方的体制，是我国通用航空远远落后于公共航空运输的原因之一。国际经验表明，当人均GDP达到4000美元时，通用航空将进入快速发展通道。中国作为全球第二大经济体，2011年全国有13个省市人均GDP超过4000美元。初步测算，未来十年，全国将需要各类通用航空飞机1万~1.2万架，年均复合增长率20%左右，我国通用航空产业面临爆发式增长，市场潜力巨大。

第六节　军用飞机市场

美国凭借其强大的航空军事实力和政治影响力，成了军用大型运输机领域当之无愧的龙头。

一、世界大型军用飞机市场

20世纪80至90年代初，世界大型军用运输机的研发进入了高峰期。然而，在这一领域的竞争者只有美、俄（苏）两个超级大国，欧洲的发达国家尽管具有研制大型运输机的能力，但在军用运输机竞争的舞台上，他们也只能做看客，英、法、德、意等国空军使用的还是美国20世纪五六十年代研制的中型战术运输机。作为空客公司最新研制的A400M 运输机，在2010年初首飞后甚至一度传出研发难以为继的消息，原因是该项目已经严重超支，英、法、德等欧洲7国为该项目已经投入了 200多亿欧元，足可以买500架美国新型的C-130J。让一个能够制造出空客380的航空巨无霸公司投入了如此高的成本，军用运输机的研发难度可想而知（见表1-4、1-5）。

表 1-4　全球代表性大型军用运输机参数

型号	C-130	A400M	IL76	Y-20	C-17	C-5
定位	中型四发涡扇式多用途战术运输机	四发大型螺旋桨运输机	四发大型军民两用战略运输机	四发涡扇重型运输机	四发大型战略战术运输机	四发大型战略战术运输机
机长(m)	29.8	45.1	46.6	47	53	75.5
翼晨(m)	40.4	42.4	50.5	45	51.75	67.9
最大起飞重量（t）	70.3	141	210	220	265	381
载重（t）	20	37	60	66	77	122
满载航程(km)	3800	3300	5000	4500	4482	4440
发动机	四台 T56-A-15 turboprops	四台 TP400-D6 turboprops	四台 PS-90A-76	四台 D-30KP-2 后期换装 WS-18/WS-20	四台 F117-PW-100 tutbofan	四台 TF39-GE-1C high-bypass turbofan

表1-5 世界前十大军用运输机占比

排号	型号	公司	国家	数量	占比
1	C-130/L-100	Lockheed Martin	美国	947	22%
2	King Air	Raytheon	美国	302	7%
3	C-17	Boeing	美国	269	6%
4	C-295/CN235	Airbus	欧洲	261	6%
5	AN-24/26	Antonov	乌克兰	240	6%
6	IL76	UAC	俄罗斯	167	4%
7	AN-30/31	Antonov	乌克兰	140	3%
8	Cessna 208	Cessna	美国	128	3%
9	C160	Transall	法国&德国	119	3%
10	C212	Airbus	欧洲	94	2%
--	其他	--		1617	38%
	总计	--		4284	100%

受制于军用飞机的敏感性,世界政治格局逐渐形成了欧美及其同盟国、中俄及其他独联体和其他国家三个阵营。美国凭借其强大的航空军事实力和政治影响力,成了军用大型运输机领域当之无愧的龙头。在世界前十大运输机中,有4架由美国厂商制造,而仅由美国洛克希德·马丁公司生产的 C-130 "大力神"运输机就占据了全球军用运输机数量的 20% 以上,以洛克希德·马丁、波音公司为代表的美国企业独霸了全球军用运输机一半以上的市场。

而曾一度与美国相抗衡的前苏联在解体之后,其原先航空产业分成了乌克兰和俄罗斯两个分支。其中归属于乌克兰的安东诺夫飞机设计局,曾设计出 An-22、An-124、An-225 等著名的大型军用运输机,其设计的 An-225 至今仍是世界上最大的运输机。然而受制于乌克兰特殊的世界政治经济地位,安东诺夫公司的发展一直举步维艰,并在2015年正式被乌克兰政府清算,其旗下的几个部门并入到乌克兰国有军工企业 Ukroboronprom 中,更换了所有管理层。至此,俄罗斯的联合航空制造集团公司(UAC)成了唯一能与美国在大型军用运输机领域相抗衡的公司。

二、世界军用特种飞机市场

特种飞机的主要使命任务是预警探测、指挥引导、信息对抗和情报支援保障,主要机型包括预警机、电子战飞机、反潜巡逻机和加油机,另外还有其他辅助类特种飞机,如医疗救护机、航测机等。

(一)军用特种飞机市场现状

根据Milicas数据库的统计,近10年全球特种飞机市场交付总量接近600架,年交付量出现较大波动。2008年以前,全球特种飞机年交付量基本维持缓慢增长,处于40～50

架的水平。从2009年开始，全球特种飞机交付量出现了大幅增长，从2008年的47架上升到2009年的84架，这主要是因为美国比奇公司的空中国王系列电子战飞机交付量大增，同时赛斯纳公司的CE208B特种飞机开始交付。2009年之后，特种飞机年交付量开始逐年小幅回落。2013年，全球军用特种飞机年交付量相比上年下降32.9%，回落到49架，基本回到2008年的水平。2014年，全球军用特种飞机交付量相比上一年基本持平。

俄制特种飞机的竞争力持续减弱。目前，俄罗斯除了伊尔-78加油机外，其他机型基本不具有竞争力。其过去的传统市场也不断被蚕食。如前所述，印度采购A-50EI预警机只是由俄罗斯提供了伊尔-76MD飞机平台。2009年，印度采购美国12架P-8I，目的也是替换其海军的8架俄制图-142MK-E海上巡逻机。

（二）未来市场预测

根据DMS预测，未来10年全球特种飞机市场呈现较高的市场集中度。从交付数量预测来看，波音公司交付量将占56%，位居行业领先地位；洛克希德·马丁公司排在第2，市场份额为21%；另外，诺斯罗普·格鲁门和日本川崎重工也将占据较大市场份额。前4家公司交付量将占到全球总量的94%。交付价值的市场结构基本与交付量保持一致。按价值计算的话，空客公司将占据5%的市场份额，这表明空客公司未来将交付一批高价值的特种飞机。

目前的中大型军用特种飞机价格较高，对于国力一般的国家而言，要做到完全购买新机型替换老旧机型比较困难。因此很多国家为了节约军费开支，更倾向于对现有特种飞机进行升级或延寿。在进口了E-2C"鹰眼"预警机的国家中，除了新加坡准备用以色列的Eitam"白尾海雕"加以替换外，其余各国均选择将其升级为E-2C-2000E。因此未来全球军用特种飞机市场需求以改型升级为主，新机市场不会出现大幅增长，对于想打入这个市场的新厂家而言难度很大，他们只能把目光投向那些之前没有装备过特种飞机但未来可能存在需求的国家。

虽然特种飞机的主要战术技术性能是由机载任务系统和武器装备来决定的，但是飞机平台作为特种飞机的基础，其性能直接决定了特种飞机的发展潜力。目前的中大型特种飞机都有向更大型飞机发展的趋势，这主要是由于主要军事强国不断扩大国防安全边界和情报侦察范围，要求新型特种飞机具有更远的航程和更长的续航时间。随着越来越多的作战飞机具备了隐身能力，作为战斗力倍增器的特种飞机在未来战争中需要配合隐身战机的纵深作战，因此其他特种飞机的隐身化在远期内是一种必然趋势。

三、我国军用飞机市场

航空工业是国家战略性高技术产业，号称现代工业"皇冠上的明珠"，是国防空中力量和航空交通运输的物质基础。大力发展航空工业，是满足国防战略需要和民航运输需求的根本保证，是引领科技进步、带动产业升级、提升综合国力的重要手段。经过60多年的艰苦创业，在国家系列政策的支持和鼓励下，我国航空工业飞速发展，并基本建立了独立自主的航空工业体系，取得了举世瞩目的成就。

（一）我国军费开支现状

按照国防经济学术界观点，军费在GDP中占比2%～4%，是国家军事安全区间。我国军费占GDP比重常年低于2%，增长的空间较大。2015年我国军费预算8869亿元，增速为10%，较上年增长了近800亿元。从2004年《中国国防白皮书》开始，空军和海军的现代化建设及装备升级被列为我军重点发展方向，国防经费支出开始向空军和海军倾斜。2015年"战略空军"定位首获官方确认，标志着我国空军发展即将进入崭新阶段，未来我国空军的发展将得到更多国防军费支持。

此外，在国防军费预算占GDP比重较低的情况下，我国的国防军费支出比重也呈现出新的阶段性特点。根据凤凰网资讯军事频道"2014年军费预算增长至8082亿，重点向武器装备倾斜"文章报道，我国军费支出已由"调整、改善军人工资待遇和部队生活条件"向"增加高新武器装备及其配套设施投入"转变，未来我国将由军事大国向军事强国转变，武器装备采购经费投入在较长时期内将维持较高水平，从而带动军用航空产业的发展。

（二）我国军用飞机市场发展现状及趋势

2013年11月，《中共中央关于全面深化改革若干重大问题的决定》就军队体制编制明确改革方向，要求"优化军队规模结构，调整改善军兵种比例、官兵比例"。未来，国防经费将进一步向海、空军等重点军兵种倾斜。中国空军的发展先后经历了"国土防空""攻防兼备""战略空军"三个阶段，目前中国空军已进入大力发展"战略空军"阶段。同时，随着我国航母事业的快速发展，我国将形成一定规模的海军舰载机队。据飞行国际《2013至2014年度世界空中力量发展报告》统计，我国各军队拥有的军用飞机总数2860架，占世界军用飞机总数的6%；相比较而言，美国军用飞机数量遥遥领先，达到了13902架，占世界军用飞机总数的27%（见图1-15）。

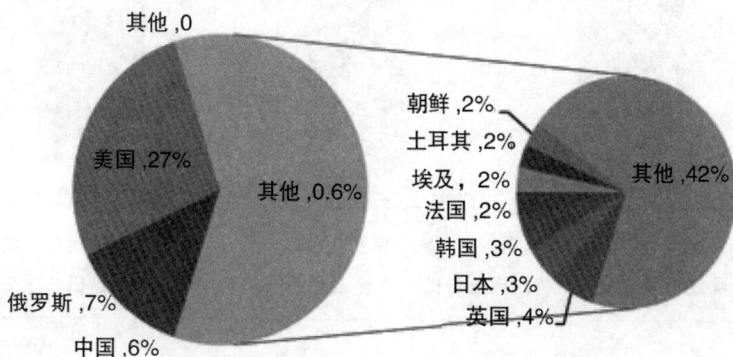

图 1-15　各国军队拥有的军用飞机情况

从军用飞机研制格局来看，我国自主研制的军用飞机的机型谱系分布较广，包括战斗机、轰炸机、攻击机和战斗轰炸机在内的作战机及运输机、教练机、加油机、预警机、无人机等各领域均有涉及，研制格局相对完整。

战斗机通常低空机动性好，装备中近程空对空导弹，通过中距空中格斗，近距离缠斗击落敌机以获得空中优势或为己方军用飞机护航，战斗机在取得制空和拦截敌方轰炸机方面扮演着重要角色。轰炸机除了投掷常规炸弹外，它还能投掷核弹或发射空对地导弹，具有突击力强、航程远、载弹量大等特点，是航空兵实施空中突击的主要机种之一。攻击机也称强击机，主要用于从低空、超低空突击敌战术或浅近战役纵深内的目标，直接支援地面部队作战。战斗轰炸机也称歼击轰炸机、战斗攻击机，主要用于突击敌战役战术纵深内的地面、水面目标。军用运输机是一种用于空运兵员、武器装备的军用飞机。教练机是训练飞行员从最初级的飞行技术到能够单独飞行与完成指定工作的特殊机种。加油机多由大型运输机或战略轰炸机改装而成，是给飞行中的飞机补加燃料的飞机，其作用可使受油机增大航程，延长续航时间，增加有效载重，以提高航空兵的作战能力。目前战斗机和运输机是我国较为核心的空中力量。

我国掌握飞机制造技术较晚，因此在航空器研制技术上落后于以美俄为代表的世界先进水平近一个代际。据Flightglobal（飞行国际）《2013至2014年度世界空中力量发展报告》估算，我国空军海军战斗机总数为1066架，稍稍落后于美国的1454架和俄罗斯的1218架，但我国战斗机列装质量与美俄有较大差距。美国空军目前已经淘汰了所有的三代战斗机，所有战斗机均为四代以上机型，俄罗斯也早已淘汰了全部二代战斗机。而我国空军仍保留二代歼-7和歼-8作为主力机型，未来20年内，歼-7可能全部退役，歼-8也将有部分退役，我国空军海军战斗机需求庞大（见图1-16）。

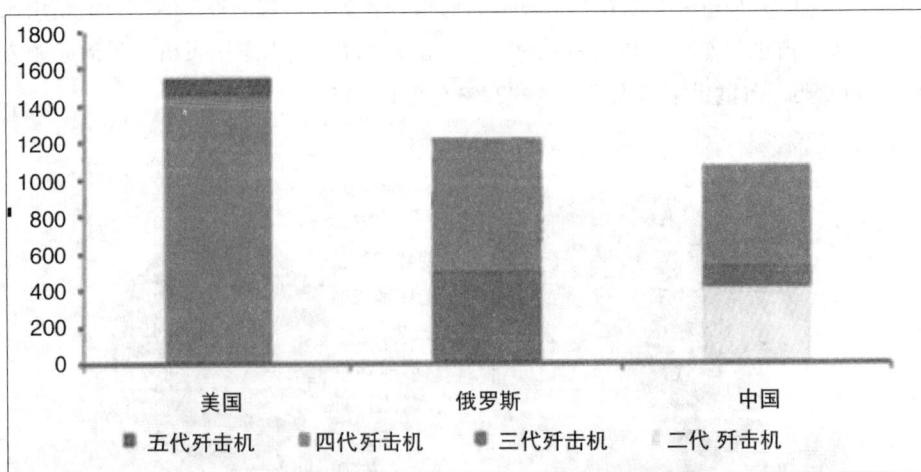

图 1-16　截至2014年美俄中三国各代表战斗机对比

在运输机列装方面，我国目前与国际先进力量相比存在差异。据Flightglobal（飞行国际）《2013至2014年度世界空中力量发展报告》统计，我国运输机保有量仅为182

架，而美国则达到1094架。美国已经建立了战略运输机、战术运输机和运输直升机三者相结合的兵力投送体系。无论是远距离、近距离还是局部地区的作战任务，美军都能使用适用机种进行应对。

总体来看，我国空军目前正在向战略空军转型，远程奔袭、大区域巡逻、防区外攻击能力仍然有限，四代以上战斗机和大型运输机需求旺盛，而海军也对军用飞机有一定的需求。当前我国军用飞机正处于更新换代的关键时期，未来20年现有绝大部分老旧机型将退役，歼-10、歼-11、歼-15、运20等将成为空中装备主力，歼-20、歼-31也将有一定规模列装，运输机、轰炸机、预警机及无人机等军机也将有较大幅度的数量增长及更新换代需要。

（三）我国军用飞机市场需求

海通证券研究所关于中航飞机的研究报告中预测，未来20年，中国包括战斗机和运输机等在内的军用飞机采购需求约在2900架，军用飞机市场规模将达到2290亿美元，折合人民币约1.4万亿元（见表1-6）。

表1-6　中国军用飞机采购需求

机种		飞机数量（架）	单价（万美元）
战斗机	四代轻	400	4000
	四代重	400	11250
	五代轻	300	9000
	五代重	300	14000
大飞机	中型运输机	200	2000
	大型运输机	100	15000
	中型加油机	100	4000
	大型加油机	100	1000
	中型特种飞机	100	5000
	大型特种飞机	100	15000
教练机		500	2000
合计		2900	总价值2290亿美元

补充阅读：

中国航空产业投资机会浅析

不可否认，近几年航空产业渐渐进入了不少中国投资机构或者个人的视野，在中国航空产业日益发展的过程中，尤其是国家的C919项目的上马，使不少紧跟国家战略的投资机构也纷纷投入到了航空产业的大潮中。

一、航空产业特点和事实

有些乐观人士觉得，航空产业已经来到了风口，然而总结起来，有如下几个特点（也有对应的几个客观事实）：

1. 无人机项目因为深圳大疆的发展，带动了整个无人机产业的飞速发展，无论是消费级的无人机，还是工业应用的专业无人机，吸金能力都不弱。不过整体而言，总投入不大，除了个别项目，大部分都是百万级别的投资额度，千万级别的寥寥无几，过亿元的投资项目就更加少啦。

2. 通航产业越来越火，这里最早应该是专业人士玩的产业，现在的通航产业更多的是非专业人士的跨界。通航产业园、飞机制造、通航公司、通航机场、通航维修、通航设备等，越来越热闹。然而通航产业，现在仍旧是鱼目混珠，尤其是所谓的商业模式创新层出不穷。造飞机项目，虽然表面看起来高大上，但其实更多的也就是引进了一条飞机组装作业而已。"通航+互联"网项目，更多的都难以持续和落地。航空小镇，本质上也就是房地产项目而已。

3. 民航运输业（通常叫作大飞机项目）发展速度独霸全球，由于飞机99%都是进口，国内资本能够参与的也就是投资租赁公司、航空公司、机场、维修、航材贸易等项目，而飞机制造则只有国家才可以跟进，民资还确实不具备一下投入几千个亿、长达数年烧钱的能力。然而大飞机项目、航空公司，国家也不敢大面积地放开。据说现在已经递交申请的有二十几家要申请筹备航空公司，已经开航的航空公司，国内也已经有30几家总共3000多架飞机。一旦开闸，航空公司的数量很快就要翻倍了。对于飞机总数量，已经有不少权威机构预测中国未来不用10年，飞机总量会翻倍超过6000架，确实前景美好。

关于民航产业，有以下四个比较显著的特点。第一是投资密集：项目投资大，回收期比较长，但是一旦进入企业的成熟期，经营指标是比较稳定的，而且受经济周期的影响不是特别大。第二是技术人才密集：它需要技术积累和高素质人才。第三是法规密集：研发、生产、运营及售后有一套完整的与国际接轨的法规和审批流程，所有从业人员和企业必须严格执行。第四就是航空产业国际化程度高，无论在美国，还是欧洲，航空产业国际融合程度很高，不仅仅是技术、生产、金融、人才，而且包括市场。

二、航空产业投资机会分布

波音预测未来20年将有价值5.6万亿美元的38050架新飞机交付。中国在新机交付数量和市场价值方面均占全球总量的近17%。目前，中国国内航空运输市场规模是美国的40%，根据预测，中国将在2028年超越美国成为全球最大的民航运输市场。可以从飞机数量方面、机场数量方面、人口数量方面、经济发展四个方面来总结（见表1-7）：

表1-7　中美民航运输市场情况

（货币单位：人民币）

序号	1	2	3	4
指标	飞机数量	机场数量	人口数量	经济发展
中国现有状况	大飞机3000多架；小飞机不足3000架	军民机场500个	13.8亿	2016年GDP增长6.7%，总量：74.4万亿元
美国现有数据	大飞机7000多架；小飞机23万架	将近2万座	3.3亿	2016年GDP增长1.9%，总量：128万亿元
中国10年后预测	大飞机超过6000架；小飞机超过20000架	达到2000座	14.2亿	超过美国，成为世界第一，总量预计为231万亿元
行业投资机会	a.航空材料 b.航空制造/OEM c.飞机、航材贸易 d.飞机租赁 e.飞机、发动机和零部件维修（MRO） f.零部件制造/PMA g.飞机拆解 h.设计研发	a.航空地产/临空经济 b.机场建设 c.配套路桥 d.设施设备 e.设计规划 f.候机楼商业 g.FBO h.航空勤务 i.航空油料	a.航空客运 b.旅游包机 c.公务机、私人飞机 d.医疗救护和保险 e.航空票务 航空公司（客货运）（121） 公务机公司（125） 通航公司（91） 包机公司（虚拟航空公司） 141/147/66等专业航空培训	a.航空货运 b.通航作业 c.航空货代
投资主线	按照飞机产业链上下游延伸	按照机场产业链向下游延伸	按照航空公司客货运产业链上下游延伸	

三、航空产业投资规模分类

通常，投资规模超过10亿元以上的项目，民企、私企不容易把握这样的机会，尤其是整机研发和制造项目、大型发动机项目、大型机场项目、航空地产项目等，10亿元应该是一个比较合理的规模分类。当然，这仅仅是投资初期，对于很多项目通过团队的努力，民企、私企一样也可以做到超过10亿元规模的项目（见表1-8）。

表1-8　航空产业投资规模

（货币单位：人民币）

1000亿元以上	100亿~1000亿元	10亿~100亿元	1亿~10亿元	1000万~1亿元
大飞机研发和制造；大发动机的研发和制造；大型飞机租赁公司；枢纽机场临空经济/航空地产，比如真正意义的航空小镇项目、航空产业园等	大型航空公司；大型公务机公司；中型飞机制造公司；发动机制造公司；飞机租赁项目枢纽机场建设；航空油料项目；支线机场航空地产项目	中型航空公司；公务机公司；大型通航公司；干线机场建设项目；机场配套路桥项目；枢纽机场候机楼项目；APU、起落架等高架航空零部件制造项目；141飞行学院、飞行模拟机项目；航空教育项目飞机/发动机MRO项目；飞机拆解基地项目；大型航材贸易项目；航空材料项目	通航公司项目；小型飞机项目；通航、支线机场项目；航空零部件MRO项目；小型发动机项目；设施设备项目；航材贸易项目；包机业务；私人飞机；FBO；航空零部件制造领域（OEM）	通航公司；包机公司；轻型、运动型飞行器项目；航空专业培训项目（66/147）；小型航材贸易项目；航空制造PMA项目；设计研发项目；设施设备配套项目；航空勤务等项目

　　以上区分仅仅是按照通常投资规模而定，其实有些小项目也可以做得很大，有些大项目，其实也可以控制投资规模，大家通常以为飞机租赁行业、121航空公司等项目需要大量资金，其实因为航空金融的不断创新，也可以控制好资金规模，做成大资金的事业。

　　小项目做成行业独角兽，自然也不是按照这个分类，比如无人机深圳大疆，消费领域市场占有率超过50%以上，每年公司的销售额都早已经超过100多亿元，公司估值数百亿元。

四、航空产业投资成功的关键点分析

　　前面我们讲到航空产业投资项目的四个特点：资金密集、人才密集、法规密集和国际化，其实要讲到其核心资源，也就是"资金+人才+市场"。航空产业通常是高科技、高技术的代名词，现在按照上面的三个分类方法，我们罗列一下各自突出的投资成功的关键点分析（见表1-9）。

表1-9　航空产业投资成功的关键点

行业投资机会	a.航空材料 b.航空制造/OEM c.飞机、航材贸易 d.飞机租赁 e.飞机、发动机和零部件维修（MRO） f.零部件制造/PMA g.飞机拆解 h.设计研发	a.航空地产/临空经济 b.机场建设 c.配套路桥 d.设施设备 e.设计规划 f.候机楼商业 g.FBO h.航空勤务 i.航空油料	a.航空客运 b.旅游包机 c.公务机、私人飞机 d.医疗救护和保险 e.航空票务	a.航空货运 b.通航作业 c.航空货代
			航空公司（客货运）（121） 公务机公司（125） 通航公司（91） 包机公司（虚拟航空公司） 141/147/66等专业航空培训	

投资主线	按照飞机产业链上下游延伸	按照机场产业链向下游延伸	按照航空公司客货运产业链上下游延伸
成功的关键点分析	a. 资金 b. 技术 c. 技术人才 d. 市场营销 e. 适航取证 f. 政府关系 g. 国际竞争	a. 政府关系 b. 资金 c. 营运人才 d. 适航取证 e. 政府关系	a. 资金 b. 技术人才（飞行、机务、航务、培训） c. 营运人才 d. 市场营销 e. 适航取证 f. 政府关系 g. 航空客运、货运面临的国际竞争

总而言之，航空产业投资机会分析如下：

1. 航空产业投资机会确实存在，不过总体而言还是实业投资为主，"互联网+"的模式还在探索中，除了培训、贸易等收益比较快的项目，其他大部分项目投资回报期还比较长，有些前期或许就是烧钱模式，比如大、中型飞机和发动机的研发制造项目。

2. 航空产业投资机会资金、人才和市场三者缺一不可，当然对于一些专业的财务投资机构、产业基金而言，或许只有资金就可以了，不过这些机构或者基金决策一个项目，必须得有强大的营运团队和可靠的市场需求才行。

3. 航空产业投资机会中的每一个方向，都存在适航取证、政府关系等方面的要求，比较航空产业是一个国家涉及公众安全、国家安全乃至空防安全的一个产业，这方面的要求不能忽视，更加不能够马虎。除了市场人才需求以外，营运人才的核心资源就要具备这方面的人脉关系。

【重要名词】

飞行器、飞行器贸易、民航、通航

【思考题】

1. 飞行器的定义是什么？分为几种类型？

2. 飞行器贸易分为哪些种类？

3. 航空运输空前发展的原因有哪些？

4. 美国在飞行器制造方面为什么会势弱？说说你的看法。

第二章

飞行器结构基础

> > > > > >

第二章

飞行器结构基础

■【内容提要】
- -

　　了解飞行器的基本结构，是学习飞行器贸易的必要条件。本章首先对飞行器的各种分类做出了详细的介绍，其次将飞行器的基本结构和各个部件进行了具体的说明，最后，阐述与贸易息息相关的飞行器部件价值评估方法。

　　要想交易飞行器，必须对飞行器的结构非常熟悉。因此，本章就来认识一下飞行器的基本构造。

第一节　飞行器分类

　　飞行器是指在地球大气层内、外飞行的器械，按其飞行环境和工作方式的不同，可以对飞行器进行简单分类：航空器、航天器、导弹和火箭。航空器是指在大气层中飞行的载人或不载人飞行器，与航天器和导弹、火箭不同。相应的，航天器指的是主要在大气层外空间飞行的飞行器称为航天器，航天器一般在运载火箭的推动下获得必需的速度（如第一、二、三宇宙速度）进入太空，然后在万有引力作用下实现类似于天体的轨道运动。火箭是一种以火箭发动机提供推进力的飞行器，可在大气层内、外飞行。导弹是一种依靠制导系统控制其飞行轨迹和姿态的飞行器，火箭与导弹一般仅能使用一次，因此可归为一类。

　　对航空器，从力学原理讲，航空器必须克服自身重力才能升空飞行，用于克服自身重力的基本原理和技术主要包含两种方式：一类是依靠空气静浮力升空并飞行，一般采用该类技术飞行的飞行器其重力由排出同体积空气对应的浮力平衡，提供足够升力，因此又称为浮空器；另一类是依靠与空气相对运动产生升力的方法克服自身重力，该类航空器自身重力一般重于同体积空气（以下简称空气）的重力。

一、轻于同体积空气的航空器

以有无动力飞行分为气球和飞艇，轻于同体积空气的飞行器也是最早出现的航空器。气球以气囊为主体，一般无专门用于改变飞行姿态的推进装置，其升力由气球排开的空气质量产生，当该质量大于气球自身质量时，升力即大于重力，该升力为静浮力；气囊下方可带有吊篮和吊舱，用于装载载荷。气囊内一般为氢气、氦气等，称为氢气球、氦气球。此外，热气球也是其重要类型。气球没有动力装置，升空后大多会随风飘动或被系留于固定装置上，由此按升空后有无系留装置分为自由气球或系留气球。

气球可用于气象、空间和地面探测、通信中继、体育或休闲运动等领域，也可用于军事侦察和监视。特别是近年来，随着材料、控制、通信技术的发展，出现了可长期（可达数月之久）滞空平流层的气球，在军事监测、数据通信、空天应用等方面具有重要影响（见图2-1）。

图 2-1　热气球

飞艇一般有动力推进装置，可控制飞行姿态和方向。根据结构形式不同，飞艇可分为软式、硬式和半硬式。飞艇一般由艇体、尾面、吊舱和推进装置等部分组成，艇体的外形呈流线型以减少航行时的阻力，内部充以密度比空气小的氢气或氦气，以产生浮力使飞艇升空。飞艇的推进装置一般由发动机、减速器和螺旋桨构成（见图2-2）。

图 2-2 英国Airlander[1]

二、重于同体积空气的航空器

重于同体积空气的航空器主要依靠自身与空气相对运动产生的空气动力提供升力平衡航空器自身重力，这类航空器主要包括固定翼和旋转翼两类，进一步，也包含有无动力装置两种。固定翼航空器包括飞机和滑翔机，均有固定于机身的机翼产生升力；旋转翼航空器包括直升机和旋翼机，其升力由旋转的旋翼产生升力。此外，也有模仿鸟类、昆虫飞行的扑翼航空器和综合采用固定翼、旋转翼的倾转旋翼航空器。

（一）飞机

飞机是指由动力装置产生前进的推力或拉力，由固定机翼产生升力，在大气层内飞行的重于空气的航空器。飞机是最主要的、应用范围最广的航空器，由机体结构和功能系统组成，飞机机体结构通常由机身、机翼、平/垂尾翼、起落架、发动机组成。按发动机不同，可分为螺旋桨飞机和喷气式飞机；按用途不同，可分为军用飞机和民用飞机；军用飞机是指按照各种军事用途设计的飞机，而民用飞机是泛指一切非军事用途的飞机（见图2-3、2-4）。

---

[1]Airlander 即天空登陆者。天空登陆者是世界上最大的飞行器，于2014年2月在英国贝德福德郡地区的一个机库中启动。天空登陆者长达302英尺，可以在空中行驶长达3个星期。

图 2-3　歼-20

图 2-4　ARJ21

（二）滑翔机

滑翔机在飞行原理和构造形式上与飞机基本相同，区别是滑翔机缺少用来驱动的动力装置，一般通过弹射或由飞机或汽车等其他装置拖曳起飞，之后依靠惯性带来的相对运动产生升力，或通过降低高度获得足够的相对运动。部分滑翔机有小型辅助发动机（称为动力滑翔），不需外力牵引即可自行起飞，但滑翔时发动机关闭，现代滑翔机主要用于体育运动。滑翔机一般由大的翼展、平滑的机身及尾翼组成（见图2-5）。

图 2-5　Taurus-M（大金牛）动力滑翔机（200万）

（三）直升机

直升机是指以航空发动机驱动旋翼旋转作为升力和推进力来源，可垂直起落、在空中悬停，并可进行前飞、后飞、侧飞和定点回旋等可控飞行的重于空气的航空器。直升机动力装置一般采用活塞发动机或涡轮轴发动机，以驱使旋翼旋转，产生升力并控制直升机飞行姿态，直升机由机身、起落架、动力装置、旋翼系统、操纵系统和其他机载设备组成（见图2-6）。

图 2-6　武直-10

（四）旋翼机

旋翼机与直升机外形相似，主要区别在于旋翼机的旋翼不是由动力装置直接驱动，而是靠自身前进时的相对气流作用于旋翼转动而产生升力，其前进动力由动力装置提供。旋翼机又称自转旋翼机，结构简单，一般用于风景区游览或体育活动（见图2-7）。

图 2-7　旋翼机

（五）扑翼机

扑翼机是指机翼模拟鸟与昆虫飞行通过机翼上下扑动产生升力的重于空气的航空器，又被称为振翼机。扑动的机翼既产生升力，又由分力产生向前的推动力。由于扑翼产生的升力和推动力机理较为复杂，其空气动力学行为暂未完全掌握，因此，截至目前，真正用于飞行的扑翼机尚未出现，还处于基础理论和实验研究阶段（见图2-8）。

图 2-8 加拿大试验中的扑翼机

（六）倾转旋翼机

倾转旋翼机是一种同时具有旋翼和固定翼，且机翼两侧翼稍或机身两侧各装有一套或多套可在水平与垂直位置之间转动的旋翼倾转系统组件的固定翼航空器，当前世界上唯一实用的倾转旋翼机为美国贝尔公司研制的鱼鹰V-22倾转旋翼机（见图2-9）。

图 2-9　美国V-22鱼鹰

（七）涵道风扇航空器

涵道风扇航空器是指以涵道风扇提供升力、推力的航空器。一般的，涵道风扇位于航空器左右两侧，呈对称分布，每侧可由1个或数个涵道风扇组成，涵道风扇可倾转，完成垂直起降、飞行等动作（见图2-10、2-11）。

图 2-10　Doak VZ-4倾转涵道风扇航空器

图 2-11　个人飞行器

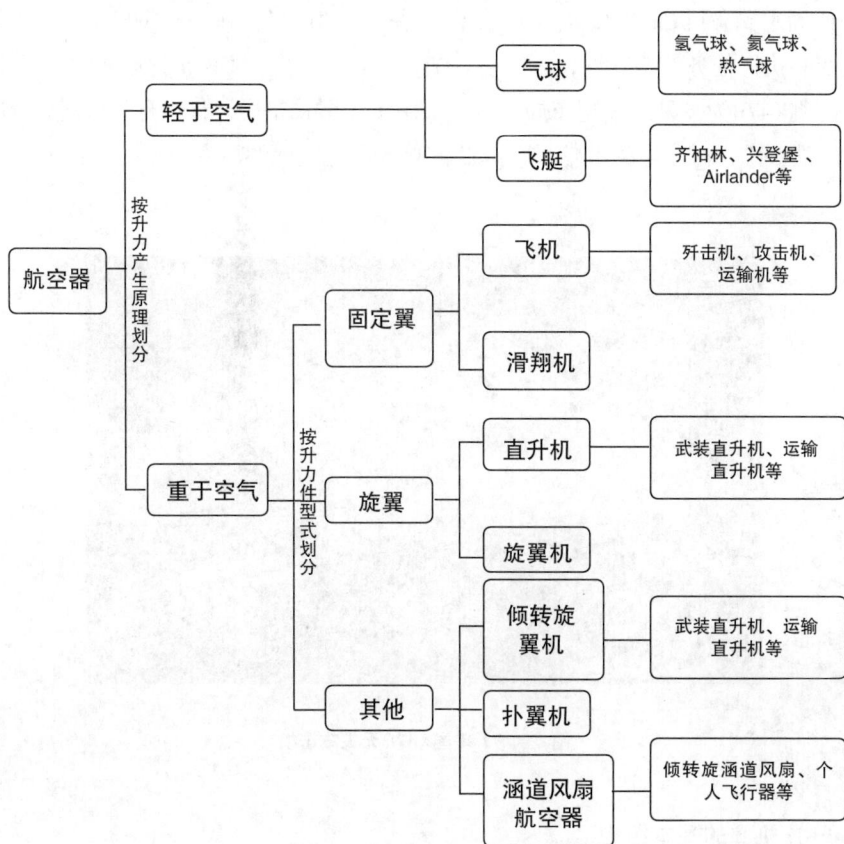

图 2-12 航空器的分类表

第二节 飞行器结构基础

飞行器构造是指飞行器的基本机体结构，是飞行器的受力部件和支撑构件的有效组合，不包括动力装置和机载设备。相应的，本节主要论述航空器中应用最广泛的飞机基本机体结构。

一、飞机的基本结构

固定翼飞机是飞行器中数量和种类最多的一种航空器，通常包含有人和无人两种。固定翼飞机一般由机身、机翼、尾翼（平尾、垂尾）、起落架和动力装置组成，同时，一个完整的可用于执行任务的飞机还包含机载设备、燃油系统、电气系统、操作系统等。

一架固定翼飞机结构的最基本组成部分是机身和机翼，在一些飞机中，由于设计目标的改变和执行任务的特殊性，可能会在结构上具有一定的特殊调整。例如，美国隐身无人攻击机X47B为一种飞翼型布局飞机，采用了无尾式布局，且机身和机翼充分融合以躲避电磁波跟踪，减小电磁波信号，降低被敌方雷达发现的概率（见图2-13）。

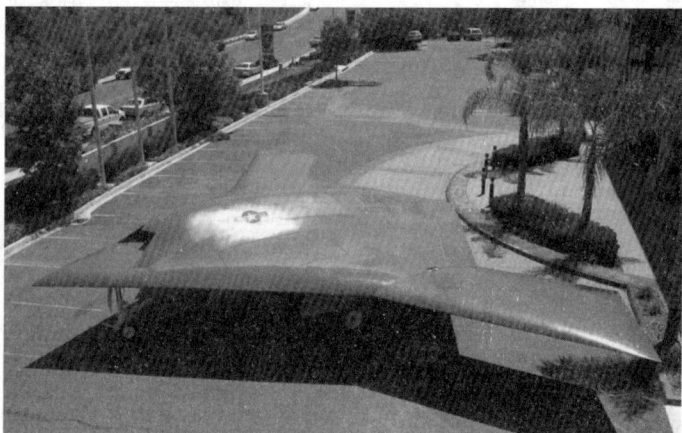

图 2-13　美国X47B无人攻击机

（一）机翼的基本结构

机翼是飞机的重要部件之一，安装在机身上，其主要作用是根据空气动力学设计基本外形以产生升力，一般左右对称分布，同时也可以在机翼内布置弹药仓和油箱，对部分歼击机等在飞行中可以收起起落架。此外，在机翼上还安装有改善起飞和着陆性能的襟翼和用于飞机横向操纵的副翼，有的还在机翼前缘装有缝翼（前缘襟翼）等增加升力的装置。波音747客机结构见图2-14，其机翼主要由前缘襟翼、后缘内侧襟翼、后缘外侧副翼、机翼主体组成，采用机翼下部外挂发动机方式。

两侧机翼后缘一般都设置有一个副翼，用于飞行器实现滚转操纵。一般为了降低起降距离和起降速度，在机翼后缘靠近机身内侧会设有后缘襟翼，襟翼平飞时一般不打开，主要在起飞和降落使用。有时副翼和襟翼还可以用来调整飞机姿态或增加阻力（见图2-15）。

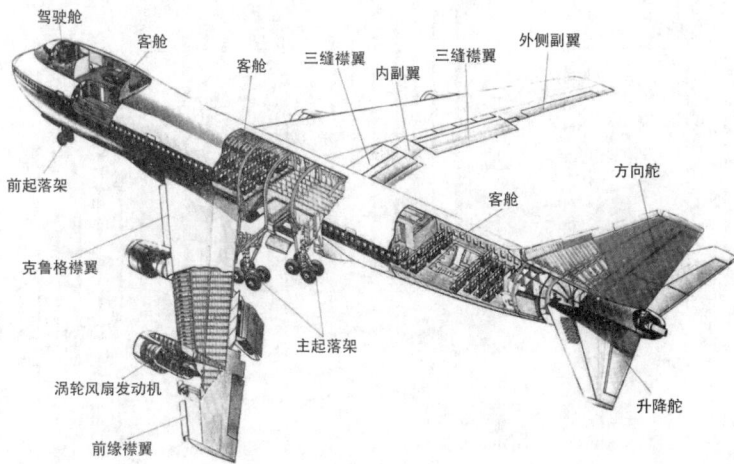

图 2-14　宽机身旅客机（波音747）结构图

图 2-15　某客机副翼襟翼

1. 机翼表面载荷。飞机在飞行过程中，作用在飞机机翼上的外部载荷有很多种，一般可以分为集中载荷和分布载荷。集中载荷是由其他部件如发动机、油箱、过载武器等通过接头传递给机翼结构的，一般集中作用在个别连接点上；分布载荷主要包含相对运动产生的空气动力、飞机自身重力、惯性力，作用在飞机机翼上的空气动力以分布形式出现，与其结构外形、飞行姿态、飞行速度等因素相关，是时刻变化的（见图2-16）。

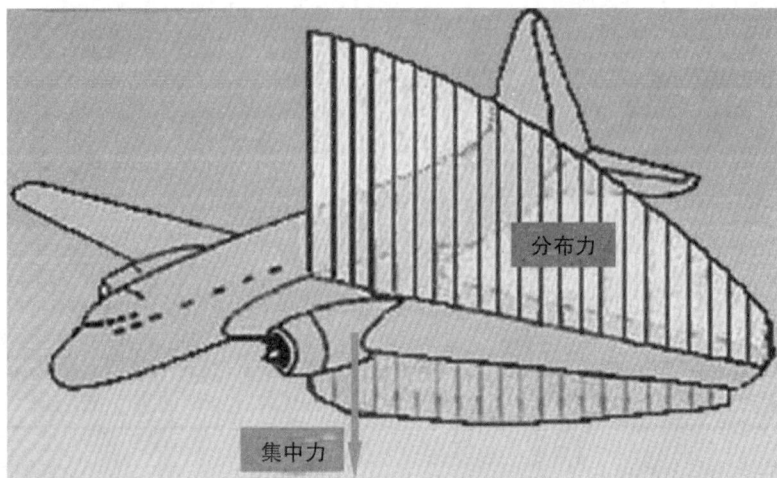

图 2-16　飞机机翼上的两种载荷

2. 机翼的主要受力部件。对飞机而言，要求在能够满足结构强度和刚度前提下尽可能轻，机翼自然也不例外，机翼是产生升力的主要部件。而许多飞机的发动机也安装在机翼上或机翼下，因此机翼所承受的载荷就更大。这就需要机翼有很好的结构强度以承受这巨大的载荷，同时也要有很大的刚度保证机翼在巨大载荷的作用下不会过分变形。机翼的基本受力构件包括纵向骨架、横向骨架、蒙皮和接头。其中接头的作用是将机翼上的载荷传递到机身上。纵向骨架由翼梁、前/后纵墙和桁条组成，沿机翼展向分布（见图2-17）。

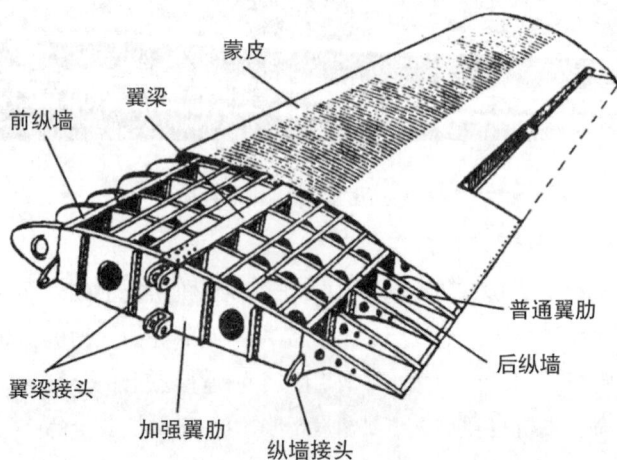

图 2-17　机翼基本结构图

翼梁是主要的纵向构件，承受全部或大部分弯矩和剪力，在机翼根部与机身周围用固定连接接头连接。翼梁一般为组合式工字形状，由上下凸缘、腹板、支柱构成，凸缘一般由锻造铝合金或高强度合金钢支撑，腹板用硬铝合金板材制成，与上下凸缘用螺钉和铆钉相连，同时用立柱加强腹板（见图2-18）。

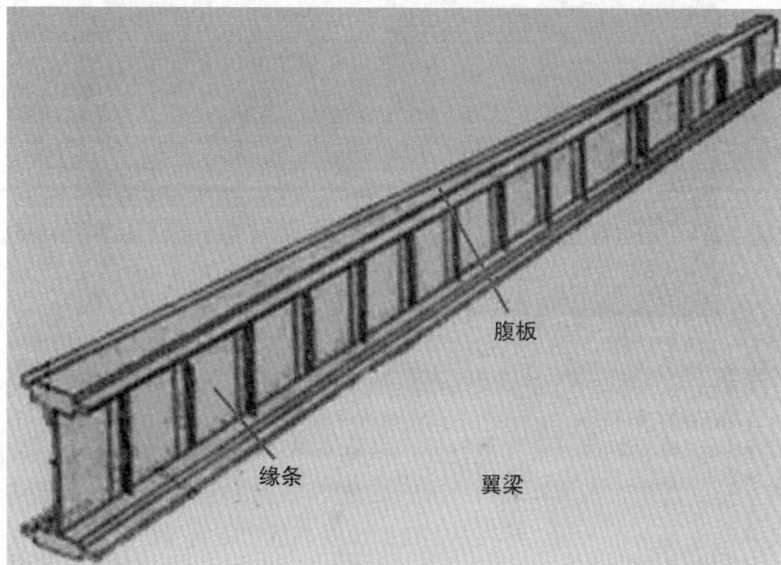

图 2-18　翼梁结构

纵墙与翼梁十分相像，二者的区别在于纵墙的凸缘很弱并且不与机身相连，其长度有时仅为翼展的一部分。纵墙通常布置在机翼的前后缘部分，与上下蒙皮相连，形成封闭盒段，承受扭矩。靠后缘的纵墙还可以悬挂襟翼和副翼。桁条是用铝合金挤压或板材弯制而成，铆接在蒙皮内表面，支持蒙皮以提高其承载能力，并共同将气动力分布载荷传给翼肋。

横向骨架主要指翼肋，横向指垂直于翼展方向，安装方向一般都垂直于机翼前缘，分为普通翼肋和加强翼肋两种，主要用于维持机翼剖面所需形状，通常翼肋上有减轻孔，以减轻重量和方便内部零件通过。普通翼肋的作用是将纵向骨架和蒙皮连成一体，把由蒙皮和桁条传来的空气动力载荷传递给翼梁，并保持翼剖面的形状。加强翼肋就是承受有集中载荷的翼肋，在有集中载荷的地方对普通翼肋加强就能获得加强翼肋，除承受空气动力载荷外还需承受集中力。某型飞机机翼结构如图2-19所示。

图 2-19　某型飞机机翼内部图

　　蒙皮是包围在机翼骨架外的维形构件，用黏结剂或铆钉固定于骨架上，形成机翼的气动力外形。形成流线型机翼外表面，以满足空气动力学要求，并承受空气动力载荷，早期低速飞机的蒙皮是布质的，而如今飞机的蒙皮多是用硬铝板材制成的金属蒙皮。此外，蒙皮力求光滑以减小机翼带来的阻力，并减小在飞行过程中由于载荷带来的表面变形。接头的作用是将集中载荷传递给机翼结构。

　　3. 机翼的结构形式。机翼结构形式较多，随着飞机速度的提高有所变化，主要为构架式、梁式、单块式和整体壁板式。

　　构架式机翼：主要应用于飞机发展的初期，其结构特点是：受力件与维形件完全分工并分段承受鼓荷。构架式机翼的受力骨架是由翼梁、张线、横支柱等组成的空间骨架系统，它承受所有的弯矩、剪力和扭矩；其蒙皮是用亚麻布制成，只起维形作用，不参与受力。早期飞机大多数采用这种形式的机翼。

　　梁式机翼：随着飞机速度的增大，出现了蒙皮参加受力的梁式机翼。其特点是有强有力的翼梁和硬质蒙皮，常用金属铆接结构。梁式机翼为现今飞机所广泛采用，其大部分弯矩由翼梁承受，梁腹板承受剪力，蒙皮和腹板组成的盒段承受扭矩，蒙皮也参与翼梁缘条的承弯作用。梁式机翼的不足之处是蒙皮较薄，桁条较少，因此，其机翼蒙皮的承弯作用不大。根据翼梁的数量不同，我们还可以进一步将梁式机翼分为单梁式、双梁式和多梁式机翼。

　　单块式机翼：随着飞行速度的进一步增大，为保持机翼有足够的局部刚度和扭转刚度，需要加厚蒙皮并增多桁条。这样，由厚蒙皮和桁条组成的壁板已经能够承受大部分弯矩，因而梁的凸缘就可以减弱，直至变为纵樯，于是就发展成为了没有翼梁的单块式机翼。单块式机翼的维形构件和受力构件已经完全合并。

整体壁板式机翼：单块式机翼的壁板是铆接的，其零件数量较多，而且表面质量较差，高速飞行时阻力较大。因此，又发展出了由若干块整体壁板组合而成的整体壁板式机翼。整体壁板式机翼的结构强度根据各部分的实际受力情况而设计，同时减少了连接的铆钉孔和螺栓孔，因此其重量减少，而强度、刚度及抗疲劳度都增加。

（二）尾翼的基本结构

飞机尾翼是其重要部件之一，又称为安定面，一般包含水平尾翼和垂直尾翼两部分，对有些飞机，其水平尾翼可置于机翼前方，称为鸭式布局；也有部分飞机没有水平尾翼，称为无尾飞机。尾翼主要功能是保证飞机的纵向（俯仰）和方向（偏航）的平衡，使飞机具有一定的静稳定性。尾翼内部结构和机翼十分相似，通常由骨架和蒙皮组成，但尾翼的表面尺寸一般较小，壁厚较薄，在结构形式上有一些特点。

垂直尾翼简称垂尾，也叫立尾，安装于机身尾部，主要保持飞机的方向平衡和操纵，由固定的垂直安定面和可偏转的方向舵组成，垂直安定面是垂直尾翼中固定翼面部分。某些高速飞机，没有独立的方向舵，整个垂直尾翼跟着脚蹬操纵而偏转整个垂尾，称为全动垂尾。水平尾翼简称平尾，安装在机身尾部，主要保持飞机俯仰平衡和俯仰操纵，水平尾翼由固定的水平安定面和可偏转的升降舵组成，低速飞机一般水平尾翼前段为安定面，后段为升降舵，可进行俯仰操纵。与全动垂尾类似，超音速飞机多采用全动平尾。

（三）机身的基本结构

机身是飞机实现装载的主要组成部分，用于装载飞行员、旅客、武器、货物和各种其他设备，同时将机翼、尾翼及发动机等其他部件连接成为整体而成飞机。机身的类型一般有机身型、船身型和短舱型。机身型是陆上飞机的机体，水上飞机机体一般采用船身型，至于短舱型则是没有尾翼的机体，它包括双机身和双尾撑。第二次世界大战中还有一种侦察/轰炸飞机，介于双机身和双尾撑形式之间：一侧机身有座舱，另一侧机身则连接尾翼，这种不对称布局在飞机上较少见。机身的外形和发动机的类型、数目及安装位置有关。例如，活塞发动机螺旋桨式飞机的机身，就与喷气式发动机飞机的机身有所不同。

现代超音速战斗机根据跨音速飞行的阻力特点。首先，采用了跨音速面积律，即安装机翼部位的机身截面适当缩小，形成蜂腰机身；其次，它的机头往往做得很尖，或者在头部用空速管作为激波杆，远远地伸出在迎面气流之中。这也有助于削弱激波的强度，减小波阻；最后，随着速度的不断增长，飞机机身的"长细比"不断增大，即用细而长的旋转体作机身。现代超音速飞机机身的长细比已超过10。所谓长细比即是机身长度与机身剖面的最大直径的比值，这一比值越大，则机身越细越长。而且随着速度的提高，飞机机身相对于机翼尺寸也越来越大。

从机身外形来看，不外乎侧面形状和剖面形状两种。侧面形状一般为拉长的流线体。现代飞机的侧面形状受到驾驶舱的很大影响。有的驾驶舱平滑地露于气流之中，有的则埋藏在机身之内。前者多用于中小型飞机，后者多用于大型飞机。还有些超音速飞机为了减小阻力，尽量将驾驶舱埋藏于机身外形轮廓线之内。这样就使得飞机在着陆时座舱视界大大恶化。为了改善这种情况，就将机头做成活动的，着陆时可以下垂。例如，"协和"号超音速旅客机机头就可下垂17.5°，其机头可有三种状态。超音速飞行时，机头呈流线型；亚音速飞行时，档整流罩放下，以扩大驾驶员的视界；进场和着陆时，全部下垂，驾驶员视界就更扩大了。

常用的机身剖面形状有圆、椭圆、方、梯形等，这些形状适用于不同用途及速度范围的飞机。例如，低速飞机可用方形，而具有气密座舱的高亚音速大型客机。则多用圆形或椭圆形，喷气式战斗机一般采用不规则的形状。随着现代航空技术的进步、新的飞行动力理论的应用，飞机机身的外形也是千姿百态、变化多端，如隐身战斗机所使用的机翼和机身融为一体的翼身融合体；除去机身和尾翼的飞翼；除去机翼的升力体机身；以汽车作为机身的汽车飞机等。

1. 构架式机身。在早期的低速飞机上，机身的承力构架都做成四缘条的立体构架。为了减小飞机的阻力，在承力构架外面，固定有整形用的隔框、桁条和布质蒙皮（或木制蒙皮），这些构件只承受局部空气动力，不参加整个结构的受力。

机身的剪力、弯矩和扭矩全部由构架承受。其中弯矩引起的轴向力，由构架的四根缘条承受；垂直方向的剪力由构架两侧的支柱和斜支柱（或各对张线）承受；水平方向的剪力由上、下平面内的支柱、斜支柱（或张线）承受；机身的扭矩，由四个平面构架组成的立体结构承受。构架式机身的抗扭刚度差，空气动力性能不好，其内部容积也不易得到充分利用。只有一些小型低速飞机机身采用构架式机身（见图2-20）。

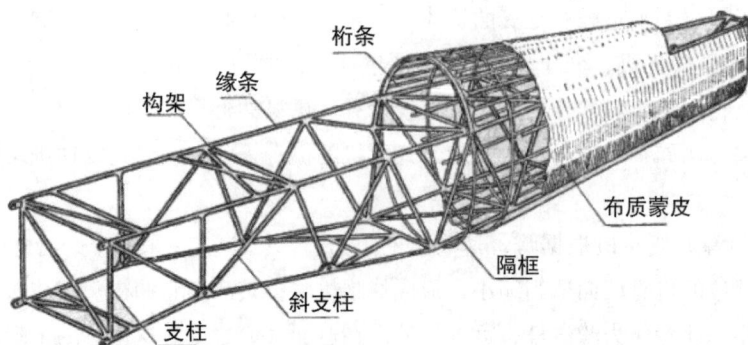

图 2-20　构架式机身

2. 硬壳式机身。硬壳式机身采用框架、隔框形成机身的外形，而蒙皮承受主要的应力。硬壳式机身结构没有纵向加强件，因而蒙皮必须足够强以维持机身的刚性。其主要问题是重量较重，现代飞机较少采用这种结构（见图2-21）。

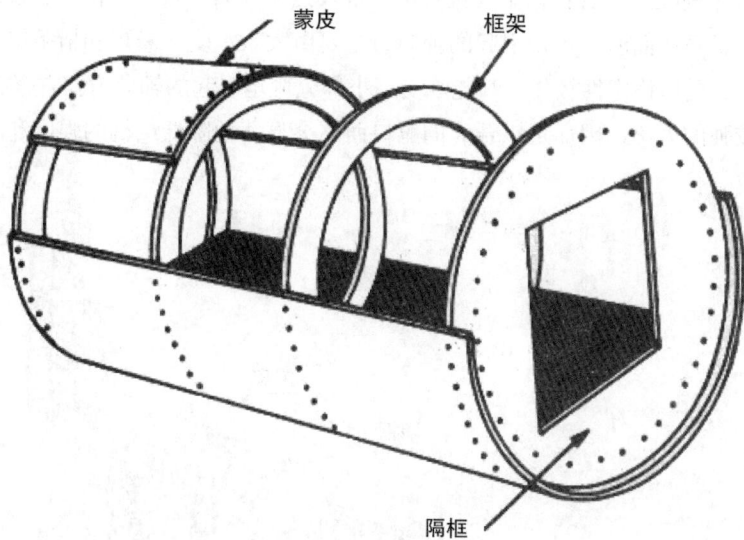

蒙皮

框架

隔框

图 2-21　硬壳式机身

3. 半硬壳式机身。为了使机身结构的刚度能满足飞行速度日益增大的要求，需要使蒙皮参加整个结构的受力。因此，目前的机身结构，广泛采用了金属蒙皮，并且将蒙皮与隔框、大梁、桁条牢固地铆接起来，成为一个受力的整体，通常称为半硬壳式机身（见图2-22）。在半硬壳式机身中，大梁和桁条用来承受弯矩引起的轴向力；蒙皮除了要不同程度地承受轴向力外，还要承受全部剪力和扭矩；隔框用来保持机身的外形和承受局部空气动力，此外，还要承受各部件传来的集中载荷，并将这些载荷分散地传给蒙皮。

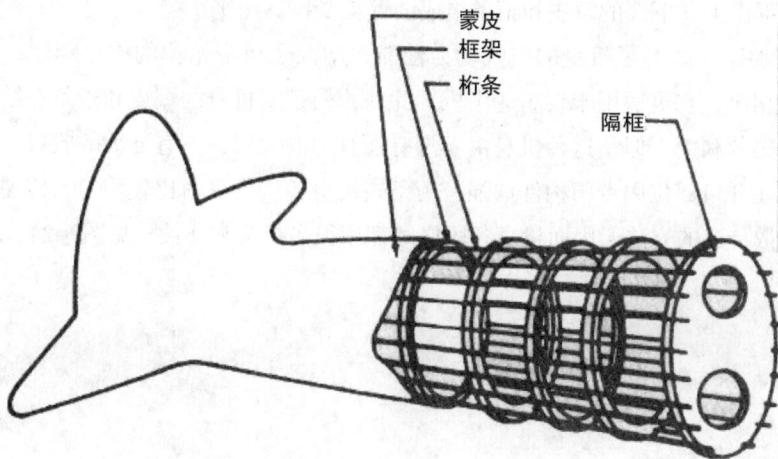

蒙皮
框架
桁条
隔框

图 2-22　半硬壳式机身

桁梁式半硬壳式机身：桁梁式机身由几根较强的大梁、较弱的桁条、较薄的蒙皮和隔框组成。机身弯曲时，弯矩引起的轴向力主要由大梁承受。蒙皮和桁条组成的壁板，截面积较小，受压稳定性较差，只能承受一小部分弯矩引起的轴向力。桁梁式机身，由于采用了较强的大梁，因而可以开大的舱口而不会显著地降低结构的强度和刚度（见图2-23）。

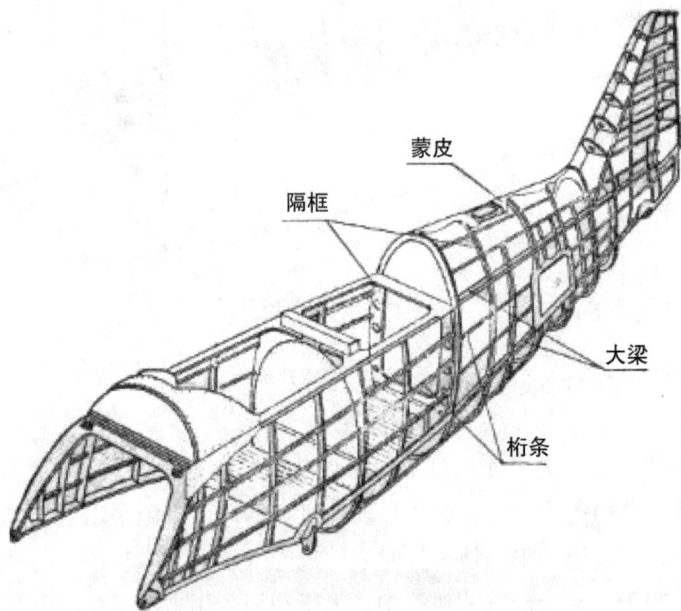

图 2-23　桁梁式半硬壳式机身

桁条式半硬壳式机身：桁条式机身的桁条和蒙皮较强，受压稳定性好，弯矩引起的轴向力全部由上、下部的蒙皮和桁条组成的壁板受拉、压来承受。

蒙皮加厚，改善了机身的空气动力性能，增大了机身结构的抗扭刚度，所以与桁梁式机身相比，它更适用于较高速飞机。此外，桁条式机身的蒙皮和桁条在结构受力中能够得到充分利用。但是这种机身由于没有强有力的大梁，不宜开大的舱口。如果要开口，必须在开口部位用专门构件加强。桁条式机身各构件受力比较均匀，传递载荷时必须采取分散传递的方法，因而机身各段之间都用很多接头来连接（见图2-24、2-25）。

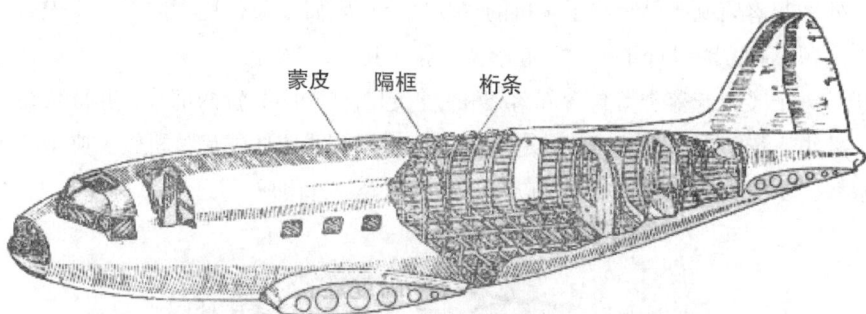

图 2-24　桁条式机身

图 2-25　波音777机身结构

现在常见的歼击机基本都属于半硬壳式结构中的桁梁式，民航机型基本都属于半硬壳式结构中的桁条式。

（四）起落装置

起落装置是使飞机在地面或水面进行起飞、着陆、滑行和停放，用于支撑飞机重力，承受相应载荷的装置。着陆时还能通过起落装置消耗和吸收撞击能量，改善着陆性能。概括起来，起落架的主要作用有以下四方面：（1）承受飞机在地面停放、滑行、起飞、着陆、滑跑时的重力；（2）承受、消耗和吸收飞机在着陆与地面运动时的撞击和颠簸能量；（3）滑跑与滑行时的制动；（4）滑跑与滑行时操纵飞机。

早期飞机飞行速度低，对飞机气动外形的要求不十分严格，陆上飞机起落装置比较简单，只有三个起落架，在空中不收起，飞行阻力大。随着飞机飞行速度的不断提高，飞机很快就跨越了音速的障碍。由于飞行的阻力随着飞行速度的增加而急剧增加，这时暴露在外的起落架就严重影响了飞机的气动性能，阻碍了飞行速度的进一步提高，为解决阻力问题，制造商设计了可收放起落架装置（见图2-26）。

现代陆上飞机起落装置包含起落架和改善起落性能的装置两部分，起落架在起飞后收起，减小飞行阻力；水上飞机的起落架一般由浮筒或船体式代替机轮。典型的起落架由减震器、支柱、机轮和刹车装置以及收放机构等部件组成。

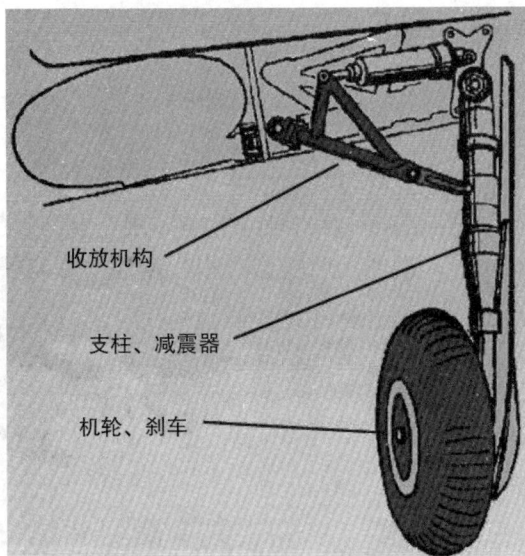

收放机构

支柱、减震器

机轮、刹车

图 2-26　典型起落架形式

起落架一般由三个轮子或三组轮子组成：两个或两组主轮，以及一个可以在飞机后面或前面的第三个或第三组轮子。传统起落架一般采用后面安装第三组轮子方式，也叫后三点式；相应的，当第三个轮子位于机头部位置时，称为前三点式。相应的，这种设计叫三轮车式起落架，可操控的前轮或尾轮允许在地面上对飞机进行控制。

1. 起落架布置形式。起落架的布置形式是指飞机起落架支柱（支点）的数目和其相对于飞机重心的布置特点。目前，飞机上通常采用四种起落架形式。

后三点式：这种起落架有一个尾支柱和两个主起落架，并且飞机的重心在主起落架之后。后三点式起落架多用于低速飞机上（见图2-27）。

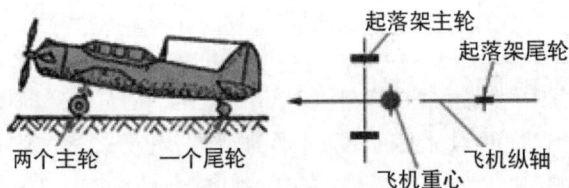

起落架主轮

起落架尾轮

两个主轮　　一个尾轮

飞机重心

飞机纵轴

图 2-27　后三点式起落架

前三点式：这种起落架有一个前支柱和两个主起落架，并且飞机的重心在主起落架之前。前三点式起落架目前广泛应用于高速飞机上（见图2-28）。

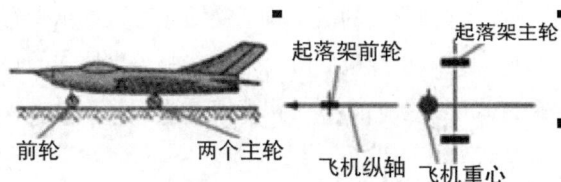

图 2-28　前三点式起落架

自行车式：这种起落架除了在飞机重心前后各有一个主起落架外，还具有翼下支柱，即在飞机的左。右机翼下各有一个辅助轮（见图2-29）。

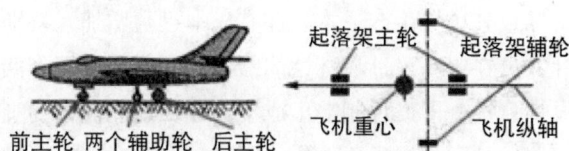

图 2-29　自行车式起落架

多支柱式：这种起落架的布置形式与前三点式起落架类似，飞机的重心在主起落架之前，但其有多个主起落架支柱，一般用于大型飞机上。如美国的波音747旅客机、C-5A军用运输机（起飞质量均在350吨以上）以及苏联的伊尔86旅客机（起飞质量206吨）。显然，采用多支柱、多机轮可以减小起落架对跑道的压力，增加起飞着陆的安全性。

这四种布置形式中，前三种是最基本的起落架形式，多支柱式可以看作是前三点式的改进形式。目前，在现代飞机中应用最为广泛的起落架布置形式就是前三点式。

2. 起落架结构形式和特点。起落架主要有以下三种形式：构架式起落架的主要特点是它通过承力构架将机轮与机翼或机身相连。承力构架中的杆件及减震支柱都是相互铰接的。它们只承受轴向力（沿各自的轴线方向）而不承受弯矩。因此，这种结构的起落架构造简单，质量也较小，在过去的轻型低速飞机上用得很广泛。但由于难以收放，现代高速飞机基本上不采用这种形式。

支柱式起落架的主要特点是减震器与承力支柱合二为一，机轮直接固定在减震器的活塞杆上。减震支柱上端与机翼的连接形式取决于收放要求。对收放式起落架，撑杆可兼作收放作动筒。扭矩通过扭力臂传递，亦可以通过活塞杆与减震支柱的圆筒内壁采用花键连接来传递。这种形式的起落架不仅构造简单紧凑，易于放收，而且质量较小，是现代飞机上广泛采用的形式之一。支柱式起落架的缺点是：活塞杆不但承受轴向力，而且承受弯矩，因而容易磨损及出现卡滞现象，使减震器的密封性能变差，不能承受较大的初压力。

摇臂式起落架的主要特点是：机轮通过可转动的摇臂与减震器的活塞杆相连。减震器亦可以兼作承力支柱。这种形式的活塞只承受轴向力，不承受弯矩，因而密封性能好，可增大减震器的初压力以减小减震器的尺寸，克服了支柱式的缺点，在现代飞机上得到了广泛的应用。摇臂式起落架的缺点是构造较复杂，接头受力较大，因此它在使用过程中的磨损亦较大。

第三节　飞行器部件价值评估

随着飞行器设计制造技术的不断发展，飞机作为军用民用运输、探测、救援等系统，变得愈发复杂，导致其单机生产成本、保有成本迅猛增加，特别是对于三代半及四代飞机。飞行器设计人员在提高设计目标性能参数的同时，也把降低飞机的寿命周期费用作为一个重要的设计目标，即设计制造出成本合理、性能优秀的飞行器。因此，飞行器的价值评估在飞行器设计中占据重要地位，同时可作为对现有飞机或改进飞机成本的评估。该方面国内外提出了很多用于评估飞行器价值的方法，大多以评估模型为主，提出了飞行器价值预估算法，这些计算模型基于飞行器的主要涉及参数进行估算，便于工程实际应用。

以上飞行器价值预估算法的计算模型主要分为两类：一类是全寿命费用，是指包含飞行器论证研究、设计、试制、试飞、批量生产、使用维护、后勤保障及最后报废的一系列费用在内的综合费用。另一类是从飞机制造过程出发，充分考虑飞机设计过程、制造过程、工艺过程、材料占比，甚至包含工时、进程管理等综合进行评估，这一类方法无须依据相似机型数据，直接从设计、生产制造、生产管理角度出发，可较为精确地对飞行器价值进行有效评估。

一、全寿命费用

全寿命费用是20世纪60年代出现的概念，国外飞机制造商都曾先后应用这一概念进行飞机的研制。飞机全寿命费用是一个巨大的数字，以300架战斗机的装备量来说，20年的寿命期就需要耗费国家百亿元以上的投资。因此，控制全寿命费用的研究，具有重大的经济意义和政治意义。

全寿命费用估算的目的：在满足任务要求的前提下，研究各阶段预算费用分配的合理性，提高费效比，降低总投资。由于现代武器系统性能的提高，各阶段的绝对费用值都有急剧增大的趋势，因而在提高效益的同时，需要降低武器系统的全寿命费用。随着技术经济分析研究的日益深入，设计人员已找出了遏制费用增长的方法，这就是全寿命费用设计的方法。

把全寿命费用研究与飞机设计结合在一起，并作为控制费用的根本措施，是因为影响全寿命费用的决定因素是设计思想和设计水平是否体现了经济原则。因此，全寿命费用的估算是今后武器系统研制的发展方向。

全寿命费用的估算一般按研制、采购和使用保障三个相对独立的阶段分别进行。全寿命费用（Life Cycle Cost，LCC）是一种衡量武器系统总费用和经济性的综合参数，是经济可行性研究的综合指标。全寿命费用是武器系统从开始研究、设计、试制、批量生产直到部队使用维护和后勤保障等一系列费用的总和。它考虑的是武器系统全过程的费用，是在总体上度量经济效益的主要指标。因而，它是武器系统研究、设计、试制、生产和采购等各种决策的主要依据之一。在满足规定战术要求的前提下，军方总是要求武器系统全寿命费用最低，即资源消耗最少，从而获得最大可能的作战使用效益。

从武器系统经济效益的角度来说，全寿命费用的研究必然要涉及：武器系统从方案到投产，部队从采购到维护、使用、后勤保障等各阶段的费用如何合理分配；系统的设计、生产、使用保障与预期效能如何恰当地协调和控制经费；不同方案如何评价抉择，等等。因此，进行武器系统全寿命费用分析，就须搜集大量的数据，对多种因素进行综合权衡研究，并且要以各个阶段的经济分析工作为基础。显然，它是相当复杂的，须要借助适当的模型和系统分析的方法来解决。全寿命费用（LCC）的组成，可以按五种费用叠加，即

$$LCC=C1+C2+C3+C4+C5 \qquad (2.1)$$

式中：C1——研究、设计和试制费用

C2——试验和鉴定费用

C3——采购投资（批生产费用）

C4——使用维护和后勤保障费用

C5——退役处理费用

C1、C2归为研制阶段，C3归为采购阶段，C4、C5归为使用保障阶段。一般来说，武器系统全寿命费用中，研究与研制占10%~15%，采购费用占20%~25%，使用保障费用占60%~70%（见图2-30）。

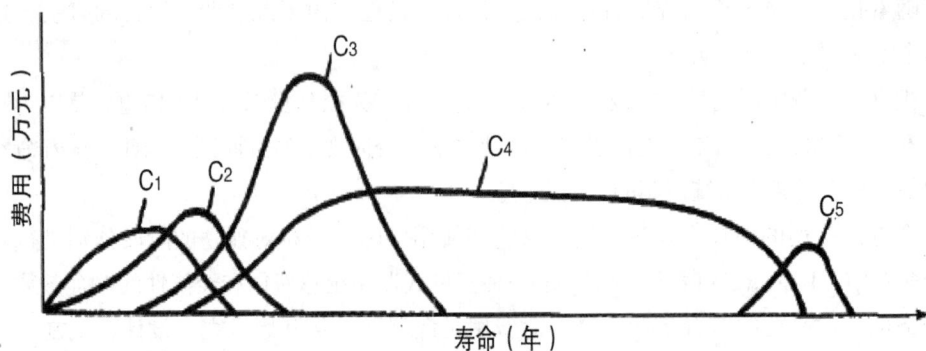

图 2-30 全寿命费用

二、基于飞机制造过程的飞行器价值评估方法

（一）基于兰德DAPCAIV模型的费用分析方法

按照1986年定值美元，兰德DAPCA IV模型中工时、费用的计算公式如下：

工程工时 $\quad H_E = 5.18W_e^{0.777}V^{0.894}Q^{0.163}$ （2.2）

工艺装备工时 $\quad H_T = 7.2W_e^{0.777}V^{0.696}Q^{0.263}$ （2.3）

制造工时 $\quad H_M = 10.46W_e^{0.82}V^{0.484}Q^{0.641}$ （2.4）

质量控制工时 $\quad H_Q = \begin{cases} 0.076H_M \text{货运飞机} \\ 0.133H_M \text{其他飞机} \end{cases}$ （2.5）

发展支援费用 $\quad C_D = 33.5W_e^{0.630}V^{1.3}$ （2.6）

飞行试验费用 $\quad C_F = 968.42W_e^{0.325}V^{0.822}FTA^{1.21}$ （2.7）

制造材料费用 $\quad C_M = 15.54W_e^{0.921}V^{0.621}Q^{0.799}$ （2.8）

发动机生产费用 $\quad C_{Eng} = 1.548[0.095T_{max}+243.25M_{amax}+0.54t_{ti}-2228]$ （2.9）

研究、发展、试验与鉴定费用+生产费用可表示为：

$$H_ER_E + H_TR_T + H_MR_M + H_QR_Q + C_D + C_F + C_M + C_{Eng}N_{Eng} + C_{av}$$

式中：We——空重（kg）；

V——最大飞行速度（km/h）；

Q——产量；

FTA——飞行试验机架数（一般为2-6架）；

N_{Eng} ——总产量乘以每架飞机的发动机台数；

T_{max} ——发动机最大推力（kg）；

M_{max} ——发动机最大Ma数；

t_{it} ——涡轮进口温度（K）；

C_{av} ——航空电子设备费用。

机身主体为铝材，软糖系数为1

$R_E R_T R_M R_Q$ 综合费率，如下：

表2-1 兰德DAPCIV模型综合费率（1986年定制美元）

综合费率种类	综合费率值
工程综合费率R_E	59.10美元
工艺装备综合费率R_T	60.70美元
质量控制综合费率R_Q	55.40美元
制造综合费率R_M	50.10美元

（二）机体成本估算方法

为了实现飞机具有良好经济性的目标，成本估算和控制也应该贯穿于飞机整个研制过程。飞机设计是一个由粗到细逐渐细化的过程，在飞机设计的不同阶段，方案的详尽程度不同，机体的价值估算也应有相应的方法和模型，依次为：面向概念设计阶段的基于整机参数化机体成本估算（如前所述），面向初步设计阶段的基于部件结构特征和制造技术的机体成本估算方法，面向详细设计阶段的基于详细制造过程的机体成本估算方法。

1. 基于部件结构特征和制造技术的方法。飞机初步设计阶段的一项重要工作是进行结构方案设计，结构方案设计阶段可初步确定各零部件所选用的材料类型、重量指标和制造方法等。机体结构成本是指机体研制和生产费用，包括机身、机翼、尾翼、发动机、起落架等在研制和生产过程中的人工成本和材料成本。人工成本可分为六类：非重复性工程、非重复性工装、重复性工程、重复性工装、重复性生产、重复性质量保证。

非重复性工程所花费的时间包括工程设计、分析、实验、审定等所花费的时间；非重复性工装是指仅用于特定机体设计的工具，包括铺层工具、热压罐、装配工具、冲模、夹具、固定设备、工作平台以及测试和检验设备；重复性工程花费的时间包括项目启动、分析和完成所花费的时间；重复性工装是指所有与工具清洁、修复、保养、返修、改进、替换等相关的劳动；重复性生产包括所有机体结构生产的进度安排、制造、工艺、返修、部件装配和总装所花费的时间；重复性质量保证是指花费在工具、零部件、部装、材料审查会议和质量监控过程等所花费的时间。对以上各部分进行独立计算，采用相关模型可计算出人工成本。

材料成本与材料类型、材料形式和购买量相关，由于原材料价格时常变化，因此，材料的成本估算要检查估算时期的市场情况，同时需要了解废料率的影响比值以及在制造过程中产生的材料损失，包括处理过程中的损失、加工和切割过程中的材料损失、报废零件造成的材料损失和制造过程中其他操作引起的材料损失等。结合以上人工成本和材料成本即可计算出机体结构总成本。

2. 基于制造过程的飞行器价值估算方法。在详细设计阶段可以确定机体各零部件的几何特征（面积、周长、装配长度等）、制造工艺方法和装配方法等。在这一阶段，可采用基于详细制造过程的成本估算来计算机体结构成本。

制造过程成本模型是在分析制造过程的基础上，获取影响成本的因素，建立成本分析模型。制造过程成本仍然可分为人工成本和材料成本两类。这类模型需要考虑机体的整个制造过程，即要在制造过程识别所有与制造相关的成本，并对其进行详细估算。该类模型比参数化成本模型更加详细和准确，尤其适用于新的设计和工艺，能快速适应制造工艺条件的改变，适合于将制造成本与设计特征、材料和制造公司联系起来进行成本估算。

基于该方法，NASA、MIT、波音和华盛顿大学合作，开发了用于运输机设计评估的成本优化软件，在进行集体结构优化设计时考虑了可制造性和成本因素，并可进行简化的机翼结构（包括翼梁、翼肋、蒙皮等主要零部件）制造成本评估。

对材料成本，由需要的材料数量和原材料单价决定，在详细设计阶段，由于有了较精确的机体几何数据和明确的制造方法，机体结构的重量、面积和加工废料等数据也将更加详细，对提高原材料数量的计算精确性有一定帮助，可提高机体材料成本的准确性。结合人工成本，可顺利计算出机体成本。

3. 基于整机特征参数的机体成本估算方法。在概念设计阶段，一般仅有关于整机总体特性的参数，成本估算是在收集现有飞机成本数据的基础上，运用统计数学建立费用与飞机总体参数（重量、速度等）之间的关系，进而计算飞机成本。机体成本分为研发阶段成本和批量生产阶段成本，包含工程工时费用、工艺装备工时费用、制造工时费用、质量控制工时费用、发展支援费用、飞行试验费用和材料成本等。

某飞机设计单位研制一架运输机，在研制初期，需要根据相似飞机价格对运输机采购价格进行预测。表2-2为8型美国运输机的性能数据与价格，分别是最大起飞重量 X_1、机身长 X_2、机高 X_3、起飞距离 X_4、满油航程 X_5、最大巡航速度 X_6、飞机空重 X_7 和最大载油量 X_8；价格用 y 表示。最后一行为要研制的运输机性能数据。

表2-2　8型美国运输机的性能数据与价格

机型	x_1/kg	x_2/m	x_3/m	x_4/m	x_5/km	x_6/m·s^{-1}	x_7/kg	x_8/kg	y/万元
A	13494	23.5	8.43	867	4262	425	6597	5683	6666.7
B	6849	14.39	4.57	987	3701	746	3655	2640	3624.3
C	9979	16.9	5.12	1581	4679	874	5357	3350	6569.9
D	5670	13.34	4.57	536	3641	536	3656	1653	5586.23
E	63503	39.75	9.30	1859	6764	925	33183	21273	27768.8
F	22000	29.87	6.75	1200	2870	907	34360	5500	17575.2
G	21500	27.17	7.65	1050	2000	580	12200	5000	18137.6
H	70310	29.79	11.66	1091	7876	602	36300	36300	50476
I	21000	24.615	7.3	1300	3100	819.2	11700	6000	14250

在得到A–H型飞机相关数据后，以该数据为样本，采用数学方法进行训练计算，得到I的价格为13760万元，这与最后成交价14250万元基本接近。

补充阅读：

飞机制造、组装、拆解的全过程

大多数飞机在退役后都会被拆解，也有一小部分或是被土豪收购，或是作为教学用机，或者成为地标景点。飞机拆解过程技术复杂，科技含量高。每架飞机可拆解5万个大部件，这些部件经过检测之后可以回收利用，其价值远超过飞机报废卖废品的价格，比如发动机等。

机身的各个部件还可以被用来制作成各式家具、艺术品等，不过这就要求拆飞机的时候"优雅"一些，避免破坏一些结构。

当然，很多飞机在可用部件拆除后，整体结构就会被暴力拆成废品，变成金属及纺织品材料。

一、关于拆飞机

1. 飞机可用多少年？民航飞机的使用年限为25～30年。国内民航客机的合理生命周期是15年，虽然发动机性能仍然良好、外观也不错，但之后维修养护的成本会越来越高，与其一次花几百万美元检修保养，不如直接退役。

2. 飞机为啥要拆？民航飞机如超出使用年限，飞机整体的结构稳定性可能不够，但零部件是没有问题的，可以循环利用。航空公司"有钱，任性"也是飞机退役拆解的一个原因，有实力的航空公司一般会追求较低的机队机龄。

3. 一架飞机多少人拆？飞机每个部件的拆解都涉及不同专业，需雇用大量的飞机工程各专业技术人员和技术工人。其中，外国专家20人，中高级工程技术人员100人，各专业技工及工勤人员900人。

4. 飞机能拆多少零件？飞机拆解过程技术复杂，科技含量高，每架飞机可拆解5万个大部件，其中两万个部件要经过修复、认证进入国内国际航材市场销售，循环再利用。拆机产业属于循环经济性质的高新技术产业项目，在我国乃至亚洲尚属空白。

5. 飞机拆完卖多少钱？在国际航空市场，循环使用二手零部件是普遍模式，一般来说，一架总价5000万美元的飞机，到使用期限后，回收价格为十分之一，即500万美元左右，拆解后，进入零件市场，可卖出1000万美元。更重要的是拉动周边产值，如物流、维修等，将创造企业产值的10倍至20倍。一些国家的安全部门会购买飞机部件进行安全试验，荷兰国防部曾利用废弃飞机做测试，在不伤及乘客的情况下，炸开一扇波音747舱门需多大威力的炸药。英国空军特种部队的测试是，如何利用现有结构悄悄潜入机舱，而非炸开一个洞。其他国家警方也曾对机舱座椅射击，以检测子弹在机舱内的运动方向。

二、拆飞机分四步

1. 买飞机。购买航空公司的旧飞机，旧飞机在机场降落后，办妥有关手续即牵引进入拆解厂停机坪待拆。

2. 定方案。工程师将依据每架飞机的随机档案、维修记录、部件编码制定拆解方案。

3. 先拆值钱的。拆解飞机一般按照优先拆解发动机、自动驾驶仪、导航等电子设备以及起落架等高价值部件，再拆解其他部件的顺序进行作业。机内零部件拆解后的机壳部分推入专属陈列区管理，待对机翼、垂尾等大部件有需求时随时进行室外拆解作业。

4. 贴标签。拆解下来的零部件都要贴上一个带有编号的标签，这是它的"身份证"，里面不仅包含零件名称和之前所在飞机的信息，还包括拆解人员的职工编号、拆解时间等。在经过飞行适应性检测合格后，这些零件就可以带着详细的可追溯信息进入航空市场重新销售。

【重要名词】

飞行器、飞行器分类、飞机的基本结构、价值评估

【思考题】

1. 什么是飞行器？飞行器是怎么分类的？

2. 飞机的基本结构都包括哪些部分？

3. 简述机翼的基本结构。

4. 为什么在飞机的设计和制造过程中要进行价值评估？

5. 什么是飞机的全寿命费用？

第三章

飞行器国际贸易基础

> > > > > >

第三章

飞行器国际贸易基础

▌【内容提要】

- -

　　由于飞行器具有高昂的制造、维修成本，以及飞行器的生产具有自然垄断特征，因此，不论是国内还是国际上知名的飞行器制造企业都少之又少，并且它们所面临的市场来自于全球。这就不难理解飞行器的相关交易，绝大部分属于国际贸易的原因。从本章开始，我们介入到飞行器国际贸易的具体知识，从飞行器国际贸易入手，讨论飞行器国际贸易的概念、政策、措施等。

第一节　飞行器国际贸易的相关范畴

一、飞行器国际贸易的基本概念

　　飞行器国际贸易是指世界各个国家（或地区）在与飞行器相关的商品和劳务等方面进行的交换活动。它是各国（或地区）在国际分工的基础上相互联系的主要形式，反映了世界各国（或地区）在飞行器供给与需求方面的相互依赖关系，是由各国飞行器国际贸易的总和构成的，即飞行器出口贸易和飞行器进口贸易的总和。

（一）飞行器出口贸易与飞行器进口贸易

　　飞行器出口贸易（Export Trade of Flight Vehicle），是指一国将本国生产和加工的飞行器商品或劳务输出他国市场进行销售的行为。飞行器进口贸易（Import Trade of Flight Vehicle），是指一国将外国生产和加工的飞行器商品或劳务输入本国市场进行销售的行为。

（二）飞行器贸易额与飞行器贸易量

飞行器贸易额（Value of Internal Trade of Flight Vehicle）是指以金额表示的一国对外飞行器贸易规模，等于飞行器进口总额与飞行器出口总额之和。飞行器贸易量（Quantum of Internal Trade of Flight Vehicle）是指按不变价格计算的进口额或出口额。与飞行器对外贸易额相比较，飞行器对外贸易量剔除了价格变动的影响，单纯反映飞行器对外贸易的量。

（三）飞行器国际贸易结构

飞行器国际贸易结构（Composition of Internal Trade of Flight Vehicle）是指飞行器产品和飞行器服务在一国总进出口贸易或世界贸易中所占的比重或飞行器产品和飞行器服务本身结构的比较。一国的飞行器国际贸易结构可以反映出该国飞行器产业的发展水平、产业结构的变化和服务业的发展水平等。

（四）飞行器国际贸易地区分布

一国的飞行器国际贸易地区分布（简称飞行器贸易地区分布）包括两层含义：一是该国在世界飞行器贸易中的地位；二是该国国际飞行器贸易地理方向。一国在世界飞行器贸易中的地位，通常用该国飞行器出口贸易额占世界飞行器出口贸易总额的比重来表示；或者用该国飞行器进口贸易额占世界飞行器进口贸易总额的比重来表示。一国在世界飞行器贸易中的地位变化，说明该国飞行器产业实力的变化。一国的飞行器国际贸易地理方向，它表明一个国家或地区飞行器进口商品的来源和飞行器出口商品的去向，从而反映该国与其他国家或地区之间的飞行器产业及飞行器商品贸易的联系程度。

二、飞行器国际贸易的分类

飞行器国际贸易可以从不同的角度划分类型：

1. 按飞行器商品流向标准分类，主要有飞行器出口贸易、飞行器进口贸易和飞行器过境贸易。飞行器出口贸易又称飞行器输出贸易，指一国把自己生产的飞行器商品和加工的飞行器商品输往国外市场进行销售。飞行器进口贸易又称飞行器输入贸易，指一国从国外市场购进用以生产或消费的飞行器商品。飞行器过境贸易是指某种飞行器商品从甲国经乙国向丙国输送销售，对乙国来说，就是过境贸易。

2. 按飞行器商品形态标准分类，有飞行器货物贸易、飞行器服务贸易和飞行器知识产权贸易。飞行器货物贸易又称有形飞行器贸易，是指那些有形的、可以看得见的物质性商品（如机身、发动机等）的飞行器进出口贸易活动。飞行器服务贸易主要包括：飞行器与零部件技术开发、飞行器物流服务、飞行器消费信贷与保险、整机与零部件分销、飞行器置换（二手交易）、飞行器租赁、飞行器维修服务（包括飞行器美容、修理、维护等）、飞行器俱乐部（传播飞行器文化）。飞行器知识产权贸易又称为飞行器技术贸易。

3. 按飞行器商品贸易是否有第三者参加标准分类，有直接飞行器贸易、间接飞行器贸易和转口飞行器贸易。直接飞行器贸易是指飞行器商品生产国与飞行器商品消费国直接买卖飞行器商品的行为。间接飞行器贸易是指飞行器商品生产国通过第三国同飞行器商品消费国进行买卖飞行器商品的行为。转口飞行器贸易是指飞行器商品生产国与飞行器商品消费国通过第三国进行贸易，对第三国来说，就是转口贸易。

4. 按飞行器贸易清偿工具标准分类，有自由结汇方式的飞行器贸易和易货飞行器贸易两种。在飞行器国际贸易中，以货币作为清偿工具的，叫作自由结汇方式的飞行器贸易，又称飞行器现汇贸易。在当今飞行器国际贸易中，能够充当这种国际支付手段的货币，主要有美元、英镑、欧元和日元等。易货飞行器贸易又称飞行器换货贸易，在飞行器国际贸易中，以经过计价的飞行器商品货物作为清偿手段的，称作易货飞行器贸易。易货的双方直接以货物交换货物（双方只要有一种货物是飞行器即可），不以外汇支付。

5. 按飞行器生产国经济发展水平标准分类，有水平飞行器贸易和垂直飞行器贸易。水平飞行器贸易是指飞行器产业发展水平比较接近的国家之间开展的贸易活动。垂直飞行器贸易是指飞行器产业发展水平不同的国家之间开展的贸易活动。

6. 按照飞行器国际运输方式标准分类，有陆路贸易、海路贸易、空运贸易、邮购贸易和多式联运贸易。陆地毗邻国家之间的贸易多采取陆路贸易，主要运输工具是火车和卡车。海路贸易是指货物通过海上运输的国际贸易，运输工具是各类船舶。空运贸易指单位价值较高或数量较少的货物，为争取时效，往往以航空货运方式装运。由于飞行器自身的特殊性，购买整机的贸易，部分是由被交易的飞行器自行通过航空航线飞到购买国的。邮购贸易是通过邮局邮购货物。多式联运贸易是指由两种及其以上的交通工具相互衔接、转运而共同完成运输过程的贸易。

三、飞行器国际贸易理论基础

国与国之间的贸易从"国家"诞生起就一直存在，但是相关理论的产生，才真正将国际贸易的重要性阐述出来，从而大大激发了各国从事国际贸易的积极性，促进了国际贸易的发展。

（一）重商主义理论（Mercantilism）

产生于英国的重商主义，又称作"商业本位"，出现于14世纪末15世纪初，流行于16至17世纪，衰落于18世纪。重商主义认为，财富的唯一形式是贵金属——金银，人们可以通过交换获得金银。国家如果自己不生产金银的话，获取金银的渠道就是国际贸易。国际贸易能够实现的是通过出口多进口少的方式，使贵金属流入本国，并积累起来，实现国家财富总量的增长。重商主义根据这一理论提出的对外贸易政策主张是奖励出口、限制进口，以保持对外贸易收支的顺差。

重商主义在商业历史上起着划时代的作用，改变了人们对于国际间贸易的习惯看法，促进了资本主义的原始积累，推动了资本主义生产方式的发展。然而，由于重商主义只注重流通领域，忽视生产领域；并且对国民财富的理解是狭隘的——把货币与财富混为一谈，认为贸易是零和博弈，与现在国际贸易互利互惠的准则相违背。这种缺陷被200多年后的经济学家所修正。

（二）绝对优势理论（Absolute Advantage）

英国经济学家亚当·斯密，在他1776年出版的代表作《国民财富的性质和原因的研究》（简称《国富论》）中明确反对重商主义，要求自由放任国际贸易，系统地提出了绝对成本说。由于首次使用了科学的理论体系进行阐述，亚当·斯密成为自由贸易理论的首先倡导者和鼻祖。

亚当·斯密的绝对优势是指在某一同质商品的生产上，一国所消耗的劳动成本（用生产一单位该商品所耗费的劳动时间来衡量）绝对低于另一国，则称该国在该商品的生产上拥有绝对优势。绝对优势理论认为，各国应当专业化生产并出口那些具有绝对优势的商品，同时进口那些其贸易伙伴具有绝对优势的商品，然后在专业化的基础上进行国际贸易，这样对各国都有利。

绝对优势理论第一次用劳动价值论说明国际贸易的基础和利益所在，为科学贸易理论的建立提供了一个良好的开端，其贸易利益的普遍性原则为自由贸易的政策主张奠定了理论基础。绝对优势理论存在的问题在于错误地认为交换决定了分工，认为交换是人类固有的天性，只说明了具有绝对优势的国家才能参加国际贸易并获得利益，解释不了没有优势的国家仍在进行国际贸易的普遍现象，暴露出明显的缺陷和不足。

（三）比较优势理论（Comparative Advantage）

大卫·李嘉图在其代表作《政治经济学及赋税原理》中提出了比较成本贸易理论（后人称为"比较优势贸易理论"）。比较优势理论认为，国际贸易的基础是生产技术的相对差别（而非绝对差别），以及由此产生的相对成本的差别。每个国家都应根据"两利相权取其重，两弊相权取其轻"的原则，集中生产并出口其具有"比较优势"的产品，进口其具有"比较劣势"的产品。比较优势贸易理论在更普遍的基础上解释了贸易产生的基础和贸易利得，大大发展了绝对优势贸易理论。

（四）要素禀赋理论（O–H理论）

1933年，瑞典经济学家俄林出版了《地区间贸易和国际贸易》一书，以生产要素自然禀赋为理论基础，探讨了国际贸易产生的更深一层原因，论证了国际分工的好处和自由贸易的必要性。俄林的生产要素自然禀赋论，实际上是师承赫克谢尔，因此又被国际贸易界称为"赫克谢尔–俄林模式（H–O模式）"。

生产要素自然禀赋论可以描述为：不同商品需要不同的生产要素比例，而不同国家拥有的生产要素相对来说是不同的，各国在那些能较密集地利用其较充裕的生产要素的生产商品时，必然会有比较利益产生。所以，每个国家最终将出口能利用其充裕生产要素的商品，以换取那些需要较密集使用其稀缺生产要素的进口商品。

（五）产业内贸易理论

产业内贸易理论，是国际经济学界产生的一种新理论。传统的国际贸易理论主要解释国与国、劳动生产率差别较大的和不同产业之间的贸易。产业内贸易理论，主要针对几个国家或地区，在一段时间内，同一产业部门产品既进口又出口的现象。比如美国自身生产出口飞机的同时，也从其他国家购买飞机的这种贸易活动。产业内贸易还包括中间产品的贸易，即是某项产品的半制成品、零部件在两国间的贸易。造成产业内贸易的主要原因在于产品差别、规模经济和消费者偏好差别。

（六）战略贸易理论

战略贸易理论自20世纪80年代成为国际贸易理论发展的前沿。该理论主张，各国政府应当确立"战略"产业，实施战略性产业政策，通过出口补贴等政策，帮助"战略"性产业中垄断企业获得更多的国际市场份额，以获得来自规模经济、知识外溢效应和学习效应等方面的收益，从而改变本国的竞争地位，以牺牲其他国家的福利提高本国的福利水平。这种贸易理论主张成为20世纪90年代西方发达国家贸易政策制定的理论基石之一，从根本上改变了许多国家的贸易哲学思想。

四、飞行器国际贸易的作用

飞行器在一个国家中的作用越来越重要，从产业、运输、经济结构和生产方式等方面，都影响着国计民生。飞行器的国际贸易即是实现上述影响的基础，又包含着自身的独特作用。

1. 调节各国市场的供求关系，互通有无始终是国际贸易的重要功能。世界各国由于生产水平、科学技术等方面的因素，会在飞行器生产的某些零部件存在供不应求的状况，也会存在供过于求的状况。而通过国际贸易不仅可以增加国内短缺飞行器零部件的市场供给量，满足生产商的需求，而且还为各国国内市场的过剩的零部件提供了新的出路，在一定程度上缓解了市场供求的矛盾，从而调节了各国的市场供求关系。

2. 飞行器国际贸易是联结飞行器工业生产与消费的"桥梁"和"纽带"。飞行器国际贸易是一种超越国界并参与世界市场商品流通的商品交换，是一种牵动力很强的综合性工业，可以扩展相关企业、增加劳动就业机会。

3. 飞行器国际贸易可以增进国家间的双边关系。在现代，世界各国广泛开展国际贸易活动，这不仅把生产力发展水平较高的发达国家互相联系起来，而且也把生产力发展水平较低的广大发展中国家卷入国际经济生活之中。国际市场的竞争活动，也促使世界总体的生产力发展进一步加快。这不仅促进了发达国家经济的进一步发展，也促进了不发达国家和地区的经济发展。

第二节　国际分工与飞行器市场

飞行器的制造是指按照设计要求制造飞行器的过程，需要各个国家生产零部件等，是一种国际行为，是不同国家分工合作的结果，任何一个国家都无法独立完成飞行器的制造。

一、国际分工

（一）国际分工的概念

国际分工是指世界各国（地区）之间的劳动分工，是各国生产者通过世界市场形成的劳动联系。它是社会生产力发展到一定阶段，国民经济内部分工超越国界的结果，是生产社会化向国际化发展的必然趋势，是国际贸易和世界市场的基础。

（二）国际分工的产生与发展

1. 国际分工和世界市场的萌芽。从15世纪末和16世纪初的地理大发现到产业革命的开始，是国际分工和世界市场的萌芽阶段。地理大发现以前，只存在极不发达的地域分工，世界市场也还没有出现。地理大发现以后，西欧一些殖民主义国家积极推行殖民政策，把广大的美洲、亚洲、非洲、大洋洲等地区都卷入到国际贸易的行列，从而使参加贸易的国家和民族迅速增加，国际贸易的规模迅速扩大，国际贸易的商品种类显著增多，从而形成区域性的国际市场，也产生了国际分工的萌芽，出现了最初的国际分工形式即宗主国与殖民地之间的分工。

2. 国际分工的形成和世界市场的建立。从18世纪后半期到19世纪中叶，是国际分工形成和世界市场建立的阶段，也就是产业革命开始到资本主义自由竞争时期的结束（典型特征是机器大工业的建立）。这个时期，随着产业革命的完成，英、德、美等国先后建立起大机器工业，使资本主义生产方式得以最终确立，机器大工业把经济发展水平不同的国家和民族都卷入到国际分工和世界市场之中，从而为国际分工的形成和世界市场的建立创造了必要的条件，形成了以先进技术为基础的工业国和以自然条件为基础的农业国之间的分工。

3. 国际分工体系和统一的世界市场的形成。19世纪70年代开始的第二次科技革命，使世界工农业生产迅速增长，交通运输工具发生了巨大变革，就使越来越多的国家被卷入到世界市场和国际贸易中来，从而形成了一个把世界各国都联系在一起的统一的世界市场，并在世界各国之间形成了门类比较齐全的国际分工体系。

4. 国际分工的深化和世界市场的扩大。第二次世界大战以后，随着第三次科技革命的兴起，殖民体系的瓦解，资本的国际化与生产的国际化，经济一体化趋势的加强，国际分工、世界市场和国际贸易都发生了显著的变化，国际分工进一步深化，世界市场不断扩大。

二、国际分工与飞行器国际贸易的关系

（一）国际分工促进飞行器国际贸易的发展

从国际贸易发展来看，在国际分工发展快的时期，国际贸易也发展快;相反，在国际分工缓慢发展时期，国际贸易也发展较慢或处于停滞状态。因此，国际分工是当代国际贸易发展的主动力。生产的国际专业化分工不仅提高飞行器生产的劳动生产率，增加世界范围内飞行器的数量，而且增加了国际交换的必要性，从而促进飞行器国际贸易的迅速增长。

（二）国际分工对国际贸易的商品结构产生重要影响

国际分工的发展，使国际商品结构与各国的进出口商品结构不断发生变化。国际分工的深度和广度不仅决定飞行器国际贸易发展的规模和速度，而且还决定飞行器国际贸易的结构和内容，飞行器产业内部贸易额大幅度增加，飞行器服务贸易、技术贸易得到迅速发展。

（三）国际分工对飞行器国际贸易的地理分布产生重要影响

国际贸易的地理分布是指一国或地区的对外贸易额在世界国际贸易额中所占的比重，由此确定一国或地区在国际贸易中所处的地位。国际分工对于国际贸易地区分布有直接的影响。国际分工发展的过程表明，在国际分工处于中心地位的国家，在国际贸易中也占据主要地位。世界各国的飞行器对外贸易地理分布是与它们的经济发展及其在国际分工中所处的地位分不开的。

（四）国际分工对国际贸易政策产生重要影响

国际分工可以扩大整个国际社会劳动的范围，发展社会劳动的种类，使贸易参加国可以扬长避短，发挥优势，有利于世界资源的合理配置;可以节约全世界的劳动时间，从而提高国际社会的生产力。国际分工状况如何，是各个国家制定飞行器对外贸易政策的依据。

第三节　飞行器国际贸易政策

一、飞行器国际贸易政策的概念及构成

所谓飞行器国际贸易政策又称对外飞行器贸易政策，是指一个国家或地区在一定时期内为维护其飞行器行业的利益，在对外飞行器贸易方面所制定和推行的一系列行动准则。具体表现为一个国家的政府为影响飞行器进出口贸易活动所制定的有关法律、法

规、条令、程序和措施等。飞行器国际贸易政策主要包括以下内容：

飞行器国际贸易总政策。飞行器国际贸易总政策是各国在一定时期内对飞行器进出口贸易所实行的一系列政策，即包括飞行器进口和飞行器出口总政策。飞行器进出口政策。根据飞行器国际贸易总政策和进出口飞行器商品的生产、销售等情况，分别制定的飞行器商品进口政策和出口政策。飞行器国别贸易政策。根据飞行器国际贸易总政策以及同有关国家或地区的政治经济关系，分别制定对不同国家和地区的飞行器贸易政策。

二、飞行器国际贸易政策的类型

根据对外飞行器贸易政策的内容、结果、实施情况看，各国对外飞行器贸易政策可以分为：

自由飞行器贸易政策（Free Trade Policy），是指国家对飞行器进出口贸易不加干涉和限制，也不给予补贴和优惠，允许飞行器商品和飞行器服务自由输出和输入，使其在国内外市场上自由竞争的一种政策。

保护飞行器贸易政策（Protective Trade Policy），是指为保护本国飞行器产业和市场，国家采取各种措施限制飞行器商品和飞行器服务的进口，同时对本国飞行器出口商给予各种补贴和优惠以鼓励出口的一种政策。

三、飞行器国际贸易政策的制定与实施

1. 飞行器国际贸易政策的制定。各国对外贸易政策的制定与修改是由国家立法机构进行的。最高立法机关在制定和修改对外贸易政策及有关规章制度前，要征询各个经济集团的意见。

2. 飞行器国际贸易政策的实施。各国的飞行器国际贸易政策是通过以下方式执行的：

（1）通过海关对飞行器进出口贸易进行管理。

（2）国家广泛设立各种机构，负责促进飞行器出口和管理进口。

（3）国家政府出面参与各种国际贸易、关税等国际机构与组织，进行国际贸易、关税方面的协调与谈判。

四、世界强国支持航空贸易的主要政策

（一）行业扶持政策

1. 投资航空研发奠定行业发展基础。美国主要通过向军用航空技术投资间接地提升民机技术水平。据欧盟估算，从1976—1990年美国国防部批准拨款的500亿美元用于军事航空的研究费中，59亿～97亿美元直接或间接用于民机工业。1994全年NASA的10.2亿美元的航空R&D经费中90%用于民机技术。欧洲公司普遍以较低的价格使用国有或国家资助的基础研究设施。美国政府估计从1980—1989年，空客各成员公司获得的政府间接

支持好处总计大约有42亿美元。日本已向超高音速大型运输机研究计划提供了超过5亿日元的论证和研究经费。

2. 直接投资、间接补贴支持型号发展。欧洲各国通过投资入股实际控制骨干航空制造企业。如英国式的金股控制即在涉及国家利益的重大决策上有否决权；法国政府仍是大型航宇企业的大股东；德国则通过国家银行的股权对航空企业实行间接控制。加拿大政府更是多次在紧急关头以政府收购方式扶植本国民机企业。巴西政府于1969年颁布法令，允许巴西各企业用本该上缴国家1%的税收购买巴西航空工业公司的股票，以鼓励国内其他资金投向民机产业，仅这项规定就使该公司每年获得2000万美元左右的投入。空客各成员公司从1960年起因A300/310、A320和A330/340项目获得的政府资金扣除已偿还部分共有131亿美元（原值），按照私人贷款利率计算的动态价值达259亿美元。空客承认，政府资金的偿还将依据项目进展情况在一定的飞机销售架数上摊销。政府提供无息资金。本金偿还完成后，各成员国政府可以从销售的飞机中提取专利权税，如果飞机卖不出去就不用支付利息和专利权税。2005年10月，美国指责法、德、英、西等国为空客开发A380客机提供了65亿美元补贴。据欧盟提供的数据，自1993年以来，波音公司共获得230亿美元的间接补贴，仅2003年大型民机业务就获得了高达27.4亿美元的各种补贴。波音公司B7E7项目更是利用了多项政府补贴，例如，各州政府补贴34亿美元，日本政府补贴15.88亿美元，意大利政府补贴5.9亿美元，累计占项目启动资金的41.6%。

3. 税收优惠促进企业发展。各国政府对航空制造企业都有税收和关税方面的优惠措施。美国采用了包括"全部完成合同征税方法"、加快折旧、减免研制开发税和国外销售公司（FSC）等方法促进航空制造企业的发展。欧共体估计波音公司已从中获得了17亿美元的利益，而麦道公司获得了14亿美元的利益。波音1991年度报告指出，公司从FSC项目中获得的税收利益占其总收入的3.2%即7050万美元。波音目前执行的法定所得税率为35%，但由于享受到各种优惠，实际平均税率为26.3%。据估计，在1997—2003年，波音公司获得的税收优惠合计达29.6亿美元。欧洲EADS集团也享受类似的好处，2001—2003年的研发税收优惠合计为1.7亿欧元。印尼对本国航空工业给予头两年免所得税的优惠政策。

（二）民用飞机贸易政策

1. 出口信贷与融资支持。美国、英国、法国、德国及日本都设立了旨在支持出口的信贷担保机构。这些机构为出口援助制订长期而广泛的出口规划，并为出口项目提供充足的资金和行政自由。美国进出口银行的法定资本金全部由联邦政府拨款。通常它可向外国买方提供出口货值85%的信贷额，主要用于购买美国的资本设备、大型项目及相关服务业；并为出口企业提供出口信贷，其中，用于支持美国民用飞机及其零配件的出口占了较大比例。这类信贷实行优惠利率，息差亏损由联邦政府贴补。

加拿大出口开发公司（EDC）对民用航空工业的支持表现在融资、保险、担保三大类。EDC账户下的风险完全由加拿大联邦政府承担。从整体看来，庞巴迪公司商业飞机销售的35%～40%是由EDC提供融资支持的。对庞巴迪最近的三宗补贴性支持分别是：2001年，EDC对庞巴迪销售给美国威斯康星航空公司的飞机提供1亿多加元的直接出口融资；2002年为销售给美西北航空公司的飞机提供1亿多加元的出口融资；2003年加拿大政府决定提供9亿多加元的买方信贷，继续支持国内支线飞机的出口。

巴西政府于1991年6月1日以8187/91号法律文件创立了出口融资计划（PROEX），其目的是通过直接融资或利率平衡支付方式，向巴西出口商提供出口信贷。对于直接资助，巴西政府贷出一部分交易所需的资金，依据出口产品的类别来确定出口融资的期限，通常从1年到10年不等，而对于支线飞机及其相关产品，这一期限通常延长到15年。利差补贴随期限上升而增加，政府的幅度从对于6个月以上期限的每年0.5%到对于9年期的2%。而对于9年以上支线飞机，利差则相应地从普通商品补贴的2.5%提高到3.8%。在总的利率支付中，巴西政府支付3.8%，购买人支付剩余部分。PROEX计划仅为支持准备在1999年交运的EM-BRAER飞机，就已经达到了4亿美元。为支持巴航飞机出口，巴西政府提供了高达46亿美元的出口补贴承诺。

法国政府成立了推动和管理航空产品出口的国家高层机构——国家航空发展委员会（1955年成立），为出口项目的开发提供风险担保性贷款，向买主提供特别优惠的贷款。法国1957年财政法第29条规定：对很有希望出口但没有获得正式订货的项目，国家可预支70%的发展费用，产品有了出口以后逐步偿还，产品销售不出去厂商可以不偿还。在1965—1970年，视不同买主，贷款利率为3%～7%，偿还期5～8年。对大宗合同项目由政府机构进行管理并统筹安排贸易补偿。

2. 关税减免。20世纪70年代，为开拓国际市场，巴西政府对出口飞机免征工业产品税和商品流通税，减少所得税；对进口原材料、零部件、设备和机械免进口税。日本政府制定《关税暂定措施法》，减免国产困难的航空航天产品进口税3%～4%，每三年由经济产业省、文部科学省、财务省议定一次，2002—2004年累计减免税22.56亿日元，占进口额的3.7%。

3. 政府管制。欧洲政府不仅影响本国航空公司的飞机采购决策，而且对潜在的国外客户，政府以提供诸如落地权、航路、地区经济援助、贸易协议、转包生产合同、出口信贷援助等条件促销。美国政府则一方面通过向外国政府施加压力保证本国产品出口（如以美日贸易不平衡强迫日本终止购买空客A340飞机的协议），另一方面则利用出口管制对装有一定比例（20%～25%）美国部件的欧洲飞机进行出口管制。

发展中国家主要靠保护本国市场为本国航空产品保留基本生存空间。在巴西，不论国营还是私营航空公司，购买航空产品必须经政府批准；对进口与国产飞机相竞争的外国飞机征收50%关税，而不相竞争的其他飞机只征收7%关税。

另外，美国FAA和欧洲JAA的适航条例也成为政府管制的一个手段，形成事实上的技术壁垒，起到了阻碍外国飞机进入本国市场的作用。巴西政府于1976年与美国签订了双边适航协定，发展本国适航技术，从此减少了巴西飞机出口北美的技术障碍，同时极大增强了巴西民用飞机的声望。

（三）军用飞机贸易政策

1. 政府高层参与推动军机销售。美国是世界最大的武器出口国。1986年，美国武器出口总额只占世界武器出口额的13%，到20世纪90年代中期已经超过了70%。美国政府往往利用自己的政治影响军机出售。美国前总统克林顿上台不久，美国国务院专门发文，要求其各驻外使馆"像促进农产品和药品那样推动军火交易"。政府高官纷纷出国游说，为美国军火商牵线搭桥、招揽生意。冷战后，尤其是"9·11"事件后，美国更是利用其唯一的超级大国地位和政治影响为本国军火商开拓市场。

2. 国家协议、政府补贴促进军机销售。美国为了保持全球霸主的地位，通过各种双边/多边安全协议和对外军事援助方案（FMS），向其盟国和其认定的非民主国家大肆出售军火。美国政府每年有60亿~70亿美元用于补贴武器出口。1994年美国防务拨款法批准用国防部基金中的2500万美元为北约盟国、以色列、澳大利亚、日本和韩国提供军火出口信贷担保，以支持一项价值10亿美元的出口计划；1996年9月美国国防部成立了国际和商业计划办公室，负责为美国军工企业的军品出口提供贷款担保；美国还专门成立了资本出口公司，负责向27个国家和地区提供军品出口信贷支持，规模在500万美元到5亿美元之间。

法国长期将扩大武器出口作为发展国防科技工业的重要政策。政府和企业签订武器研制合同时，首先要对该武器系统的出口潜力做出评估，并在此基础上确定合理分摊研究和发展费用的比例；法国军用飞机出口价格中，可以不包括军方承担的全部研究、发展和工业化费用；在急需出口产品的情况下，政府允许法国军方订货中抽调一定数量飞机优先供应出口。"巴统"一方面对共产党执政的国家实行禁运管制；另一方面为推动武器出口，对其盟国及友好国家的出口审批手续一律从简，还向某些同盟国家提供更优惠的贷款条件，如以低于市场的利率提供武器外销直接贷款。另外，向土耳其、埃及、苏丹、索马里、希腊等国提供优惠贷款。根据优惠条件，这些国家的贷款有20年偿还期和10年宽限期。

俄罗斯将坚持扩大军机出口作为发展航空工业的重要政策，扩大军机出口国范围，增加现代化武器装备的出口，采取赊账、出售许可证、债务抵押等多种灵活方式推销军火，武器有的六成买，四成送，有的半价出售。

（四）国际合作与转包生产政策

1981年巴西政府规定，向巴西出口飞机的公司必须以飞机售价的10%在付款期间（通常为10~15年）购买巴西生产的飞机零部件。印尼政府于1986年规定，凡进口飞机必须与IPTN公司签订大约30%的补偿贸易。加拿大在放弃了自行研制军用飞机计划转而购买美国现成飞机如F18后，为了补偿贸易不平衡，加拿大企业增加了转包生产量。目前加拿大的转包生产和整机生产的规模大致相当。

从各国的国际合作与转包生产的支持政策来看，日本最具有代表性。1986年日本修改了航空工业振兴法，将国产化改为国际合作开发，并成立航空器国际合作开发促进基金（IADF），政府每年向基金注入近1亿美元，所支持项目盈利后再逐年返还基金，扩大基金规模。日本开发银行也为民机国际合作项目提供优惠的融资支持。新的补助制度保留了原来的补贴部分，增加了利息补贴，让项目负责单位——日本飞机开发协会、日本航空发动机开发协会从政府系统的金融机构（日本开发银行）贷款，IADF给予利息补贴。波音777客机项目、V2500、CF34-8C和CF34-10发动机项目均受益于此。随着国际合作的深入，日方投资比率不断提高，发动机项目V2500为23%，CF-34-8/10为30%；飞机项目波音767为15%，波音777为21%，波音787为35%。通过这些资助项目的实施，日本飞机、发动机的零件级生产技术达到了世界水平，1999年开始向模块级水平发展。

五、世界强国支持航空贸易政策对中国的启示

（一）制定更有利的行业政策促进航空产品贸易

我国航空工业是对整个国家国防、经济、技术、外交等具有深远影响的战略性产业，而航空产品贸易是推动和保持航空工业健康积极发展的重要和必要手段，同时在拉动就业、促进外交和开展经贸、技术合作等方面意义重大。

放眼世界发达的航空强国，无不是将航空工业及其贸易行业视为重点发展的战略性产业和未来高新技术竞争的制高点，并出台了一系列相关的评估报告和产业发展指导性文件。在波音、空客关于大型民机的贸易争端中，美欧的巨额补贴和压制对手的强硬立场都充分显现了其对于本国航空工业及其贸易的支持。而这种贸易争端通常的和解结果也表明，当今世界航空产品贸易竞争在很大程度上是一种寡头竞合的"游戏"。对于我国这样努力开拓航空贸易的后起国家将面临重重障碍，竞争环境十分恶劣，因此就需要国家针对航空工业的特点，制订更为有利的行业政策和行业发展规划，包括促进市场培育的诸如天空开放等相关政策，在扶持航空工业发展的同时促进我国航空产品的出口贸易。

（二）积极利用国家对外经援政策和渠道带动航空产品的出口

航空工业及其贸易的高回报特性是建立在高投入和高风险基础上的。国家对航空产品贸易的金融和财政扶持是保障投入、降低企业经营风险等最直接、也是最关键的手段。诸多航空工业/贸易强国都针对本国的航空产品贸易制定了一系列相关的研发资金支持、贸易补贴、税收优惠、信贷担保、低息贷款等有力的政策，而且扶持的力度对于航空产品贸易的竞争力具有很大影响。欧盟空客公司的成长、巴西支线航空的崛起、日本转包生产的发展，这些案例背后都可以列出一长串政府提供的金融财税政策优惠清单和数额巨大的资金支持。相比之下，我国的相关政策不够具体，支持的力度还不够。而我国目前航空产品贸易的目标市场基本是亚非拉美的第三世界国家，对于针对航空贸易的金融财税政策的需求更为迫切。

航空产品贸易与国家外交、地缘政治、一般经贸等国际关系有着相互促进的密切联系。以美国为例，其长期推行的经援/军援外交将本国的军用航空技术/产品出口与其全球化利益、资本、文化、意识形态输出等多元因素统一在一起，达成了十分成功的效果。

至今，我国也开展了针对广泛第三世界国家的经济、军事援助及贸易，与很多亚非拉美国家建立了长期和良好的贸易合作基础。我国应该充分利用这一渠道，灵活借鉴"新舟"60成功进入国际市场的援助、贸易相结合的方式，积极带动民机和军贸机的出口。

（三）进一步改善航空产品进出口的贸易经营环境

航空产品是特殊的贸易商品，具有复杂的零部件配套和高技术特性，与一般机电产品相比，在具体的生产、改装、维修、备件、贸易进出口等环节有其自己的特点，操作上更为复杂。这就需要国家出台宏观政策，充分强调航空工业的战略性地位以及航空产品的特殊性和复杂性，以便更好地指导海关、商检、外事、总装等有关部门会同航空工业/贸易企业一同重新审视航空技术/产品进出口中的具体操作细节，加强沟通和协调机制，针对航空产品贸易审批、通关、通检等重要进出口环节建立更便利的航空贸易经营环境。

第四节　飞行器国际贸易措施

一、飞行器贸易措施的概念

所谓飞行器国际贸易措施，是指一个国家相关部门在该国飞行器国际贸易政策的指引下，根据本国实际情况，所采取的处理飞行器国际贸易业务的具体办法或要求。

因实施措施的内容不同，飞行器国际贸易措施可以分为关税措施和非关税措施。因实施措施的效果或预期效果不同，飞行器国际贸易措施可以分为促进（或鼓励）措施和管制（或抑制）措施。

二、关税措施

（一）关税的含义及作用

1. 关税的含义。所谓关税（Customs Duties；Tariff），是指一个国家的海关基于进出关境的货物和物品，向进出口商或物品所有者所征收的一种税收。关税在各国一般属于国家最高行政单位指定税率的高级税种，对于对外贸易发达的国家而言，关税往往是国家税收乃至国家财政的主要收入。政府对进出口商品都可征收关税，但进口关税最为重要，是主要的贸易措施。征收关税的目的：一是筹集财政收入；二是保护民族经济，促进本国的对外贸易。

2. 关税的特点。关税是国家财政收入的一个重要组成部分，同其他税收一样具有强制性、无偿性和固定性三个特点。所谓强制性是指关税的缴纳不是自愿的，而是按照法律无条件地履行纳税义务，否则就违反了国家法律。关税的无偿性是指关税的取得国家不需要付出任何代价，不必把税款返还给纳税人。关税的固定性是指关税通常都是事先设计好的，一般不会随便更改和减免。

3. 关税的作用。

（1）关税是各国对外贸易政策的重要措施。关税是引发贸易战的导火线，也是各国进行贸易战的锐利武器，同时是各国相互之间通过谈判谋取对等待遇的重要砝码。在各国各自采取关税保护政策的情况下，通过关税谈判，可以在平等互利的基础上谋取对等的优惠待遇，保护并扩大对外贸易。

（2）关税是国家财政收入的重要组成部分。从世界大多数国家尤其是发达国家的税制结构分析，关税收入在整个财政收入中的比重不大，并呈下降趋势。例如，1805年美国联邦政府的财政收入90%~95%是来自关税，1900年仍占41%。在当今，大多数国家特别是发达国家关税占财政收入的比重已经大大下降，如美国在1995年关税收入占财政收入比重约为2%。但是，一些发展中国家，其中主要是那些国内工业不发达、工商税源有限、国民经济主要依赖于某种或某几种初级资源产品出口，以及国内许多消费品主要依赖于进口的国家，征收进出口关税仍然是他们取得财政收入的重要渠道之一。

（3）关税可以保护国内产业的发展。关税是实行贸易保护的合法手段，征收进口关税，可以提高进口商品在国内市场的销售价格，削弱其在本国市场的竞争力。随着进口商品国内销售价格的提高，国内同类商品的市场价格也会适当提高，对本国的产业起到一定的保护作用。

（4）关税可以起到调节国民经济和对外贸易的作用。关税是国家的重要经济杠杆，通过税率的高低和关税的减免，可以影响进出口规模，调节国民经济活动。如调节出口产品和出口产品生产企业的利润水平，有意识地引导各类产品的生产，调节进出口商品数量和结构，可促进国内市场商品的供需平衡，保护国内市场的物价稳定，等等。

（二）关税的种类

关税的种类众多，依据不同的标志可以进行不同的划分：

1. 按照商品流向划分包括进口关税、出口关税、过境关税。进口关税是海关对进入本国的货物或物品征收的关税；出口关税是海关对输出本国的货物或物品征收的关税。历史上，出口关税曾是一些国家财政收入的重要来源，目前，由于出口关税不利于商品输出和本国产业的发展，多数国家已不再征收出口关税。过境关税是对外国经运本国关境到另一国家的货物征收的一种关税。在15—16世纪的欧洲，过境关税曾经盛行一时，19世纪后半叶起，各国相继取消了过境关税。

2. 按征税目的划分包括财政关税、保护关税。财政关税是以取得财政收入为主要目的而征收的关税。其特点是征收范围大，税率形式与水平比较单一。保护关税是以保护本国产业生存和发展为主要目的而征收的关税。

3. 按征税待遇划分包括普通关税、优惠关税、差别关税。普通关税，是指一国对来自未建交的国家或未签订贸易协定的国家或地区的产品征收的关税，普通关税一般都高于优惠关税。优惠关税，又称为优惠税率，是指对来自特定受惠国的进口货物征收的低于普通税率的优惠税率关税。使用优惠关税的目的是为了增进与受惠国之间的友好贸易往来。差别关税指对同一进口商品视其不同情况或不同来源国，按不同税率征收的关税。

（三）关税制度的基本内容

1. 关税的计税标准：

（1）从量税。从量税是按照商品的重量、数量、容量、长度、面积等计量为标准计征的关税，其计算公式为：从量税额=商品计量单位数×每单位应税额。

（2）从价税。从价税是指按照进口商品的价格为标准而计征一定比率的关税，其税率表现为货物价格的百分比。其计算公式为：从价税额=完税价格×从价税率。

（3）混合税。混合税又称复合税，是指对某种进口商品，采用从量税和从价税同时征收的一种方法。其计算公式为：混合税额=从量税额+从价税额=（货物进口数量×从量关税税率）+（完税价格×从价税率）。

（4）选择税。所谓选择税（Alternative Duty），是指在关税税则中，对同一税则号下的商品同时订有从价税和从量税两种税率，分别按从价税或从量税计算税额，可选择其中一种有利的税率征收。

2. 完税价格。所谓完税价格（Duty-paid Value Customs Value）又称海关价格或海关固定价格，是指经过海关审定作为计征关税所依据的价格。（1）以进口货物的成交价格确定完税价格；（2）采用相同货物成交价格方法确定完税价格；（3）以类似货物成交价格确定完税价格；（4）以倒扣价格确定完税价格；（5）以计算价格确定完税价格；（6）以"回顾"方法确定完税价格。

3. 海关税则。所谓海关税则（Customer Tariff）又称关税税则。它是国家根据其关税政策和总体经济政策，以一定的立法程序制定、颁布和实施的进出口商品计征关税的规章和对进出口的应税与免税商品加以系统分类的关税税率表。海关税则一般由两部分组成：一是海关课征关税的规章条例及其说明，二是商品分类及关税税率一览表。

（四）通关手续

1. 通关手续的定义。所谓通关手续（Procedure of Apply to the Customs）又称报关手续，是指出口商或进口商向海关申报出口或进口，接受海关的监督和检查，缴纳相关税款和费用，履行海关规定的手续。

2. 通关手续的环节。通常包括申报、验货、放行三个基本环节。申报是指当进口货物抵达进口国的港口、车站或机场时，进口商应向海关提交有关单证和填写由海关发出的表格。验货是指海关按照有关法令和规定，查验准备运进海关的货物，审核货物与单证是否一致。缴纳放行是指当海关认定各种单证符合规定，且货物与单证完全一致后，进口商应按规定缴纳税款及其他费用，然后货物便被允许进入海关。

3. 通关手续的作用。通关手续会影响在国外市场销售商品的成本价格，对在国外市场的销售价格产生直接的影响。通关手续是各国政府保障本国交易市场的公平竞争和商品销售质量的手段，同时也是增加各国财政收入的方法之一。

三、飞行器贸易的关税措施

（一）欧美飞行器贸易关税措施

现在除美国设置了不到1%的飞机进口关税窗体顶端增值税外，德国、日本、英国、法国等主要航空国家各类税率均为零。国外对融资租赁引进飞机业免征进口增值税和关税。

（二）我国飞行器贸易关税措施

我国目前的飞机进口税包括：进口关税和进口环节增值税。根据现行的《中华人民共和国海关进出口税则》，"空载重量超过25000千克，但不超过45000千克的其他大型飞机及其他航空器"的最惠国进口关税税率为5%，增值税率为17%；"空载重量超过45000千克的特大型飞机及其他航空器"的最惠国进口关税税率为1%，增值税率为17%。

国内从事航空运输业的航空公司进口上述标准飞机，可以根据《海关总署关于调整进口飞机进口环节增值税有关问题的通知》（署税发〔2013〕90号）向所在地主管海关申请办理减免税审批手续。经海关审核符合减免税条件的，由海关出具中华人民共和国海关进口货物征免税证明，对空载重量超过25000千克的客货运飞机，减按5%征收进口环节增值税。这里需要注意的是，减免税政策中减免的是进口环节增值税，而不是进口关税。

具体到飞机的进口税计算，可以按照如下公式：

1. 关税=飞机价格×适用汇率×关税率
2. 增值税=（飞机价格×适用汇率+关税）×增值税率
3. 进口税=关税+增值税=飞机价格×适用汇率×进口税率

   =飞机价格×适用汇率×（关税率+增值税率+关税率×增值税率）
4. 进口税率=关税率+增值税率+关税率×增值税率

通过计算可看出，"空载重量超过25000千克，但不超过45000千克的其他大型飞机及其他航空器"在享受海关减免税政策前的进口税率为22.85%，减免后的进口税率为10.25%，税率差高达12.6%；"空载重量超过45000千克的特大型飞机及其他航空器"在享受海关减免税政策前的进口税率为18.17%，减免后的进口税率为6.05%，税率差也达到12.12%。

四、飞行器贸易的非关税措施

（一）非关税措施的含义

所谓非关税措施（Non-Tariff Measures，NTMs），是指除关税以外限制进口的各种法规和行政措施的总称。由于除关税以外限制进口的各种法规与行政措施，构成了对进口的极大障碍，故其又称为非关税壁垒（Non-Tariff Barriers，NTBS）。

（二）非关税措施的种类

非关税措施名目繁多，主要有以下几类：

1. 实施数量控制的非关税壁垒包括：进口配额制、"自动"出口配额制、进口许可证制、外汇管制、进口押金制、最低限价和禁止进口。

2. 技术性贸易壁垒。所谓技术性贸易壁垒（Technical Barriers to Trade，TBT），是指一国或区域组织为了限制商品进口所规定的复杂的技术标准、卫生检疫规定、合格评定程序以及商品包装和标签规定。技术性贸易壁垒主要包括：技术标准、卫生检疫规定、商品包装及标签规定。

3. 环境贸易壁垒。所谓环境贸易壁垒（Environmental Trade Barriers）又称绿色壁垒，是指以保护环境、保护人类和动植物生命健康等为理由构筑的壁垒，它常常被包括在技术性贸易壁垒中。环境壁垒是近年来发达国家的一种贸易保护主义的新措施。绿色贸易壁垒主要包括：绿色市场准入、绿色技术标准、绿色标志、绿色包装制度、绿色卫生检疫制度。

4. 服务贸易壁垒。服务贸易壁垒是指一国政府对外国服务生产者（提供者）的服务提供或销售所设置的障碍。服务贸易壁垒主要包括：服务产品移动壁垒、资本移动壁垒、人员移动壁垒、信息移动壁垒、经营限制。

（三）非关税措施的特点

关税措施是通过提高进口商品的成本，提高其价格，降低其竞争力，从而间接地起到限制进口的作用。非关税措施则是直接限制进口，与关税措施相比，非关税措施的特点如下：

1. 非关税措施具有较大的灵活性和针对性。关税税率的制定往往需要一个立法程序，一旦以法律的形式确定下来，便具有相对的稳定性。且受到最惠国待遇条款的约束，进口国往往难以做到有针对性的调整。非关税措施的制定和实施，则通常采用行政手段，进口国可根据不同的国家做出调整，因而具有较强的灵活性和针对性。

2. 非关税措施更易达到限制进口的目的。关税措施是通过征收高额关税，提高进口商品的成本来削弱其竞争力。若出口国政府对出口商品予以出口补贴或采取倾销的措施销售，则关税措施难以达到预期效果。非关税措施则能更直接地限制进口。

3. 非关税措施更具有隐蔽性和歧视性。一国的关税一旦确定下来之后，往往以法律法规的形式公布于世，进口国只能依法行事。而非关税措施往往不公开，或者规定为烦琐复杂的标准或程序，且经常变化，使出口商难以适应。而且有些非关税措施就是针对某些国家的某些产品设置的。

（四）非关税措施的发展趋势

由于世界贸易组织各成员关税水平不断降低和受到约束，关税对进口的限制作用越来越弱，加之非关税措施具有优于关税措施的特点，非关税措施日益加强，其发展趋势主要表现在：

1. 反倾销措施不断增强。反倾销的最初目的在于抵制国际贸易中的不公平行为，消除价格歧视。然而一些国家却把它作为一种战略竞争的手段，借此打击竞争对手和防止对手强大的武器来使用，从而给其带上了浓重的贸易保护色彩。从其发展趋势看，它将成为21世纪国际贸易壁垒的主导。如就反倾销的实施情况来看，中国仍然是最大的受害国。

2. 贸易技术壁垒（TBT）迅速发展。由于WTO有关技术壁垒的协议并不否认TBT存在的合理性和必要性，允许各国根据自身的特点制定与别国不同的技术标准，这使得发达国家利用此法律依据制定了多种技术法规、技术标准、质量认证等手段来限制其他国家的进口。随着科学的进步、技术创新的深入，新的技术标准会不断涌现，并被不断地纳入新的技术法规。技术创新使检测设备、手段、方法也更加先进，一些WTO发达成员运用TBT的水平也逐渐提高，对进口产品的标准规定越来越细，要求也越来越高。例如，日本对中国大米的农药残留量，从原来的65项检测指标增加到104项；欧盟对中国茶叶的检测指标从原来的72项增加到现在的134项。此外，从涉及领域看，TBT从生产领域开始，逐渐扩张至贸易领域，从有形商品扩张到金融、信息等服务以及投资、知识产权的各个领域。

3. 数量保障实施使用频繁。数量保障措施的形式主要有进口配额、自愿出口限额和进口禁止。数量保障措施对出口限制作用具有直接、迅速的特点。因此，许多西方国家针对发展中国家对外贸易迅速发展的特点，将此保障措施作为攻击他国出口商品"数量激增"的手段。其中，最具威胁力的是专门针对中国制定的"特保条款"。如2005年6月23日，巴西政府将对原产于中国的产品采取特别保障措施，从而暂时保护巴西国内工业。这两部法令：一部是针对中国的纺织品服装实施配额和附加税，另一部是针对中国的其他特定产品。近年来，欧盟、美国等我国主要的出口国家和地区还出现了这样一种趋势，即当找不到合适的理由实施技术贸易壁垒和反倾销措施时，就会转求助于特保条款。

4. 绿色壁垒名目激增。贸易与环境问题正日益得到国际社会、各国政府及人民的关注，成为国际政治、经济领域的焦点问题之一。因此，西方发达国家利用绿色浪潮席卷全球与世界绿色经济兴起的趋势，打着以保护自然资源、保护环境和人类健康的旗帜，制定一系列复杂苛刻的环保制度和标准，对来自别国或地区的产品及其服务设置屏障。

如北欧四国的"白天鹅制度"、欧盟的"EU制度"、日本的"生态标志制度"等。

5. 灰色区域措施的使用。优惠性原产地规则和政府采购政策等灰色措施仍然游离于WTO多边约束规则之外，从而被大多数成员作为贸易保护手段广泛运用。由于原产地规则和政府采购政策背后都隐藏着巨大的经济利益，因此各个国家政府通过制定各类的法律法规来限制其他国家产品的进口，以达到保护本国生产商利益的目的。

6. 劳工标准和动物福利的兴起。劳工标准和动物福利这两项措施虽然还未被纳入国际贸易制度中，但是发达国家为了削弱发展中国家的劳动力和原材料比较优势，一直力图使其正式成为世贸的制度，而且目前已经逐步开始使用该措施来限制发展中国家的出口。在动物福利方面，如2002年乌克兰曾经有一批生猪经过60多个小时的长途跋涉运抵法国却被法国有关部门拒收，理由是运输过程没有考虑到猪的福利，中途未按规定时间休息。在劳工标准方面，如据美国商会组织调查，目前有50%的跨国公司和外贸企业表示，如果SA8000标准实施，将重新与中国企业签订新的采购合同。而由于我国的产品结构属于劳动密集型居多，而SA8000主要是针对劳动密集型产品，因此这无疑将对我国的外贸发展带来巨大影响。

【重要名词】

飞行器国际贸易、绝对优势理论、相对优势理论、国际分工、关税、关税制度、非关税措施

【思考题】

1. 什么是国际飞行器贸易？为什么要进行国际飞行器贸易？
2. 简述国际分工与飞行器贸易之间的关系。
3. 为什么要制定飞行器贸易政策？制定航空贸易政策对我国有什么启示？
4. 试述从量税、从价税、混合税、选择税各自的优缺点。
5. 试述关税措施与非关税措施的联系与区别，我国应该如何有效利用非关税措施？

【案例】

欧盟航空碳税

2008年11月19日，欧盟通过法案决定将国际航空纳入欧盟碳排放交易体系并于2012年1月1日起实施。也就是说，从2012年1月1日起，所有在欧盟境内飞行的航空公司

其碳排放量都将受限，超出部分必须掏钱购买。此项法案一经宣布便遭到欧盟以外多国航空界的强烈反对。欧盟针对航空业征收碳税只是一个开始，有报道称，欧盟还计划将碳税延伸到航运业，以环保为名的服务贸易壁垒有扩大的趋势。

欧盟强征航空碳税的直接原因是欲提高欧洲航空业竞争力。如果只有欧洲的航空企业需承担温室气体的减排任务，而非欧盟的航空公司不承担任何减排负担，那么欧盟航空公司的运营成本将在同等条件下高于欧盟以外的航空公司。在竞争十分激烈的国际航空市场中，这个额外的碳成本将使欧盟航空公司处于不利的竞争地位。不仅如此，征收航空碳税还将限制新兴市场国家的航空份额增长。因为根据欧盟征收国际航空碳排放费政策要求，对往返欧盟国家以及在欧盟内部飞行的航班实行碳排放配额制度，配额以内不需要缴税，超出的企业需要购买配额，超出越多缴税越多，这对快速增长的发展中国家航空业极为不利。

第四章

飞行器国际贸易术语

第四章

飞行器国际贸易术语

■【内容摘要】

　　飞行器国际贸易在卖方交货和买方接货的过程中，涉及许多问题。例如，由何方洽租运输工具、装货、卸货、办理货运保险、申领进出口许可证和报关纳税等进出口手续，由何方支付运费、装卸费、保险费、税捐和其他杂项费用，由何方负担货物在运输途中可能发生的损坏和灭失的风险。如果每笔交易都要求买卖双方对上述手续、费用和风险，逐项反复洽商，将耗费大量的时间和费用，并影响交易的达成。为此，在国际贸易的长期实践中，逐渐形成了各种不同的贸易术语。本章研究贸易术语的含义、作用，贸易术语的国际惯例以及相关贸易术语。

第一节　贸易术语与国际惯例

一、贸易术语的概念

（一）贸易术语的含义

　　贸易术语（Trade Terms）又称贸易条件、价格术语，是进出口商品价格的一个重要组成部分。它是用一个简短的概念（例如"Free on Board"）或三个字母的缩写（例如"FOB"），来说明交货地点、商品的价格构成和买卖双方有关费用、风险和责任的划分，确定卖方交货和买方接货应尽的义务的一种专门用语。

　　在国际贸易中采用某种专门的贸易术语，主要是为了确定交货条件，即说明买卖双方在交接货物方面彼此承担责任、费用和风险的划分。例如，按装运港船上交货条件

（FOB）成交与按目的地交货条件（DAP）成交，由于交货条件不同，买卖双方各自承担的责任、费用和风险就有很大区别。同时，贸易术语也可用来表示成交商品的价格构成因素，特别是货价中所包含的从属费用。由于其价格构成因素不同，所以成交价格应有所区别。不同的贸易术语表明买卖双方各自承担不同的责任、费用和风险，而责任、费用和风险的大小又影响成交商品的价格。一般来说，凡使用出口国国内交货的各种贸易术语，如工厂交货（EXW）和装运港船边交货（FAS）等术语，卖方承担的责任、费用和风险都比较小，所以商品的售价就低；反之，凡使用进口国交货的各种贸易术语，如终点站交货（DAT）和完税后交货（DDP）等术语，卖方承担的责任、费用和风险则比较大，这些因素必然要反映到成交商品的价格上。所以，在进口国交货的价格自然要高，有时甚至高出很多。由此可见，贸易术语具有两重性，即一方面表示交货条件，另一方面表示成交价格的构成因素，这两者是紧密相关的。

（二）贸易术语的作用

贸易术语在国际贸易中的作用，有以下几个方面：

1. 有利于买卖双方洽商交易和订立合同。由于每种贸易术语都有其特定的含义，而且一些国际组织对各种贸易术语也作了统一的解释与规定，这些解释与规定，在国际上被广为接受，并成为惯常奉行的做法。因此，买卖双方只需商定按何种贸易术语成交，即可明确彼此在交接货物方面所应承担的责任、费用和风险，这就简化了交易手续，缩短了洽商交易的时间，从而有利于买卖双方迅速达成交易和订立合同。

2. 有利于买卖双方核算价格和成本。由于贸易术语表示价格构成因素，所以买卖双方确定成交价格时，必须要考虑采用的贸易术语包含哪些费用，如运费、保险费、装卸费、关税、增值税和其他费用。这有利于买卖双方进行比价和加强成本核算。

3. 有利于买卖双方解决履约当中的争议。买卖双方商订合同时，如对合同条款考虑欠周，使某些事项规定不明确或不完备，致使履约当中产生的争议不能依据合同的规定解决。在此情况下，可以援引有关贸易术语的一般解释来处理，因为，贸易术语的一般解释，已成为国际惯例，并被国际贸易界从业人员和法律界人士所理解和接受，从而成了国际贸易中公认的一种类似行为规范的准则。

二、有关贸易术语的国际贸易惯例

在国际贸易中使用贸易术语，始于19世纪。随着国际贸易的发展，逐渐形成了一系列贸易术语，各种特定行业对各种贸易术语也有各自特定的解释和规定。因此，在使用贸易术语时，由于对贸易术语解释的不同，因此会出现矛盾和分歧。为解决这些矛盾，以便于国际贸易的发展，国际商会、国际法协会等国际组织以及美国一些著名商业团体经过长期的努力分别制定了解释国际贸易术语的规则，这些规则在国际上被广泛采用，从而成为国际贸易惯例，并受到各国广泛的欢迎和使用。由此可见，习惯做法与贸易惯例是有区别的。国际贸易中反复实践的习惯做法只有经国际组织加以编纂与解释才形成国际贸易惯例。

国际贸易惯例，是指根据长期的国际贸易实践逐步形成的某些通用的习惯做法而制定的规则。因为惯例本身不是法律，它对贸易双方不具有强制性，故买卖双方有权在合同中做出与某项惯例不符的规定。但是，国际贸易惯例对贸易实践仍具有重要的指导作用。在我国的对外贸易实践中，在平等互利的前提下，适当采用这些国际惯例，有利于外贸业务的开展。而且，通过学习和掌握有关国际贸易惯例的知识，可以帮助我们避免或减少贸易争端。在发生争议时，也可以引用有关惯例，争取有利地位，减少不必要的损失。

有关贸易术语的国际贸易惯例主要有以下三种：

（一）《1932年华沙—牛津规则》（Warsaw–Oxford Rules 1932）

《华沙—牛津规则》是国际法协会专门为解释CIF合同而制定的。19世纪中叶，CIF贸易术语开始在国际贸易中得到广泛采用，然而对使用这一术语时买卖双方各自承担的具体义务，并没有统一的规定和解释。对此，国际法协会于1928年在波兰首都华沙开会，制定了关于CIF合同的统一规则，称之为《1928年华沙规则》，共包括22条。其后，将此规则修订为21条，并更名为《1932年华沙—牛津规则》，沿用至今。这一规则对于CIF的性质、买卖双方所承担的风险、责任和费用的划分以及所有权转移的方式等问题都作了比较详细的解释。

（二）《1941年美国对外贸易定义修订本》（Revised American Foreign Trade Definitions 1941）

《美国对外贸易定义》是由美国几个商业团体制定的。它最早于1919年在纽约制定，原称为《美国出口报价及其缩写条例》，后来于1941年在美国第27届全国对外贸易会议上对该条例作了修订，命名为《1941年美国对外贸易定义修订本》。

《美国对外贸易定义》中所解释的贸易术语共有六种，分别为：

1. Ex（Point of Origin，产地交货）；

2. FOB（Free on Board，在运输工具上交货）；

3. FAS（Free Along Side，在运输工具旁边交货）；

4. C&F（Cost and Freight，成本加运费）；

5. CIF（Cost，Insurance and Freight，成本加保险费、运费）；

6. Ex Dock（Named Port of Importation，目的港码头交货）。

《美国对外贸易定义》主要在北美国家采用。由于它对贸易术语的解释与《通则》有明显的差异，所以，在同北美国家进行交易时应加以注意。

（三）《2010年国际贸易术语解释通则》（《INCOTERMS2010》）

《国际贸易术语解释通则》（International Rules for the Interpretation of Trade Terms），是国际商会为统一各种贸易术语的不同解释于1936年制订的，命名为《1936年国际贸易术语解释通则》（《INCOTERMS1936》）。随后，为适应国际贸易实践发展的需要，国际商会先后于1953年、1967年、1976年、1980年、1990年进行过多次修订和补充，其中，1990年国际商会为使贸易术语能适应日益广泛使用的电子数据交换（EDI）和不断革新的运输技术变化的需要，对该《通则》作了全面的修订。为使贸易术语更进一步适应世界上无关税区的发展、交易中使用电子讯息的增多以及运输方式的变化，国际商会再次对《通则》进行修订，并于1999年9月公布《2000年国际贸易术语解释通则》，简称《INCOTERMS2000》（以下简称《2000年通则》）。《2000年通则》于2000年1月1日起生效。国际贸易术语解释通则，这一用于国内与国际贸易事项的国际商会规则使得全球贸易行为更便捷。在销售合同中引用国际贸易术语解释通则可清晰界定各方义务并降低法律纠纷的风险。自1936年国际商会创制国际贸易术语以来，这项在全球范围内普遍被接受的合同标准经常更新，以保持与国际贸易发展步调一致。国际贸易术语解释通则2010版（以下简称《2010年通则》）考虑到了全球范围内免税区的扩展，商业交往中电子通讯运用的增多，货物运输中安保问题关注度的提高以及运输实践中的许多变化。《2010年通则》更新并加强了"交货规则"——规则的总数从13降到11，并为每一规则提供了更为简洁和清晰的解释。《2010年通则》同时也是第一部使得所有解释对买方与卖方呈现中立的贸易解释版本。其主要特点如下：

1. 两个新的贸易术语。DAT与DAP，取代了2000年国际贸易术语解释通则中的DAF、DES、DEQ和DDU规则。国际贸易术语的数量从13个减至11个，这是因为DAT（运输终点交货）和DAP（目的地交货）这两个新规则取代了Incoterms2000中的DAF、DES、DEQ和DDU规则，但这并不影响约定的运输方式的适用。

在这两个新规则下，交货在指定目的地进行：在DAT术语下，买方处置运达并卸载的货物所在地（这与以前的DEQ规定的相同）；在DAP术语下，同样是指买方处置，但需做好卸货的准备（这与以前的DAF、DES和DDU规定的相同）。

新的规则使Incoterms2000中的DES和DEQ变得多余。DAT术语下的指定目的地可以是指港口，并且DAT可完全适用于Incoterms2000中DEQ所适用的情形。同样地，DAP术语下的到达的"运输工具"可以是指船舶，指定目的地可以是指港口，因此，DAP可完全适用于Incoterms2000中DES所适用的情形。与其前任规则相同，新规则也是"到货交付式"的由买方承担所有费用，即买方承担全部费用（除了与进口清算有关的费用）以及货物运至指定目的地前所包含的全部风险。

2. Incoterms2010的11个术语的分类。（1）适用于任一或多种运输方式的规则。EWX工厂交货；FCA货交承运人；CPT 运费付至；CIP 运费及保险费付至；DAT 目的地交货；DAP 所在地交货；DDP 完税后交货。（2）只适用于海运及内河运输的规则。FAS 船边交货；FOB船上交货；CFR成本加运费；CIF 成本、保险费加运费。《2010年通则》的公布和实施，使《通则》更适应当代国际贸易的实践，这不仅有利于国际贸易的发展和国际贸易法律的完善，而且起到了承上启下、继往开来的作用，标志着国际贸易惯例的最新发展。

第二节　贸易术语的解释

一、六种主要的贸易术语

（一）FOB，Free on Board（…named port of shipment）

1. FOB术语的含义。本规则只适用于海运或内河运输。"船上交货"是指卖方应在合同规定的装运港和规定的期限内将货物装上买方指定的船只，并及时通知买方。一旦装船，买方将承担货物灭失或损坏造成的所有风险。卖方被要求将货物交至船只上或者获得已经这样交付装运的货物。这里所谓的"获得"迎合了连环销售，在商品贸易中十分普遍。FOB不适用于货物在装船前移交给承运人的情形。比如，货物通过集装箱运输，并通常在目的地交付。在这些情形下，适用FCA的规则。在适用FOB时，销售商负责办理货物出口清关手续。但销售商无义务办理货物进口清关手续、缴纳进口关税或是办理任何进口报关手续。

2. 买卖双方的义务划分。卖方义务：

（1）卖方必须提供符合销售合同规定的货物和商业发票，以及合同可能要求的、证明货物符合合同规定的其他任何凭证。

（2）在条约适用的情况下，卖方必须自担风险和费用，取得任何出口许可证或其他官方许可，并办理货物出口所需的一切海关手续。

（3）卖方要承担货物灭失或者损坏的全部风险和支付货物有关的一切费用，直至货物在装运港交至船上为止。

（4）卖方必须自付费用向买方提供证明货物已按照规定交货的通常单据。

买方义务：

（1）买方必须按照销售合同规定支付价款。

（2）如果适用，买方在自担风险和费用的情况下，自行决定是否取得任何进口许可证或其他官方许可，或办理货物进口和在必要时从他国过境时所需的一切海关手续。

（3）买方必须承担自货物在装运港交至船上后的一切费用和风险。

（4）买方必须接受卖方按规定提供的交货凭证。

3. 使用FOB术语应注意的问题。

（1）关于费用和风险的划分界限问题。INCOTERMS在传统上规定，FOB、CFR和CIF术语的交货点为装运港船舷，但这一规定在实际业务中并不适用，因此，以船舷为交货点的规定被取消。自INCOTERMS2010规定，FOB卖方必须在装运港将货物交到船上或装上船。当货物装到船上，风险转移，卖方完成交货。由此可见，FOB术语交货点

（风险点）为装运港船上。FOB的费用划分点与交货点是相重合的，都是在装运港船上。FOB卖方负担一切费用到货物交至船上为止，货物装上船后，由买方负担一切费用。在实际业务中，FOB术语下买卖双方的费用划分往往按运费的结构、港口习惯或买卖双方的约定作必要的调整，而不严格以装上船为界。

（2）关于船货衔接问题。按照FOB术语成交的合同属于装运合同，这类合同中卖方的一项基本义务是按照规定的时间和地点完成装运。然而由于FOB条件下是由买方负责安排运输工具，即租船定舱，所以，这就存在一个船货衔接问题。如果买方未能按时派船，这包括未经对方同意提前将船派到和延迟派到装运港，卖方都有权拒绝交货，而且由此产生的各种损失，如空舱费、滞期费及卖方增加的仓储费等，均由买方负担。如果买方指派的船只按时到达装运港，而卖方却未能备妥货物，那么由此产生的上述费用则由卖方承担。按FOB条件成交的合同，按常规由买方负责租船定舱。卖方可以接受买方的委托代为租船定舱，但卖方不承担租不到船的责任。

4.《1941年美国对外贸易定义修订本》对FOB的解释。《1941年美国对外贸易定义修订本》对FOB的解释与运用，同国际上的一般解释与运用有明显的差异，这主要表现在以下几方面：

（1）美国惯例把FOB笼统地解释为在某处某种运输工具上交货，其适用范围很广，因此在同美国、加拿大等国的商人按FOB订立合同时，除必须标明装运港名称外，还必须在FOB后加上"船舶"（Vessel）字样，否则卖方不负责将货物运到港口并交到船上。

（2）在风险划分上，不是以装运港船舷为界，而是以船舱为界，即卖方负担将货物装到船舱为止所发生的一切丢失与损坏。

（3）在费用负担上，规定买方要支付卖方协助提供出口单证的费用以及出口税和因出口而产生的其他费用。

（二）CFR，Cost and Freight（…named port of destination）

1. CFR术语的含义。本规则只适用于海路及内陆水运。"成本加运费"是指卖方交付货物于船舶之上或采购已如此交付的货物，而货物损毁或灭失之风险从货物转移至船舶之上起转移，卖方应当承担并支付必要的成本加运费以使货物运送至目的港。

2. 买卖双方的义务划分。卖方义务：

（1）自负风险和费用，取得出口许可证或其他官方批准的证件，在需要办理海关手续时，办理货物出口所需的一切海关手续。

（2）签订从指定装运港承运货物运往指定目的港的运输合同；在买卖合同规定的时间和港口，将货物装上船并支付至目的港的运费；装船后及时通知买方。

（3）承担货物在装运港装上船为止的一切风险。

（4）向买方提供通常的运输单据，如买卖双方约定采用电子通讯，则所有单据均可被同等效力的电子数据交换（EDI）信息所代替。

买方义务：

（1）自负风险和费用，取得进口许可证或其他官方批准的证件，在需要办理海关手续时，办理货物进口以及必要时经由另一国过境的一切海关手续，并支付有关费用及过境费。

（2）承担货物在装运港交至船上后的一切风险。

（3）接受卖方提供的有关单据，受领货物，并按合同规定支付货款。

（4）支付除通常运费以外的有关货物在运输途中所产生的各项费用以及包括驳运费和码头费在内的卸货费。

对于买卖双方的基本义务，一句话概括，就是与FOB术语相比的不同点在于，CFR术语下卖方负责租船订舱并支付将货物运至指定目的港所必需的费用和运费。

3. 使用CFR术语应注意的问题。按CFR条件成交时，需特别注意的是装船通知问题。在CFR术语下，由卖方安排运输，由买方办理货运保险。因此在货物装上船前，即风险转移至买方前，买方及时向保险公司办妥保险，是CFR合同中一个至关重要的问题。INCOTERMS2010对CFR A7卖方"通知买方"的规定为："卖方必须给予买方所需的任何通知，以便买方采取通常必需的措施以收取货物。"虽然，INCOTERMS2010没有对卖方未能及时给予买方装运通知的后果做出具体的规定，但是根据有关货物买卖合同的适用法律，卖方可因遗漏或不及时向买方发出装船通知，而使买方未能及时办妥货运保险所造成的后果，承担违约责任。为此，在实际业务中，我方出口企业应事先与国外买方就如何发装船通知商定具体做法；如果事先未曾商定，则应根据双方已经形成的习惯做法，或根据订约后，装船前买方提出的具体请求，及时用电讯向买方发出装船通知。上述做法也适用于我方出口FOB合同。

（三）CIF，Cost Insurance and Freight（…named port of destination）

1. CIF术语的含义。该术语仅适用于海运和内河运输。

"成本，保险费加运费"指卖方将货物装上船或指（中间销售商）设法获取这样交付的商品。货物灭失或损坏的风险在货物于装运港装船时转移向买方。卖方须自行订立运输合同，支付将货物装运至指定目的港所需的运费和费用。卖方须订立货物在运输途中由买方承担的货物灭失或损坏风险的保险合同。买方须知晓在CIF规则下卖方有义务投保的险别仅是最低保险险别。如买方希望得到更为充分的保险保障，则需与卖方明确地达成协议或者自行做出额外的保险安排。

2. 买卖双方的义务划分。卖方义务：

（1）卖方在约定期限内，在装运港将货物装上船，并向买方发出交货通知。

（2）卖方取得出口许可证或其他官方许可，承办出口的海关手续。

（3）卖方租船或订舱，支付运费。

（4）卖方办理运输保险，支付保险费。

（5）卖方负担货物越过船舷为止的一切费用和风险。

（6）卖方提供商业发票和证明货物已经交到船上的通常单据。

买方义务：

（1）买方支付价款。

（2）买方自费取得进口许可证或其他官方许可，承办进口和过境海关手续。

（3）买方负担货物越过船舷后的一切费用和风险。

（4）买方收取货物，接受与合同相符的单据。

CIF与CFR不同之处在于：CIF合同的卖方负责办理保险手续并支付保险费、提供保险单据。除此之外，CIF和CFR合同中买卖双方的义务划分基本相同。

3. 使用CIF术语应注意的问题。

（1）两点分离。两点是指费用划分点和风险划分点，CIF术语下的费用划分点在目的港，风险划分点却在装运港船上。即风险划分点与费用划分点相分离。

（2）保险险别也就是卖方的保险责任问题。CIF术语中的"I"表示Insurance，即保险。从价格构成来看，这是指保险费，就是说货价中包括了保险费；从卖方的责任讲，他要负责办理货运保险。办理保险须明确险别，不同险别，保险人承担的责任范围不同，收取的保险费率也不同。按CIF术语成交，一般在签订买卖合同时，在合同的保险条款中明确规定保险险别、保险金额等内容，这样卖方就应按照合同的规定办理投保。但如果合同中未能就保险险别等问题做出具体规定，那就要根据有关惯例来处理。按照《2010年通则》对CIF的解释，卖方只需投保最低的险别，但在买方要求时，并由买方承担费用的情况下，可加保战争、罢工、暴乱和民变险。

（3）象征性交货和装运合同问题。从交货方式来看，CIF是一种典型的象征性交货。所谓象征性交货是针对实际交货而言，指卖方只要按期在约定地点完成装运，并向买方提交合同规定的包括物权凭证在内的有关单证，就算完成了交货义务，而无须保证到货。可见，在象征性交货方式下，卖方是凭单交货，买方是凭单付款。只要卖方如期向买方提交了合同规定的全套合格单据（名称、内容和份数相符的单据），即使货物在运输途中损坏或灭失，买方也必须履行付款义务。反之，如果卖方提交的单据不符合要求，即使货物完好无损地运达目的地，仍有权拒绝付款。但是必须指出，按CIF术语成交，卖方履行其交单任务，只是得到买方付款的前提条件，除此之外，他还必须履行交货义务。如果卖方提交的货物不符合要求，买方即使已经付款，仍然可以根据合同的规定向卖方提出索赔。

CIF合同不是到达合同，如果规定具体的到货时间，就不是真正意义的CIF术语性质的合同。此处关于象征性交货和装运合同性质的内容也适用于FOB及CFR。FOB、CFR和CIF三种贸易术语产生最早，历史最悠久，最为人们熟悉和习惯使用。然而，随着国际贸易的发展和运输方式的变化，FCA、CPT和CIP术语的使用，也日趋增多。

（四）FCA，Free Carrier（…named place）

1. FCA术语的含义。"货交承运人"是指卖方于其所在地或其他指定地点将货物交付给承运人或买方指定人。建议当事人最好尽可能清楚地明确说明指定交货的具体点，风险将在此点转移至买方。该项规则可以适用于各种运输方式（单独使用的情况），也可以适用于多种运输方式同时使用的情况。

2. 关于交货。交货地点的选择会影响装卸货物的责任划分，主要区分是交货地点是否在卖方所在地：（1）在卖方所在地交货：卖方负责装货；（2）在其他地点：卖方不负责卸货。

3. 买卖双方的义务划分。卖方义务：

（1）提供符合合同规定的货物。

（2）卖方必须提供符合销售合同规定的货物和商业发票或有同等作用的电子讯息，以及合同可能要求的、证明货物符合合同规定的其他任何凭证。

（3）卖方必须自担货物交付给承运人接管为止的风险和费用，取得任何出口许可证或其他官方许可，并在需要办理海关手续时，办理货物出口所需要的一切海关手续。

（4）在指定的地点或其他受货地点，按约定的交货日期或期限内以约定的方式或该指定地点习惯的方式，将货物交由买方指定的承运人或其他人照管。

（5）承担货物灭失或损坏的一切风险，直到货物已交付时为止。

买方义务：

（1）负责安排运输，并将承运人名称、交通运输工具、交货的时间和地点给予卖方充分通知。

（2）从卖方交付货物时起，承担货物灭失或损坏的一切风险。

（3）按合同规定受领交货凭证或相等的电子信息，并按合同规定支付货款。

（4）如果买方愿意，买方也可自担风险和费用，取得任何进口许可证或其他官方许可，并在需要办理海关手续时，办理货物进口和从他国过境的一切海关手续。

（五）CPT，Carriage Paid To（…named place of destination）

1. CPT术语定义。"运费付至…"指卖方在指定交货地向承运人或由其（卖方）指定的其他人交货并且其（卖方）须与承运人订立运输合同，载明并实际承担将货物运送至指定目的地的所产生的必要费用。卖方只承担货物交给承运人控制之前的风险，这一术语无例外地用于所选择的任何一种运输方式以及运用多种运输方式的情况。在多式联运情况下，承担货物交给第一承运人之前的风险卖方要在装货后及时通知买方，以便买方投保。

2. 买卖双方的义务划分。卖方义务：

（1）卖方承担货物在交给承运人之前的一切风险和费用。

（2）卖方负责在合同规定的日期和期限内，把符合合同规定的货物交给买方指定的承运人，向买方发出货交承运人的通知。

（3）卖方负责办理货物出口手续，取得出口许可证或其他核准书。

（4）卖方负责提供商业发票和其他证明已履行交货义务的通常单据。

买方义务：

（1）买方承担货物在交给承运人监管之后的一切风险和费用。

（2）买方负责取得进口许可证或其他官方批准文件，办理进口相关手续，支付相关费用。

（3）买方负责安排运输，并把承运人名称、运输方式和在指定地点向承运人交货的地点与时间等通知卖方。

（4）买方收取货物，接受交货单据，并支付货款。

（六）CIP，Carriage and Insurance Paid To（…named place of destination）

1. CIP术语定义。"运费和保险费付至"含义是在约定的地方（如果该地在双方间达成一致）卖方向承运人或是卖方指定的另一个人发货，以及卖方必须签订合同和支付将货物运至目的地的运费。该术语可适用于各种运输方式，也可适用于使用两种以上的运输方式时。

卖方还必须订立保险合同以防买方货物在运输途中灭失或损坏风险。买方应注意到CIP（运费和保险费付至指定目的地）术语只要求卖方投保最低限度的保险险别。如买方需要更多的保险保障，则需要与卖方明确地达成协议，或者自行做出额外的保险安排。

2. 买卖双方的义务划分。卖方义务：

（1）卖方承担货物在交给承运人之前的一切风险和费用。

（2）买方负责在合同规定的日期和期限内，把符合合同规定的货物交给买方指定的承运人，向买方发出货交承运人的通知。

（3）卖方负责办理货物出口手续，取得出口许可证或其他核准书。

（4）卖方负责提供商业发票和其他证明已履行交货义务的通常单据。

（5）负责办理货物运输的保险手续，支付保险费。

买方义务：

（1）买方承担货物在交给承运人监管之后的一切风险和费用。

（2）买方负责取得进口许可证或其他官方批准文件，办理进口相关手续，支付相关费用。

（3）负责安排运输，并把承运人名称、运输方式和在指定地点内向承运人交货的地点与时间等通知对方。

（4）收取货物，接受交货单据，并支付货款。

3. 保险问题：卖方投保最低险别即可。按CIP术语成交的合同，卖方要负责办理货运保险，并支付保险费，但货物从交货地点运往目的地的运输途中的风险由买方承担。所以卖方的投保仍属于代办性质。根据《2010年通则》的解释，一般情况下，卖方要按双方协商确定的险别投保；如果双方未在合同中规定应投保的险别，则由卖方按惯例投保最低的险别，保险金额一般是在合同价格的基础上加成10%。即CIF合同价款的

110%，并以合同货币投保。

二、其他贸易术语

（一）EXW，Ex Works（…named place）工厂交货（……指定地点）

工厂交货指卖方在其所在地（如工厂或仓库等）将备妥的货物交付买方，以履行其交货义务。按此贸易术语成交，卖方既不承担将货物装上买方备妥的运输工具，也不负责办理货物出口清关手续。卖方一般也没有义务提供出口包装。除另有约定外，买方应承担自卖方的所在地受领货物的全部费用和风险。EXW术语是卖方承担责任、费用和风险最小的一种贸易术语。EXW术语适用于各种运输方式。如买方不能直接或间接地办理出口手续，不应使用该术语，而应使用FCA术语。

（二）FAS，Free Alongside Ship（… named port of shipment）装运港船边交货（……指定装运港）

装运港船边交货指卖方把货物运到指定的装运港船边，即履行其交货义务。买卖双方负担的风险和费用均以船边为界。仅适用于海运或内河运输。如果买方所派船只不能靠岸，卖方则要负责用驳船把货物运至船边，在船边交货。装船责任和费用由买方负担。应由卖方自负费用和风险，取得出口许可或其他官方证件，在需要办理海关手续时，办理货物出口的一切海关手续，并交纳出口关税及其他费用。

（三）DAT，Delivered At Terminal（…named place or port of destination）终点站交货（指定目的港或目的地）

终点站交货指卖方在指定的目的港或目的地的指定的终点站卸货后将货物交给买方处置即完成交货。"终点站"包括任何地方，无论约定或者不约定，包括码头、仓库、集装箱堆场或公路、铁路或航空货运站。卖方应承担将货物运至指定的目的地和卸货所产生的一切风险和费用。此规则可用于选择的各种运输方式，也适用于选择的一个以上的运输方式。

（四）DAP，Delivered At Place（… named place of destination）目的地交货（……指定目的地）

目的地交货指卖方在指定的交货地点，将仍处于交货的运输工具上尚未卸下的货物交给买方处置即完成交货。卖方须承担货物运至指定目的地的一切风险。该规则的适用不考虑所选用的运输方式的种类，同时在选用的运输方式不止一种的情形下也能适用。

（五）DDP，Delivered Duty Paid（… named place of destination）完税后交货（……指定目的地）

完税后交货指卖方在指定的目的地，将运输工具上准备卸下的货物交与买方处置并办理进口清关手续，完成交货。卖方承担将货物运至指定的目的地的一切风险和费用，并有义务办理出口清关手续与进口清关手续，对进出口活动负责，以及办理一切海关手续。DDP术语适用于任何一种运输方式，也可以适用于同时采用多种运输方式的情况。

DDP术语下卖方承担最大责任。

【重要名词】

贸易术语、国际贸易惯例、FOB、CFR、CIF、FCA、CPT、CIP

【思考题】

1. 贸易术语在国际贸易中有着什么样的作用？
2. 试述有关贸易术语的国际贸易惯例。
3. 贸易术语FOB、CFR、CIF三者之间有什么样的联系和区别？
4. 贸易术语FCA、CPT、CIP三者之间有什么样的联系和区别？

补充阅读：

中国大飞机：中国制造新名片

6月6日，国产水陆两栖大飞机AG600完成了最后一次低速滑行试验。试验结果显示，飞机滑行功能正常，各项性能指标符合要求。接下来，AG600还将进行中速滑行和高速滑行试验。滑行试验结束后，AG600预计在7月底首飞。

AG600"作为我国'三个大飞机'之一的大型灭火/水上救援水陆两栖飞机，是为满足我国森林灭火、水上救援的迫切需要，而研制的大型特种用途的民用飞机。其翼展12米，全长39.3米，起飞重量53.5吨，发、平飞速度460km/h，由中国航空工业集团公司设计。

从国产大飞机C919首飞成功到AG600完成低速滑行试验，2017年无疑是国产大飞机丰收的一年。

收获源于耕耘，从1970年中国第一架大型客机运-10开始研制至今，几代中国航空人的努力，让国产大飞机终于迎来了最好的时代。

"三剑客"即将全部入列

2013年1月26日，运-20首飞取得成功。因可爱的外形而被昵称为"胖妞"的运-20，在"三剑客"中先声夺人成为老大，于2016年7月正式列装。

2016年5月5日15时19分，举世瞩目的国产大型客机C919从上海浦东国际机场腾空而起、穿越云层，翱翔在东海之滨，翻开了中国民用航空史册的崭新一页。从那一刻起，蓝天上终于有了一款属于中国的、完全按照世界先进标准研制的大型客机。

2016年7月23日，AG600总装下线——国产大飞机你追我赶，在2016年5月C919成功首飞之后，AG600也在7月底首飞。承载着几十年航空梦想的国产大飞机，即将全部入列。屡经挫折，整装再发，中国大飞机的梦想再次起航——国产大飞机"三剑客"三箭齐发，吹响了摘取工业皇冠上明珠的集结号。

国产"三剑客"

"大鹏一日同风起，扶摇直上九万里。"中国航空工业几代人的厚积薄发，终于在近几年迎来了丰收时刻。

中国制造步入超级高度

上百万个精细零部件，几乎覆盖所有工业门类的高端制造——中国大飞机代表着中国制造的超级高度。

举全国之力，聚全球之智。从2008年7月启动研制以来，历经近9年的艰难跋涉，C919终于走出了一条中国设计、系统集成、全球招标、逐步提升国产化的发展道路，形成了自主研制、国际合作、国际标准的技术路线。同时，一个以上海为龙头，陕西、四川、江西、辽宁、江苏等22个省市、200多家企业、近20万人参与的民用飞机产业链正在形成，提升了我国航空产业配套能级。

据了解，通过C919和ARJ21新支线客机的研制，我国掌握了5大类、20个专业、6000多项民用飞机技术，加快了新材料、现代制造等领域关键技术的群体突破，推进了流体力学、固体力学、计算数学等诸多基础学科的发展。

（一）ARJ21支线客机

大型客机是航空制造的高端产品，因其技术集成要求高、生产工艺十分复杂等因素，历来是检验一个国家航空制造业综合实力和水平的试金石。

运-20仅用了国外同类飞机一半左右的时间就成功首飞，实现了我国大型运输机自主发展零的突破，标志着我国成功跻身于世界上少数几个能自主研制200吨级大型机的国家之列。运-20的研制兼顾了大型运输飞机的多任务能力和民用飞机的适航安全性要求，集成了各个行业的最新成果。

AG600飞机的研制，则按照主承制商—供应商的大协作模式，中航工业充分利用中国航空工业及其他行业和民营企业的资源开展型号研制工作。国内共有20个省市、150多家企事业单位、十余所高校的数以万计的科研人员参与了项目研制。

（二）用实力在市场上站稳脚跟

ARJ21飞机是中国首款完全按照国际适航标准研制的涡扇喷气支线客机，目前已有两架交付成都航空投入商业运营。然而，从它2008年首飞成功、2016年正式投入运营的历程看，一架飞机首飞之后还有很长的路要走。

首飞成功的C919已经拥有中国国际航空公司等23家国内外用户，订单总数570架，其中包括美国通用电气租赁等国际客户。

AG600也已获得17架意向订单。中国航空工业通飞副总工程师、AG600总设计师黄领才介绍，根据目前计划，AG600将于2020年年底完成试飞任务，预计2021年取得适航许可证，届时将可投入市场使用。

造出产品只是成功的开端，还要通过不断试飞、不断总结经验和不断改进设计，逐步满足用户需要，才能谈得上产业化。而实现产业化，则是研制大型飞机所追求的最终目标。要完成这一历史使命，需要有远见、勇气、信心和力量，要有百折不挠的决心和钢铁般的意志。

第五章

飞行器贸易合同的标的及运输

第五章

飞行器贸易合同的标的及运输

■【内容提要】

商品是国际货物买卖的物质基础，在国际市场上，买卖双方洽商交易时，必须就商品的品质、数量与包装、运输等主要交易条件进行磋商，并在合同中具体订明。

第一节 飞行器贸易的商品名称和品质

商品的名称和品质是交易的基础和前提条件，在飞行器贸易中，规定好产品的名称和品质，有利于整个交易过程的顺利完成。

一、商品名称

商品名称是指为了区别于其他商品而使用的商品的称呼，能够反映商品的自然属性、用途、特性等。可分为通用名称和特定名称，是合同中不可缺少的主要交易条件，也代表了商品通常应具有的品质。在合同中，应尽可能使用国际上通用的名称。

通常来讲商品名称的命名方法主要有，以商品的主要用途命名；以商品的主要成分或原料命名；以商品产地、特殊原料命名；以商品产地名胜古迹、著名人物、传说命名；以商品自身显著的实体形态命名等。由于飞行器产品的国际规范更为严格，因此，飞行器产品的命名在世界范围内是较为固定的，型号和规格也是统一的。这方便了买卖双方的交易过程，避免了不必要的误解和偏差。

二、商品品质的概念及表示方法

商品品质是指商品的内在质量和外观形态的综合。它是对成交商品品质的描述，是构成商品说明的一个主要组成部分，是买卖双方交接货物的基本依据，也关系到买卖双方的权利和义务。

（一）商品品质的表示方法

在国际贸易实际业务中，表示货物品质的方法大致可以分为两类：一是以实物表示货物品质，二是用文字说明表示货物品质。具体业务中采取哪种方式，则必须根据货物的种类、特性、交易习惯及交易磋商的方式而定。

1. 凭实物样品表示商品品质。包括凭成交商品的实际品质和凭样品两种形式。前者为看货买卖，后者凭样品买卖。看货买卖。买卖双方根据成交商品的实际品质进行交易，通常是先由买方或其代理人在卖方所在地验看货物，达成交易后，卖方即应按验看过的实物交付货物。只要卖方付的是验看过的货物，买方就不得对货物品质提出异议。在国际贸易中，由于交易双方远隔重洋，交易洽谈多靠函电方式进行。买方到卖方所在地验看货物有诸多不便，即使卖方有现货在手，买方也有代理人代为验看货物，但也难以逐件加以查验，所以在国际贸易中采用看货成交的情况很少，所占比重较小。这种做法，多用于寄售、拍卖和展卖业务，或是商品交易所的现货交易。凭样品买卖。所谓样品是指一个或几个或少量足以代表整批货物品质的实物，它们通常是从一批货物中抽取出来，或者由生产部门设计、加工出来。凭样品买卖是指买卖双方约定以样品作为交货品质依据的买卖方式。并不是所有的货物都可以凭样品买卖，在实际业务中，只有部分工艺品、服装、轻工业品、土特产品及其他不易用文字说明品质的货物可采用凭样品买卖的方式。此外，买方还应保证做到未来提供的货物能与样品完全一致。

2. 凭文字说明表示商品品质。即指用文字、图表、相片等方式来说明成交商品的品质。这类表示方法可细分为四种：第一，凭规格买卖。商品规格是指一些足以反映商品的主要指标，如化学成分、含纯度、性能、容量、长短粗细等，在国际中，买卖双方交易时，对于适于规格买卖的商品，应提供具体规格来说明商品的基本状况，并在协议中订明。按规格买卖时，说明商品的指标因商品不同而异，即使是同一商品，也会因用途不同，而对于规格的要求也就有了差异，由于这种表示的方法，明确具体，简单易行，故在国际中被广泛地运用。第二，凭等级买卖。商品的等级是指同一类商品，按规格上的差异，分为优劣各不相同的若干等级。凭等级买卖时，由于不同等级的商品具有不同的规格，为了便于和避免争议，在条款列明等级的同时，最好一并规定每一等级的具体规格。该表示方法，对简化手续，促进成交和体现按质论价等方面，都有一定的作用。第三，凭标准买卖。商品的标准是指将商品的规格和等级予以标准化，标准化的商品可按标准进行交易。在国际贸易中，对于某些变化较大而难以规定标准的产品（如农副产品），往往采用"良好平均"（Fair Average Quality，FAQ）来表示，所谓"良好平均"

是指一定时期内某地货物的平均水平，一般是指中等货。第四，凭说明书和图样买卖。在国际贸易中，有些机器、电器、和仪表等技术密集型产品，因结构复杂，对材料和设计的要求严格，用以说明性能的数据较多，很难用几个简单的指标来表明其品质的全貌，因此，对这类商品的品质，通常以说明书并附以图样、照片、设计图纸、分析表及各种数据来说明具体性能和结构特点，按此方式进行交易，称为凭说明书和图样买卖。按这种表示的方法成交，卖方所交货物必须符合说明书和图样的要求，但由于对这类产品的技术要求较高，有时同说明书和图样相符的产品，在使用时不一定能发挥设计所要求的性能，买方为了维护自身的利益，往往要求在买卖中加订卖方保证条款和技术服务条款。除此以外，还有凭商标或名牌买卖、凭产地名称买卖等。

（二）合同中的品质条款

品质条款是买卖合同中的一项主要条款，是买卖双方对货物品质的具体约定。其基本内容包括货物的品名、规格或商标、牌名或产地等，具体条款可因商品不同而订法不一。订立品质条款时需要注意要正确运用各种表示品质的方法；注意品质条款要科学性和合理性相结合；也可规定一定的品质机动幅度、品质公差、交货品质与样品大体相等或其他类似条款。品质机动幅度是指允许卖方所交货物在一定幅度内有所灵活。

三、飞行器贸易的商品品质

飞行器商品的品质是指飞行器商品的外部形态、结构与内部质量功能的综合指标。它既是构成商品品牌的重要组成部分，也是飞行器使用价值的决定因素，更是飞行器贸易合同的物质基础。因此，在飞行器贸易业务中，不仅要明确规定飞行器商品的品名，更重要的是要明确规定飞行器的具体品质，具体体现为相关的性能指标，可查阅相关的专业书籍。

（一）飞行器商品品质的表示方法

在飞行器贸易中，其品质可以采用实物的方式和说明的方式来表示。采用实物的方式，即"看货交易"。在飞行器贸易中，对于数量较小的零配件交易，可采用验货交易，双方根据成交的实际品质进行交易。采用说明的方式，即"凭样品交易"。在飞行器贸易中，生产商为了推广其商品，会向买方提供多种样品以供买方选择，类似于"凭卖方样品"的交易方式。如果采用说明的方式来表示的品质，主要采用三种形式，分别是说明书、图样及目录；商标或牌号，对于声誉好的生产厂家，生产商标或牌号就代表其品质；规格，飞行器商品的规格比较复杂，需要技术规格说明书、设计图纸、化学分析书以及物理特性鉴定书等加以具体说明。

（二）飞行器贸易的品质条款

在飞行器贸易合同中，品质条款是卖方交货和买方收货的最基本依据，制定飞行器贸易品质条款时，要注意合理选择表示品质的方法。有关品质条款的内容，必然涉及表示品质的方法，表示品质的方法有很多，一般是单独使用，有时也可混合使用，要视具体商品（如飞行器整体、零部件、整套设备等）合理选择。要合理规定品质的机动幅度和品质公差。由于在飞行器商品的生产、制造和安装的过程中，质量指标出现一定的误差是难以避免的，因此，在飞行器贸易合同中，应合理规定品质的机动幅度和品质公差。

第二节　飞行器贸易的商品数量

商品的数量是指以一定的度量衡表示的商品的重量、个数、长度、面积、体积、容积的量。数量的多少直接关系交易价格的高低以及总贸易量对市场的影响。

一、贸易合同中的数量条款

商品计量单位的采用，应视商品的性质而定，同时取决于交易双方的意愿，在国际交易中，通常采用的计量单位有重量、数量、长度、面积、体积、容积等。其中，计量重量的方法包括按毛重计量；按净重计量；按公量计量；按理论重量计量；按法定重量和净重计量等。

贸易合同中的数量条款的基本内容主要包括交货的数量和计量单位。为了便于履行合同和避免引起争议，进出口合同中的数量条款应当明确具体。一般不宜采用"大约""近似""左右"（About, Circa, Apporoximate）等带伸缩性的字眼来表示。如果确实需要可以增加溢短装条款和约量条款。溢短装条款是指在买卖合同的数量条款中明确规定卖方可以多交或少交的百分比，但以不超过规定的百分比为限。约量条款：是指实际交货数量可有一定幅度的弹性的条款，即在交货数量前加"约"字规定机动幅度的方式。

二、飞行器贸易的商品数量

在飞行器贸易中，交易双方所约定的数量是交接货物的最后依据。数量的多少决定了合同金额的大小，影响着市场销售价格的高低。飞行器贸易的数量受到生产、消费、市场、政策等一系列因素的影响，因此，正确掌握成交量、订好合同中的数量条款十分重要。

飞行器的交易业务并不像大宗货物贸易那样，商品的数量难以精确把握，而且，在运输途中飞行器的自然磨损也不大。飞行器贸易的成交数量既要符合国家的对外政策，又要根据调查研究，充分考虑实际需要和可能性确定交易的数量。需要考虑国内货源供应、国际市场供求情况、国外客户的资信状况和经营能力以及国际市场价格动态。进口飞行器的数量由国内的实际情况决定，国内外的市场变化情况决定了飞行器进口的成交数量。

第三节　飞行器贸易的商品包装

商品包装是实现商品价值和使用价值的重要手段之一，是商品生产和消费之间的桥梁。包装在一定程度上反映了一个国家经济、技术和科学文化等方面的综合水平。在国际市场上，包装的好坏，不仅关系到商品销售价格的高低、销路的畅通，也关系到一个国际及其产品的声誉。在国际货物买卖中，包装还是货物说明的组成部分。因此，包装也是主要交易条件之一，并应在合同中加以明确规定。

一、商品包装的种类

商品包装是指在商品流通过程中为保护商品、方便储运、促进销售，按一定技术方法而采用的容器、材料及辅助物等的总体名称，也指为达到上述目的而使用适当的材料、容器对商品进行包封、捆扎和装潢的活动。

商品包装具有维护商品质量、保证商品安全、便于储运和装卸、便于计量和点验商品、节省物流和降低物流成本等职能。在商品贸易中，除少数商品不需要包装，可直接采用散装、裸装形式运输、储存外，绝大多数都需要包装。下面介绍几种常见的包装形式：

（一）运输包装

又称外包装、大包装。它是将货物装入特定容器，或以特定方式成件或成箱地包装，主要用于保护商品，防止货损或货差，便于装卸搬运。运输包装分为单件运输包装和集合运输包装两类。

单件运输包装是指货物在运输过程中作为一个计件单位的包装。按其包装造型的不同，可分为箱型包装、桶型包装和袋装包装。集合运输包装，又称"成组化运输包装"，是指在单件运输包装的基础上，为适应运输、装卸工作现代化的要求，将若干单件运输包装组合成一件大包装。集合运输包装，对于提高装卸效率、保护货物、节省费用有一定的作用。常见的集合运输包装有集装包、集装袋、托盘、集装箱等。

（二）销售包装

又称内包装、小包装，是直接接触商品，随商品进入零售市场和消费领域的包装。它的作用不仅在于保护商品安全、便于储存和计量，而且能美化、宣传、介绍商品，起到"无声售货员"的作用。

（三）中性包装

中性包装是指在商品和内外包装上不注明生产国别和厂家的包装，可分为定牌中性和无牌中性两种。定牌中性包装，是在商品包装上使用买方指定的商标牌名，但不注明生活国别。无牌中性包装，是在商品包装上既不使用任何商标、牌名，也不注明生产国别的包装。中性包装是出口商加强对外产、销，扩大出口的手段。近年来，中性包装受到进口国家与地区的种种限制，出口商应谨慎利用。

二、商品包装标志

包装标志是在运输包装外部书写、压印、贴印、刷制的图形、文字、数字制作的特定记号和说明事项。它也是某些装运单证上不可缺少的项目和内容。按其用途分为运输标志、指示性标志、警告性标志三类。运输标志又称唛头，由一个简单的几何图形和一些字母、数字以及简单的文字组成。其作用是便于在装卸、运输、存储过程中识别、点数，防止错发错运，便于收货人收货。指示性标志是指对一些易碎、易损、易变质商品的性质用醒目的图形和简单的文字提醒有关人员在装卸、搬运和储存时应注意的事项。警告性标志又称危险性标志，是指对一些易燃品、易爆品、有毒品、腐蚀性物品、放射性物品等危险品在其运输包装上清楚而明确地刷制的标志以示警。飞行器贸易的运输包装通常包括集装包或集装袋、托盘运输包装和集装箱三种形式。飞行器的销售包装上除了商标、品名和产地之外，还根据需要，一般印有规格、用途、使用方式等说明。

第四节 飞行器贸易的货物运输

国际货物运输是对外贸易的重要环节之一。在运输过程中，往往要经由不同的国家，通过多次装卸搬运，使用各种工具，并变换不同的运输方式，故其设计面广，中间环节多，情况变化大，因此远比国内运输复杂。从事国际贸易的人员必须熟悉和掌握有关国际货物运输的基本知识，才能在磋商交易和签订合同时充分考虑运输方面的问题，使合同的装运条款完整、明确、合理和可行，从而保证进出口货物的顺利交接。

一、国际贸易运输方式及特点

国际贸易的运输方式主要包括海洋运输、铁路运输、航空运输、集装箱运输、邮政运输以及国际多式联运等。由于它们各有不同特点，故在对外贸易业务中必须合理地选择运输方式。在国际货物运输中，运用最广泛的是海洋运输，它具有通过能力大、运量大、运费低的特点。同时，海洋运输受气候和自然条件的影响较大，航期不易准确，而且风险较大。此外，海洋运输的速度也相对较低。

在国际货物运输中，铁路运输是仅次于海洋运输的主要运输方式，海洋运输的进出口货物，也大多是靠铁路运输进行货物的集中和分散的。铁路运输有许多优点，包括运输能力大，运行速度快，能耗低，通用性好，受自然环境影响小，办理铁路货运手续简单，等等。

航空运输是一种现代化的运输方式，它与海洋运输、铁路运输相比，具有运输速度快、货运质量高且不受地面条件的限制等优点。因此，它最适宜运送急需物资、鲜活商品、精密仪器和贵重物品。

集装箱运输是货物运输的一种辅助设备，是以集装箱作为货物运输的一种现代化先进的货物组合运输方式，具有简化包装、大量节约包装费用、减少货损货差、提高货运质量，减少营运费用、降低运输成本等特点。

国际多式联运是在集装箱运输的基础上产生和发展起来的，是指按照国际多式联运合同，以至少两种不同的运输方式，由多式联运经营人将货物从一国境内的接管地点运至另一国境内指定交付地点的货物运输。其特点在于：责任统一，手续简便；节省费用，运输成本低；中间环节少，时间短，运输质量高；运输组织水平高，运输更加合理化；实现门对门运输。

二、国际飞行器贸易装运条款

根据我国的实际情况，在飞行器贸易洽谈时，买卖双方必须就交货时间、转运地和目的地、能否分批装运和转船、转运等问题商妥，并在合同中具体定明。装运条款的内容及其具体订立与合同的性质和运输方式有密切的关系。飞行器贸易装运条款包括以下内容：

（一）装运时间

在飞行器贸易合同中，装运时间是合同的主要条件，它直接关系到买卖双方的生产、销售计划的安排、手续的办理等一系列问题。如果卖方违反这一条件，买方有权撤销合同，并要求卖方赔偿其经济损失。规定装运时间的几种方法：明确规定具体装运时间；规定在收到信用证后若干天装运；采用术语表示装运期。规定装运时间时应注意：规定货、船的衔接；对装运时间规定的不宜过死；转运期限要适度，不要过长或过短；在采用开证后若干天内装运条件下，要注意开证期的规定。

（二）装卸港与目的港

装卸港与目的港的规定方法中只规定一个装运港，当货物数量较大时，在实际业务中也可以规定两个或两个以上装运港；在成交时具体装运港和目的港不能确定时，可以采用选择港。规定装卸港时应注意在出口合同中，装运港一般以货源为中心，选择距离较近、便于运输的港口，同时要考虑收费标准。在以FOB价格术语成交的合同中，要考虑买方派船的大小、船级，从而选择与其相匹配的港口，如水深、装货条件等。在进口合同中，一般要求采用FOB价格术语，由卖方租船定舱，要选择港口水深、装卸条件较好、费用较低的港口作为装运港，最好只规定一个。

应注意在规定国外目的港时，应力求明确。不能选择和接受我国政府不允许进行贸易的国家和地区的港口为目的港。在运往航次较少的港口或目的港时，在合同中应规定"允许转船"条款。目的港必须是船舶可以安全停靠的港口，在冬季要注意冻港和不冻港。和内陆国家进行贸易，不能将内陆城市和国家作为目的港。

（三）装运的其他条款

分批装运是指一笔成交的货物分若干批装运。在大宗货物交易中国，买卖双方根据交货数量、运输条件和市场销售需要等因素，可在合同中规定分批装运条款。转船是指货物没有直达船或一时无适当的船运输，需要通过中途港转运。买卖双方可以在合同中商定"允许转船"条款。装运通知是指在采用租船运输大宗进出口货物的情况下，在合同中加以约定的条款。规定该条款的目的在于明确买卖双方责任，促使买卖双方互相合作，共同做好船货衔接工作。

滞期是指在双方约定的允许装卸时间内未能将货物装卸完，使货船在港口停泊时间延长。由此给船方造成经济损失，由承租方按双方协定以每天若干金额补偿给船方，即滞期费。速遣是指按双方约定的时间，提前完成装卸任务。由此使船方节约了在港的费用，船方将其所获得利益的一部分奖励给承租方，即速遣费。按惯例，速遣费为滞期费的一半，均以每天若干金额（具体金额由双方约定），不够一天者，按比例计算。

三、国际飞行器贸易的运输单据

装运单据是承运人收到承运货物后签发给托运人的证明文件。它是交接货物、处理索赔与理赔以及向银行结算货款或议付的重要单据。装运单据的种类很多，其中主要的有海运提单、铁路运单、航空运单、邮运包裹单等。在签订买卖合同时，必须对装运单据的种类和份数做出具体规定。现仅对海运提单进行简要说明。

海运提单是指由船长或船舶公司或其代理人签发的，证明已收到特定货物，允诺将货物运至特定目的地并交付给收货人的凭证。提单是承运人或其代理人签发的货物收据，是一种货物所有权的凭证，是承运人与托运人之间订立的运输契约的证明。海运提单根据货物是否已装船分为已装船提单和备运提单。根据提单是否可以流通转让分为记名提单、不记名提单和提示提单。根据提单有无批注条款分为清洁提单和不清洁提单。根据运输方式分为直达提单、转船提单和联运提单。此外，还有其他种类提单，如过期提单、倒签提单、预借提单等。

第五节　飞行器贸易合同的基本内容

　　根据《中华人民共和国合同法》，飞行器贸易合同包括以下内容：当事人的名称或者姓名和住所、标的、即飞行器；数量、价款、要标明计价单位以及在购买过程中的所有费用和承担对象；质量、履行期限、地点和方式、违约责任、要注明索赔的条件和索赔期限；解决争议的方法、包装方法、检验标准和方法、结算方式、合同使用的文字及其效力。除此以外，贸易双方当事人还可以根据实际的需要，在贸易中做出其他约定。总之，贸易合同的内容只要不违反法律规定，不损害社会公共利益，可由贸易双方当事人自由约定。现通过具体的事例，对贸易合同的具体形式加以说明。

中国某公司与俄联邦共和国乌兰乌德飞机制造厂关于提供米–171客运型直升机的合同

　　1. 合同对象

　　即买卖双方，中国某公司和俄联邦共和国乌兰乌德飞机制造厂，可以简称为"买方"和"卖方"。

　　2. 合同价格和总价

　　（1）根据附件1，按本合同所提供的米–171直升机、航材和买方专家的培训费用以美元计算；

　　（2）按附件4、12购买1999年生产的5架米–171民用直升机和与之配套的航空技术器材的总价为××美元整；

　　（3）因转场5架米–171民用直升机所产生的费用由买方负担，转场费用为××美元整；

　　（4）根据本合同第8条和附件15，进行理论和实践培训的费用纳入所提供直升机的价格中；

　　（5）连同转场直升机的费用本合同的总价为××美元整。

　　3. 供货期限、地点和日期

　　（1）按本合同所售的米–171民用直升机及其器材的期限见本合同附件1。

　　（2）提供米–171民用直升机和运抵直升机上的器材的地点——CPT条件下俄联邦乌兰乌德市机场。

　　（3）本合同附件12中所指的器材的供货地点——DAF条件下中俄边境后贝加尔斯克—满洲里铁路站或公路通道。

　　（4）发货地点：中国××火车站北货站。

（5）在卖方机场按直升机交接程序（附件6）签署技术交接证书（附件7）的日期为履行提供米–171直升机和运抵直升机上的器材的日期。

4. 直升机的接收、转场和保险

包括安装的技术鉴定、技术接收、直升机转场、直升机的保险、直升机的交付等条款。

5. 质量

（1）根据本合同提供的米–171直升机及其器材应符合俄联邦现行对民用航空技术供货的国家标准和技术条件，并由MAK航空登记局颁发的型号证书认证。

（2）买方应向卖方提交本合同附件4提供的产品和器材的证书。

6. 担保和技术寿命

（1）卖方向买方提供米–171直升机的保用期限为350h或自海拉尔市签署直升机交接证书之日起的18个月，包括所有成套产品。

（2）米–171直升机的机身技术寿命和安装在米–171直升机上主要配套件的寿命见本合同附件3。

（3）机身总寿命——7000h或在热带气候下15年，在温带气候下17年。

7. 技术条件

（1）根据本合同附件5A所列的技术文件清单，随同每架米–171直升机，卖方将俄文技术文件免费提供给买方。

（2）今后卖方仍然免费提供给买方通报和随机文件一并转交的非技术诀窍的变更本，这些文件对所提供的米–171民用直升机及其器材的使用、维修和维护是必要的。

8. 技术服务（略）

9. 支付条件（略）

10. 索赔

（1）买方可根据下列情形向卖方提出索赔：①货物质量。如果货物质量不符合合同中规定的质量，除交通部门直接负责的情况外；②货物的数量和品种。如果货物不符合装箱中说明的数量和品种，且货物是在包装未受损的情况下到达目的地的。

（2）对有保用期的货物质量的索赔可以在保用期内提出，但不迟于担保期结束前30天内；对有保用期的货物数量的索赔可以在不迟于自货物收到之日起的3个月内提出，但器材运输时包装应完整。

11. 包装和标记

（1）包装应符合俄联邦规定的标准，并确保货物在运输中和在货物适当周转的条件下完好无损。在每一件货物上应附有装箱单，标明合同号，以及被运货物的品质证书。

（2）每一件货物上应有以下标记：到站名称、收货人名称、件号、净重、毛重、卖方名称和其他要素。

12. 发货通知

（1）在铁路运输时，从生产厂家发货之日算起的10天内，卖方用电报、传真和航空信通知买方发货。

（2）在通过公路发货时，于预计发货前30天内通知买方发货，通知中应注明发货日期、合同号、货物名称、件数和毛重。

（3）公路发货时，买方保证于边境满洲里站迎接货车，并在过境后的一昼夜内卸货。

13. 飞行和技术人员的培训（略）

14. 税收和许可证

合同各方自费在各自国家取得所有必需的进出口许可证，以及交付各种税收和与履行己方义务相关的银行费用和其他费用。

15. 不可抗力

（1）合同双方可部分或全部解除未执行本合同的义务，若这是由于不可抗力的后果造成的。不可抗力理解为不为双方意志而转移的外部和突然事件，如自然灾害、影响义务履行的政府机关的文件和其他。

（2）在双方履行义务期间，如果不可抗力情形继续，则履行义务的期间将顺延。如果这些情形和结果将持续4个月以上，那么合同一方有权拒绝继续执行合同，任何一方无权要求对方赔偿损失，但归还预付款、支付已供货物和支付所欠款项除外。

16. 解决纠纷

（1）因合同引起或与合同有关争执和分歧将通过友好方式解决，如果通过友好方式不能解决，则以仲裁方式解决。

（2）仲裁的裁决对双方是终局的，有义务的。

17. 财产责任

（1）若直升机或器材的供货期比合同中规定的期限晚30天以上，卖方将向买方支付罚金，其额度为滞期每天支付具体器材价值的0.1%，但不超过0.6%。

（2）若延期开立信用证或比合同中规定的期限晚30天以上支付预付款，订户要支付罚金，其额度为滞期每天支付预付款的0.1%，但不超过0.6%。

（3）按合同约定对延期支付剩余款项的订户，要支付罚金，其额度为滞期每天支付剩余款项的0.1%，但不超过0.6%。

18. 其他条件（略）

19. 双方法定地址

20. 双方签字盖章

商品名称、品质、数量、包装、运输

1. 什么是商品的品质？表示商品品质的方法有哪些？

2. 订立包装条款应注意哪些事项？

3. 国际货物运输方式主要有几种？各有什么特点？

4. 海运提单主要包括哪些种类？

5. 飞行器贸易合同的基本内容有哪些？

第五章　飞行器贸易合同的标的及运输

第六章

飞行器贸易的保险

第六章

飞行器贸易的保险

▌【内容提要】

本章前两节，通过对海上运输保险的保障范围、保险险别和保险条款相关知识的讲解，为学习飞行器贸易合同货物运输保险实务夯实基础，接下来介绍了通用航空风险及相关保险知识，并以美国通用航空产品责任限制制度为例，深入探讨了保险与相关制度之间的关系。

第一节　海上运输保险的保障范围

国际贸易对外运输保险主要有：邮包运输保险、海上运输保险、陆上运输保险、航空运输保险。对于民用飞机而言，在国际贸易中主要采用海运和航运。为了方便运输，在国际贸易往来中，很多飞机制造商都会选择有港口的城市建造总装车间，比如，法国的空客飞机选择了德国的汉堡以及中国天津。他们会根据飞机零部件的大小具体安排是空运还是海运。一般海运飞机零部件都相对较大，那么整个运输过程就需要海上保险。

一、海上保险合同知识

海上保险又称水险，是以同海洋运输有关的财产、利益或责任作为保险标的的一种保险。海上保险合同是保险人和被保险人通过协商，对船舶、货物及其他海上标的可能遭遇的风险进行约定，被保险人在交纳规定的保险费后，保险人承诺一旦上述风险在约定的时间内发生并对被保险人造成损失，保险人将按约定给予被保险人经济补偿的合同。

（一）海上保险合同的特点

海上运输仍是国际贸易的重要运输方式，海运保险在长期的实践中已经发展得非常成熟，同时具有形式和内容方面的完备性，具体来讲有以下一些特征：

1. 有条件的双务合同。海上保险合同和大多数的商务合同一样是双务有偿合同，根据保险合同的约定，投保人的义务是交纳保险费，保险人的义务是在约定的保险事故发生后，就约定的被保险人的损失、损害和责任给予经济补偿。

2. 补偿合同。这种补偿体现在两个方面：①如果标的物损坏或者灭失，保险人只会给予经济补偿，而不可能使标的复原;②如果被保险人的损失大于保险金额，保险人的补偿以保险金额为限，如果被保险人的损失小于保险金额，则保险人的补偿以被保险人的损失额为限。

3. 格式合同。所谓格式合同，就是指条款内容不是由双方协商确定，而是由一方单独事先拟定，另外一方只能选择接受或者不接受。就算要对合同内容进行修改或者添加，也只能采取合同拟定方提出的附加条款。保险合同是典型的格式合同。

4. 附和（合）性合同。海上保险合同一般是由保险人事先印制好的，被保险人只能被动接受保险合同及其条款。由于海上保险的复杂性，被保险人往往不可能像保险人那样对保险合同及其条款的所有内容和含义有清晰的概念，特别是如果条款中存在可能引起争议的内容时，保险人应首先对这种争议负责。所以我国《保险法》第30条规定："对于保险合同条款，保险人与投保人、被保险人或受益人有争议时，人民法院或者仲裁机关应当作有利于被保险人和受益人的解释。"

5. 最大诚信合同。保险合同当事人在订立合同时及合同有效期内应依法向对方提供影响对方是否缔约以及缔约条件的重要事实，同时绝对信守合同缔结的认定与承诺；否则，受害方可主张合同无效或解除，甚至要求对方赔偿因此而受到的损失。在海上保险中，最大诚信原则的具体内容主要包括：告知、陈述、保证。

（二）海上保险合同的主体

海上保险合同的主体包括签订合同的双方、与海上保险合同相关的当事人。

1. 保险人（Insurer）/承保人（Underwriter），经营保险业务的组织或个人，拥有收取保险费的权利；有履行赔偿责任或给付保险金的义务。

2. 投保人（Applicant），向保险人申请订立保险合同，并负有交纳保险费义务的人。

3. 海上保险合同的关系人，不直接参与签订保险合同，但在合同中规定享有权利和承担义务的各方。

4. 被保险人（Insured），受保险合同保障的，有权享受保险利益的人，也就是在保险事故或保险事件发生，使其财产、责任、利益或人身受到损失或约定事件出现时，可按照保险合同的规定，有权向保险人请求赔偿或给付保险金的人。

5. 海上保险合同的辅助人，协助保险当事人办理保险合同有关事项，并与保险合同有一定关系的人。

6. 保险代理人（Insurance Agent），作为保险人的代理人，根据与保险人签订的代理合同，在授权的范围内代表保险人办理保险业务，帮助保险人招揽客户，向保险人收取手续费或佣金等劳动报酬的人。

7. 保险经纪人（Insurance Broker），投保人的代理人，在投保人的授权范围内同保险人订立保险合同，订立合同时向保险人收取佣金，待被保险人索赔时向被保险人收取佣金。

8. 保险公估人（Insurance Surveyor），经批准依法设立专门从事保险标的的评估、勘验、鉴定、估损、理算等业务并据此向保险当事人收取合理费用的公司。

（三）海上保险合同的客体

海上保险合同的客体不是保险标的本身，而是投保人或被保险人对保险标的所具有的可保利益。海上保险合同对可保利益有相应的特殊要求，例如，不要求被保险人在投保时对保险标的的具有可保利益，仅要求其在保险标的的发生损失时具有可保利益。

（四）海上保险合同的内容

一般来讲，海上保险合同的基本内容包括：

1. 保险标的：有形无形标的均可。

2. 保险价值：既可以是保险合同订立当时保险标的的市场价格，也可以是表现标的的成本价值，还可以加上被保险人期得利益。

3. 装载运输工具的名称、起讫地、目的地名称和开航日期；赔款偿付地点：由投保人提出地点；保险人指定机构；保险金额：保险金额不得超过保险价值。

4. 保险责任：基本险和附加险。

5. 责任免除：道德风险、不可保风险等。

6. 保险期间：以公历年月日计算约定的期间为保险期间；以一次航程的始末为保险期间；以一定的期间和一定航程合并计算保险期间。

（五）海上保险合同的成立、转让、解除和终止

海上保险合同成立时，通常要通过以下四个步骤：第一，投保人呈交投保单时，投保人的书面申请，被认为是保险合同的一部分。第二，保险人开具暂保单、保险单或保险凭证时，这是保险人同意签订合同的书面证明。第三，保险人对投保单表示同意时。第四，合同生效时间为投保人或保险人交纳保险费后。

海上保险合同的转让，通常随提单的转让而转让，而无须经过保险人的同意。海上保险合同的解除包括以下几种情况：违反告知义务的解除，保险责任开始前的解除，保险责任开始后的解除，船舶转让时的解除，违反保证条件的解除。海上保险合同的终止，包括自然终止、协议终止、履约终止三种。

二、海上保险保障的范围

海上保险并不保障在海运过程中出现的任何货物的损失都会得到赔偿，在具体投保

时，弄清各种风险的解释非常重要。

海上保险承保的风险有九种：海难（perils of the seas）、火灾（fire）、盗窃（thieves）、投弃（jettison）、船长船员恶意行为（barratry）、海盗（piracy）、战争（war）、罢工和民变（strike and riot）、其他风险。通常将非海难的风险统称为外来风险。

1. 海难。传统的海难包括：恶劣气候、搁浅、触礁、沉没、碰撞、倾覆、海啸等，现在的海上风险既包括自然灾害也包括意外事故。自然灾害是指不以人的意志为转移的自然界力量所引起的灾害。但在海运保险业务中，它并不是泛指一切由于自然力量造成的灾害。保险人承包的自然灾害仅指恶劣气候、雷电、海啸、地震、洪水、火山爆发等人力不可抗拒的灾害。具体包括：恶劣气候、雷电、海啸、地震、洪水及其他人力不可抗拒的灾害，具体有雷电、地震、火山爆发、浪击落海，以及海水、湖水、河水进入船舶、驳船运输工具、集装箱或储存住所。意外事故主要有：搁浅、沉没、碰撞、触礁、与流冰或其他物体碰撞及失火、爆炸以及陆上运输工具的倾覆或出轨等。意外事故是指由于偶然的原因所造成的事故。但在海运保险业务中，它并不指海上所有的意外事故，而仅指运输工具搁浅、触礁、沉没、互撞、船舶与流冰或其他物体碰撞以及失火、爆炸。

2. 外来风险。外来风险包括一般外来风险和特殊外来风险，一般需要与保险人协商，以特殊险种或附加险方式承保。一般外来风险是指由于一般外来原因引起的风险，如偷窃、短量、破碎、雨淋、受潮、受热、发霉、串味、沾污、渗漏、锈损和钩损等。特殊外来风险是指由于战争、罢工、拒绝交付货物等政治、军事、国家禁令及管制措施所造成的风险与损失。

三、海运货物保险保障的损失

海上保险中的保险标的，按照损失程度可以分为全部损失（Total loss）与 部分损失（Partial loss）。

（一）全部损失

全部损失简称全损，是指被保险货物全部遭受损失，全损有实际全损和推定全损之分。实际全损（Actual Total Loss）是指被保险货物完全灭失、完全变质或不可能归还被保险人。包括保险标的完全灭失；保险标的物已丧失原有的用途或使用价值；被保险人对保险标的物失去所有权，并无法挽回；船舶失踪达一定时期仍无音讯。可以按照保险标的的实际损失索赔部分损失，也可以选择索赔全部损失。如果选择全损赔偿，应先委付保险标的，即表明愿将对保险标的的全部保险利益转让给保险人，而要求保险人以全部损失予以赔偿。比如，木制货物化为灰烬，货物溶入海水，水泥被海水浸泡结块丧失价值，船货被索马里海盗劫持。

推定全损（Constuctive Total Loss）又称商业全损，指被保险货物受损后未完全灭失，但施救、恢复、整理受损货物并将其运至原订目的地的费用总和已超过货物到达该目的地价值的损失，即这种损失已超过被保险货物的保险价值。

在实际交易过程中，还有一些认定为全损情况的变形，如协议全损，严格地讲，它并非指保险标的真正达到全损程度，而只是保险人处理某些损失赔偿的一种方式。再如，部分全损是指海上保险中，凡是货物中可以分割的某一部分发生全部损失时，认定为部分全损。

我国《海商法》第246条规定："船舶发生保险事故后，认为实际全损已经不可避免，或者为了避免发生实际全损所需支付的费用超过船舶保险价值的，为推定全损；货物发生保险事故后，认为实际全损已经不可避免，或者为了避免发生实际全损所需支付的费用以及将货物继续运抵目的地的费用之和超过货物的保险价值的，为推定全损。"比如，船只由于海啸颠覆，密封完好的货物漂在海上，而打捞后继续运输至目的地的费用比丢弃货物还要高昂。

认定推定全损必须符合以下条件：保险标的物的实际全损不可避免；保险标的严重受损，船舶修理费大大高于其修理后的价值，或者货物受损后，修理费及续运费大大高于货物本身价值；被保险人丧失对保险标的的实际占有，为收回已经丧失所有权的货物所需支出的费用将超过货物的价值。

实际全损与推定全损的区别在于，实际全损是一种物质上的灭失，而推定全损是一种经济上的灭失。发生实际全损后，被保险人无须办理任何手续，即可向保险人要求赔偿全部损失；但在推定全损的条件下，被保险人可以按部分损失向保险人索赔，也可以按全部损失要求保险人赔偿。如果要按全部损失赔偿，则需要进行委付。

（二）部分损失

部分损失是指保险标的的损失没有达到全损程度的一种损失，是被保险货物的一部分损毁或灭失，分为共同海损和单独海损。

1. 共同海损（General Average）。共同海损是指在同一海上航程中，船舶、货物和其他财产遭受共同危险，为了共同安全，有意地合理采取措施所造成的特殊牺牲、支付的特殊费用。我国《海商法》第193条规定："共同海损，是指在同一海上航程中，船舶、货物和其他财产遭遇共同危险，为了共同安全，有意地采取合理措施所直接造成的特殊牺牲以及支付的特殊费用。"

形成共同海损的条件是，危险必须实际存在、危及船货共同安全；必须是为解除共同危险的人为、合理措施；牺牲的性质特殊、费用损失必须是额外支付；共同海损损失必须是共同海损措施的直接合理后果；共同海损措施最终必须有效。需要注意的是，采取共同海损行为，必须是最后有效地避免了船舶和货物的全损，共同海损才能成立。部分损失赔偿，也可要求按全部损失赔偿，这时须向保险人发出委付（Abandonment）通知。

发生共同海损事故后，船长或船东应在船舶发生共同海损之后到达的第一个港口后的一段合理时间（48小时）内宣布共同海损。提出共同海损分摊请求的一方应当负举证责任，证明其损失应当列入共同海损。确定共同海损损失金额是共同海损理算的首要步骤。共同海损损失金额主要分为三种，即船舶损失金额、货物损失金额以及运费损失金额。共同海损的损失金额，应当由发生共同海损航程中的各受益方按照各自分摊价值的比例分摊。受益人的共同海损分摊金额＝受益人的共同海损分摊价值×共同海损分摊率（或称共同分摊百分率），而共同海损分摊率的计算公式为：共同海损分摊率＝共同海损损失总额/共同海损分摊价值总额×100%。

2. 单独海损（Particular Averace）。单独海损是指纯粹由保险风险直接造成的保险货物的部分损失，是特定利益方的部分损失。它由受损货物的货主自行承担，并不影响他人的利益，而且单独海损只包括保险货物的损失，并不包括由此引起的费用。例如，天气闷热致使货仓货物受潮受热。

3. 共同海损和单独海损的区别。（1）造成海损的原因不同。单独海损是海上风险直接导致的货物损失，而共同海损是为了解除或减轻船、货、运费三方共同危险而人为造成的损失。（2）损失的承担者不同。单独海损由受损方自行承担损失，而共同海损则由船、货、运费三方按获救财产价值大小的比例分摊。（3）损失的构成不同。单独海损一般是指货物本身的损失，不包括费用损失，而共同海损既包括货物损失，又包括因采取共同海损行为而引起的费用损失（见图6-1）。

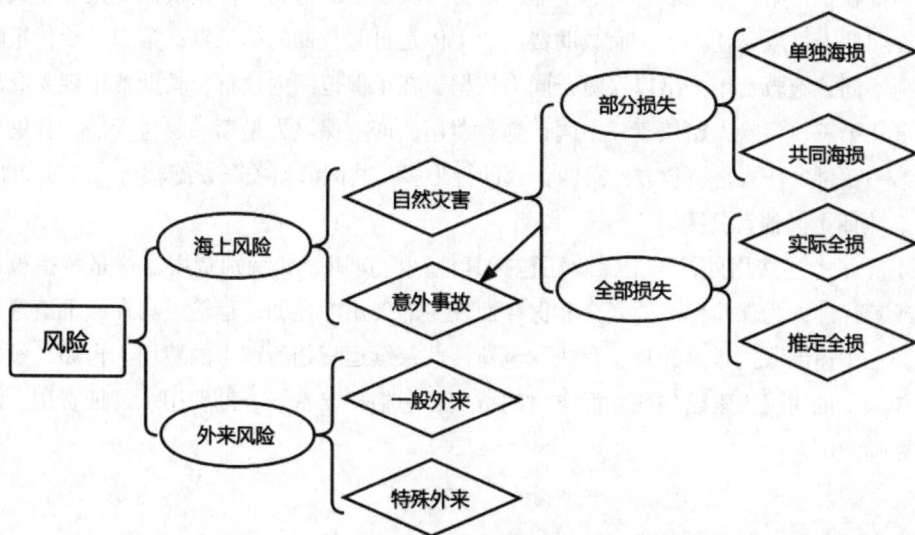

图 6-1　海上风险与损失的划分

四、海运保险保障的费用

海运保险保障的费用包括施救费用、救助费用和其他有关费用。

（一）施救费用

施救费用是当被保险货物在遭遇保险责任范围内的灾害事故时，被保险人（或其代理人、雇佣人员或受让人）为了避免或减少损失，采取各种抢救与防护措施所支付的合理费用。赔偿限额以不超过该批被救货物的保险金额为限。

构成施救费用产生的条件包括：施救费用必须是合理的和必要的；施救费用必须是由承保危险引起的；费用的支出仅限于被保险人及其代理人、雇佣人的费用；必须是为减少保单所承保的损失而支出；施救费用的赔偿不考虑措施是否成功。

（二）救助费用

救助费用是指被保险船舶或货物遭遇海难时，对于自愿救助的第三者，因救助或保全处在危险中的船舶及货物，由被救方所支付的报酬。必须明确的是救助行为必须发生在被救助财产处于危险之中时；救助人必须是海难中相关财产关系方之外的第三者；救助行为是自愿行为；救助行为必须具有实际效果。符合上述条件的救助行为产生的费用才能被保险公司认可。

（三）施救费用与救助费用的异同

上述两种费用的相同点都是为了保护或抢救保险财产，使之脱离危险，减少损失。区别则在于：第一，采取行为的主体不同，施救费用的行为主体是被保险人（或其代理人、雇佣人员或受让人），而救助费用的主体是自愿救助的第三者；第二，给付报酬的原则不同，施救费用严格以保险合同为依据，在承保范围内执行，救助费用则无此严格要求；第三，保险人赔偿责任不同，施救费用的产生保险人是第一赔付责任，救助费用的第一赔付责任人是被救方；第四，救助行为多与共同海损关联，施救行为并非如此。

（四）其他有关费

除了上述费用外，海上保险还包括其他一些费用，如特别费用，这是特指被保险人或其代理人为保险标的的安全和保存而发生的费用。比如，运输工具在海上遭遇海难后，在中途港或避难港卸货、存放、重新装载及续运货物所产生的费用。再如，额外费用是为了证明损失索赔的成立而支付的费用，包括检验费、查勘费用、公证费用、海损理算师费用等。

第二节　海洋运输保险险别与保险条款

在海上风险、损失及费用的认定基础上，各国制定了适合本国具体情况的保险条款，通过一系列的实施细则，保障海上运输过程中暴露出来的风险。这里我们仅介绍与我国关系比较密切的两种保险条款，我国海洋货物运输保险条款与险别及在全世界使用普遍的英国伦敦保险协会海运货物保险条款。

一、我国海洋货物运输保险条款与险别

我国现行的海洋货物保险条款是1981年1月1日的修订本，根据不同的运输方式分别订有适用不同运输方式的保险条款，以《海洋运输货物保险条款》使用最普遍，其主要内容有：保险人承保责任范围、除外责任、责任起讫、被保险人的义务和索赔期限。

（一）保险人的承保责任范围

海运货物保险险别分为基本险别和附加险别两类。基本险又称主险，是可以独立投保的险别，包括平安险、水渍险和一切险；附加险是对基本险的补充和扩展，它不能单独投保，只能在投保了基本险的基础上加保，包括一般附加险和特殊附加险。

1. 基本险。

（1）平安险（Free from Pcrticular Average，F. P. A）。承保主要范围包括：自然灾害或意外事故造成的全部损失；意外事故造成的部分损失；遭遇意外事故前后自然灾害所造成的部分损失；"船舶互撞条款"中规定由货方偿还船方的损失平安险承保的其他范围；在装船转运时整件货物落海造成的损失；被保险人抢救货物时所发生的合理费用；运输工具遭海难后在避难港产生的费用；共同海损的分摊。注意：如果意外事件和自然灾害并行出现的情况下，平安险对自然灾害所造成的部分损失给予赔偿。适用于大宗、低值的散装或裸装货，如矿石、废金属等。

（2）水渍险（With Prticular Average， W. P. A）或（With average， W. A）水渍险的责任范围除了包括上列"平安险"的各项责任外，还负责被保险货物由于恶劣气候、雷电、海啸、地震、洪水等自然灾害所造成的部分损失。具体来说，还分为是海水浸渍还是雨水浸渍，有的险种是不赔雨水浸渍的。就算有水浸渍，还要看那水是引起的货物损害的直接原因还是间接原因。如是间接原因，保险公司是不赔的。即平安险+自然灾害所造成的部分损失，适用不易损坏的货物或者生锈但并不影响使用价值的货物，如钢管、线材等。

（3）一切险（All Risks）是海上货物运输保险主要险别之一。除承保平安险、水渍险全部责任外，还承保保险货物在运输过程中因各种外来原因所造成的全部和部分损失保险。承保的外来原因损失包括：偷窃、淡水再淋、破碎、渗漏、碰损、短量、混杂、串味、沾污、受热受潮、锈损、钩损、包装破裂等危险造成的损失。一切险并非承保一切损失，对被保险人故意行为、货物自然损耗、固有瑕疵与本质缺陷以及战争、罢工等造成的损失，保险人不承担赔偿责任。实际上，一切险是水渍险+一般外来风险造成的损失，适用于价值较高、致损原因较多的货物，如棉毛及其制品。

飞行器贸易概论

2. 附加险。

（1）一般附加险（General Additional Risks）。一般附加险承保一般外来风险所造成的损失，共有11种：偷窃、提货不着险，淡水雨淋险，渗漏险，短量险，混杂、沾污险，碰撞、破碎险，钩损险，锈损险，串味险，包装破裂险，受潮受热险。值得注意的是，上述11种附加险，只能在投保平安险和水渍险的基础上加保一种或数种险别，但若投保"一切险"时，因上述险别均包含在内，故无需加保。

（2）特殊附加险（Special Additional Risks）。特殊附加险承保特殊外来风险所造成的损失，共有8种：交货不到险，进口关税险，舱面险，黄曲霉素险，拒收险，出口货物到香港（包括九龙在内）或澳门存仓火险责任扩展条款，战争险，罢工险。

3. 除外责任。除外责任，是指保险人不予赔偿的损失和费用。这是为了维护保险人的权益而对承保责任范围所作的进一步明确和划分。这种除外责任，一般来说是非意外的、非偶然的或比较特殊的风险，又分为基本险的除外责任和其他除外责任。

基本险的除外责任包括：被保险人的故意行为或过失所造成的损失；由于发货人的包装不善等责任所引起的损失；被保险货物在保险责任开始之前就已存在品质不良或数量短缺所形成的损失；被保险货物的自然损耗、品质特性以及市价跌落、运输延迟所引起的损失和费用。

其他除外责任是指战争险等特殊附加险条款所规定的责任范围和除外责任，例如，战争险的除外责任是指由于敌对行为使用原子弹或热核制造的武器导致被保险货物的损失和费用不负责赔偿。

（二）责任起讫

保险的责任起讫，是指保险人对被保险货物承担保险责任的有效时间。被保险货物如果在保险有效期内发生保险责任范围内的风险损失，被保险人有权进行索赔，否则就无权进行索赔。

1. 基本险的责任起讫。其起讫期限通常采用国际保险业惯用的"仓至仓条款"（Wavehouse to Wavehouse Elause，W/W）。它是指保险人的承保责任从自被保险货物运离保险单所载明的起运地发货人仓库开始，直至该项货物被运抵保险单所载明的收货人仓库或被保险人用作分配、分派或非正常运输的其他储存处所为止。如未抵达上述仓库或储存处所，则以被保险货物在最后卸载港全部卸离海轮后满60天为止。如在上述60天内被保险货物需转运至非保险单所载明的目的地时，则该项货物开始转运时终止。

2. 其他险别的责任起讫。战争险的责任起讫与基本险所采用的"仓至仓条款"不同，而是以"水上危险"为限，是指保险人的承保责任自货物装上保险单所载明的启运港的海轮或驳船开始，到卸离保险单所载明的目的港的海轮或驳船为止。如果货物不卸离海轮或驳船，则从海轮到达目的港当日午夜起算满15日为止，等再装上续运海轮时，保险责任才继续有效。

（三）被保险人义务

在订立保险合同时，为保障保险人的利益，在合同条款中往往会规定详细的被保险人的义务，作为保险赔偿的必要条件，这些义务包括：

（1）及时提货的义务。收货人虽然没有直接参与货物运输合同的签订，但受承运人、托运方双方签订的货物运输合同约束，收货人应当及时提货，收货人逾期提货的，应当向承包人支付保管费等费用。

（2）施救义务。保险事故发生后，其造成的损失大小通常与事故的发展有密切关系。因此，各国保险法均规定被保险人应承担出险施救义务。我国《保险法》2009年修正案第57条明确规定："保险事故发生时，被保险人有责任尽力采取必要的措施，防止或者减少损失。"被保险人因积极施救而支出的必要的合理的费用，由保险人承担，并在保险金额之外另行计算，但最高不能超过保险金额的数额。对于被保险人违反出险施救义务的法律后果，我国《保险法》没有作出规定。根据其他国家和地区保险法的规定和一些保险条款的约定，当被保险人违反出险施救义务时，对于因此而扩大的损失，保险人不承担赔偿责任。

（3）提供索赔单证的义务，为了获取保险人的赔付，被保险人在提出索赔要求的时候，应当按照有关保险立法和保险合同的规定，向保险人提交有关的索赔单证，以此证明保险事故发生的事实和损失数额。（《保险法》第22条）否则，保险人将拒绝接受其索赔请求。

（4）此外还包括更正保险单内容的义务，及被保险人在获悉有关运输契约中"双方相互碰撞责任"条款的实际责任时，须及时通知保险人的义务。

（四）索赔期限

中国保险条款规定，被保险人提出保险索赔的时效为两年，从货物在最后卸载港全部卸离海轮之日算起。逾期，被保险人就丧失了向保险人提出保险索赔的实体权利。期限的算法有以下几种：货运保险的请求赔偿期限在2年之内，向承运人和船舶的索赔及诉讼期限为一年，向港口经营人索赔期限为受到货运记录次日起180天。在这些期限内的索赔才是有效的。

二、英国伦敦保险协会海运货物保险条款

《英国伦敦保险协会海运货物保险条款》，一般简称为《协会货物条款》[Institute Cargo Clause, I. C. C.]。现行英国伦敦《协会货物条款》是1982年1月1日的修订本，与我国现行保险条款相比，其形式和内容都有所不同。该条款共有六种险别。它们是：

1. 协会货物条款（A）[ICC（A）]。ICC（A）可以独立投保，其责任范围较广，采取"一切风险减除外责任"的方式。除外责任有：①一般除外责任，如因包装原因造成损失；由船方原因造成损失；使用原子或热核武器所造成的损失；②不适航、不适货除外责任，如被保险人在装船时已知船舶不适航、不适货；③战争除外责任；④罢工除外

责任。

2. 协会货物条款（B）[ICC（B）]。ICC（B）可以独立投保，其责任范围采用"列明风险"的方法，包括火灾、爆炸；船舶或驳船触礁、搁浅、沉没或者倾覆；陆上运输工具倾覆或出轨；船舶、驳船或运输工具同水以外的任何外界物体碰撞；在避难港卸货；地震、火山爆发、雷电；共同海损牺牲；抛货；浪击落海；海水、湖水或河水进入船舶、驳船、运输工具、集装箱、大型海运箱或贮存处所；货物在装卸时落海或跌落造成整件的全损。ICC（B）的除外责任与ICC（A）不同，它对"海盗行为"和恶意损害的责任不负责。

3. 协会货物条款（C）[ICC（C）]。ICC（C）可以独立投保，其责任范围也采用"列明风险"的方式，包括：（1）火灾、爆炸；（2）船舶或驳船触礁、搁浅、沉没或倾覆；（3）陆上运输工具倾覆或出轨；（4）船舶、驳船或运输工具同除水以外的任何外界物体碰撞；（5）在避难港卸货；（6）共同海损牺牲；（7）抛货。ICC（C）的除外责任与ICC（B）完全相同。

4. 协会货物战争险条款。负责下列原因造成的保险标的的损失或损害：①战争、内战、革命、造反、叛乱或由此引起的内乱或任何交战方之间的敌对行为；②由上述承保风险引起的捕获、拘留、扣留、禁制或扣押，以及这些行动的后果或任何进行这种行为的企图；③被遗弃的水雷、鱼雷、炸弹或其他被遗弃的战争武器。《协会货物战争险条款》仅对战争行为及战争武器导致的保险标的的直接损失负责，不负责因此而导致的费用损失。此外，海盗风险并不属于承保风险。对为避免承保风险所造成的共同海损和救助费用，予以负责。

战争险条款的除外责任包括"一般除外责任"和"不适航、不适货除外责任"两部分。一般除外责任部分和《协会货物条款》（A）相比，增加了"航程挫折条款"，表明保险人对货物本身没有受损，但由于航程受阻或航海上的损失而引起的货物的索赔不予负责。也就是说，保险人只承保货物本身的损失，而不承保其运输航程的完成。此外，在战争险条款中，"核武器除外责任"的内容为"由于敌对性地使用核战争武器所致损失不予负责"。战争险条款的"不适航、不适货除外责任"和协会货物A条款中的有关规定完全一致。

5. 协会货物罢工险条款。罢工险对下列原因造成的保险标的的损失或损害负责：罢工者、被迫停工工人或参与工潮、暴动或民变的人员所造成的损失，任何恐怖分子或任何出于政治目的采取行动的人所致的损失。此外，《协会货物罢工险条款》也承保为避免承保风险所致的共同海损和救助费用。上述险别在需要投保时也可作为独立的险别进行投保。

罢工险的除外责任包括"一般除外责任"和"不适航、不适货除外责任"两部分。一般除外责任部分和《协会货物条款》（A）相比，增加了下列内容：①由于航程或航海上的损失或受阻的索赔，保险人不负责；②由于罢工、关厂、工潮、暴动或民变造成的各种劳动力缺乏、短缺或抵制引起的损失保险人不负责；③对战争风险所致的损失后果，保险人不负责。另外，其中"核战争武器除外责任"仅对敌对性使用核战争武器所致的损失后果予以除外。罢工险的"不适航、不适货除外责任"和协会货物A条款中的有关规定完全一致。

6. 恶意损害险条款。恶意损害险承保除被保险人以外的其他人（如船长、船员）的故意破坏行为所造成的被保险货物的灭失或损坏，但出于政治动机的人的行为除外。它在ICC（A）中列为承保责任，在ICC（B）和ICC（C）中均列为除外责任。因此，在投保ICC（B）和ICC（C）时，如需取得这种风险的保障，应另行加保恶意损害险。

第三节　飞行器贸易合同货物运输保险实务

上面我们介绍了和飞机销售相关的海运保险的基础知识，这一节我们将视角转换一下，来讨论通过飞机进行运输时所需要的保险。近几年随着航空运输业的兴起，飞机在国际贸易运用中逐渐多了起来。这一过程所需要的保险主要有：机身一切险、机身战争险、第三者责任险；我国的相关保险有：机身险、第三者责任险、飞机附加险（这里包括：航空货物险和战争劫持险）。

一、飞机保险的概念

飞机保险是为了防止飞机发生意外事故（如由自然灾害、战争、劫机、飞机本身机械原因或机务原因等而引起的飞机全损或部分损坏）而对飞机包括机身、发动机及主要零备件进行的保险。早在第二次世界大战以前，作为运输工具保险险种之一，飞机保险就存在了，但在20世纪40年代末到50年代初，航空保险业才真正发展。当时，一批英国皇家空军的退役飞行员来到伦敦的劳埃德合作社（劳合社）寻找工作，从而使劳合社拥有了一批既懂得飞行知识又掌握保险知识的专业航空保险人才，航空保险市场开始形成。到50年代中期至60年代初，随着航空运输业的发展，专门的航空保险市场得到进一步完善。现今世界最大的航空保险市场是伦敦保险市场，伦敦市场的保险条款具有国际权威性，世界各国的保险人也习惯到伦敦市场寻找航空保险的分保人，再加上国际航空保险人联盟的总部也设在伦敦，因此，伦敦自然成为国际航空保险的中心。

虽然航空保险在整个保险业中只占很小一部分，但由于航空保险的风险高度集中，投保金额巨大，加上飞机失事、航空事故又时有发生，为保证空运市场的稳定，航空保险是必不可缺的手段。航空运输业作为现代化的朝阳产业，在国家的经济发展中占有举足轻重的地位。它的主要生产工具——飞机价格昂贵，投资极大，一旦发生事故，不但影响航空公司的生产经营，还牵涉到旅客、货物和第三者的人身与财产的损失，损失金额可能高达几千万甚至几亿美元。例如，2001年的"9·11"事件，给全球的航空运输业带来了180亿美元的直接损失、400亿美元的间接损失。无论是一家航空公司还是一个国家的航空运输业，都难以承受如此巨大的损失。因此，投保飞机保险，不失为一种明智的选择。在我国民航的机队中，有70%以上（有的公司高达80%以上）的飞机是通过租赁方式引进的。对于这些租赁的飞机，出租人从收回飞机投资、保证自身经济利益的角度考虑，必须要求作为承租人的航空公司将租赁的飞机进行保险。因此，航空公司所拥有的飞机不论是购买的还是租赁的，都应该及时办理飞机保险。这对于运输企业防灾防损，保证运输生产正常进行有着十分重要的意义。

我国民航开展飞机保险的历史较短，迄今只有30年的历史。1974年9月29日，中国民航正式向中国人民保险公司投保飞机险。最初投保的飞机只有4架，随着航空运输业务的发展，飞机的不断引入，投保的飞机也逐渐增多。尤其是改革开放以后，我国民航的机队大幅度地增长，目前投保的飞机总数超过了600余架，投保金额保守地估计超过200亿美元。目前，中国民航的飞机不论是购买的还是租赁的都进行了投保。飞机保险对促进我国民航的发展起到了一定的积极作用。

二、飞机保险的种类

飞机保险的险种很多，主要有机身险、机身战争险、法定责任险、机组人员的人身意外险、直升机保险、政治险、飞机发动机损坏保险、飞机无法正常服务保险、飞机产权保险免赔额保险和飞机残值保险等。本节主要讨论与租赁飞机有关的主要险种。

（一）机身一切险

飞机机身一切险主要承保飞机在飞行和滑行中或在地面停航时被保险飞机的机身、发动机及附属设备的灭失、损坏、失踪以及飞机发生碰撞、跌落、爆炸、失火等不论任何原因而造成飞机的全损或部分损失。但由于以下原因而引起的飞机的损失或损坏，保险公司不予赔偿：第一，机械故障、磨损、断裂和损坏以及飞机设计上的缺陷和失误。这些危险实际上是一种正常的营运消耗，而不是保险应承担的责任。航空公司如果对飞机进行有效的日常维护和定期检修，使飞机处于良好状态，就可以避免或减少被保风险的发生。因此，为避免以上所列风险而产生的飞机维护和定检费用，应算在航空公司的维修成本中。第二，由于石块、碎石、灰层、砂粒、冰块等所引起的吸入性损坏，致使飞机发动机逐渐损坏，这通常也被认为是"磨损、断裂和慢性损坏"，因而也不予以赔偿。但由于单一事故而引起的突然性的吸入性损坏，从而使发动机立刻不能工作，这种情况应列入保险范围内，给予保险赔偿。第三，战争及相关的危险。这些危险属于机身战争险保险范围，我们将在机身战争险中加以介绍。

另外，在飞机机身一切险中，还规定以下与机身险发生有关的费用由保险公司赔付，不论飞机是全损还是部分损失：第一，事故发生后的施救费用。一般不应超过保险金额的10%，但事先征得保险公司同意则可不受此限制。第二，飞机从出事地点运往修理厂的运输费用。第三，修理后的试飞及进行检查的合理费用。第四，修好后的飞机运返出事地点或其他指定地点的运输费用。

飞机机身一切险中投保的金额通常是约定价值（Agreed Value），这种约定价值使得保险公司和被保险人都能认可。与一般财产险不同，保险公司在承保时都需要在保险单中规定一个免赔额（Deductibles），一旦发生事故，保险公司要根据免赔额来酌定保险赔偿额。有关飞机的免赔额我们将在本节"飞机保险的投保程序"中介绍。

（二）机身战争险

机身战争险保险承保由下列原因引起的飞机损失或损坏，保险公司予以赔偿：第一，战争、入侵、外敌行动、战争行动（无论是否宣战）、内战、叛乱、革命、起义、军管、武装夺权、篡权和企图篡权。第二，罢工、暴动、国内暴乱、劳工骚乱。第三，一人或多人出于政治或恐怖主义的目的而采取的任何行动，不论其是否代表一个最高权利，也不论由此产生的损失或损害是偶然还是有意的。第四，任何恶意行为或阴谋破坏活动。第五，任何政府（无论是军事政府还是事实上的政府）或公众或地方当局采取的或按其命令采取的充公、国有化、扣押、监禁、拘留、占用、征用或使用。第六，未经保险人同意，机上任何一个人或几个人在飞行中对飞机或机组人员进行劫持或非法扣留或错误操作（包括这种扣留或操作的企图）。机身战争险保险单受理由上述危险而引起的各种索赔，但不包括在机身险保单范围内发生的各种索赔。

另外，机身战争险不承保由下列任何一个或几个因素引起的损失、损坏或支出：下列五国中任何两国之间发生的战争：美利坚合众国、联合王国、法国、俄罗斯联邦、中华人民共和国。一旦上述国家中任何两个国家发生战争（不管是否宣战），该保险单自动终止。发生原子武器或放射性武器爆炸、核裂变和核聚变或其他类似反应。不论是带有敌意的或其他原因，一旦发生上述情况中的任何一种，保单即自动终止。保险公司不承担由此引起的损失和费用。飞机注册国政府当局或公众或地方当局在其管辖范围内，将飞机国有化、扣押、监禁、拘留、占用、征用和使用。负债、不能提供债券或其他证券或任何其他财务原因。飞机的重新获得或企图重新获得。延误、使用损失或由此引起的其他情况所造成的损失。机身战争险一般是作为机身一切险的一种特别附加险承保的。因此，投保的金额也是约定价值，但机身战争险通常没有免费额。

（三）法定责任险

航空公司法定责任险承保飞机在运营过程中（飞行及起降过程中）因意外事故而导致人身伤亡或财产损失而应由被保险人承担的经济赔偿责任，保险公司负责赔偿。飞机法定责任险通常包括旅客责任险（含行李）、货物险、邮件责任险及第三者责任险。下面将介绍法定责任险中的两种主要险：旅客法定责任险和第三者责任险。

1. 旅客法定责任险（Passenger Liability Insurance）。旅客法定责任险承保旅客在上下或乘坐飞机时发生意外，造成旅客的人身伤亡及其所带行李（包括手提行李和交运行李）、物品的损失，依法应由被保险人（航空承运人）负责的赔偿责任，保险公司予以赔偿。本保险单中的旅客是指购买飞机票的旅客或航空运输企业同意免费搭载的乘客，但不包括为履行航空运输企业的飞行任务而免费搭载的人员。

2. 第三者责任险（Third Party Legal Liability Insurance）。第三者责任险承保飞机在运营中由于飞机坠落，或从飞机上坠人、坠物而造成的第三者的人身伤亡或财产损失应由被保险人承担的赔偿责任，保险公司负责赔偿。但属于被保险人的雇员（包括机上和机场工作人员）、代理人或独立承包商以及被保险飞机上的旅客的人身伤亡或财产损失则均不属于第三者责任险承保范围。

法定责任险保险单除了承担飞机运营中因意外事故而导致人身及财产的损失，还负责与事故发生有关的费用支出和成本，如事故发生后的搜索和施救费用，为减少事故损失及损坏而采取措施的成本，清除飞机残骸的费用等，通常规定上述这些费用成本的最高给付限额为每次事故300万美元。另外，保险公司负责因涉及被保险人的赔偿责任而引起的必要诉讼费用。

法定责任险保险单中除外不保的事项通常有：被保险人自己所有或租用或在被保险人保管及控制下的财产的损失；被保险人的雇员遭受的身体伤害或生病、死亡；噪音污染伤害；战争及相关危险；放射性污染。

法定责任险对被保险人的投保总额做了限制。保险单规定：任一事故的保险总额或保险期内发生的累计损失的保险总额限制在12亿美元。也即本保险单规定的责任保险的最高赔偿额为12亿美元。法定责任险的保险费按航空公司承运的旅客客公里计收。以上介绍的三种险种是租赁飞机（指融资租赁人的飞机，经营租赁的飞机可不受此限制）必须要投保的。中国民航总局财务司1993年12月1日颁发的《民航飞机租赁管理暂行办法》第4条第3款规定："所有飞机必须向保险公司投保。投保内容需符合国际标准，由承租人填写保险申请单，保险险别为机身险、机身战争险以及法定责任险，投保金额每年递减。承租人负责支付保险费。"事实上，我国民航投保的飞机中欧美制飞机全部投保了这三种险（不论是自有、融资租赁还是经营租赁的飞机），只有国产运七（新舟–60）飞机及湿租的TJ–154和11a–6飞机只投保了责任险。至于上面提及的其他险种，航空公司可以根据自身需要决定是否投保。例如，许多航空公司还投保了飞机的免赔额保险。需要指出的是：对于租赁飞机的保险，被保险人往往不仅仅指航空公司（承租人），还可能包括出租人和投资人（贷款人）。因为当飞机发生全损时，作为飞机所有人的出租人和投资人有权向承租人追索未偿付的融资余额。然而实际上出租人和投资人不可能仅凭承租人的信用。因此出租人和投资人为了能够得到足够的保险收入，以完全偿付其所投入的资金，往往会要求承租人在对飞机进行投保时将其列入被保对象，特别是对于飞机的责任保险，出租人和投资人将坚持要求作为承租人的航空公司将其作为附加的被保险人，以使在飞机发生坠毁或其他意外事故时，保护自己免受乘客或有关第三者提出的大量索赔。而在杠杆租赁交易中，由于贷款人提供了占飞机价值60%～80%的不可追索贷款，作为提供贷款的先决条件之一，贷款人会要求承租人和出租人将飞机保险单转让给贷款人和契约受托人，使贷款人和契约受托人成为飞机保险的第一被保人，从而优先获取保险赔付。

三、飞机保险的投保程序

保险公司在受理飞机保险时，需要通过一定的程序。这些程序既让投保过程高效准确，也是保险公司进行风险控制的有力保障。

（一）投保申请

航空公司要办理飞机保险时，首先要填写书面申请，即填写投保单。这是保险公司接受投保，出立保险单的依据。飞机保险投保单一般包括以下内容：（1）飞机型号（如果投保发动机险则为发动机型号）、飞机编号、飞机出厂年份、飞机是租入还是购入。（2）投保金额、投保险种：航空公司投保的险种通常为机身一切险、机身战争险和法定责任险。融资租赁的飞机，需要投保这三种险，经营性租赁的飞机可以投保这三种险，也可以只投保其中一种或两种险，但湿租的飞机只需投保法定责任险一种。我国民航经营性租赁（除湿租）通常也投保这三种险，这主要是因为我国采用经营租赁方式租入的飞机往往是新飞机，而且租期较长，达5～7年，所以出租人往往在租赁协议中规定由承租人投保飞机险。对于航空公司自己购入的飞机可以选择投保。另外，飞机机身险保险单通常包括机体保险和零备件保险两部分。对于零备件保险，既可以与机身一切险合并使用，也可以用一份独立的零备件保险单。（3）飞机用途，说明飞机是客机还是货机。如果是客机，应注明旅客座位数。（4）飞行范围，说明是国内飞行还是国际飞行。因国内航线与国际航线赔偿责任不同，飞行范围对保险公司确定责任至关重要。如果投保飞机超越载明的飞机范围和飞机用途（执行紧急救助任务不在此限），由此而引起的损失保险公司不予以赔偿。（5）保险期限。飞机保险为年度保险。保险责任时间范围为当年10月1日至下年9月30日。投保人须于每年10月1日前重新办理新的飞机保险（航空公司必须提前15天将飞机投保单交给保险公司）。从1998-1999保险年度开始，航空公司在办理飞机保险时，也可以与保险公司一次签订三年的保险合同（保险期限依然为一年），保险费率以第一年谈判确定的费率为准，第二、第三保险年度的保险费率以前五年的赔付率为标准进行调整，从而节省双方的人力、物力和财力。

（二）承保出单

承保的保险分公司接到航空公司所填投保单，立即将全部内容电报保险总公司，经总公司办理分保询价后下达承保条件。保险分公司按照条件内容立刻出具飞机保险单，同时将条件内容及时告知航空公司。

飞机保险单的主要内容有：（1）保险单号。（2）被保险人：填列航空运输企业注册登记的全称。目前，中国国内航空公司除海南航空公司等少数地方航空公司以外，均由民航总局出面与ICC进行保险谈判，CAAC代表航空公司与PICC签订飞机保险合同，保险费由参加飞机保险的航空公司按投保的机队价值的比例分担。海南航空公司单独与中国太平洋保险公司进行保险谈判，未参加中国民航的大机队保险。目前承保中国航空公司飞机保险的保险公司有两家，分别是ICC和太平洋保险公司。因此，航空保险单中填列的被保险人为中国民用航空总局 （CAAC）和/或中华人民共和国政府和/或地方航空公司和/或它们的子公司，在保险单后附投保的中国民航机队总表（以航空公司为单位顺序排列）。（3）保险期限：为年度保险，保险期限为每年的10月1日至下年的9月30日。（4）飞机一览表：包括飞机序号、飞机型号、飞机注册号、投保金额、飞行范围、座位数、出厂日期、购买还是租赁等内容。（5）保险一览表：说明投保险种、保险金额、保费的计算方法、免税额、保险的责任范围、最高责任限额以及除外因素等内容。由于飞机价格昂贵，保险金额巨大，一次事故机身险及责任险甚至可能达到10多亿美元，一家保险公司往往无力承担如此巨大的风险责任。因此，为分散风险，中国的保险公司在受理中国民航机队保险后，采用再保险（Reinsurance）的方式将大部分风险分保出去，自己只承保100%～105%的保险风险。目前，PICC承保的飞机保险均在国外办理分保，其主要分保商为设在英国伦敦的世界航空保险界最负盛名的劳埃德合作社。在我国民航开展的国际飞机租赁交易中，出租人为保障其利益，通常对飞机保险的再保险提出要求。目前的做法是，航空公司对租赁飞机进行保险后，必须有不少于6%的风险责任在伦敦再保险市场进行分保，并由保险经纪人在飞机保险的合同证书中予以说明。保险公司出具保险单后，在保单有效期内，如果被保险人要求更改承保条件，扩展保险责任，增减保险金额，改变投保飞机的用途等，应提前通知保险公司，以便修改承保条件并及时通知国外分保商。

（三）保险金额及保险费的确定

确定保险金额（The Hum Insured）是保险合同最重要的环节，这里需要单独说明。飞机保险的保险金额一般为约定价值（Agreed Value），即一般根据国际市场同类型飞机的市价以及飞机的役龄协商确定，同时对飞行的区域、用途、被保险人的经营管理状况、技术经验的掌握程度，以及免赔额和缴付保险费的方式等，由投保人与承保人双方酌情商定。一旦发生意外事故造成飞机全损，保险公司按约定的保险金额全额赔付，不扣免赔额。如果飞机只是部分损失，保险公司只赔付实际损失和飞机免赔额之间的差额。如果实际损失小于免赔额，则保险公司不予赔偿，损失由投保人自己承担。通常保险公司对机身险、零备件险、战争险和责任险都规定有最高保险金额，如机身一切险规定的最高限额为每架飞机2.5亿美元，零备件险的最高限额也为每一次事故不超过2.5亿美元，而责任险的限额为任一事故或保险期内累计赔偿限额12亿美元。关于租赁飞机保险金额的确定视租赁方式的不同而不同。融资租赁飞机：按余额递减方式确定，即最高保险金额=（最高终止值+一期租金）×105%-110%。经营租赁飞机：按飞机的协议价格确定。

要确定保险费（Renaiums），首先要确定保险费率。保险费率的确定通常要考虑以下因素：飞机类型及飞行范围；投保人的失事记录，即保险期内的赔付率（Loss

Ratio），保险费率的高低与飞机失事的次数成正比，保险公司在确定保险费率时，通常根据投保人连续5年的赔付率（the rolling 5 years loss ratio）进行调整；机组人员的经验，因为机组人员的飞行经验影响到飞机事故的多少；飞机的机龄及飞行小时数；飞机免费额的高低；机队规模。

国际保险市场的收费标准。由于我国的飞机都在国际上办理分保，因此国际市场保费高低的变化也将影响我国的保险费率。2001年"9·11"恐怖袭击事件发生后，国际航空保险费率大幅度上升。根据《2003世界租赁年报》提供的数据，"9·11"事件以来，航空保险的费率上升了400%。在"9·11"袭击事件后第6天，航空保险公司决定取消第三方战争风险责任保险，与此同时，战争险保险费由每年20亿美元增加至60亿美元。阿富汗战争和伊拉克战争以及不断发生的恐怖袭击事件也是航空保险费率居高不下的原因。因此近几年，航空保险的费率呈上升趋势，并在一定程度上影响了我国航空公司投保飞机保险的费率。民航总局还为此专门发文允许航空公司在国际航线上向每位旅客收取4美元的航空保险附加费，以弥补"9·11"后由于航空保险费率大幅度上升给航空公司带来的损失。但由于我国国际航空运输业务在总业务量中的比重较低，同时，近几年我国航空运输企业的飞行安全记录较好，因此我国航空公司面临航空保险费率上升的压力远小于欧美国家的航空公司。不过，2002年中国国际航空公司的B-767飞机"4·15"空难和中国北方航空公司的1VlD82飞机"5·7"空难两起重大飞行事故的发生，使得我国民航的飞行安全遭到了质疑，并使2002—2003保险年度的保险费率有所上升。确定了保险费率后，就可以计算保险费了。保险费的计算是根据不同的险别分别计算的。根据PYCC2003—2004保险年度承保的保险单，各险别的费率如下：

机身一切险：费率为机队价值的0.1214%；零备件一切险费率为0.0405%。责任险：责任险中的旅客法定责任险的保险费是按航空公司的客公里计算的，具体规定为：国内航线每1000千米是0.0802美元，国际航线每1000收益客千米是0.1408美元；国内战争责任附加险费率为每人次0.4325美元，国际战争附加险费率为每人次0.5408美元；货物邮件责任险按每千元保费收入为0.404美元计费。机身战争险：按飞机价值的0.0455%计收。免赔额保险：费率为宽体飞机每架9225美元，窄体飞机每4b12.5美元。平均保费保障保险共计：495万美元。经民航总局与中保财险公司协商，2003—2004保险年度保单在1998保单的基础上展期14个月，保险期限从2003年10月1日至2004年1月30日，上述保费分5期收取，收费日期为2003年10月1日、2004年1月11日、4月1日、7月1日及10月1日。

飞机保险通常对机身、零备件、旅客行李、货物等规定一个免费额。损失在免赔额内的，投保人不向保险公司索赔，飞机全损或推定全损不扣免赔。各险种免赔额如下：机身险免赔额。机身险免赔额是根据机型大小而定的，包括喷气式飞机与非喷气式飞机。非井喷式飞机中，A类飞机20万美元，D类飞机10万美元，C类飞机5万美元。另外，双水獭（Twin.tter）飞机的免赔额为25000美元。零备件免赔额为每件或每次事故10000美元。责任险免赔额为旅客行李每件或每次事故1250美元，货物每件或每次事故10000美元。

四、飞机保险的理赔

在保险期内，如果被保飞机发生事故，投保人有权向保险公司索赔，保险公司随即开始理赔工作。飞机保险理赔工作的一般程序为：及时通知，保打现场;现场调查，损失检验;审核索赔单证;赔付及结案。以下从机身险、责任险两种主要的险种介绍飞机保险的理赔程序。

（一）机身险的理赔程序

1. 及时发送出险通知，通知保险公司。被保飞机发生事故无论损失大小，投保人都应该以最快捷的方式立即向保险公司发出出险通知，并尽快填写航空公司飞机险出险通知书，以书面形式报案。保险公司接到出险报告后应尽快通知海外分保人。

事故发生后，航空公司应采取应急施救措施，按技术手册的有关规定，对受损飞机进行有效的保护，防止损失的进一步扩大。同时立刻安排保险公司赴现场进行检验，听取事故情况介绍。在保险公司人员未到场的情况下，不得将受损飞机搬离现场，或对受损部件进行拆装。如果根据实际情况（如因受损飞机长时期占用跑道，影响机场的营运；或飞机主体结构完好，仅发动机受损，且飞机需立即换发重新投入运营等），需要在保险公司人员进场前清理现场或换装新的部件，应征得保险公司同意，并保留现场照片或录像以及与事故有关的其他证据。

为保证向航空公司进行准确及时的出险通知，航空公司各部门应相互协调，在获悉险情后，应立刻将有关情况通知财务部门。财务部门在得到通知后，一方面要通知保险公司，另一方面要提醒有关部门保护好现场，以便保险公司进行现场检验。

在此阶段，航空公司向保险公司提供的信息以飞机险出险通知书涉及机身险的内容为准，主要包括以下方面：出险时间、地点、经过；飞机型号、注册号、航班号、航线；机身损失部位及程度；应急施救措施；估计损失金额；第三者责任损失情况。

2. 保险公司受理索赔后，进行现场的调查取证。保险公司接到出险通知后应立刻组织有关人员赶赴现场调查取证，检验受损程度，估计赔偿金额。航空公司应积极配合保险公司到现场进行查勘，并提供便利条件，使保险公司理赔人员或检验员获准进入现场拍照取证等。在发生重大事故时，应确保保险公司加入事故处理小组，使保险公司能够及时准确地了解事故原因，从而加快理赔速度。

现场勘察检验有可能一次完成，也有可能需要多次。例如，事故发生后，有些部件受损十分严重，需要送其他地方或国外的修理厂进行修理。这时保险公司要安排检验人到修理厂进行二次检验，同时了解维修方案。在此阶段，航空公司应做好以下工作：

第一，机务或航材部门确定受损部件的送修时间、地点和联系人，并及时通知财务部门；告知修理厂，受损部件完全分解后应保持未清洗状态，直至保险公司检验后，方可进行清洗和修理；告知修理厂，应按与本次事故有关与否分列修理费账单和换件清单。第二，财务部门从机务部门获知送修信息后，及时通知保险公司；为保险公司检验人提供一份授权书，使之能顺利到修理厂进行检验和事故调查，了解维修方案。

3. 被保险人需向保险公司提供处理赔案所需的资料。这些资料包括：飞机险事故调查表，其内容主要有飞机的所有权情况（所有人、经营人、租赁关系等）。飞机本身的基本情况，如注册号、生产序列号、适航证、出厂年份、飞行小时数、最后一次检修情况等；飞机发动机的基本情况；其他受损部件的基本情况；第三者损失清单；飞行员的基本情况，包括正、副驾驶员和空中机械师的技术情况，如驾驶执照、驾驶历史、驾驶事故飞机型号的时间和资格等级、最近一次的体检报告；与飞行有关的资料，如机场气象台的气象数据记录、出险环境的全貌图和了解出险前后的航迹示意图；机组人员对事故经过的陈述；机务人员检验报告；送修部件维修方案；送修部件修理厂家的检验报告；民航当局的事故调查结论等。

上述资料中涉及很多航空技术术语，为使保险公司及时准确地将情况传达给国外分保商，航空公司应尽可能向保险公司提供中英文资料各一份。

4. 对飞机残骸或残值进行处理。飞机发生全损，应将残骸集中统一存放。经保险公司同意后，按照民航当局的相关规定处理，并将处理结果及时通知保险公司。事故发生后，如果损失超过飞机保额的75%，根据保单的规定航空公司可以选择推定全损。在推定全损时，航空公司应配合保险公司做好以下工作：妥善保管好受损飞机，将可拆卸的各部件登记造册，防止丢失和进一步损失。将飞机的全部技术文件整理出来一并保存。按保险公司最终确定的方式处理受损飞机，并为其提供所有可能的必要的帮助。

如果根据调查结果，事故不属于保险责任，应尽快撤案。如果确定是保险责任，应尽快收集有关费用单证，向保险公司正式提赔。如果事故原因涉及第三方责任，航空公司必须保留向其追偿的权利和有效的索赔实效，以便保险公司以航空公司的名义进行追偿。此外，国外分保人如提出参加检验的要求，可由航空公司与保险公司酌情安排国外分保人指定的检查人员参加联合检验与理赔，以便于向外摊赔的工作。

5. 提供原始单证正式索赔。为尽快得到赔款，在事故处理完毕后或受损部件修理完毕后，航空公司应迅速收集有关的原始单证，正式发函向保险公司索赔。索赔函一般包括故事梗概、损失明细表、航空公司对索赔的意见，并附各类原始单证（如航空公司在索赔时，提供原始单证确有困难，可提供原始单证复印件，复印件上应注明"与原件相符"，并经航空公司财务主管领导签字）。索赔时需要注意的问题主要有：

全损时的索赔：如果发生损失的飞机是租赁飞机，应尽快向保险公司提供赔款分摊方式，包括赔款接受人的名称、开户行、账户、账号以及赔款分摊金额等。同时协调各有关利益方尽快签署保险公司拟定的责任解除书。索赔项目：①飞机本身，以保险金额为准。②事故处理费，包括施救费（为救助飞机发生的费用，如灭火、固定飞机等）、现场清理费、其他与事故有关的合理的必要的费用。索赔单证：①飞机注销证明。②与上述"事故处理费"有关的所有原始单证。③为确保赔款在租约规定的期限内支付，航空公司可先行就飞机本身进行索赔，事故处理费可在事故处理完毕后再行索赔。保险公司收到航空公司的索赔函后，原则上应在60天内支付赔款。如果租约规定的期限少于60天，航空公司务必向保险公司说明。部分损失时的索赔：①索赔项目：A. 受损部件的拆装费。B. 送修的运费。C. 与本次事故有关的修理费，包括工时费、材料费、试车费等。机身部分损失修理时，通常会同时做一些维修工作，更换部分附件，这些与事故无关的修理费不应列入索赔之列。此外，修理费中还应扣除增值的部分。D. 如果修理工作在国外进行，修复后的部件的进口关税也在索赔之列，索赔金额的比例与修理费中的有效索赔占总修理费的比例相同。E. 有关人员到修理厂监修的费用，标准以国家财政部规定的出差标准为准。②索赔单证：上述各项所涉及的所有原始单证，包括拆装费、运费、修理费、进口关税和增值税等。保险公司在收到航空公司的索赔函后，应在60天内对可确定的金额进行赔付。其余部分在金额协商确定后，可在10天内赔付。

6. 赔付及结案。索赔单证经审核无误，保险公司即可与投保人协商确定赔款金额，然后扣除应扣的免赔款或飞机残值，即可得出实赔数。赔付时再签订一份"×××事故结案协议书"，经双方签字或盖章后即可结案，并解除保险公司一切责任。

（二）责任险的索赔

在航空公司法定责任的索赔中，主要分旅客责任、货邮责任和第三者责任三个部分，下面分别介绍这三种责任索赔的主要步骤。

1. 旅客责任的索赔。事故发生后，航空公司立即进行现场清理，并成立事故处理小组，由专人负责旅客救助，并将出险情况报财务部门。财务部门在填写飞机出险通知书的同时，一并填写旅客责任险出险通知书，向保险公司发出出险通知。向保险公司提供旅客名单，并注明伤亡情况。按照《中华人民共和国民用航空法》及我国签署的国际公约的有关规定，与保险公司事故处理人员协商赔偿办法，制定赔偿标准。按照与保险公司商定的赔偿标准进行现场赔付;对于无法进行立即赔付的受伤旅客，可采取协商解决的办法，或待其伤愈后再行赔付。赔付时应请旅客签署收据及责任解除书。如果就赔偿事宜未能与旅客（或家属）达成一致意见引起诉讼的，经保险公司同意后可有律师介入的赔案，航空公司相关部门及有关分支机构应对律师的工作提供必要的帮助，使其顺利地进行案件调查和出庭应诉。同时保险公司应责成律师及时通报案情进展情况。律师与旅客（或家属）达成的庭外和解金额应由保险公司和航空公司认可。

旅客责任险的索赔项目包括对受伤或死亡旅客的赔偿，以《中国民航法》规定的旅客死亡或身体伤害赔偿;伤葬费;医药费：以实际发生的与事故有关的医药费为准;误工费：以旅客实际收入为基础，按日或按月计算，实际收入应以纳税证明为依据;必要的受伤旅客家属陪护费;死亡旅客家属交通费;与事故相关的费用：转运旅客的交通费和住宿费;经保险公司同意支付的律师费和诉讼费;其他有关的合理的必要的费用。旅客责任险所需的主要索赔单证有：机票复印件、旅客赔偿清单、诊断证明及医药费单据、误工及误工费有关证明、旅客或家属签署的收据及责任解除书、其他有关单证。

保险公司在接到航空公司的索赔后，应在60天之内对可确定的金额进行赔付。其余部分在金额协商确定后，可在10天内赔付。对由律师介入的赔案，赔款金额确定后，可由保险公司直接向赔款接受人支付该部分赔款，以加快赔款支付速度。但赔款支付前，航空公司应提供相应的索赔文件，并确认赔款金额，以便保险公司履行赔付手续。

2. 货邮责任的索赔。航空公司承运的货物邮件损失（丢失或损坏），并因此收到索赔要求，货运部门应立即通知财务部门。如果索赔金额超过航空险保单规定的免赔额，财务部门应填写货邮责任险出险通知并通知保险公司。这里需要强调的是航空公司的分公司或国外办事处接到索赔后，一定要与货运部或财务部联系，以便及时通知保险公司。

保险公司接到出险通知后，将酌情安排现场检验。航空公司应对保险公司的现场检验提供必要的协助。航空公司接到有关索赔的要求后，应对责任进行调查，如确属承运人责任，应根据《中国民航法》和我国签署的国际公约的有关规定进行赔偿。赔偿前应征得保险公司同意。赔偿时应请货主或其他有关方签署收据及责任解除书。如果协商不成，货主或其他有关方提起诉讼，应立即通知保险公司，经保险公司同意后可委请律师应诉。律师的指定应与保险公司协商解决。航空公司分支机构获悉货邮索赔应立刻报财务部门，以便与保险公司商讨对策，同时避免发生不必要的诉讼。一旦有货主或其他有关方起诉，应立即向法律部门和财务部门报告，同时提供相关资料，以便与保险公司共同委请律师准备应诉。对有律师介入的赔案，航空公司相关部门及有关分支机构应对律师的工作提供必要的帮助，使其顺利地进行案件调查和出庭应诉。同时保险公司应责成律师及时通报案情进展情况。律师与货主或其他有关方达成的庭外和解金额应由保险公司和航空公司双方认可。

货邮险的索赔项目包括：货邮损失、经保险公司同意支付的诉讼费和律师费、其他有关的合理的必要的费用。索赔单证有：运单、损失证明文件、法院判决书、赔款接受人签署的收据及责任解除书、其他有关文件。

保险公司在收到航空公司的索赔函后，应在60天内对可确认的金额进行赔付。其余部分在金额协商确定后，可在10天内赔付。对由律师介入的赔案，赔款金额确定后，赔款中保单规定的免赔额以下部分的赔款由航空公司支付，超过免赔额的部分可由保险公司直接向赔款接受人支付。但赔付前，航空公司应提供相应的索赔文件，确认赔款金额，并附航空公司支付免赔额赔款的付款凭证。

3. 第三者责任的索赔。第三者责任的损失发生后，应立即填写飞机出险通知书，向保险公司发出事故通知。对造成第三者人身伤亡的，按照旅客责任索赔处理办法执行。对造成第三者财产损失的，应由保险公司进行现场检验，确定为保险责任后，赔偿方法由航空公司和第三方协商解决，赔偿金额需经保险公司同意。航空公司向第三方支付赔款并请第三方签署收据及责任解除书后，向保险公司索赔。

第四节　通用航空的保险服务方案

随着中国空域的逐步开放，通用航空将会有爆发式的增长，了解并熟悉通用航空保险及其服务方案，有助于通用航空的健康发展。与其他保险服务类似，通用航空的保险服务也有一定的工作流程，由于被保险的风险的特殊性，其保险内容也存在较大的差异。

一、制订完善的保险方案

准备就通用航空进行保险，首先需要对可能会暴露的风险进行评估，据此做出详细的规划，制订完备的方案。首先，在保险安排前期，保险公司航空险高级顾问、风险评估专业人员、保险经纪专业人员将组成风险查勘评估小组，通过相关资料收集与分析、现场查勘、现场问卷调研等方式完成风险评估工作。通用航空运营商风险评估考虑的主要因素有：飞机用途（Commercial Operators-Hull Uses），包括一些特殊用途会需要更详细的信息，如搭载乘客（Air Transportation）、航拍（Air Photography）、播种（Crop Spraying）、电缆巡查（Power Cable Inspection）、输油管道巡逻（Oil Pipeline Patrol）、灭火（Fire Fighting）、侦查鱼群（Fish Spotting）等；飞行小时（Utilization）；飞行地域（Geographic Limit）；飞行员经验（Pilot Information）；总飞行小时（Total Flying Hours）；本机型飞行小时（Make and Model Flying Hours）。

通过评估工作，完成对项目风险的识别与分析，包括风险源的识别、风险概率和损失幅度的分析、风险单位的划分、最大可能损失的估算等，并在此基础上向通用航空公司提交专业的《风险评估报告》，对航空资产中可能面临的各类风险源予以识别、分析与评价，确定各风险源的等级。在通用航空公司现有的风险管理制度基础上，针对可能面临的主要风险，尤其是风险规划，提供包括风险管理的策略、风险管理技术运用、对应的风险管理建议等整体风险建议;在充分理解通用航空公司的保险需求的基础上，通过审查保险相关条款，提供包括投保险种组合、扩展条款选择、免赔额及限额、保险人选择以及保险采购策略思路等总体的保险建议。一方面有助于通用航空公司对风险有一个全面的了解，进一步明确风险管控的要点；另一方面有助于明确保险安排的策略以及保险方案的设计。

其次，依据航空器实际风险情况以及对国内外以往航空资产保险的承保能力、承保条件、费率水平等因素的综合分析，我司将组织人员协助贵司完成项目的保险方案设计工作，进行投保险种组合设计。即根据风险最大损失分析，风险转嫁需要财务成本，与财务预算相关，每个客户都希望将有限的财务支出尽最大可能转嫁风险；如果预算受限，也可以先转嫁主要风险。此外，还需要增加相关合同的保险安排条款，明确投保方，避免风险转嫁出现真空，从而最终达到风险转移的目的。

具体险种包括：A. 机身零备件一切险，财产的损失是最主要的风险，而且直接影响到被保险人的日常运营因此应该优先安排这方面的保险。机身及零备件的保额按照协议价值约定投保金额，涉及相关租赁方的，将按照租赁合同中的相关约定投保。合理设定免赔额，一方面有助于降低保费，另一方面能够使被保险人注重风险管控。B. 机上人员责任险（包括机组、乘客）。该部分主要是对责任险部分的保障。对于飞机运营过程中对机上人员（包括机组、乘客）造成的人身伤亡和财产损失，被保险人依法有责任支付并且被要支付的补偿性赔款（包括被保险人被判决需要支付的费用，但不包括惩罚性赔款），由保险人予以赔偿。C. 第三者责任险。保险人将对由被保险人的经营引起的或有关的一次事件对第三方（不包含机上人员）造成的人身伤害或财产损失代表被保险人支付被保险人依法应付的赔偿金。保障范围仅限保单中航空器明细表中列明的某一航空器的运营引起的责任。D. 机身零备件战争、劫持险。在机身及零备件一切险保单中战争、劫持是除外的。随着国际局势的变化，尤其是政治因素的作用，类似恐怖主义、战争、劫持等因素带来的风险损失逐渐成为航空保险中比较重要的险种，同时因运营方在救助过程中有可能会涉及战争问题，因此通过购买该保险能够最大化地转移风险。机身零备件战争险的投保价值同样采用机身协议价值投保。通过以上保险产品及其他附件产品的合理组合，可以使运营方风险获得有效转移。

二、协助保险采购

在确定最终的保险方案和保险流程之后，保险公司服务团队将协助保险采购小组完成面向国内具有承保能力的保险公司的保险询价工作，确定保险承保人。全程保险索赔协助服务在整个保险期内，保险公司项目部索赔小组将全程参与并协助各类保险索赔工作。

主要服务内容包括：（1）提供保险索赔手册。保险单出具后两周内，保险公司项目经理部将及时向通用航空公司提供《保险索赔手册》。手册中将明确索赔流程程序，明确保险公司服务联系人及联系方式，明确通用航空公司保险索赔负责人及联系方式，以及各方的配合与衔接程序。（2）制定保险索赔管理办法。为了在索赔过程中通用航空公司的经办人员可以快速地完成索赔工作，保险公司将协助通用航空公司制定一套完整的索赔管理办法，包括索赔管理组织体系、人员安排、各关系方义务、索赔流程、索赔单证要求、各关系方之间就保险除外责任和免赔额的分担、赔款的使用等。（3）全程索赔协助服务。一旦发生财产损失或人身伤害事件，保险公司将提供全程索赔协助服务。在整个保险期内，保险公司索赔人员将全程参与并协助各类保险索赔工作，包括：①在接到客户报案后，根据客户报案资料提供事故处理建议，协助填写出险通知书，及时代办报案手续；②如有需要，与保险公司理赔查勘人员联合进行损失查勘，清点损失财产、作好拍照、登记工作，协助被保险人与保险公司商定财产损失金额、恢复方案、残值的估算等；③及时协助通用航空公司准备索赔资料，如事故经过报告、相关事故证明、财产损失清单、修复预算、人员伤亡证明、医疗费用单证、专家费用凭证、清理费用凭证、损失修复加班费用证明、损失部件加急运输费用凭证等。

三、索赔流程的总体方案

根据保险公司的经验和通用航空公司的实际情况，索赔流程总体方案包括：出险报案—提供事故处理、协助报案—赔案受理—现场查勘—定损—核赔，中间还有大额损失或存在争议、聘请损失理算人、小额事故协商。如需要现场查勘，保险人应在约定时效内进行查勘，通用航空公司协助保险公司进行查勘事宜。如保险公司未在约定时间内进行查勘，通用航空公司可自行恢复现场。特殊情况，必须要恢复现场的，通用航空公司可立即恢复现场，但应保留有关资料。保险公司若认为需要理算人查勘的，应在接到电话半个小时内告知，理算公司应按约定时间到达现场。保险公司协助通用航空公司准备索赔材料，审核无误后报送保险公司;保险公司根据查勘、定损等情况，结合收到的索赔材料，进行理赔处理; 若定责或定损时有困难，或双方就损失原因、金额达不成一致意见，可聘请理算人进行理算。资料准备齐全后，保险人在承诺的赔款时效内向通用航空公司支付赔款。

第五节　保险与相关制度关系：美国通用航空产品
责任限制制度及其启示

一个国家的保险离不开该国家相关制度的规定，作为世界上通用航空器材最大生产国，美国相关制度对于我国通用航空保险有着重要的启示。2010年，中国宣布实施"低空空域开放"政策，并提出完善低空空域管理体制的改革目标与时间表，这意味着中国的通用航空事业将迈入快速发展时期。在展望前景的同时，我们也应意识到，随着通用航空的发展，发生航空事故的概率也会大幅增如，围绕着从事通用航空的航空器（以下简称"通用航空器"）的产品责任而展开的诉讼亦会增多，因此相关的法律研究亦应跟进。在这方面，美国的《通用航空振兴法》非常值得关注。这部法律不仅对于完善我国通用航空器产品责任制度有着借鉴意义，而且对于通用航空器制造商亦有着重要影响。该法案不仅适用于美国国内的航空器制造，也适用于外国航空器制造商;其既适用于发生在美国国内的空难事故，也适用于发生在美国境外的空难事故。因此，对于中国的立法者、通用航空器的制造商和潜在的航空事故受害者而言，了解相关内容都是非常有意义的。

一、立法背景

美国《通用航空振兴法》内容简洁，其中心内容只有一项，即为通用航空器的产品责任规定了除诉期间repose，原则上在通用航空器售出18年后，任何人不得就该航空器发生事故所造成的损失，向航空器或其零部件制造商提起民事诉讼。为某一行业特别制定一部法律来限制他人对其提起产品责任诉讼，这在美国法律史上非常罕见，因此，想要了解此部法律的来龙去脉，必须要了解其立法背景。自第二次世界大战以来，美国的通用航空产业获得了快速发展，并且在20世纪70年代达到了顶峰，然而随后通用航空器的生产出现了明显的下滑趋势。1978年美国共生产了18 000架通用航空器，而1993年则只生产了900架通用航空器。由于通用航空器及其零部件的生产是一个规模非常庞大的产业，该行业的衰落不仅对经济产值有影响，也导致了就业人数的锐减，并且影响到了美国在国际通用航空产业中的地位。例如，在国际通用航空器市场上，1980年有29家美国生产厂商、15家其他国家厂商；1992年美国生产厂商仅有9家，而其他国家厂商则为29家。

很多因素导致了通用航空产业的衰落，但美国通用航空制造业协会（GAMA）将主要原因归结为该行业遭受了产品责任诉讼的严重打压，美国通用航空制造业协会的统计，轻型航空器制造商为产品责任支付的诉讼费用已从1976年的2 400万美元上升至1986年的2.1亿美元，美国三大活塞发动机航空器制造商几乎都已准备放弃该类型航空器的生产。在产品责任诉讼中，令航空器制造商最头痛的是"长尾"责任，许多发生事故的航空器都出厂已接近30年了，但制造商仍需对此承担严格产品责任。随着产品责任诉讼成本和赔偿金额的增加，责任保险的费用也在激增，制造商不得不将这些成本加入到产品售价中去，其结果是，通用航空器的售价不断攀升，而销售数量锐减，并由此产生恶性循环。

出于振兴美国通用航空产业和增加就业、刺激经济的需要，美国国会拟通过立法限制对通用航空器制造商提起产品责任诉讼，其核心内容就是规定18年的除诉期间。在立法者看来，如果一架航空器经受了一定时间的实践检验证明其安全性与品质是合格的，那么，就应推定它是安全的，推定其制造与设计是没有缺陷的，对超过该期间之后的事故，极有可能是其他原因所导致的，如飞行员驾驶不当等，不应当再让制造商对此负责。由法律来规定除诉期间，不仅可以免除制造商的潜在产品责任，更为重要的是可以免除其诉讼压力，将其从诉讼泥潭中拯救出来。因为，从以往的诉讼经验来看，许多原告在提起诉讼时并无充分依据，但被告仍将被迫应诉和抗辩，需要为此支出大量的诉讼费用，许多被告为避免被拖入漫长的诉讼中，往往不得已选择与原告和解并向原告支付一笔和解金。

在立法过程中，该法案也曾遭到许多人的反对，最主要是"美国审判律师协会"

（ATLA）的反对，但是，"美国航空器所有者与飞行员协会"（AOPA）却对该法案表达了支持意见。因为，航空器所有人与飞行员是潜在的受害者和潜在的产品责任诉讼原告，因此，他们的意见对于该法案的顺利通过至关重要。

二、美国《通用航空振兴法》的主要内容与法律适用

（一）"通用航空航空器"的界定

美国《通用航空振兴法》，正如其名称所显示的那样，仅适用于"通用航空航空器"。法案将其含义明确界定为：已获得联邦航空管理局签发的型号合格证书或适航证书，最大载客量少于20人，且在事故发生时未从事定期运送乘客业务的航空器。

根据美国《1958年联邦航空法》，联邦航空管理局在对航空器、航空器的引擎、螺旋桨和其他部件的设计、建造进行审查后，并确认其是经过正确的设计、建造的，且运行良好，符合法规标准，可签发型号合格证书（Type Certificate）。所谓适航证书（Airworthiness Certificate），是指联邦航空管理局签发的用以证明特定的航空器符合其型号合格证的要求并且其状态符合安全飞行的要求。对于何谓"从事定期运送乘客业务"，要依据《1958年联邦航空法》及其相关规章来确定。有的法院依上述法规认为，在两处或多处地点之间至少有一条线路每周至少5个往返航班，能够对外公开发布广告或以其他方式令公众知悉，方可构成"从事定期运送乘客业务"。

（二）"制造者"的界定

美国《通用航空振兴法》所规定的除诉期间仅限于通用航空器及其零部件的制造者，但对于何谓"制造者"，法案并未做出明确界定，从而成为诉争的焦点问题之一。航空器的使用寿命通常比较长，在这期间，制造商有可能因企业兼并、收购而发生变化。于是在有些诉讼中，曾有原告提出，只有那些实际制造了航空器的厂商才可主张《通用航空振兴法》规定的除诉期间抗辩。如果上述主张得以成立，意味着那些因兼并、收购而成为原制造商的继受企业将无法获得《通用航空振兴法》的保护，但是这种主张并未得到美国法院的认可。例如，在Burrouhs诉Precision Airmotive公司案中，原告因遭受空难而受损害，其声称事故是由于飞机上的化油器存在缺陷所致。被告是问题化油器最初制造商的继受公司，其从原制造商那里购买了化油器的生产线。由于该化油器已有25年了，因此被告提出原告起诉已超过了18年除诉期间的抗辩。原告提出，被告并非问题化油器的实际制造者，因而无权主张除诉期间。对此，加州上诉法院判定《通用航空振兴法》不仅适用于实际制造者，也适用于实际制造者的继受企业，因为，依照联邦航空管理法规，继受企业需要承担原企业的所有义务，它也应该享有同等的权利。另外，依照大多数州的法律，销售者、出租者亦可成为产品责任的被告，亦可主张制造者的抗辩。

值得一提的是，《通用航空振兴法》仅适用于产品责任诉讼，航空器制造者只有在产品责任诉讼中基于制造者身份时才可提出除诉期间的抗辩。如果一方当事人在作为机

械师或飞行员时存在过失行为并导致空难事故发生，其恰好也是该航空器的制造者，那么当原告就其作为机械师或飞行员的过失行为提起诉讼时，其不受《通用航空振兴法》的保护，不适用除诉期间。

（三）除诉期间的适用

美国《通用航空振兴法》规定的除诉期间为18年，在经过除诉期间之后，任何人不得对航空器及其零部件制造者提起民事诉讼。对于除诉期间的起算，《通用航空振兴法》规定：如果航空器是由制造者直接交付给用户的，除诉期间应自其交付给第一位买受人或承租人之日起开始计算;如果航空器是首次交付给销售商或经营出租业务的人，则应从首次交付之日起开始计算。对于任何新更换的或新增加的航空器的零部件、系统或其他组成部分，并且被原告指控其导致了事故发生的，其除诉期间应自上述更换或增加之日起开始计算，此项规则又被称为"滚动计算"规则。由于除诉期间的规定直接关系到原告能否对被告提起诉讼，因此该条款的适用往往成为诉讼争执的核心问题。与《通用航空振兴法》有关的大量诉讼都是围绕此问题展开的。

通用航空器，通常是指军用航空器和商用航空器以外的航空器，但是有一类通用航空器比较特殊，即从军用航空器转为民用的通用航空器。此类航空器在进入民用市场时，亦需要获得联邦航空管理局签发的型号合格证书或适航证书，因此其应属于《通用航空振兴法》所定义的"通用航空航空器"的范围。但是此类航空器在转为民用之前，往往已出厂并被使用多年，由此而产生的问题是：如果此类航空器发生了事故，那么18年的除诉期间是应从其首次出厂交付之日起算，还是应从其进入民用市场并获得型号合格证书或适航证书之日开始计算?美国法院对此做出了有利于航空器制造商的解释，即从其首次交付之日起计算，而不管其是军用还是民用。

通用航空器会时常更换零部件，如果事故的发生是由于更换新的零部件所导致的，那么针对该零部件制造者的追诉期间应自该零部件更换之日开始计算。但是对于航空器以及其他零部件的制造者而言，仍继续沿用原来的除诉期间，而并非从新零部件更换之日重新计算。值得注意的是，如果所更换的零部件并非是新出厂的零部件，而是已经使用过一段时间的旧的零部件，那么其除诉期间应自该零部件首次交付之日开始计算，而不是从其被配置到另一航空器之日重新开始计算。

（四）适用除诉期间的例外情形

为了平衡航空器制造商与消费者、受害人之间的利益，美国《通用航空振兴法》在规定除诉期间的同时，也规定了四种例外情形。对于空难事故受害人而言，当发生事故的航空器超过18年时，要想获得索赔，就必须主张适用以下例外情形：

1. 制造商虚假陈述、故意隐瞒、知情不报。《通用航空振兴法》为航空器制造者提供除诉期间的保护，对航空事故受害者的诉权进行限制，其前提是联邦政府监管机构可以对航空器制造商进行严格的、有效的监管，从而可以保障通用航空器的安全。如果航空器制造商对联邦航空管理局故意进行虚假陈述、隐瞒或知情不报，则有可能导致政府监管的失效，在这种情况下不应该限制受害者的民事诉权的行使。

根据《通用航空振兴法》规定，如果原告在提起诉讼时提出了具体的证据并可以证明，对于联邦航空管理局所要求的与航空器或其零部件的运行、维护或功能有关的且重要的信息，制造者在知情的情况下，仍进行虚假陈述、故意隐瞒或知情不报，并且其与原告所声称遭受的损害具有因果联系，那么将对此不适用除诉期间，即原告对制造商的索赔权将不受18年期限的限制。在司法实践中，原告若欲提出此类主张以排除除诉期间的适用，需要注意以下问题：

第一，原告需在起诉时提出具体的可以证明被告故意进行虚假陈述、隐瞒或知情不报的证据，而不是期待先起诉然后再通过证据开示（discovery）程序获取相关证据。立法者之所以做出此项要求，主要是因为在过去的司法实践中，许多原告在起诉时往往仅对被告提出一项非常笼统的指控，然后通过证据开示程序收集相关证据，而证据开示程序需要耗费当事人大量的费用，即使被告毫无责任，也要为此支付费用。原告采用此种诉讼策略的目的在于通过起诉将被告拖入诉讼泥潭中来，然后再提出和解建议，借机向被告索取一笔数量可观的和解金以终结诉讼。立法要求原告在起诉时就得提供具体的证据，既可以提高原告起诉的门槛，也可以减少被告被"敲诈"的可能。

第二，原告需证明被告对其虚假陈述、隐瞒或知情不报的内容是明知的，即被告从事上述行为是故意的，而非过失或疏忽所致。

第三，原告指控被告虚假陈述、隐瞒或知情不报的信息，必须是需要向联邦航空管理局报告的信息。依照美国联邦航空管理法规，航空器制造者在向联邦航空管理局申请型号合格证书或适航证书时需要向联邦航空管理局提供相关信息，并且型号合格证书或适航证书持有人对于航空器及其零部件运行、功能失常的情况，有义务向联邦航空管理局进行报告，制造者不得虚假陈述、隐瞒或知情不报。对于那些不属于制造商有义务向联邦航空管理局报告的信息，即使虚假陈述或隐瞒，亦不会影响到除诉期间的适用。但是，在实践中，对于哪些信息属于应向联邦航空管理局报告的信息，哪些不属于，并不总是十分清晰，因而有时会成为诉讼的重要争执点。

例如，在"Butler诉贝尔直升机公司"案中，原告因一起直升机事故遭受损害，被告是失事飞机的制造者，该起事故是由于直升机尾部的转子是在飞行中出现故障所致。在此之前，被告制造的配备相同型号转子的军用直升机曾因转子故障发生了五起事故，被告对此知晓但并未向联邦航空管理局报告。由于该直升机出厂已超过18年，所以，被告提出已超过除诉期间的抗辩，请求法院驳回原告的起诉。原告则提出，被告对于转子扼故障对联邦航空管理局知情不报，因此，应排除除诉期间的适用。审理此案的初审法院认为，对于军用航空器而言，无须获得联邦航空管理局的型号合格证书，对于飞机故障亦无须向联邦航空管理局报告，因此，原告对被告知情不报的指控不能成立，被告仍有权主张除诉期间的抗辩。上诉法院则推翻了初审法院的判决，其认为：如果军用飞机与民用飞机都使用相同零部件，那么当该零部件出题问题时，制造商有义务向联邦航空管理局进行报告，制造商的报告义务不能因为某一零部件恰好亦被用于军用航空器而被免除;被告明知使用相同配件的军用飞机发生事故却不报告，没有资格享受除诉期间的保护。

第四，被告虚假陈述、隐瞒或知情不报的信息必须达到"重要性"的程度，而不能是无关紧要的信息，并且其要与事故的发生具有因果关系。

2. 紧急医疗。对于那些接受紧急医疗服务或其他紧急服务的受害者，其诉权不受除诉期间的限制。立法之所以做出此项例外规定，主要是考虑到这些人乘坐航空器并非出于自愿，而是没有选择，不应由其来承担事故风险。因此，不宜对其诉权进行限制。需要指出的是，有资格主张此项例外的人仅限于那些接受紧急服务的人，而对于飞行员、机组人员和医疗人员等提供服务人员并不适用。

3. 事故发生时未在失事航空器上的人员。事故发生时未在失事航空器上的人员，既包括地面上的人员，也包括其他航空器上的人员。前者如航空器坠毁时地面上遭受损害的人员，后者如一架有缺陷的航空器撞到另一架航空器上，导致另一架航空器上的人员受损。

4. 制造商的担保。《通用航空振兴法》虽然规定了18年的除诉期间，免除了航空器制造商对18年之后的责任，但是这并不妨碍制造商可以自愿对航空器或其零部件做出长于18年的品质担保。如果制造商以书面形式明确地做出了时间长于除诉期间的品质担保，那么该项担保就是有效的。受害人可基于制造商的担保而提起诉讼，从而不受法律所规定的除诉期间的限制。

（五）制造商的警示义务、手册更新与除诉期间的适用

由于《通用航空振兴法》规定的除诉期间对原告的诉权构成了严重限制，因此，原告总是千方百计地想办法绕开有关除诉期间的规定。在有些诉讼中，原告并不是直接以航空器或其零部件存在设计或制造缺陷为由提起诉讼，而是以被告制造商对于航空器或零部件的缺陷未尽到提醒、警示义务为由提起诉讼。

例如，在"Mason诉Schweizer航空制造公司"案中，原告从被告处购买了一架直升机，随后又购买了关于检查和维护飞机的资料。后来，该直升机由于空气过滤器有缺陷而失事。原告指控被告未对此缺陷进行警示，并认为被告的警示义务并非源于其作为制造商的地位，而是源于其作为检查和维护资料销售者的地位，因此，主张不应该适用《通用航空振兴法》。法院拒绝采纳原告的主张，在其看来，被告提供检查和维护资料并未超出其作为制造商的地位，因此原告对被告的诉权仍应受除诉期间的限制。在有些案件中，原告主张警示义务是制造商所负有的持续性的义务。因此当被告未尽到警示义务时，18年的除诉期间应当重新开始计算，这意味着原告的诉权几乎可以不受除诉期间的限制。但是此类主张并未得到法院的支持，在其看来，如果原告的此类主张得到了支持，那么无异于将《通用航空振兴法》的核心内容掏空。如果依照法律原告因除诉期间的限制不能对航空器的制造或设计缺陷提起诉讼，那么他们也不得以被告未对航空器的

制造或设计缺陷进行警示为由提起诉讼。在实践中，与指控被告未尽到警示义务相关联的是，原告经常以被告提供的维修、保养手册存在缺陷为由提起诉讼。例如，在"Alter诉贝尔直升机公司"案中，原告指控失事飞机的化油器存在缺陷，并同时指控被告在航空器的维护手册中的指示具有误导性，未能有效地提示该零部件有可能无法正常工作，从而导致了事故的发生。并且，原告认为，手册的修订，应被看作是"航空器零部件、系统或其他组成部分"的更换，从而导致除诉期间的重新计算。但是，法院驳回了原告的主张，其认为，航空器制造者提供维修、保养手册是其尽到警示义务的组成部分，而不是一项单独地可以作为一项独立诉因的事由;如果原告因除诉期间的限制不得以产品存在设计缺陷为由提起诉讼，那么他也不得以手册未能揭示、纠正该设计缺陷为由提起诉讼。但是并非所有的基于航空器手册的诉讼主张均被法院驳回，在有些判例中，法院确认航空器的飞行手册构成航空器的必要组成部分，飞行手册的修订构成飞机组成部分的更换，若事故是由其引起的，从而有可能导致除诉期间的重新计算。例如，Caldwell诉Enstrom直升机公司"案中，原告诉称，飞行员不知道直升机油箱中最后两加仑油是无法燃烧使用的，结果导致飞机在距离目的地不到10分钟航程的地点因燃油耗尽而坠毁。被告是失事的直升机制造厂商，该直升机出厂已有23年，被告据此提出原告的诉讼已超过除诉期间。原告指控直升机的飞行手册是有缺陷的，因为其未按联邦航空管理局的要求警告油箱中的最后两加仑油无法使用，并且原告认为，被告在过去的18年间曾多次修订过飞行手册，对此应被看作是对飞机组成部分的更换，其除诉期间应重新计算，据此原告主张其有权提起诉讼。初审法院认为，飞行手册并非飞机的组成部分，从而驳回了原告的起诉，但是，上诉法院撤销了一审判决。上诉法院认为：飞行手册，与其他手册不同，应被看作是航空器的组成部分，因为联邦航空管理局要求，直升机必须含有飞行手册，并在其中载明安全驾驶所必需的信息;联邦航空管理局要求，如果航空器油箱中的汽油无法使用部分超过1加仑或油箱容积的5%，那么必须要在手册中提示。因此在本案中，飞行手册应被看作是航空器必不可少的一个组织部分。上诉法院同时指出，将飞行手册看作是航空器的组成部分，并不必然意味着除诉期间的重新计算;原告要想主张除诉期间的重新计算，就必须主张制造商在除诉期间内对该飞行手册做出了重要的更改或删除，并且该更改或删除与事故的发生具有因果关系。

从上述判例可以看出，法院仔细区分了两类情形：一类是原告指控手册未能揭示航空器存在的缺陷，另一类是指控手册的陈述本身存在缺陷。对于前者，法院通常不支持原告的主张，因为它存在逃避适用《通用航空振兴法》的嫌疑;对于后者，法院往往谨慎地表示支持。在"Lyon诉Austa S. P. A. 案"中，法院进一步对基于飞行手册的诉讼进行了限制。在该案中，原告主张，被告未能在飞行手册中揭示航空器所存在的故障问题，因而应导致除诉期间的重新计算。原告提出的理由是，被告负有对手册进行持续更新或警示的义务，若被告未在手册中做出警示，则属于义务违反，应视同更换航空器的零部件或组成部分。但是法院对此进行了驳斥："毫无疑问，如果原告的主张得以支持，对于制造者而言，《通用航空振兴法》就会变得几乎毫无价值。因为，当制造者什么都没有做时，原告总可以主张18年的除诉期间重新计算，与此同时，当制造者确实做了一些事情时，原告仍可以主张18年的除诉期间重新计算。法律不是这样的，在Caldwell案中指出，对手册进行修订不同于未提供警示。在此认为：未提供警示不同于更换一个新的零部件，它并不能使原告逾越《通用航空振兴法》的禁令。"

（六）对域外事故的适用

对于发生在美国领域内的通用航空器事故应当适用《通用航空振兴法》，对此并无疑问。实践中出现争议的是，对于发生在美国领域外的空难事故是否仍适用《通用航空振兴法》。例如，在"Alter诉贝尔直升机公司"案中，被告生产的直升机在以色列发生空难事故，原告作为遇难者家属在美国德克萨斯州法院对被告提起索赔诉讼。被告以飞机寿命已逾18年为由提出已超过除诉期间的抗辩。原告则主张，该事故发生在美国域外，不应该适用《通用航空振兴法》。法院认为，《通用航空振兴法》意在阻止原告提出产品责任诉讼，无论事故发在美国领域内还是领域外，均应适用之。

（七）对外国制造商的适用

《通用航空振兴法》的立法目的在于振兴美国的通用航空制造业，因此，有疑问的是，该法案的适用范围仅限于美国国内的通用航空制造商，还是亦包括外国制造商。对此，美国第九联邦巡回法院在判例中明确表示：对于获得美国联邦航空管理局的型号合格证书或适航证书的通用航空器，均可适用《通用航空振兴法》，而不论其制造商是美国企业，还是外国企业。

（八）《通用航空振兴法》与州法的关系

由于美国各州都有产品责任法，并且许多州都制定了与《通用航空振兴法》类似的规定，但各州规定的内容不一，除诉期间的时间长短也不一致，因此便产生了联邦国会制定的《通用航空振兴法》与各州的法律之间的效力优先的问题。依照《通用航空振兴法》第2条（d）款规定，如果依照州法原告可以在《通用航空振兴法》所规定除诉期间之外对通用航空器制造商提起民事诉讼，那么《通用航空振兴法》将优先于州法适用，即禁止原告提起诉讼。该条款的目的在于防止原告利用州法来规避《通用航空振兴法》的适用。

三、关于《通用航空振兴法》的实施效果及存废的争议

自《通用航空振兴法》制定以来，其争议一直不断。首先，许多原告在诉讼中指控《通用航空振兴法》违宪而请求法院宣告其无效。其提出的理由包括违反联邦宪法中的"商业条款""平等保护""正当程序"等规定，但这些主张基本上都被法院驳回了。从司法实践来看，法院基本上都对《通用航空振兴法》持支持态度，当事人想通过违宪审查之诉来推翻《通用航空振兴法》的希望渺茫。但是，有关《通用航空振兴法》的实施效果以及立法机关是否应废除该法律的争议依然存在。

　　法案的支持者认为，《通用航空振兴法》的实施是非常成功的，大力促进了美国通用航空制造业的发展。他们指出：1998年美国通用航空制造业产值645亿美元，大幅高于1988年的380亿美元；在法案通过后，美国最大的通用航空器制造商塞思纳公司也开始重新大量生产单引擎的活塞式飞机。《通用航空振兴法》的通过，使得制造商不必再为寿命超过18年的航空器承担产品责任或购买相应的责任保险，也免去了相应的诉讼费用，从而使得制造企业可以将节省下来的开支用于技术研发，从而使得通用航空器的性能更优也更安全。事实证明，在《通用航空振兴法》实施后，通用航空器的安全性并没有下降，相反有着明显的上升。

　　法案的反对者则认为，《通用航空振兴法》的制定根据是错误的，实施效果也无法起到立法者的预期目的，因此，应该予以废除。他们认为，在1978—1994年收入出现了大幅增加。例如，1978年，该行业的净收入为17.8亿美元，而到1994年已增加至23.6亿美元，这说明制造商的收入并没有受到所谓的产品责任危机或诉讼威胁的影响。在他们看来，通用航空器行业的兴衰是与市场经济周期和客户需求相关的，与其所面临的诉讼威胁并不存在真实的关联。在《通用航空振兴法》实施之后，尽管大量的针对航空器制造商的民事诉讼都受到了压制，极大地缓解了制造商的诉讼压力，但是美国每年的通用航空器的产量依然无法接近历史上的鼎盛时期。2003年美国的通用航空器产量达到了2137架，代表了《通用航空振兴法》实施之后取得的成绩，但是较之1978年时产量仍然相去甚多，这说明通用航空产业的发展是有其自身规律的，立法者试图通过一部限制受害人诉权的法律来达到振兴通用航空产业的目的是难以实现的。

四、美国《通用航空振兴法》的启示

　　由立法者单独为某一行业立法并希望借此来实现该行业的振兴，这在美国是非常少见的，尤其是该法案的内容是限制某一行业的产品责任受害人的民事诉权。因为美国人一向是非常注重产品的安全性的，产品责任诉讼一向被认为是督促制造商提高产品安全性的重要手段。鉴于产品责任诉讼在美国社会中的广泛性和重要性，对其进行限制势必是非常引人注目的。《通用航空振兴法》之所以能在美国立法机关顺利通过，一个重要原因在于：可能受到该法案最不利影响的群体、潜在的受害人、即通用航空器的所有者和飞行员，都表达了对该法案的支持。《通用航空振兴法》实施后的效果也表明，通用航空器的安全性并没有下降，而是得到了提升。由此可以得到以下启示：

　　第一，保障产品安全性的途径有许多种，而产品责任仅仅是其中之一，除此之外，还有其他许多种途径，甚至其他途径的重要性会超过产品责任。因此，我们不应把视野仅仅集中于产品责任，而应从更宽广的视野来建立产品的安全保障机制，并在此背景下评估产品责任在其中的地位。从理论上讲，产品的安全保障机制可分为事先的政府监管机制和事后的法律责任威慑机制，这两种机制是相互补充的。就美国的通用航空产业而言，其之所以会在产品责任威胁下降的情况下仍能保持产品的安全性，其中最重要的原

因在于美国联邦政府对通用航空产业的严格监管，这种监管可谓"从摇篮到坟墓"，全程且全方面，从设计到建造，从出厂时的检查到出厂后的保养、检测、维修、型号合格证书、适航证书的签发，以及各种报告义务，都要受到联邦政府的审查、批准、检查和监督。对于航空器制造者而言，无论是否存在产品责任的威胁，都要遵守联邦航空管理局的各项规定。因此，放宽航空器制造商的法律责任的一个重要前提是，政府已经建立起一套针对航空器的全面、严格的质量监管体系。

第二，产品责任，是一柄双刃剑。一方而，它可以起到对制造商的威慑作用，督促其提高产品质量;另一方而，它也会加大制造商的成本，过度的产品责任诉讼会削弱厂商的竞争力。美国是一个产品责任诉讼非常发达的国家，航空产业亦深受影响，制造商在确定产品价格以及管理公司财务时会考虑到其面临的潜在的产品责任风险。严格的产品责任制度会推高产品的价格，削弱产品的竞争力，进而会影响到整个行业的发展，并最终会影响到消费者的利益。因此，对于一国的法律制度和产业发展而言，并非对于产品责任要求越严格越好，而是应当适度，特别是应与行业的发展相适应。

第三，一部好的法律并不是一味地保护某一特定群体的利益，而是要实现各方利益的平衡。例如，美国立法者基于产品责任诉讼泛滥的现状而制定了《通用航空振兴法》，对制造者的责任进行限制。与此同时，它又规定了四项例外情形和一项滚动计算规则，允许在满足法定条件的情况下，受害人对制造商的民事诉权可以不受除诉期间的限制。

第四，具体到中国而言，通用航空产业，是近年来才得到发展的行业，尚处于发展的初期，其对产品责任诉讼风险的承受能力较弱。在这种条件下，如何才能做到，既保障通用航空产业能得到快速的发展，又能够保障航空器的安全性和消费者的利益。美国的经验给我们的启示是，对于通用航空器的安全关注，重点不应放到事后的产品责任诉讼上，而应强调事先的监管。航空器是一种技术非常复杂而社会公众对其安全性要求又非常高的产品，并且，航空器一旦发生事故，其后果往往非常严重，因此，应当进一步加强对通用航空器的设计、制造和售后的监管，建立起一套严格而全面的质量控制体系，以此来保障航空器的安全性。只有在监管体系非常健全的情况下，我们才可以考虑对航空器制造商的产品责任的适当放松，即对监管的强化与对民事责任的放松应当是相对应的，只有这样，才能达到各方之间的利益平衡。

▌【重要名词】

海上运输保险、飞机保险、通用航空风险、通用航空保险、美国通用航空产品责任限制制度

【思考题】

1. 海上货物运输保险承保的风险及保险险别有哪些?
2. 海上保险合同的主体包括哪些?
3. 飞机保险的种类?
4. 飞机保险的理赔程序有哪些?
5. 根据美国通用航空的案例,你得到了什么启示?

第七章

飞行器贸易支付

第七章

飞行器贸易支付

■【内容提要】

任何一种形式的飞行器贸易最终都是以营利为目的的，那么作为贸易合同中的要件之一，支付条款通常都是需要重点考虑。支付金额、支付的货币选择、支付工具以及支付方式将是首先要考虑的内容。

第一节　飞行器贸易中的价格

如何计价才是合理的，是买卖双方交易的基础。最终的定价只有在买卖双方意愿的范围内才能使交易达成。由于飞行器的特殊性，飞行器贸易中的定价有着固定的规则，了解这些规则，才能在实际的交易中争取到更多的利益。

一、作价方法和计价货币

飞行器贸易中的作价方法，一般均采用固定作价，即在交易磋商中，把价格确定下来，事后不论发生什么情况均按确定的价格结算应付货款。但在实际业务中，有时也采用暂不固定价格、暂定价格和滑动价格等作价方法。

在飞行器买卖中，计价货币通常与支付货币是同一种货币，但也可以计价货币是一种货币，而支付货币是另一种甚至几种货币。这些货币可以是出口国的货币或进口国的货币，也可以是第三国的货币，由买卖双方协商确定。在当前国际金融市场普遍实行浮动汇率制的情况下，买卖双方都将承担一定的汇率变化的风险。因此作为交易的当事人，在选择使用何种货币时，就不能不考虑货币汇价风险，同时也要结合企业的经营意图、国际市场供需情况和价格水平等情况作全面综合的分析，但要保证不影响交易的正常进行。

在进出口业务中，选择使用何种货币计价或支付时，首先要考虑货币是不是可自由兑换的货币。使用可自由兑换的货币，既有利于调拨和运用，也有助于在必要时转移货币汇价风险。对可自由兑换的货币，需考虑其稳定性。在出口业务中，一般应尽可能争取多使用从成交至收汇这段时期内汇价比较稳定且趋势上浮的货币，即所谓"硬币"或称"强币"。相反在进口业务中，则应争取多使用从成交至付汇这段时期内汇价比较疲软且趋势下浮的货币，即所谓"软币"或称"弱币"。

二、贸易术语的选用

在国际贸易中可供选用的贸易术语有多种，而以FOB、CFR和CIF最为常用，其原因是：（1）FOB、CFR和CIF三种贸易术语产生最早，历史最为悠久，最为人们所熟悉和习惯使用；（2）国际贸易的买方和卖方一般都不愿意承担在对方国家内所发生的风险，而这三种贸易术语都是以货物在装运港装上船为风险划分的分界线的；（3）FOB、CFR和CIF合同的卖方或买方都不必到对方国家办理货物的交接，对双方都比较方便。然而，随着国际贸易的发展和运输方式的变化，FCA、CPT和CIP术语的使用，也日趋增多。由于飞行器贸易自身的特点，FCA、CPT、CIP、EXW、DAP等术语都是常用的贸易术语。贸易术语的选用要结合所使用的运输方式，保障收汇或收货安全及业务的实际需要等情况。

三、飞行器贸易合同中的价格条款

国际货物买卖的价格通常由计量单位、单价金额、计价货币和贸易术语四项内容组成。飞行器贸易合同的价格条款，同样包括这四项内容，但有时会直接标明总价。买卖双方达成交易后，在缮制书面合同时，必须根据交易磋商中达成的协议，正确无误地订立价格条款。现举例说明价格条款的规定方法如下：

×××年飞机基价（WICHITA 工厂价）：第1架是××美元，第2、3架飞机的单价是××美元。

对米-171直升机和随机所供器材——CPT条件下俄联邦乌兰德市卖方机场，对其他用铁路所供器材——DAP条件下中俄边境后贝加尔斯克——满洲里铁路站，包括包装和标记的费用，购买×××年生产的5架米-171民用直升机和与之配套的航空技术器材的总价为××美元整。

第二节　支付工具

国际贸易的买卖双方相距遥远，从出口方发运货物到进口方收到货物，中间有一个较长的过程。所用货币各异，不能像国内贸易那样方便地进行结算。货币的交付必须依托金融系统的载体才能实现，最常用的支付工具有汇票、本票和支票。

一、汇票（Bill of Exchange， Draft）

（一）汇票的定义

我国的《票据法》第19条规定："汇票是出票人签发的，委托付款人在见票时，或者在指定日期无条件支付确定的金额给收款人或者持票人的票据。"汇票是国际结算中使用最广泛的一种信用工具。从以上定义可知，汇票是一种无条件支付的委托，有三个当事人：出票人、付款人和收款人。

1. 出票人（Drawer）：是开立票据并将其交付给他人的法人、其他组织或者个人。出票人对收款人及正当持票人承担票据在提示付款或承兑时必须付款或者承兑的保证责任。出票人一般是买方，是债务人，是付钱的人。

2. 受票人（Drawee/Payer）：就是"付款人"，即接受支付命令的人。进出口业务中，通常为进口人或银行。在托收支付方式下，付款人一般为买方或债务人；在信用证支付方式下，一般为开证行或其指定的银行。

3. 收款人（Payee）；又叫"汇票的抬头人"，是指受领汇票所规定的金额的人。进出口业务中，一般填写出票人提交单据的银行。收款人是汇票的债权人，一般是卖方，是收钱的人。

（二）汇票的必要项目

汇票是一种要式证券，必须载明必要的法定事项，符合票据法的规定 。我国《票据法》第22条明确规定，汇票必须记载下列事项：

1. 表明"汇票"字样。

2. 无条件支付命令（Unconditional Order to Pay in Writing）。

3. 确定的金额（In Certain Amount）。

4. 付款人名称（Payer）。

5. 收款人名称（Payee）。

6. 出票日期（Date of Issue）。

7. 出票人签章（Signature of the Drawer）。

汇票上未记载上述规定事项之一的，汇票无效。在实际业务中，汇票通常还需列明付款日期、付款地点和出票地点等内容。对此，我国《票据法》第23条作了下述具体规定：汇票上记载付款日期、付款地、出票地等事项的，应当清楚、明确。汇票上未记载付款日期的，为见票即付。汇票上未记载付款地的，付款人的营业场所、住所或者经常居住地为付款地。汇票上未记载出票地的，出票人的营业场所、住所或者经常居住地为出票地。

除了上述必备项目外，汇票还可以有一些票据法允许的其他内容的记载，例如，利息和利率、付一不付二、禁止转让、免除做成拒绝证书、汇票编号、出票条款等。

（三）汇票的分类

汇票从不同角度可分成以下几种：

1. 按出票人不同：银行汇票和商业汇票。银行汇票（Bank's Draft），出票人是银行，付款人也是银行。商业汇票（Commercial Draft），出票人是企业或个人，付款人可以是企业、个人或银行。

2. 按是否附有商业单据：光票和跟单汇票。光票（Clean Draft），指不附带商业单据的汇票，银行汇票多是光票。跟单汇票（Documentary Draft），指附有包括运输单据在内的商业单据的汇票，商业汇票多是跟单汇票。

3. 按付款日期不同：即期汇票和远期汇票。按我国《票据法》第25条规定，付款日期可以按照下列形式之一记载：（1）见票即付（at sight）；（2）定日付款（at a fixed day）；（3）出票后若干天付款（at?-days after date）；（4）见票后若干天付款（at ?-days after sight）。在涉外票据中还有一种运输单据出单日期后定期付款的记载方法。凡采用第（1）种形式"见票即付"的汇票为即期汇票。当即期汇票的持票人向付款人提示，付款人见票时应立即付款。凡采用后三种形式记载付款日期和运输单据出单日期后若干天付款的，均为远期汇票。远期汇票付款日期的记载方法主要有：（1）见票后若干天付款（at…days after sight）；（2）出票后若干天付款（at…days after date）；（3）提单签发日后若干天付款（at…days after date of Bill of Lading）；（4）指定日期付款（Fixed Date）。其中，以第（1）种使用最多，第（3）种次之，采用第（2）种和第（4）种的比较少。

4. 按承兑人的不同：商业承兑汇票和银行承兑汇票。远期的商业汇票，经企业或个人承兑后，称为商业承兑汇票。远期的商业汇票，经银行承兑后，称为银行承兑汇票。银行承兑后成为该汇票的主债务人，所以银行承兑汇票是一种银行信用。一份汇票通常同时具备几种属性，例如一份商业汇票，可以同时又是即期的跟单汇票或远期的银行承兑汇票或远期的商业承兑跟单汇票。

（四）票据行为

汇票使用过程中的各种行为，都由票据法加以规范。主要有出票、提示、承兑和付款。如需转让，通常应经过背书行为。如汇票遭拒付，还需作成拒绝证书和行使追索权。

1. 出票（Draw/Issue）。出票人签发汇票并交付给收款人的行为。出票后，出票人即承担保证汇票得到承兑和付款的责任。如汇票遭到拒付，出票人应接受持票人的追索，清偿汇票金额、利息和有关费用。出票时有三种方式规定收款人：

（1）限制性抬头（Restrictive Payee），这种汇票通常会标注"pay ABC Co. Ltd. only"或"pay ABC Co. Ltd.，not negotiable."这种汇票不得流通转让。

（2）指示性抬头（To order）汇票常标有"pay ABC Co. Ltd. or Order"或者"pay to the order of ABC Co. Ltd."

（3）持票人或者来人抬头（To bearer）常标注有"pay to bearer"或者"pay to ABC Co. Ltd. or bearer"。

2. 提示（Presentation）。提示是持票人将汇票提交付款人要求承兑或付款的行为，是持票人要求取得票据权利的必要程序。提示又分付款提示和承兑提示。

3. 承兑（Acceptance）。承兑指付款人在持票人向其提示远期汇票时，在汇票上签名，承诺于汇票到期时付款的行为。具体做法是付款人在汇票正面写明"承兑（Accepted）"字样，注明承兑日期，于签章后交还持票人。付款人一旦对汇票作承兑，即成为承兑人以主债务人的地位承担汇票到期时付款的法律责任。

4. 付款（Payment）。付款人在汇票到期日，向提示汇票的合法持票人足额付款。持票人将汇票注销后交给付款人作为收款证明。汇票所代表的债务债权关系即告终止。

5. 背书（Endorsement）。票据包括汇票是可流通转让的证券。根据我国《票据法》规定，除非出票人在汇票上记载"不得转让"外，汇票的收款人可以以记名背书的方式转让汇票权利。即在汇票背面签上自己的名字，并记载被背书人的名称，然后把汇票交给被背书人即受让人，受让人成为持票人，是票据的债权人。受让人有权以背书方式再行转让汇票的权利。在汇票经过不止一次转让时，背书必须连续，即被背书人和背书人名字前后一致。对受让人来说，所有以前的背书人和出票人都是他的前手（Prior）。

6. 贴现。贴现是指远期汇票经承兑后，汇票持有人在汇票尚未到期前在贴现市场上转让，受让人扣除贴现息后将票款付给出让人的行为。或银行购买未到期票据的业务。一般而言，票据贴现可以分为三种，分别是贴现、转贴现和再贴现。

（1）贴现：指银行承兑汇票的持票人在汇票到期日前，为了取得资金，贴付一定利息将票据权利转让给银行的票据行为，是持票人向银行融通资金的一种方式。

（2）转贴现：指商业银行在资金临时不足时，将已经贴现但仍未到期的票据，交给其他商业银行或贴现机构给予贴现，以取得资金融通。

（3）再贴现：指中央银行通过买进商业银行持有的已贴现但尚未到期的商业汇票，向商业银行提供融资支持的行为。

7. 拒付和追索（Dishonour&Recourse）。持票人向付款人提示，付款人拒绝付款或拒绝承兑，均称拒付。另外，付款人逃匿、死亡或宣告破产，以致持票人无法实现提示，也称拒付。出现拒付，持票人有追索权。即有权向其前手（背书人、出票人）要求偿付汇票金额、利息和其他费用的权利。在追索前必须按规定作成拒绝证书和发出拒付通知。拒绝证书，用以证明持票已进行提示而未获结果，由付款地公证机构出具，也可由付款人自行出具退票理由书，或有关的司法文书。拒付通知，用以通知前手关于拒付的事实，使其准备偿付并进行再追索。

二、本票

《中华人民共和国票据法》第73条规定本票的定义是：本票是由出票人签发的，承诺自己在见票时无条件支付确定的金额给收款人或持票人的票据。

按照《日内瓦统一法》与《英国票据法》，本票可按出票人的不同，分为一般本票和银行本票两种。一般本票的出票人是工商企业或个人，又称为商业本票；银行本票的出票人是银行。一般本票又可按付款时间分为即期和远期两种。银行本票都是即期的。按我国《票据法》第78条规定，我国只允许开立自出票日起，付款期限不超过2个月的银行本票。

《票据法》第73条规定，本法所称本票，是指银行本票。我国不承认银行以外的企事业、其他组织和个人签发的本票。我国票据法之所以要对本票出票人的资格作如此限制，主要是因为本票属于自付证券，由出票人自己支付本票金额，负绝对的付款责任；签发本票具有提供信用的性质，实质上相当于信用货币。如果各种企事业单位、机关、社会团体和个人都可以签发本票，就等于扩大了流通中的货币量，有可能引发通货膨胀，扰乱金融秩序。

三、支票

《票据法》第82条规定，支票是出票人签发的，委托办理支票存款业务的银行或者其他金融机构在见票时无条件支付确定的金额给收款人或者持票人的票据。支票是以银行为付款人的即期汇票，可以看作是汇票的特例。支票出票人签发的支票金额，不得超出其在付款人处的存款金额。如果存款低于支票金额，银行将拒付，这种支票称为空头支票，出票人要负法律责任。

开立支票存款账户和领用支票，必须有可靠的资信，并存入一定的资金。支票可分为现金支票和转账支票。支票一经背书即可流通转让，具有通货作用，成为替代货币发挥流通手段和支付手段职能的信用流通工具。运用支票进行货币结算，可以减少现金的流通量，节约货币流通费用。

四、汇票、本票和支票的区别

汇票、本票和支票虽均具有票据的一般特性，其票据行为（除票据法特定的以外）均适用汇票的规定，但也存在明显差别。主要表现在以下几个方面：

1. 证券的性质。汇票与支票均是委托他人付款的证券，故属委托支付证券；而本票是由出票人自己付款的票据，故属自付证券或承诺证券。

2. 当事人。汇票和支票均有三个基本当事人，即出票人、付款人和收款人；而本票的基本当事人只有两个：出票人和收款人。

3. 到期日。支票均为见票即付；汇票和本票除见票即付外，还可做出不同到期日的记载。

4. 承兑。远期汇票需要付款人履行承兑手续；而本票由于出票时出票人就负有担保付款的责任，因此无须提示承兑，但见票后定期付款的必须经出票人见票才能确定到期日，因此又有提示见票即"签见"的必要；支票均为即期，故无须承兑。

5. 出票人与付款人的关系。汇票的出票人对付款人没有法律上的约束，付款人是否承兑或付款，是付款人自己的独立行为，但一经承兑，承兑人就应承担到期付款的绝对责任；本票的付款人即出票人自己，一经出票，出票人即应承担付款责任；支票的付款人只有在出票人在付款人处有足以支付支票金额存款的条件下才负有付款义务。

第三节　支付方式

国际贸易支付方式（Payment Modes of International Trade）国际间因商品交换而发生的、以货款为主要内容的债权债务的清算方式。不同的支付方式包含着不同的支付时间、支付地点和支付方法。价格确定后，选择什么样的方式来结算是非常讲究的。适当的支付方式可以帮助交易者减少支付的风险，提高支付的效率，减少支付本身产生的费用。

一、汇付

（一）汇付的含义

汇付，又称汇款，是国际贸易中最简单的结汇方式。采用汇付方式结算货款时，卖方将货物发运给买方后，有关货运单据由卖方自行寄送给买方；买方则径自通过银行将货款汇交卖方。

（二）汇付的当事人

1. 汇款人（Remitter）即付款人，在国际贸易结算中通常是进口人、买卖合同的买方或其他经贸往来中的债务人。

2. 收款人（Payee）通常是出口人、买卖合同中的卖方或其他经贸往来中的债权人。

3. 汇出行（Remitting Bank）是接受汇款人的委托或申请，汇出款项的银行，通常是进口人所在地的银行。

4. 汇入行（Receiving Bank）又称解付行（Paying Bank），是接受汇出行的委托解付款项的银行，汇入行通常是汇出行在收款人所在地的代理行。

（三）汇付方式及业务程序

1. 电汇（Telegraphic Transfer，T/T）。电汇是汇出行应汇款人的申请，用电报、电传或环球银行间金融电讯网络（SWIFT）等电讯手段发出付款委托通知书给收款人所在地的汇入行，委托它将款项解付给指定的收款人。汇入行在收到电汇委托通知书并经核对密押无误后，即通知收款人凭适当身份证明文件取款，收款人收取款项后出具收据作为收妥汇款的凭证。汇入行解付汇款后，向汇出行收回垫款或邮寄付讫借记通知进行转账，同时将收据寄交汇出行，以备查核。电汇方式的优点在于速度快，收款人可以迅速收到货款。电汇是目前使用较多的一种方式，但其费用较高。

2. 信汇（Mail Transfer，M/T）。信汇是汇出行应汇款人的申请，用航空信函的形式，指示出口国汇入行解付一定金额的款项给收款人的汇款方式。信汇的优点是费用较低廉，但收款人收到汇款的时间较迟。

3. 票汇（Remittance by Banker's Demand Draft，D/D）。票汇是指汇出行应汇款人的申请，代汇款人开立以其分行或代理行为解付行的银行即期汇票，支付一定金额给收款人的汇款方式。票汇与电汇、信汇的不同之处在于，票汇的汇入行无须通知收款人取款，而由收款人持票登门取款，这种汇票除有限制流通的规定外，经收款人背书，可以转让流通，而电汇、信汇的收款人则不能将收款权转让。

汇付的流程中有四个当事人，汇款人、汇出行、汇入行和收款人。

（1）买卖合同规定以汇款方式付款；

（2）汇款人出具汇款申请书，交付所汇金额及汇费；

（3）汇出行接受委托后按申请书的指示通知汇入行将汇款解付给收款人；

（4）汇入行在收到委托通知书后通知收款人取款；

（5）汇入行解付汇款后，向汇出行收回垫款或邮寄付讫借记通知（debit advice）进行转账。

（四）汇付的特点

买卖双方对每一种结算方式，都从手续费用、风险和资金负担的角度来考虑它的利弊。

1. 汇付的优点：手续简便、费用低廉。

2. 汇付的缺点：风险大，资金负担不平衡。因为以汇付方式结算，可以是货到付款，也可以是预付货款。如果是货到付款，卖方向买方提供信用并融通资金。而预付货款则买方向卖方提供信用并融通资金。不论哪一种方式，风险和资金负担都集中在一方。在我国外贸实践中，汇付一般只用来支付订金、货款尾数、佣金等费用，不是一种主要的结算方式。而在发达国家之间，由于大量的贸易是跨国公司的内部交易，而且外贸企业在国外有可靠的贸易伙伴和销售网络，汇付可以作为主要的结算方式。

飞行器贸易概论

二、托收

（一）托收的含义

托收是出口商（债权人）为向国外进口商（债务人）收取货款，开具汇票委托出口地银行通过其在进口地银行的联行或代理行向进口商收款的结算方式。其基本做法是出口方先行发货，然后备妥包括运输单据（通常是海运提单）在内的货运单据并开出汇票，把全套跟单汇票交出口地银行（托收行），委托其通过进口地的分行或代理行（代收行）向进口方收取货款。

（二）托收的当事人

托收涉及四个主要当事人，即委托人、付款人、托收行和代收行。

1. 委托人，是委托银行办理托收业务的一方。在国际贸易实务中，出口人开具汇票，委托银行向国外进口人（债务人）收款。

2. 付款人，是银行根据托收指示书的指示提示单据的对象。托收业务中的付款人，即商务合同中的买方或债务人。

3. 托收行，又称寄单行，指受委托人的委托办理托收的银行，通常为出口人所在地的银行。

4. 代收行，是指接受托收行委托，向付款人收款的银行，通常是托收行在付款人所在地的联行或代理行。

（三）托收的分类

1. 光票托收。托收时如果汇票不附任何货运单据，而只附有"非货运单据"（发票、垫付清单等），叫光票托收。这种结算方式多用于贸易的从属费用、货款尾数、佣金、样品费的结算和非贸易结算等。

2. 跟单托收。跟单托收有两种情形：附有商业单据和金融单据的托收给与不附有金融单据和商业单据的托收。在国际贸易中所讲的托收多指前一种。跟单托收根据交单条件的不同，又可分为付款交单和承兑交单两种。

（1）付款交单（Documents against Payment，D/P）。出口人的交单以进口人的付款为条件，即出口人将汇票连同货运单据交给银行托收时，指示银行只有在进口人付清货款时，才能交出货运单据。按支付时间的不同，付款交单又分为：

①即期付款交单（D/P Sight）指出口方开具即期汇票，由代收行向进口方提示，进口方见票后即须付款，货款付清时，进口方取得货运单据。②远期付款交单（D/P after sight or after date），指出口方开具远期汇票，由代收行向进口方提示，经进口方承兑后，于汇票到期日或汇票到期日以前，进口方付款赎单。远期汇票的付款日期又有"见票后××天付款""提单日后××天付款""出票日后××天付款"3种规定方法。但在有的国家还有"货到后××天付款"的规定方法。

（2）承兑交单（Documents against Acceptance，D/A）。承兑交单指出口人的交单

以进口人在汇票上承兑为条件。即出口人在装运货物后开具远期汇票，连同商业单据，通过银行向进口人提示，进口人承兑汇票后，代收银行即将商业单据交给进口人，在汇票到期时，履行付款义务。由于承兑交单是进口人只要在汇票上办理承兑之后，即可取得商业单据，凭以提取货物。所以，承兑交单方式只适用于远期汇票的托收。

（四）跟单托收的一般业务程序

1. 出口人按合同规定发货后，填写托收申请书，开立汇票连同货运单据交托收行委托代收货款。

2. 托收行根据出口人的指示，向代收行发出托收委托书连同汇票、单据寄交代收行委托代收。

3. 代收行按照委托书的指示向进口人提示汇票与单据。如为即期汇票，进口人应立即付清货款，取得货运单据；如为远期汇票，进口人应立即承兑汇票。若属付款交单方式，代收行保留汇票及单据，待汇票到期再通知进口人付款赎单。若属承兑交单方式，则进口人在承兑汇票后即可从代收行取得全套单据。

4. 进口人审单无误后付款。

5. 代收行交单。

6. 代收行办理转账并通知托收行款已收妥。

7. 托收行向出口人交款。

（五）托收的性质及利弊

托收属于商业信用，银行办理托收业务时，既没有检查货运单据正确与否或是否完整的义务，也没有承担付款人必须付款的责任。托收虽然是通过银行办理，但银行只是作为出口人的受托人行事，并没有承担付款的责任，进口人不付款与银行无关。出口人向进口人收取货款靠的仍是进口人的商业信用。如果遭到进口人拒绝付款，除非另外有规定，否则银行没有代管货物的义务，出口人仍然应该关心货物的安全，直到对方付清货款为止。

托收对出口人的风险较大，D/A比D/P的风险更大。跟单托收方式是出口人先发货，后收取货款，因此对出口人来说风险较大。进口人付款靠的是他的商业信誉，如果进口人破产倒闭，丧失付款能力，或货物发运后进口地货物价格下跌，进口人借故拒不付款，或进口人事先没有领到进口许可证，或没有申请到外汇，被禁止进口或无力支付外汇等，出口人不但无法按时收回货款，而且还可能造成货款两空的损失。如果货物已经到达进口地，进口人借故不付款，出口人还要承担货物在目的地的提货、存仓、保险费用和可能变质、短量、短重的风险。如果货物转售它地，会产生数量与价格上的损失。如果货物转售不出去，出口人就要承担货物运回本国的费用以及承担可能因为存储时间过长被当地政府贱卖的损失等。虽然上述损失出口人有权向进口人索赔，但在进口人已经破产或逃之夭夭的情况下，出口人即使可以追回一些赔偿，也难以弥补全部损失。尽管如此，在当今国际市场出口竞争日益激烈的情况下，出口人为了推销商品占领市场，有时也不得不采用托收方式。如果对方进口人信誉较好，出口人在国外又有自己的办事机构，则风险可以相对小一些。

托收对进口人比较有利，可以免去开证的手续以及预付押金，还有可以预借货物的便利。当然托收对进口人也不是一点风险没有。例如进口人付款后才取得货运单据，领取货物，如果发现货物与合同规定不符，或者根本就是假的，也会因此而蒙受损失。但总的来说，托收对进口人比较有利。

三、信用证

（一）信用证的含义

信用证（Letter of Credit，L／C），是指开证银行应申请人的要求并按其指示向第三方开立的载有一定金额的，在一定的期限内凭符合规定的单据付款的书面保证文件，即信用证是一种银行开立的有条件的承诺付款的书面文件。信用证是国际贸易中最主要、最常用的支付方式。

《跟单信用证统一惯例》（国际商会第600号出版物，以下简称UCP600）第2条对信用证作了以下定义：信用证指一项不可撤销的安排，无论其名称或描述如何，该项安排构成开证行对相符交单予以承付的确定承诺。

（二）信用证的当事人

1. 开证申请人，指向银行申请开立信用证的人，在信用证中又称开证人。

2. 开证行，指接受开证申请人的委托开立信用证的银行，它承担保证付款的责任。

3. 通知行，指受开证行的委托，将信用证转交出口人的银行，它只证明信用证的真实性，不承担其他义务，是出口地所在银行。

4. 受益人，指信用证上所指定的有权使用该证的人，即出口人或实际供货人。

5. 议付行，指愿意买入受益人交来跟单汇票的银行。根据信用证开证行的付款保证和受益人的请求，按信用证规定对受益人交付的跟单汇票垫款或贴现，并向信用证规定的付款行索偿的银行（又称购票行、押汇行和贴现行；一般就是通知行；有限定议付和自由议付）。

6. 付款行，指信用证上指定付款的银行，在多数情况下，付款行就是开证行。

7. 保兑行，指受开证行委托对信用证以自己名义保证的银行。

8. 偿付行，指受开证行在信用证上的委托，代开证行向议付行或付款行清偿垫款的银行（又称清算行）。只付款不审单，只管偿付不管退款，不偿付时开证行偿付。

（三）信用证的收付程序

信用证的收付程序随信用证类型的不同而有所差异，但就其基本流程而言，大体要经过申请、开证、通知、议付、索偿、偿付、赎单等环节。现以最为常见的即期跟单议付信用证为例，简要说明其收付程序。

1. 订立合同。进出口双方先就国际货物买卖的交易条件进行磋商，达成交易后订立国际货物买卖合同，明确规定进口人以信用证方式支付货款。

2. 申请开证。开证申请人根据合同填写开证申请书并向开证行交纳押金或其他担保品，请开证行开证。开证申请书主要有两方面的内容：一是要求开证行在信用上列明的条款，其基本内容也就是要求受益人提交的符合合同的单据条款。二是开证人向开证行的保证与声明，其中，开证人承认在其付清货款前，开证行对单据及其所代表的货物拥有所有权；承认开证行有权接受表面上合格的单据，对由于伪造单据、货物与单据不符或货物中途灭失、受损、延迟到货，开证行概不负责；保证单据到达后如期付款赎单，等等。

3. 开证。开证行根据申请书内容，向受益人开出信用证并寄交出口人所在地通知行。

4. 通知。通知行在收到信用证后，应即核对开证行的签字或密押，经核对证实无误，除留存副本或复印件备查外，必须尽快将信用证转交受益人。

5. 交单议付。受益人审核信用证内容与合同规定相符后，按信用证规定装运货物、备妥单据并开出汇票，在信用证有效期内，送议付行议付。议付行按信用证条款审核单据无误后，把货款垫付给受益人。

所谓议付，就是由议付行向受益人购进由其出立的汇票及所附单据。根据UCP600第2条所下的定义：议付是指在指定银行获得偿付的银行营业日当天或之前在相符交单的情况下，由指定银行买入汇票和/或单据，向受益人预付或同意预付资金。议付实际上是在受益人向议付行提交符合信用证条款单据的前提下，议付行对受益人的垫款。

6. 寄单索偿。议付行将汇票和货运单据寄开证行或其特定的付款行索偿。开证行核对单据无误后，付款给议付行。如发现单据与信用证规定不符，可以拒付，但应在不迟于收到单据的次日起5个营业日内通知议付行表示拒绝接受单据。

7. 付款赎单。开证行履行偿付责任后向开证人提示单据，开证人核验单据无误后，办理付款手续。开证人付款后，即可从开证行取得全套单据，包括可凭以向承运人提取货物的运输单据。

（四）信用证方式的特点

1. 开证银行负首要付款责任（Primary Liabilities for Payment）。信用证是一种银行信用，它是银行的一种担保文件，开证银行是信用证的首先付款人，出口人（一般即信用证受益人）可依据信用证直接向开证行或其指定行凭单取款，而无须先找进口人（信用证的开证申请人）。开证行对受益人的付款即使在开证后进口人失去偿付能力，只要出口人提交的单据构成相符交单，开证行也要负责付款，付款后如发现有误，也不能向受益人和索偿行进行追索。

2. 信用证是一项自足文件（Self-sufficient Instrument）。信用证虽然是根据买卖合同开立的，但信用证一经开立，就成为独立于买卖合同以外的约定。信用证的各当事人的权利和责任完全以信用证中所列条款为依据，不受买卖合同的约束，出口人提交的单据即使符合买卖合同要求，但若与信用证不一致，仍会遭银行拒付。对此，UCP600第4条中明确规定：信用证按其性质是一项与凭此开立信用证的销售合同或其他合同不相连的交易。即使信用证中援引这类合同，银行也与之毫无关系并不受其约束。该条又进一步指出：银行对承付、议付或履行信用证下任何其他义务的承诺，不受申请人提出的因其与开证行之间或与受益人之间的关系而产生的索赔或抗辩的约束。

3. 信用证方式是纯粹的单据业务（Pure Documentary Transaction）。银行处理信用证业务时，只凭单据，不问货物，它只审查受益人所提交的单据是否与信用证条款相符，以决定其是否履行付款责任。UCP600第5条明确规定：银行所处理的是单据，而不是可能与单据有关的货物、服务或履约行为。在信用证业务中，只要受益人提交符合信用证条款的单据，开证行就应承担付款责任，进口人也应接受单据并向开证行付款赎单。如果进口人付款后发现货物有缺陷，则可凭单据向有关责任方提出损害赔偿要求，而与银行无关。

（五）信用证的种类

1. 以信用证项下的汇票是否附有货运单据，可划分为：跟单信用证和光票信用证。

（1）跟单信用证（Documentary Credit），是凭跟单汇票或仅凭单据付款的信用证。此处的单据指代表货物所有权或证明货物已装运的货运单据，即运输单据以及商业发票、保险单据、商检证书、产地证、包装单据等。

（2）光票信用证（Clean Credit），是凭不随附货运单据的光票（Clean Draft）付款的信用证。银行凭光票信用证付款，也可要求受益人附交一些非货运单据，如发票、垫款清单等。在国际贸易的货款结算中，绝大部分使用跟单信用证。

2. 以有无另一银行加以保证兑付为依据，可划分为：保兑信用证和不保兑信用证。

（1）保兑信用证（Confirmed L/C），指开证行开出的信用证，由另一银行保证对符合信用证条款规定的单据履行付款义务。对信用证加以保兑的银行，称为保兑行。这种信用证有开证行与保兑行两家银行对受益人负责，所以一般来说，它对出口人的安全收汇是有利的。按UCP600解释，信用证一经保兑，即构成保兑行在开证行承诺以外的一项确定的承诺。在首先付款的责任方面，保兑行与开证相同，保兑行有必须议付或承付之责，而在议付或承付后，即使开证行倒闭或拒付，都不能向受益人追索。保兑行对信用证的责任相当于其本身开证，无论开证行发生什么变化，在信用证的有效期内保兑行都不能撤销其保兑责任。

（2）不保兑信用证（Unconfirmed L/C），指开证行开出的信用证没有经另一家银行保兑的信用证。

3. 按兑付方式的不同，可划分为：即期付款信用证、延期付款信用证、承兑信用证和议付信用证。

（1）即期付款信用证（Sight Payment L/C）是指规定受益人开立即期汇票随附单据，或不需要汇票仅凭单据向指定银行提示，请求付款的信用证。对这种信用证，开证行、保兑行（如有）或指定付款行承担即期付款的责任。

（2）延期付款信用证（Deferred Payment L/C）又称迟期付款信用证，或称无承兑远期信用证，是指仅凭受益人提交的单据，经审核单证相符确定银行承担延期付款责任起，延长一段时间及至付款到期日付款的信用证。这种信用证的受益人不开具汇票，因此也无须开证行承兑汇票，因此也不能贴现。在实践中大多使用于金额较大的资本货物的交易，而且付款期限较长，一年或数年不等，所以常与政府的出口信贷相结合。

（3）承兑信用证（Acceptance L/C）是指信用证指定的付款行在收到符合信用证规定的远期汇票和单据时，先在汇票上履行承兑手续，俟汇票到期日再行付款的信用证。承兑信用证通常使用于远期付款的交易。

（4）议付信用证（Negotiation L/C）指开证行邀请其他银行买入汇票及/或单据的信用证。议付信用证按是否限定议付行，又可分为公开议付信用证和限制议付信用证两种。前者是指任何银行均可办理议付，后者则是指仅由被指定的银行可以办理议付。议付与付款的主要区别之一是：议付行在议付后如因故不能向开证行收回款项时，可向受益人追索；而指定的付款行以及开证行和保兑行一经付款，即无权向受款人追索。

4. 根据付款时间不同，可划分为：即期信用证及远期信用证。

（1）即期信用证（Sight L/C），指开证行或其指定的付款行在收到符合信用证条款的汇票及/或单据后即予付款的信用证。

（2）远期信用证（Usance L/C），指开证行或其指定的付款行在收到符合信用证条款的汇票及/或单据后，保证在规定的期限内付款的信用证。其主要作用是便利进口人资金融通。承兑信用证、延期付款信用证和远期议付信用证都是远期信用证。在实际业务中，还有一种远期信用证，它规定远期汇票可按即期议付。这通常是由于进口人为了融资方便，或利用银行承兑汇票以取得比银行放款利率更低的优惠贴现率，在与出口只订立即期付款的合同后，要求银行开立承兑信用证，证中规定受益人应开立远期汇票，而这种远期汇票可即期付款，所有贴现和承兑费用由买方负担。在我国习惯上称它为假远期信用证（Usance Credit Payable at Sight）。

5. 根据受益人对信用证的权利可否转让，可划分为：可转让信用证及不可转让信用证。

（1）可转让信用证（Transferable L/C），指按受益人（第一受益人）的请求，将信用证全部或部分转让给一个或数个受益人（第二受益人）使用的信用证。开证行在信用证中要明确注明"可转让"（transferable），且只能转让一次。进口人开立可转让信用证，意味着他同意出口人将交货、交单义务由出口人指定的其他人来履行，但并不等于买卖合同也已被转让。所以，如果发生第二受益人不能交货，或交货不符合合同规定，单据不符合买卖合同的要求时，原出口人仍要承担买卖合同规定的卖方责任。对进口人来说，使用可转让信用冒一定的风险。因为进口人对受让人的资信和经营能力并不了解，对受让人提供的货物能否符合买卖合同要求也无把握。所以，除非有特殊需要并有第一受益人的可靠保证，进口人一般不会同意开立可转让信用证。

（2）不可转让信用证。指受益人不能将信用证的权利转让给他人的信用证。凡信用证中未注明"可转让"，即是不可转让信用证。

6. 依信用证作用来分为：循环信用证、对开信用证、背对背信用证、预支信用证/打包信用证及备用信用证。

（1）循环信用证（Revolving L/C），指信用证被全部或部分使用后，其金额又恢复到原金额，可再次使用，直至达到规定的次数或规定的总金额为止。它通常在分批均匀交货情况下使用。在按金额循环的信用证条件下，恢复到原金额的具体做法有：

① 自动式循环。每期用完一定金额，不需等待开证行的通知，即可自动恢复到原金额。② 非自动循环。每期用完一定金额后，必须等待开证行通知到达，信用证才能恢复到原金额使用。③ 半自动循环。即每次用完一定金额后若干天内，开证行未提出停止循环使用的通知，自第×天起即可自动恢复至原金额。

（2）对开信用证（Reciprocal L/C），指两张信用证申请人互以对方为受益人而开立的信用证。两张信用证的金额相等或大体相等，可同时互开，也可先后开立。它多用于易货贸易或来料加工和补偿贸易业务。

（3）背对背信用证（Back to Back L/C），又称转开信用证，指受益人要求原证的通知行或其他银行以原证为基础，另开一张内容相似的新信用证，对背信用证的开证行只能根据不可撤销信用证来开立。对背信用证的开立通常是中间商转售他人货物，或两国不能直接办理进出口贸易时，通过第三者以此种办法来沟通贸易。原信用证的金额（单价）应高于对背信用证的金额（单价），对背信用证的装运期应早于原信用证的规定。

（4）预支信用证/打包信用证（Anticipatory Credit/Packing Credit），指开证行授权代付行（通知行）向受益人预付信用证金额的全部或一部分，由开证行保证偿并负担利息，即开证行付款在前，受益人交单在后，与远期信用证相反。预支信用证凭出口人的光票付款，也有要求受益人附一份负责补交信用证规定单据的说明书，当货运单据交到后，付款行在付给剩余货款时，将扣除预支货款的利息。

（5）备用信用证（Standby Credit），又称商业票据信用证（Commercial Paper Credit）、担保信用证，指开证行根据开证申请人的请求对受益人开立的承诺承担某项义务的凭证。即开证行保证在开证申请人未能履行其义务时，受益人只要凭备用信用证的规定并提交开证人违约证明，即可取得开证行的偿付。它是银行信用，对受益人来说是备用于开证人违约时，取得补偿的一种方式。

（六）三种支付方式的风险比较与选用

如何比较选择最合理和恰当的结算方式，是做好国际结算管理的最重要的内容。一般说来，在国际结算业务中，汇付是一种最为简单和方便的结算方式，而且费用较少，但这种结算方式所提供的信用是商业信用，因而对进口商和出口商双方都存在一定的风险。在预付款形式下，出口商的风险当然最小，但进口商则因预付款而承担较大风险，双方存在资金负担不平衡状况。所以，通常只有在进口商双方信任条件较好的情况下才选用，尤其对于跨国公司关联企业之间的国际结算业务是较为理想的一种结算方式。

托收结算方式尽管较上述汇付方式手续复杂，费用较高，但这种结算方式有代表物权的货运单据做质押，无论是承兑或付款交单，交易双方的风险都处于对等适中程度，是一种较之汇付结算方式相对安全的结算方式。当然托收结算方式所提供的信用仍属商业信用，即出口商装运货物后，能否安全收款仍取决于进口商的信用状态，而且资金负担对出口商而言仍然过重，因而选择国际结算方式仍应持慎重态度。尤其是出口商应妥善掌握成交金额和托收额度，建立相关的管理和检查制度，定期检查收款情况，及时催收和清理，并应尽可能采用付款交单方式，严格控制承担交单方式的份额。

信用证结算方式是上述结算方式中手续较为复杂且费用较高的一种，但信用证的优点在于风险程度具有安全性，特别是对出口商风险小而进口商风险大，遇到商品质量问题和延迟发货问题时更是如此。再者，信用证结算方式的基本点是银行信用，即信用证结算方式很大程度上解决了买卖双方在付款和交货问题上的矛盾，它以银行信用代替了商业信用，又避免了双方商业信用的风险，因而一直被视为一种安全可靠的结算方法。加上信用证结算方式使买卖双方在结算货款过程中又能获得银行的资金融通便利，其资金负担也相对平衡对称，因而成为跨国公司经济交易中使用最普遍的一种国际结算方式。在20世纪六七十年代，全球国际进出口贸易额的85%是以信用证来结算的。

如上所述，在国际贸易结算中，汇付、跟单托收和跟单信用证是三种主要的也是最基本的和最常用的结算方式。一笔交易通常只选择一种结算方式，但由于不同结算方式各有利弊，买卖双方所承担的风险和资金占用的时间各不相同，因此为了取长补短，做到既能加快资金周转又能确保收付外汇的安全，以利交易的达成，在同一笔交易中选择两种或两种以上的结算方式结合起来使用是比较有效的做法。目前，常见的做法有信用证与汇付结合、信用证与托收结合、跟单托收与预付押金相结合、备用信用证与跟单托收相结合等。现举飞行器贸易支付实例如下：

1. 买方为以下每架飞机交付预付款：中国民航总局同意后30天内第1架飞机10%总价，第2、3架飞机5%总价，交付飞机后支付全部款项。在付款到期日或之前买方应将全部款项汇给卖方的账户。

2. 自收到俄罗斯银行（新莫斯科）的银行保证书之日起的7个银行工作日内，买方向卖方账户汇去合同总价值15%的预付款，合计为××美元整；自签订合同之日起20个银行工作日内，买方通过买方银行在卖方银行开立以卖方为受益人的，数额为合同总价值的34%，即××不可撤销信用证，信用证允许分割付款；合同总价值51%的剩余款项，即×××美元不整，其支付方法为：直升机在中国海拉尔市转场后，按买方的米—171直升机报关文件在7个银行工作日内，通过银行汇款的方式汇付至卖方账户。

案例：1997年7月中国航空器材进出口总公司（是国家批准有资质的进出口贸易公

司，2002年更名为中国航空器材集团公司）为××航空公司与英国三岛人飞机制造厂洽签购买3架"三岛人"飞机。因为购机单位急需扩大生产作业范围和服务领域，执行东北地区各季护林任务，因此很快与英方厂商洽签了合同。由于英国三岛人飞机制造厂向中国适航当局申报该型飞机型号认可证较晚，当中国适航当局派审查组赴英国三岛人飞机制造厂受理审查该型飞机型号认可时，发现该机型只能在零上5度，标准大气压时载量不减，随着温度和海拔的升高，载量将逐渐减少，这不适合我国国情（属亚热带地区），因合同已签订，只能控制使用。在合同执行过程中，中方已按合同规定支付了预付款××万元人民币，由于英国三岛人飞机制造厂管理不善破产，被阿联酋的公司收购，当航空器材总公司得知此消息后，以英方厂商要延期交付飞机为由，向英方厂商提出终止合同，及时与英方担保银行联系并将已支付的飞机预付款全部追回。此案例成功的经验在于在合同书上注上银行担保，否则遇有问题会造成损失。

四、银行保证书

在国际贸易中，跟单信用证为买方向卖方提供了银行信用作为付款保证，但不适用于需要为卖方向买方作担保的场合，也不适用于国际经济合作中货物买卖以外的其他各种交易方式。然而在国际经济交易中，合同当事人为了维护自己的经济利益，往往需要对可能发生的风险采取相应的保障措施，银行保函和备用信用证，就是以银行信用的形式所提供的保障措施。银行保证书和备用信用证都是银行开立的保证文件，这两种凭证通常使用于期限较长、交易条件比较复杂的场合。它们除适用于货物买卖外，还可用于融资、承包工程项目等一切有关国际经济合作的业务中。

（一）银行保证书的含义与内容

1. 含义。又称银行保函，是指银行、保险公司、担保公司或担保人应申请人的请求，向受益人开立的一种书面信用担保凭证，保证在申请人未能按双方协议履行其责任或义务时，由担保人代其履行一定金额、一定时限范围内的某种支付或经济赔偿责任。

银行保函是由银行开立的承担付款责任的一种担保凭证，银行根据保函的规定承担绝对付款责任。银行保函大多属于"见索即付"（无条件保函），是不可撤销的文件。银行保函的当事人有委托人（要求银行开立保证书的一方）、受益人（收到保证书并凭以向银行索偿的一方）、担保人（保函的开立人）。

2. 主要内容。银行保证书并无统一格式，其主要内容包括保证人应承担的责任条款、有效期限、保证书的终止到期日、索赔的证明文件等。根据国际商会第458号出版物《UGD458》规定，其主要内容有：（1）有关当事人（名称与地址）。（2）开立保函的依据。（3）担保金额和金额递减条款。（4）要求付款的条件。

国际商会于1992年出版了《见索即付保函统一规则》，其中规定：索偿时，受益人只需提示书面请求和保函中所规定的单据，担保人付款的唯一依据是单据，而不能是某一事实。担保人与保函所可能依据的合约无关，也不受其约束。以上规定表明，担保人所承担的责任是第一性的、直接的付款责任。

（二）银行保证书的种类

根据银行保证书在基础合同中所起的不同作用和担保人承担的不同的担保职责，可以具体分为以下几种：

1. 借款保函：指银行应借款人要求向贷款行所做出的一种旨在保证借款人按照借款合约的规定按期向贷款方归还所借款项本息的付款保证承诺。

2. 融资租赁保函：指承租人根据租赁协议的规定，请求银行向出租人所出具的一种旨在保证承租人按期向出租人支付租金的付款保证承诺。

3. 补偿贸易保函：指在补偿贸易合同项下，银行应设备或技术的引进方申请，向设备或技术的提供方所做出的一种旨在保证引进方在引进后的一定时期内，以其所生产的产成品或以产成品外销所得款项，来抵偿所引进之设备和技术的价款及利息的保证承诺。

4. 投标保函：指银行应投标人申请向招标人做出的保证承诺，保证在投标人报价的有效期内投标人将遵守其诺言，不撤标、不改标，不更改原报价条件，并且在其一旦中标后，将按照招标文件的规定在一定时间内与招标人签订合同。

5. 履约保函：指银行应供货方或劳务承包方的请求而向买方或业主方做出的一种履约保证承诺。

6. 预付款保函：又称还款保函或定金保函。指银行应供货方或劳务承包方申请向买方或业主方保证，如申请人未能履约或未能全部按合同规定使用预付款时，则银行负责返还保函规定金额的预付款。

7. 付款保函：指银行应买方或业主申请，向卖方或承包方所出具的一种旨在保证贷款支付或承包工程进度款支付的付款保证承诺。

其他的保函品种还有来料或来件加工保函、质量保函、预留金保函、延期付款保函、票据或费用保付保函、提货担保、保释金保函及海关免税保函等。

（三）银行保证书的特点

1. 银行信用作为保证，易于为客户接受。

2. 保函是依据商务合同开出的，但又不依附于商务合同，是具有独立法律效力的法律文件。当受益人在保函项下合理索赔时，担保行就必须承担付款责任，而不论申请人是否同意付款，也不管合同履行的实际事实。即保函是独立的承诺并且基本上是单证化的交易业务。

（四）银行保证书和信用证的区别

银行保证书与信用证都是银行开立的，同属于银行信用，而且都被用于国际贸易中的货款支付，但两者有很大的区别，主要表现在：

1. 银行付款责任不同。在信用证业务中，开证行承担第一性付款责任；在银行保函业务中，见索即付保函银行承担第一性付款责任，而有条件保函银行则承担第二性付款责任。如果委托人没有违约，保函的担保人就不必为承担赔偿责任而付款。而信用证的开证行则必须先行付款。

2. 适用范围不同。信用证业务一般只适用于货物买卖，而银行保函除适用货物买卖外，更多的适用于国际工程承包、投标招标、借款贷款等业务，因而适用范围更广。

3. 对单据要求不同。跟单信用证要求受益人提交的单据是包括运输单据在内的商业单据，单证不符银行可拒付，而保函要求的单据实际上是受益人出具的关于委托人违约的声明或证明，一般凭索赔书或其他文件付款。

4. 能否融资不同。信用证项下受益人可通过议付取得资金融通，而银行保函项下单据不成为索汇的依据，也不能作抵押贷款，受益人不能取得资金融通。

5. 与合同关系不同。信用证与合同是两个完全独立的契约；而出具有条件的保函的银行，当受益人以对方不履约，提交书面陈述或证明，要求银行履行赔偿诺言时，银行一般须证实不履约的情况，如果双方意见不一，保证银行就会被牵连到交易双方的合同纠纷中去。有的国家，如美国、日本等，法律禁止银行介入商业纠纷，故不允许银行开立银行保函。

五、备用信用证

（一）备用信用证的含义

备用信用证又称担保信用证，是指不以清偿商品交易的价款为目的，而以贷款融资或担保债务偿还为目的所开立的信用证。开证行保证在开证申请人未能履行其应履行的义务时，受益人只要凭备用信用证的规定向开证行开具汇票，并随附开证申请人未履行义务的声明或证明文件，即可得到开证行的偿付。备用信用证最早流行于美国，为了不让银行介入商业纠纷，美国法律不允许银行开立保函，在此情况下银行采用备用信用证来代替保函以适应实际业务的需要，后来其逐渐发展成为国际性合同提供履约担保的信用工具。

备用信用证是一种特殊形式的信用证，是开证银行对受益人承担一项义务的凭证。开证行保证在开证申请人未能履行其应履行的义务时，受益人只要凭备用信用证的规定向开证行开具汇票，并随附开证申请人未履行义务的声明或证明文件，即可得到开证行的偿付。在借款人可能无法偿债时，贷款人凭备用信用证主张担保人向贷款人偿债；一般用于投标、履约、还款、预付赊销等业务。

1995年12月，联合国大会通过了由联合国国际贸易法委员会起草的《独立担保和备用信用证公约》；1999年1月1日，国际商会的第590号出版物《国际备用信用证惯例》（以下简称《ISP98》）作为专门适用于备用信用证的权威国际惯例，正式生效实施。

根据《ISP98》所界定的"备用信用证在开立后即是一项不可撤销的、独立的、要求单据的、具有约束力的承诺"，作为专门规范备用信用证的ISP98，除了让其独立存在之外，修订时要考虑的反而是UCP600是否仍有必要涉及备用信用证。最终多数意见是备用信用证仍然可依继续适用UCP600。

（二）备用信用证的性质

1. 不可撤销性。除非在备用证中另有规定，或经对方当事人同意，开证人不得修改或撤销其在该备用证下的义务。

2. 独立性。备用证下开证人义务的履行并不取决于：①开证人从申请人那里获得偿付的权利和能力。②受益人从申请人那里获得付款的权利。③备用证中对任何偿付协议或基础交易的援引。④开证人对任何偿付协议或基础交易的履约或违约的了解与否。

3. 跟单性。开证人的义务取决于单据的提示，以及对所要求单据的表面审查。

4. 强制性。备用证在开立后即具有约束力，无论申请人是否授权开立，开证人是否收取了费用，或受益人是否收到或因信赖备用证或修改而采取了行动，它对开证行都是有强制性的。

（三）备用信用证的种类

备用信用证的种类很多，根据在基础交易中备用信用证的不同作用主要可分为以下8类：

1. 履约保证备用信用证（PERFORMANCE STANDBY）——支持一项除支付金钱以外的义务的履行，包括对由于申请人在基础交易中违约所致损失的赔偿。

2. 预付款保证备用信用证（ADVANCE PAYMENT STANDBY）——用于担保申请人对受益人的预付款所应承担的义务和责任。这种备用信用证通常用于国际工程承包项目中业主向承包人支付的合同总价10%～25%的工程预付款，以及进出口贸易中进口商向出口商支付的预付款。

3. 反担保备用信用证（COUNTER STANDBY）——又称对开备用信用证，它支持反担保备用信用证受益人所开立的另外的备用信用证或其他承诺。

4. 融资保证备用信用证（FINANCIAL STANDBY）——支持付款义务，包括对借款的偿还义务的任何证明性文件。目前外商投资企业用以抵押人民币贷款的备用信用证就属于融资保证备用信用证。

5. 投标备用信用证（TENDER BOND STANDBY）——用于担保申请人中标后执行合同义务和责任，若投标人未能履行合同，开证人必须按备用信用证的规定向收益人履行赔款义务。投标备用信用证的金额一般为投保报价的1%～5%（具体比例视招标文件规定而定）。

6. 直接付款备用信用证（DIRECT PAYMENT STANDBY）——用于担保到期付款，尤指到期没有任何违约时支付本金和利息。其已经突破了备用信用证备而不用的传统担保性质，主要用于担保企业发行债券或订立债务契约时的到期支付本息义务。

7. 保险备用信用证（INSURANCE STANDBY）——支持申请人的保险或再保险义务。

8. 商业备用信用证（COMMERCIAL STANDBY）——是指如不能以其他方式付款，

为申请人对货物或服务的付款义务进行保证。

（四）备用信用证与一般商业信用证及银行保函之间的区别

1. 与一般商业信用证之间的区别。

（1）一般商业信用证仅在受益人提交有关单据证明其已履行基础交易义务时，开证行才支付信用证项下的款项；备用信用证则是在受益人提供单据证明债务人未履行基础交易的义务时，开证行才支付信用证项下的款项。

（2）一般商业信用证开证行愿意按信用证的规定向受益人开出的汇票及单据付款，因为这表明买卖双方的基础交易关系正常进行；备用信用证的开证行则不希望按信用证的规定向受益人开出的汇票及单据付款，因为这表明买卖双方的交易出现了问题。

（3）一般商业信用证，总是货物的进口方为开证申请人，以出口方为受益人；而备用信用证的开证申请人与受益人既可以是进口方，也可以是出口方。

2. 与银行保函之间的区别。

（1）备用信用证是独立于交易合同的自足性契约，银行保函可以是从属性保函。

（2）备用信用证的开证行负有第一性的付款责任；银行保函的担保行，可能承担第一性的付款责任，也可能承担第二性的付款责任。

（3）备用信用证常常要求受益人在索偿或索赔时出具即期汇票，银行保函不要求受益人索偿或索赔时出具汇票。

六、国际保理（Internatiaonal Factoring）

在出口业务中采用赊账（O/A）和托收（D/P或D/A）方式结算货款时，出口人需承担较大风险。为避免或减少收汇风险，出口人还可以使用国际保理或出口信用保险。

（一）含义

国际保理又称为承购应收账款，指在以商业信用出口货物时（如以D/A作为付款方式），出口商交货后把应收账款的发票和装运单据转让给保理商，即可取得应收取的大部分货款，日后一旦发生进口商不付或逾期付款，则由保理商承担付款责任，在保理业务中，保理商承担第一付款责任。由于各个国家和地区的商业交易习惯及法律法规的不同，各国办理国际保理业务的内容以及做法也有不同。

若保理商对上述预付款没有追索权，对余款也要担保付款，即称之为无追索权保理，反之则为有追索权保理。常见的还有融资保理及到期保理（到期保理指出口商将其应收款出售给保理商后，保理商在发票到期日从债务人手中收回债款，扣除服务费后，把款项付给出口商）。国际保理服务的范围主要有：资金服务、信用保险服务、管理服务、资信调查服务等。

（二）分类

由于各个国家和地区的商业交易习惯及法律法规的不同，各国办理国际保理业务的内容以及做法也有不同。根据保理业务的性质、服务内容、付款条件、融资状况等方面存在的差异，我们可以将保理业务进行以下分类。

1. 融资保理和到期保理。根据保理商对出口商提供预付融资与否，分为融资保理（Financial Factoring）和到期保理（Maturity Factoring）。融资保理又叫预支保理，是一种预支应收账款业务。当出口商将代表应收账款的票据交给保理商时，保理商立即以预付款方式向出口商提供不超过应收账款80%的融资，剩余20%的应收账款待保理商向债务人（进口商）收取全部货款后，再行清算，这是比较典型的保理方式。到期保理是指保理商在收到出口商提交的、代表应收账款的销售发票等单据时并不向出口商提供融资，而是在单据到期后，向出口商支付货款。

2. 公开型保理和隐蔽型保理。根据保理商公开与否，也即销售货款是否直接付给保理商，分为公开型保理（Disclosed Factoring）和隐蔽型保理（Undisclosed Factoring）。公开型保理是指出口商必须以书面形式将保理商的参与通知进口商，并指示他们将货款直接付给保理商，国际保理业务多是公开型的。隐蔽型保理是指保理商的参与是对外保密的，进口商并不知晓，货款仍由进口商直接付给出口商。这种保理方式往往是出口商为了避免让他人得知自己因流动资金不足而转让应收账款，并不将保理商的参与通知给买方，货款到期时仍由出口商出面催收，再向保理商偿还预付款。至于融资与有关费用的清算，则在保理商与出口商之间直接进行。

3. 无追索权保理和有追索权保理。根据保理商是否保留追索权，分为无追索权保理（Nnon-recourse Factoring）和有追索权保理（Recourse Factoring）。在无追索权保理中，保理商根据出口商提供的名单进行资信调查，并为每个客户核对相应的信用额度，在已核定的信用额度内为出口商提供坏账担保。出口商在有关信用额度内的销售，因为已得到保理商的核准，所以保理商对这部分应收账款的收购没有追索权。由于债务人资信问题所造成的呆账、坏账损失均由保理商承担。国际保理业务大多是这类无追索权保理。有追索权保理中，保理商不负责审核买方资信，不确定信用额度，不提供坏账担保，只提供包括贸易融资在内的其他服务。如果因债务人清偿能力不足而形成呆账、坏账，保理商有权向出口商追索。

4. 单保理和双保理。根据其运作机制是否涉及进出口两地的保理商，分为单保理和双保理。单保理是指仅涉及一方保理商的保理方式。如在直接进口保理方式中，出口商与进口保理商进行业务往来；而在直接出口保理方式中，出口商与出口保理商进行业务往来。涉及买卖双方保理商的保理方式则叫作双保理。国际保理业务中一般采用双保理方式，即出口商委托本国出口保理商，本国出口保理商再从进口国的保理商中选进口保理商。进出口国两个保理商之间签订代理协议，整个业务过程中，进出口双方只需与各自的保理商进行往来。

（三）保理流程

国际保理业务有两种运作方式，即单保理和双保理。前者仅涉及一方保理商，后者涉及进出口双方保理商。国际保理业务一般采用双保理方式。双保理方式主要涉及四方当事人，即出口商、进口商、出口保理商和进口保理商。下面以一笔出口保理为例，介绍其业务流程。

出口商为国内某纺织品公司，欲向英国某进口商出口真丝服装，且欲采用赊销（O/A）的付款方式。

1. 进出口双方在交易磋商过程中，该纺织品公司首先找到国内某保理商（作为出口保理商），向其提出出口保理的业务申请，填写《出口保理业务申请书》（又可称为《信用额度申请书》），用于为进口商申请信用额度。申请书一般包括如下内容：出口商业务情况；交易背景资料；申请的额度情况，包括币种、金额及类型等。

2. 国内保理商于当日选择英国一家进口保理商，通过由国际保理商联合会（简称FCI）开发的保理电子数据交换系统EDIFACTORING将有关情况通知进口保理商，请其对进口商进行信用评估。通常出口保理商选择已与其签订过《代理保理协议》、参加FCI组织且在进口商所在地的保理商作为进口保理商。

3. 进口保理商根据所提供的情况，运用各种信息来源对进口商的资信以及此种真丝服装的市场行情进行调查。若进口商资信状况良好且进口商品具有不错的市场，则进口保理商将为进口商初步核准一定信用额度，并于第5个工作日将有关条件及报价通知我国保理商。按照FCI的国际惯例规定，进口保理商应最迟在14个工作日内答复出口保理商。国内保理商将被核准的进口商的信用额度以及自己的报价通知纺织品公司。

4. 纺织品公司接受国内保理商的报价，与其签订《出口保理协议》，并与进口商正式达成交易合同，合同金额为50万美元，付款方式为O/A，期限为发票日后60天。与纺织品公司签署《出口保理协议》后，出口保理商向进口保理商正式申请信用额度。进口保理商于第3个工作日回复出口保理商，通知其信用额度批准额、效期等。

5. 纺织品公司按合同发货后，将正本发票、提单、原产地证书、质检证书等单据寄送进口商，将发票副本及有关单据副本（根据进口保理商要求）交国内出口保理商。同时，纺织品公司还向国内保理商提交《债权转让通知书》和《出口保理融资申请书》，前者将发运货物的应收账款转让给国内保理商，后者用于向国内保理商申请资金融通。国内保理商按照《出口保理协议》向其提供相当于发票金额80%（即40万美元）的融资。

6. 出口保理商在收到副本发票及单据（若有）当天将发票及单据（若有）的详细内容通过EDIFACTORING系统通知进口保理商，进口保理商于发票到期日前若干天开始向进口商催收。

7. 发票到期后，进口商向进口保理商付款，进口保理商将款项付与我国保理商，我国保理商扣除融资本息及有关保理费用，再将余额付给纺织品公司。

（四）法律关系

不同的国际保理其参与的当事人是不同的。在国际双保理的情况下，会形成出口商与进口商、出口商与出口保理商、出口保理商与进口保理商、进口商与进口保理商之间的四层关系。

1. 在出口商与进口商之间是货物买卖合同关系。

2. 在出口商与出口保理商之间是根据出口保理协议建立的一种合同关系。出口保理协议是国际保理交易中的主合同。依该协议，出口商应将出口保理商协议范围内的所有合格应收账款转让给出口保理商，使出口保理商对这些应收账款获得真实有效而且完整的权利，以便从实质上保证应收账款是有效的和具有相应价值的并且不存在也不会产生任何障碍。

3. 出口保理商与进口保理商之间是相互保理合同关系。进出口保理商之间应签订的相互保理协议，双方的关系具有债权转让人与受让人间的法律关系，即出口保理商将从供应商手中购买的应收账款再转让给进口保理商即再保理而形成法律关系。

4. 在进口商与进口保理商之间是一种事实上的债权债务关系。从法律意义上说，进口商与进口保理商之间没有合同上的法律关系，但由于进口保理商最终收购了出口商对进口商的应收账款，只要出口商与进口商之间的买卖合同或其他类似契约未明确规定该合同或契约项下所产生的应收账款禁止转让，保理商就可以合法有效地获得应收账款，而无须事先得到进口商的同意，与进口商之间事实上形成债权债务关系。

七、出口信用保险

（一）含义

出口信用保险（Export Credit Insurance），也叫出口信贷保险，是各国政府为提高本国产品的国际竞争力，推动本国的出口贸易，保障出口商的收汇安全和银行的信贷安全，促进经济发展，以国家财政为后盾，为企业在出口贸易、对外投资和对外工程承包等经济活动中提供风险保障的一项政策性支持措施，属于非营利性的保险业务，是政府对市场经济的一种间接调控手段和补充，是世界贸易组织（WTO）补贴和反补贴协议原则上允许的支持出口的政策手段。全球贸易额的12%～15%是在出口信用保险的支持下实现的，有的国家的出口信用保险机构提供的各种出口信用保险保额甚至超过其本国当年出口总额的1/3。

通过国家设立的出口信用保险机构（ECA，官方出口信用保险机构）承保企业的收汇风险、补偿企业的收汇损失，可以保障企业经营的稳定性，使企业可以运用更加灵活的贸易手段参与国际竞争，不断开拓新客户、占领新市场。出口信用保险诞生于19世纪末的欧洲，最早在英国和德国等地萌芽。

（二）承保对象与承保风险

出口信用保险承保的对象是出口企业的应收账款，承保的风险主要是人为原因造成的商业信用风险和政治风险。商业信用风险主要包括：买方因破产而无力支付债务、买方拖欠货款、买方因自身原因而拒绝收货及付款等。政治风险主要包括因买方所在国禁止或限制汇兑、实施进口管制、撤销进口许可证、发生战争、暴乱等卖方、买方均无法控制的情况，导致买方无法支付货款。而以上这些风险，是无法预计、难以计算其发生概率的，因此也是商业保险无法承受的。

国际贸易中商业性保险承保的对象一般是出口商品，承保的风险主要是因自然原因在运输、装卸过程中造成的对商品数量、质量的损害。有的商业保险也是承保人为原因造成的风险，但也仅限于对商品本身的损害。而这些风险可以计算其发生概率，根据概率制定保费以确保盈利。

（三）出口信用保险的分类

1. 短期出口信用保险（以下简称短期险）。短期险承保放账期在180天以内的收汇风险，根据实际情况，短期险还可扩展承保放账期在180天以上、360天以内的出口，以及银行或其他金融机构开具的信用证项下的出口。短期出口信用保险主要适用于以下3项：

（1）一般情况下保障信用期限在一年以内的出口收汇风险。

（2）适用于出口企业从事以信用证（L/C）、付款交单（D/P）、承兑交单（D/A）、赊销（OA）。

（3）结算方式自中国出口或转口的贸易。

2. 延长期保险。延长期出口信用保险是承保180天到2年之间的出口贸易风险，适用于诸如汽车、机械工具、生产线等货物的出口，此险种也可视为短期出口信用保险的延续。

3. 中长期保险。中长期出口信用保险（以下简称中长期险），可分为买方信贷保险、卖方信用保险和海外投资保险三大类。中长期险承保放账期在一年以上、一般不超过10年的收汇风险，主要用于高科技、高附加值的大型机电产品和成套设备等资本性货物的出口，以及海外投资，如以BOT、BOO或合资等形式在境外兴办企业等。中长期出口信用保险旨在鼓励我国出口企业积极参与国际竞争，支持银行等金融机构为出口贸易提供信贷融资。

4. 特定保险。特定的出口信用保险是在特定情况下，承保特定合同项下的风险。承保的对象一般是复杂的、大型的项目。如大型的转口贸易，军用设备，出口成套设备（包括土建工程等）及其他保险公司认为风险较大需单独出立保单承保的项目。

5. 保证保险。与出口相关的履约保证保险简称保证保险，分为直接保证保险和间接保证保险。直接保证保险包括开立预付款保函、出具履约保证保险等；间接保证保险包括承保进口方不合理没收出口方银行保函。

（四）出口信用保险的特征

1. 具有特殊性。出口信用保险一般承保商业风险，但政府支持开办的信用保险，比如中国出口信用保险公司除了承保商业风险外，还承保政治风险。还有一些特殊的出口信用保险会承保战争风险。

2. 强调损失共担。出口信用保险与其他保险不太相同的地方就是强调损失共担。一般来说，即使保险公司进行了赔付，但是投保人还是要承担一部分的损失，这个承担的部分在5%～15%不等。

3. 风险调查困难。与一般保险产品不同，出口信用保险的保险标的是没有实际存在的一个人或者一个企业的信用，而无论企业还是人，它的信用水平都不是非常好调查。一般保险公司只能通过过去的信用记录来判断将来其信用风险的大小，但其实这种方法误差还是比较大的。

（五）出口信用保险的作用

1. 提高市场竞争能力，扩大贸易规模。投保出口信用保险使企业能够采纳灵活的结算方式，接受银行信用方式之外的商业信用方式（如D/P，D/A，OA等），使企业给予其买家更低的交易成本，从而在竞争中最大程度抓住贸易机会，提高销售企业的竞争能力，扩大贸易规模。

2. 提升债权信用等级，获得融资便利。出口信用保险承保企业应收账款来自国外进口商的风险，从而变应收账款为安全性和流动性都比较高的资产，成为出口企业融资时对银行的一项有价值的"抵押品"，因此银行可以在有效控制风险的基础上降低企业融资门槛。

3. 建立风险防范机制，规避应收账款风险。借助专业的信用保险机构防范风险，可以获得单个企业无法实现的风险识别、判断能力，并获得改进内部风险管理流程的协助。另外，交易双方均无法控制的政治风险可以通过出口信用保险加以规避。

4. 通过损失补偿，确保经营安全。通过投保出口信用保险，信用保险机构将按合同规定在风险发生时对投保企业进行赔付，有效弥补企业财务损失，保障企业经营安全。同时，专业的信用保险机构能够通过其追偿能力实现企业无法实现的追偿效果。

第四节　飞机买卖合同中付款的约定

一、付款约定的重要性

飞机的买卖交易，买家付款，卖家交货，这是天经地义的事情。按照正常的理解，一手交钱一手交货。再说细点，买方按照约定支付货款，卖方按照约定交付货物。然而现实的飞机交易当中不是这么简单的，由于飞机的复杂性，交易过程也会很复杂。还有买卖双方的主观意思的原因，会导致整个交易过程变化多端。

对付款事项进行详细的约定：（1）满足交易的需要。飞机交易过程复杂而且时间很长，款项数额巨大，比如一架波音客机737-800大约6000万美元，空客的A380高达3亿美元，买方可能而且卖方也需要进行分期付款，还会存在支付的货币的种类及兑换汇率等。（2）风险控制的需要。买方作为付款方，其需要通过控制付款的节奏及方式等来促进卖方按照约定履行合同；卖方也需要根据买方的付款，来决定自己履行合同的程度。

二、飞机价格

对飞机价格是买方最关心的问题，也是决定买方是否购买的重要因素。在买卖合同中，飞机价格的确定与付款条款中最基本的。一般的买卖合同中对标的物的价格是一个确定的数额，比如买车与买房，双方在合同中都对价格有个明确的约定。飞机的交易有其特殊的情况。飞机的建造周期长，在这过程中，各种配件和电子产品的价格波动比较大，而且有可能是在飞机买卖合同中约定安装的设备，到飞机真正安装时已经被淘汰；或者是价格上有大幅度的波动，这就造成飞机的价格在交付前是个非常不确定的项目。也就是说，一直到交付时，飞机的价格才能确定。这对买家而言是一个考验，在签订合同前要有个心理准备及物质方面的准备。

三、付款方式

付款方式就是买飞机的货款用什么币种支付，付款期限是多长时间。一般情况下，付款都是用收款人所在国通行货币或者是国际通行货币，基本是由卖方决定的；当然也可以双方协商以什么货币支付。

付款的期限在飞机交易中，除非是已经制造完成的飞机或者是二手飞机，一般都采取分期支付，特别是大型飞机。购买飞机的资金会有买方用自有资金，也可能是融资部分资金，资金拨付会有一个时间差。对买方而言，分期支付会是比较好的方式，减轻一次性付款的筹措资金的压力。

四、预付款和定金

飞机的交付过程相对比较长，变化的因素比较多，卖方为保证其合法利益并能控制风险，一般会采取收取一定的预付款。在新飞机的采购中，预付款也会是建造飞机的资金来源。在交付首期预付款前或同时，卖方会要求支付定金或保证金，也就是对交易的一种担保。常用的方式就是预付款和定金同时支付，预付款用于建造飞机的部分资金来源，定金是对交易提供担保。至于具体数额，将会依据双方的谈判地位来决定的。波音公司的预付款政策就是很有歧视性的，欧美航空公司的预付款一般会说20%左右，而中国航空公司有可能是50%，这个完全取决于航空公司与波音谈判地位的强弱。

五、违约

在这个条款中，买方会对付款的违约责任做出详细的约定，包括什么情况算是一般违约，以及一般违约应该承担的责任，基本是按照某国某银行的多长期限的贷款利率计算违约责任。还可能包括什么是严重违约以及严重违约的责任，一般会约定为延期支付货款导致飞机交付延迟，甚至解除买卖合同。

六、税款负担

货物贸易作为正常的商业活动，一定会涉及税收负担的问题。在我国境内，飞机买卖需要缴纳增值税，由卖方负担该税费。

此外，在买卖合同中，还会有关于财产权益的约定，也就是说在交易结算过程中，买方不能对飞机及部件的任何部分主张所有权。

◀【重要名词】

贸易术语、贸易结算工具、价格和支付条款

◀【思考题】

1. 通过查找资料，了解常用的贸易术语FOB、CFR、CIF的价格构成及换算。

2. 国际贸易结算的工具有哪些？它们之间有哪些联系与区别？

3. 我国某贸易公司出口货物一批，货款的支付按D/P at sight（即期付款交单）。该项托收货款被买方拒付，银行随即通知我国贸易公司。时隔数周，我国贸易公司向银行交代货物处理方法，此时货物已有部分被盗。我方认为银行没有保管好货物，并要求赔偿。银行断然拒绝。问题：银行这样做是否有道理？我贸易公司从该事件中应吸取哪些教训？

4. 在飞机买卖合同中付款约定的重要性有哪些？

第八章

飞行器国际贸易的交易程序

> > > > > >

第八章

飞行器国际贸易的交易程序

▎【内容提要】
- -

　　本章首先介绍了国际贸易的交易程序，包括交易准备、交易磋商、合同的签订。其次详细地介绍了购买民用飞机的工作程序及其公文写作的要点，并用具体的事例加以说明。最后介绍了二手飞机的交易程序。

第一节　国际贸易交易程序

　　在国际贸易中，买卖双方经过市场调研和交易磋商，签订进出口合同，作为约束双方权利和义务的依据，并依照相关法规和国际惯例履行合同，实现国际贸易的最终目的。国际货物贸易流程是买卖双方进行国际货物交易的基本行为顺序。按照贸易进行的先后次序，可分为交易准备、交易磋商、合同的签订和合同的履行四个基本阶段。

一、国际贸易交易前准备

　　在国际贸易中，交易双方为了达成一项交易，对交易的各项条件进行协商，这个过程被称为贸易洽商，通常称为贸易谈判。为了顺利达成交易，在贸易洽商前，交易双方都要做好各项准备工作。

（一）交易前的准备工作

　　在对外磋商出口交易前，首先，应当进行国际市场的调研工作，收集整理有关出口商品的国外市场资料，了解国外市场的基本特点，研究其市场的变化规律，预测国际市场的发展趋势；其次，通过市场调研选择适当的目标市场和交易对象（客户），并制订出口商品经营方案，初步分析并判断出口的可行性、出口数量和出口商品的价格水平，等等。

（二）国际商品市场环境调研

国际商品市场环境调研是指运用科学的方法，有计划、有系统地搜集、整理和分析有关国际市场供需状况、价格动态、有关客户信息、贸易习惯等方面的信息资料，为出口营销预测、决策和制订出口经营计划提供依据。

对国际商品市场进行调研的主要内容应包括以下几个方面：

1. 客户国情调研。一国或地区的市场环境是客观存在的，要进入该市场并得到发展，就必须要适应它。国情调查包括：政治、法律环境调查；经济环境调查；人口、气候、地理环境调查；贸易环境调查。

2. 客户市场调研。目的是为了帮助企业在真正了解市场商品供求关系和情况、出口商品的生产和消费以及选择合适的销售渠道和促销方式之后，使企业的产品进入国际市场而取得预期的经济效益。

3. 对客户的资信调查。在国际市场调研的基础上择优选定适当的目标市场后，应当对潜在客户的购买需要和资信情况进行全面调查，分类排队，遴选出成交可能性最大的合适的客户作为交易对象。对客户资信调查的主要内容包括：国外企业的组织机构情况；政治情况，主要指企业负责人的政治背景，与政界的关系以及对我国的政治态度等；资信情况，包括企业的资金和信用两个方面。经营范围，主要是指企业生产或经营飞行器商品的品种（品牌、型号等）、业务范围、经营的性质，与我国做过生意与否；经营能力，主要包括客户每年的营业额、销售渠道、经营方式以及在当地和国际市场上的贸易关系等。

了解客户资信状况的途径很多，其主要途径包括：通过银行调查；通过国外的工商团体进行调查；通过举办的国内外交易会、展览会、技术交流会、学术讨论会主动接触客户，并进行了解；通过实际业务的接触和交往活动，从中考察客户；通过我驻外机构对客户进行考察所得的材料；通过外国出版的企业名录、厂商年鉴有关资料进行调查；通过国外的咨询机构进行调查。

（三）制订进出口商品经营方案

出口商品经营方案是对外洽商交易、推销商品和安排出口的依据，用以保证经营意图的贯彻和实施。针对不同的出口商品所制订的经营方案在内容及形式上各不相同，但其主要内容大致都包括以下几个方面：货源情况、国外市场情况、出口经营情况、推销计划和措施。此外，出口商在出口交易前，还应在国内外进行商标注册，及时做好广告宣传工作。与出口交易类似，制订进口商品经营方案的主要内容涉及：数量的掌握、采购市场的安排、交易对象的选择、价格的掌握、贸易方式的运用、交易条件的掌握。

二、交易磋商的形式、内容及程序

交易磋商（Business Negotiation）是指买卖双方就某项商品的交易条件进行磋商以求得一致意见、达成交易的整个过程。交易磋商在形式上可分为口头和书面两种，通过口头洽谈和书面磋商，双方就交易条件达成一致后，即可制作正式书面合同。交易磋商的内容及拟签订的买卖合同的各项条款，包括品名、品质、数量、包装、价格、保险、支付以及商检、索赔、仲裁和不可抗力，等等。交易磋商的程序可概括为四个环节：邀请发盘、发盘、还盘和接受。其中只有发盘和接受是交易必不可少的两个基本环节或法律步骤。

（一）交易磋商的形式

1. 口头磋商。口头磋商主要指在谈判桌上面对面的谈判，如参加各种交易会、洽谈会以及贸易小组出访、邀请客户来华洽谈交易等。此外，还包括双方通过国际长途电话进行的交易磋商。口头磋商方式由于是面对面的直接交流，便于了解对方的诚意和态度、采取相应的对策，并根据进展情况及时调整策略，达到预期的目的。口头磋商比较适合谈判内容复杂、涉及问题较多的业务，如大型成套设备的交易谈判。

2. 书面磋商。书面磋商是指通过信件和数据电文（包括电报、电传、传真、EDI、电子邮件）等方式来磋商交易。随着现代通信技术的发展，尤其是计算机网络技术和电子商务的发展，书面磋商特别是电子方式日益简便易行，费用不断降低，成为日常业务中的通常做法。

（二）交易磋商的内容

1. 主要交易条件包括：货物的品名、品质、数量、包装、价格、装运交货和支付条件。

2. 其他交易条件包括：检验、索赔、不可抗力和仲裁等其他内容。

（三）交易磋商的一般程序

1. 询盘（Inquiry），买卖双方均可发出询盘，买方询盘又叫递盘（Bid），卖方询盘又叫索盘（Selling Inquiry）。询盘对买卖双方无法律约束力，但在商业习惯上，被询盘一方接到询盘后应尽快给予答复。

2. 发盘（Offer），发盘又叫发价或报价，发盘可由卖方提出，叫售货发盘（Selling Offer）；也可由买方提出，叫购货发盘（Buying Offer）。发盘分实盘和虚盘。实盘在其有效期内，发盘人不得任意撤销或修改其内容。发盘人一经对方在有效期内表示接受，发盘人将受其约束，并承担按发盘条件与对方订立合同的法律责任。习惯上把对发盘人无约束力的发盘叫作"虚盘"。

3. 还盘，有关货物价格、付款、货物质量和数量、交货地点和时间、一方当事人对另一方当事人的赔偿责任范围或解决争端等的添加或不同条件，均视为在实质上变更发盘的条件。

4. 接受，在规定时间内，被发盘人声明或做出其他行为表示同意一项发盘，即是接受。接受在法律上称为承诺。

三、贸易合同的签订

国际货物买卖合同是不同国家的当事人按一定条件买卖商品达成的协议。经过交易磋商后，一方的发盘经另外一方接受以后，合同即告成立，双方建立了合同关系。而签订的前提条件是合同必须是有效的。

第二节 购买民用飞机的工作程序

根据《中华人民共和国合同法》《中华人民共和国民用航空法》等相关的法律、法规和民航总局有关规章规定，为使我国通用航空企业在购租民用飞机过程中少走弯路，节约人力、物力、财力，把购租飞机事情办好，现简要介绍通用航空企业购买、租赁飞机的工作程序。

一、工作程序

通用航空企业购买、租赁民用飞机要符合民航总局编制的五年计划。通用航空企业购买、租赁民用飞机应当向民航总局提交申请及可行性研究报告，其中地方通用航空企业购租飞机的申请书和可行性研究报告由上级行政主管部门审核后报民航总局。可行性研究报告可委托有资格的咨询机构协助编制。

可行性研究报告应当包括：市场需求分析和航线分析；飞机选型、数量及交付进度；本企业飞行安全状况；现有空地勤人员情况、培训计划和维护安排；本企业机队构成、经营状况和经济效益分析；资金筹措方案及偿还贷款、支付租金能力以及民航总局或地区管理局认为必要的其他事项。

民航总局收到通用航空企业上报购买、租赁飞机的申请书后，由规划发展财务司会同有关部门按业务分工审核提出意见，经民航总局审定后，按照规定权限报国务院和有关主管部门审批。民航总局根据以下内容进行审查：符合民航总局制定的机队规划；申办单位的飞行安全记录良好，购租飞机的飞行安全确有保障；符合市场需求和申报单位的业务经营范围；现有同等级飞机利用率、客座利用率和载运率达到全行业的平均水平；实有空地勤人员和培训计划能满足所报机型、数量及交付进度的要求；申报购租飞机及维修条件符合民用航空器适航管理有关规定；预期的经济效益应有盈利；特殊情况应有显著的社会效益；购租飞机资金来源能够落实，具备贷款还本付息和支付租金的能力；符合国家的有关法律、法规和民航总局有关规章规定。有关规定如下：

1. 民航总局自收到购租飞机申请书和可行性研究报告之日起两个月内提出审查意见，在购租飞机申请获得正式批准，取得飞机适航型号认可证书并弄清单机适航状态后，方可对外签约。必要时，民航总局可根据国家和地方需要对购买、租赁飞机的有关事项予以协调。

2. 通用航空企业通常集中批量进口民用飞机，由具有民用飞机进口权的专业外贸公司与通用航空企业联合统一对外谈判、签订合同。合同须报民航总局备案，必要时经批准后生效。

3. 通用航空企业应当在进口民用飞机到货前的六个月内，凭进口飞机批准文件到民航总局办理民用飞机的"机电产品进口登记证"，并凭证申报入关。

4. 民航总局所属航空企业的飞机财产权转移，须报民航总局批准；经营性租赁的飞机提前退租须报民航总局备案。地方通用航空企业此类事项须报其上级行政主管部门审核，并抄报民航总局备案。

5. 民用航空器国籍和登记按民航总局1990年12月2日发布的《民用航空器国籍和登记的规定》（CCAR—45AA）办理。

6. 湿租外国民用飞机按民航总局1993年1月22日发布的《湿租外国民用航空器从事商业运输的暂行规定》办理。

7. 购买、租赁和转移民用飞机，须在到货后或办理移交手续后五日内报民航总局规划发展财务司备案，并在当月列入在册飞机统计。

8. 违反以上常规办理购买、租赁民用飞机的，民航总局不予办理"机电产品进口登记证""飞机国籍登记证""飞机适航证"等证件，由此造成的后果由购买、租赁飞机单位承担责任。

以上所述不仅指通用航空企业购买、租赁民用飞机（包括旋翼机、飞艇等），非航空企业购买、租赁民用飞机从事非商务飞行也参照办理。

二、购买民用飞机的公文

（一）关于如何写请示报告

通用航空企业购买、租赁民用飞机（直升机），有一个很重要的环节是向民航总局提交请示报告。在写请示报告时要注意以下几点：

1. 详细、准确地写明本企业请示的理由，标题要写清，正文写明请示什么问题，将请示的事项用专题专文的形式呈报上级，以便上级及时批复。

2. 明确写明本企业对购买、租赁民用飞机（直升机）机型、生产厂家、用途、单机价格以及购机的资金来源等的意见，供上级权衡批复。

3. 具体提出本企业对上级的要求，包括按某个最佳方案批示；希望上级尽快答复或者在上级正式答复前，建议上级同意暂时先按上报的原则进行工作等，但切忌在文中使用要挟的言辞。

（二）上级主管部门审查和批复

民航总局收到通用航空企业关于购买、租赁飞机（直升机）的申请或请示报告后，由规划发展财务司会同有关部门，按业务分工审核提出意见，经总局审定后，按照规定权限报国务院和有关主管部门审批。

三、购买、租赁民用飞机合同的基本内容

购买、租赁飞机合同主要包括《中华人民共和国合同法》（以下简称《合同法》）第12条第1款规定的内容：

1. 当事人的名称或者姓名和住所；

2. 标的；

3. 数量；

4. 价款或报酬；

5. 质量；

6. 履行期限、地点和方式；

7. 违约责任；

8. 解决争议的方法。

《合同法》第131条规定，买卖合同的内容除依照本法第12条的规定以外，还要包括包装方法、检验标准和方法、结算方式、合同使用的文字及其效力等条款。当事人还可以根据实际需要，在购买、租赁合同中做出其他约定。双方当事人的权利义务是该合同关系的内容，同时也是买卖合同中最重要的内容。总之，买卖合同的内容只要不违反法律规定以及损害社会公共利益，可由当事人自由约定。

自1983年起到2002年，中国航空器材进出口总公司（是国家批准有资质的进出口贸易公司，2002年更名为中国航空器材集团公司）受民航各飞机使用单位的委托，为它们购买、租赁了国内外支线飞机和通用航空专业飞机近200架。在为民航各使用单位购租飞机的前后，按照民航总局有关规章规定，并在民航总局各级领导的直接指导和各使用单位的支持下，从选型飞机、组团出国考察论证、飞机技术状态的确定、商务谈判，到购租飞机合同的签订及履行等，该公司协助飞机使用单位做了大量认真细致的工作，较圆满地完成了批量购租飞机的任务。

在完成上述购机、租机任务的过程中，中国航空器材集团公司积累了大量的经验，但也有教训，如1997年7月为××航空公司与英国三岛人飞机制造厂洽签购买3架"三岛人"飞机。因为购机单位急需扩大生产作业范围和服务领域，执行东北地区各季护林任务，因此很快与英方厂商洽签了合同。在合同执行过程中，中方已按合同规定支付了预付款××万元人民币，由于英国三岛人飞机制造厂管理不善破产，被阿联酋的公司收购。当中国航空器材集团总公司得知此消息后，以英方厂商要延期交付飞机为由，向英方厂商提出终止合同，及时与英方担保银行联系并将已支付的飞机预付款全部追回。在

总结此次追回已付预付款时，它们提到一点，即在签订合同时严格遵照民航总局运输司通用航空处领导提醒的"一定在合同书上注上银行担保，否则遇有问题会造成损失"。据说民航其他单位已有先例，所以，我们这次避免了类似事件的发生。

由于英国三岛人飞机制造厂向中国适航当局申报该型飞机型号认可证较晚，当中国适航当局派审查组赴英国三岛人飞机制造厂受理审查该型飞机型号认可时，发现该机型只能在零上5℃、标准大气压时载量不减，随着温度和海拔的升高，载量将逐渐减少，这不适合我国国情（属亚热带地区），因合同已签订，只能控制使用。因此，这也成为促使我们终此"三岛人"飞机合同执行的理由。同时，这也提示我们严格按民航总局有关规章规定办事很重要。特别是首批从国外引进的新飞机，必须要求生产厂商先向我国适航当局提出申报飞机型号认可（TC），在取得中国适航当局颁发的飞机型号认可证书后方能签订合同。否则，一切责任由购买方承担。

第三节　二手飞机的交易程序

鉴于中国尚没有形成完善的二手飞机交易市场，缺乏必要的二手飞机购买指南，因此，对于中国买主来说，在选择机型以及专业知识方面，中国谚语"外来的和尚好念经"很有指导意义。

无论是出于万不得已（缺乏即时可到位的新飞机）还是因为价格原因，越来越多的来自中国及其他亚洲国家的买主开始研究并投入购买二手喷气式飞机。尽管自2008年全球金融危机以来，来自新加坡、印度尼西亚和环太平洋地区的买主就已经开始抢购物美价廉的二手飞机，但当前市场上仍然有很多绝佳的购买机会。

同时，亚洲人"买新不买旧"的传统观念也正在慢慢地被改变，中国买主最关心的是当前购买二手飞机的时机以及"如何购买"这一点。亚洲公务航空顾问有限公司乐于为广大买主提供一些有关二手飞机购买流程"须知"方面的指导和意见。此外，我们会就飞机转售方面的一些常见和可疑问题提出忠告，因为亚洲市场的参与者最容易受此影响。

一、二手飞机机型的选择

一个成功的飞机购买流程可以细分为以下许多步骤。这些步骤如果由能力出众、经验丰富的顾问代表买主操作得当，就能够保证实现无风险交易。具体步骤如下：

1. 市场调研；

2. 机型选择；

3. 目标飞机/机主详细背景调查；

4. 谈判/购买合同的洽谈和签署；

5. 飞机检验；

6. 完成交易；

7. 飞机外表喷漆及内饰装修、升级；

8. 取得中国民用航空总局（CAAC）注册及投入运营。

过去6年我们在中国的运营经验表明，对于偏爱的机型，中国买主通常在购买流程开始时就有一些预设想法。对此，针对预期目标，亚洲公务航空顾问有限公司多年的运营经验都能够为客户所用，帮助其选择最好的机型。或者我们可以针对客户的购买选择，就其局限性及优缺点提供相关建议。

举例来说，对于中国境内行程而言，中型飞机如豪客950XP、挑战者300和奖状君主都是不错的选择，最多可载客8人。所有这些机型都可以从二手机市场选择，与大致相同的全新机型相比，价格方面最多要便宜30%。如果预计经常有长途行程，那么不推荐购买此类机型。

针对长途行程，要求有最大的灵活性，我们推荐购买湾流G550、G450和庞巴迪全球快车（XRS）等机型。猎鹰Falcon7X也是此类机型中非常有竞争力的产品，值得考虑。这些机型能够在不同大陆之间自由航行，最多可载客14人。但是，在超长距离航行期间，为了保证航程的舒适性，通常建议载客4～6人。此类机型在二手市场上更是一应俱全，以湾流G550为例，一架二手G550可能会比厂家的全新G550订货价便宜1000万甚至1500万美元（而且无须经历新飞机出厂前为期两年的漫长等待）。还有一点需要特别提醒，即购买所有二手飞机时都可同时附带可转让的制造商质保，同时还可购买质保期延长服务。

一旦客户确定了特定的样式/型号，其航空顾问会利用其掌握的数据库在全球范围内做一项市场调研。一个广博的国际市场人脉关系网同样必不可少，因为借此可以接触到一些非公开信息，从而为客户达成物美价廉的交易。显然，这种情况下的销售网站公开的信息对买主来说几乎毫无价值。

特别提示：互联网站有很多的二手飞机信息，而中国的买主可以很容易地访问到很多飞机的销售网站。他们似乎认为只要尽可能多地联系经纪人，就能够达成最划算的交易。事实上，情况并非如此，市场上代售的二手飞机中有优势的飞机数量非常有限。中国的买主无法直接获取机主的真实信息，不能鉴别经纪人所提供的飞机来自哪里。毫无疑问，在交易确认之前经纪人是不会向卖方提供买方信息的。因此，许多经纪人有可能向买主提供同一架飞机。换句话说，这些经纪人可能在与同一个卖方洽谈。这种情况下，卖方可能会认为有很多不同的买主想购买他的飞机，这将鼓励卖方提高飞机的价格。并且，卖方肯定会选择跟报价最高的那个经纪人洽谈。

最安全的方案是由买主独立、专业地求证目标飞机的细节情况（这点同样适用于对这个二手飞机的定价）。仅仅简单地询问"最优价格"未必能从经纪人口中套出诚实的回答，而且，如果买主对二手飞机市场缺乏全面的了解，即便"诚实的回答"也毫无意义。

某些经纪人欺骗客户的一个非常常见的手段是这样的：买主看到了广告上刊登的某个（吸引人）的机型，然后向经纪人询问。经纪人此时会告诉买主说这架飞机已经被卖掉了。但是，经纪人却能够提供一架同样机型的飞机，并且价格更优惠。事实上，经纪人不会透露给买主的是，这架"替代性"的飞机实际上就是经纪人真正想推销出去的飞机。而最初刊登在广告上吸引人眼球的飞机很可能根本不存在。

二、尽职调查、诚信守时

所谓"尽职调查"是指一个经验丰富的顾问在进入正式购买流程之前，清查特定机型的履历及机主的背景情况。虽然这些二手飞机可能只使用了几年的时间，但是仍然需要确认机主的相关信息，并对相关的材料及飞机做初步审核。这个阶段还应该包括买主现场查看飞机的状况，以确认其适用性。在与机主的谈话中买主还可以询问一些细节信息，比如飞机在停飞时是否存放在飞机库内。如果答案是否定的，并且当地气候条件非常恶劣的话（沙漠、炎热/潮湿的自然环境），那么在随后的买前验机过程中一定要格外细心。

一旦买主和顾问对所选机型满意，顾问会向航空律师概述基本情况，然后航空律师接下来会准备一份意向书（LOI）。意向书通常是4～5页的陈述条件，而卖主一旦接受了这些陈述条件，即双方初步达成了购买意向。接下来会就完整的购买协议进行磋商，协议内容包括意向书的所有规定和额外条款/条件，以确认以下事项：

1. 约定的购买价格；

2. 可退还的定金；

3. 买前验机要求；

4. 检验地点；

5. 所有行为的时间安排；

6. 预期成交地点；

7. 飞机的搬运费用由谁负责（检验和成交地点往返等）；

8. 税收/管辖/注册事宜；

9. 免责条款及其他法律披露。

特别提示：如果买主希望抓住一个物美价廉的飞机购买机会，就应该认识到卖主（实际上来说，几乎所有的飞机卖主都在境外）会期望买主在这个过程中展现出足够的"动力"和"节奏"。买主在与卖主打交道时一定要遵守一些通常、惯例性的时间安排预期，以赢得卖主的信任，否则可能造成卖主不满从而影响交易。亚洲公务航空顾问有限公司经手的一位中国买主最近就一架二手挑战者605提交了其意向书，但是因为某些原因，这位买主没有按照意向书规定的时间期限汇入要求及约定好的可退还的订金。在耐心地等待了一段时间之后，卖主拒绝了其意向书，这位中国买主因此失去了以优惠价格购买这个挑战者605的绝佳机会。

三、购机前的着重点

购买流程的最重要环节是购买前检验飞机（通常称为"购前检查"）。购前检查通常由技术精湛的机械师在制造商授权维修点进行。比如，湾流公司在美国、欧洲、中东及亚洲地区都设有工厂，而设在美国的工厂设施最为齐全、职员工作经验丰富。

购前检查过程产生的费用由买主负责，买主指定的代表也会参加验机过程以保护买主的利益。维修工厂会向买主出具一份检验报告，上面包括任何明显的缺陷。为了完成销售过程（按照法律及合同规定——FAA/JAA），卖主必须负责对飞机存在的问题进行修缮恢复，这样就能保证买主在提货时拿到一架功能健全的飞机。需要记住的一点是：这些二手飞机也是受厂家的质保条款保护的，这意味着制造商有义务与卖主共同承担财务责任。这项购前检查过程通常需要3～4周的时间来完成。

特别提示：我们建议所有的亚洲公务航空顾问有限公司的客户，在条件允许的情况下，购前检查不应放在对该飞机进行常规定期维护的维修点来进行。这就排除了任何可能因为发现不适当的维护做法而造成的潜在利益冲突。

将飞机进口到中国进行注册和使用的流程事先要与中国民用航空总局进行确认。但是，在有些情况下如交付全新飞机时，在飞机进口到中国之前有一个等待期间，这点完全受中国民用航空总局的管制。但是可以方便地做一些安排，提供"临时代理"工厂直至在中国全面投入运行。

在与购买飞机有关的所有必要检验和文件准备工作完成之后，卖方和买方的律师会执行与完成交易有关的所有法律程序，包括所有权/留置权审查、税收事宜及任何共同选定的成交地点的适宜性问题等。在安排飞机交易/交付事宜上应尽可能给卖方和买方最大程度的灵活性。

成交之后，买方可以完全按照自己的要求选择对飞机进行量身修缮，使其内外都美观舒适。据亚洲公务航空顾问有限公司所知，大多数情况下，买主会选择将飞机内全新的饰物全部拆除，然后按照自己喜欢的样式重新设计安装。毕竟，与购买新机相比，买主在购买二手飞机上节省了数百万美元，那么花一部分钱对内外观进行个性化设计，这就完全合乎情理了。

从以上论述可以很明显地看出，这些交易可以在不同的国家和时区之间进行，通常而言，卖主所在国和中国共享交易管辖权。因此，通过充分的准备、有效适时的沟通与合理的协调，完美无缺地完成交易是轻而易举的事。最终，二手飞机的买主尽可放心其购买的飞机将"宛如新生"，其性能也将不输于同类全新产品。我想这大概也是选择购买二手飞机不可抗拒的理由吧。

飞行器贸易概论

【重要名词】

交易程序、工作程序、公文书写

【思考题】

1. 国际贸易的基本程序包括哪几个重要环节？

2. 交易的准备阶段，出口方进行国际市场调研主要从哪些方面入手，有何意义？

3. 购买民用飞机的请示报告应该注意哪几点？

4. 在二手飞机交易过程中，当买卖双方就交易达成一致时，他们委托律师签订协议书的内容及其作用是什么？

第九章

飞行器租赁业务

> > > > > >

第九章

飞行器租赁业务

■【内容提要】

　　本章基于对飞行器租赁的实际，介绍了飞行器租赁的内涵、种类；重点介绍了飞行器经营租赁的结构、框架和流程；详细介绍了飞机金融租赁模式及流程。

第一节　飞行器租赁的内涵[①]

　　飞行器租赁是一项复杂的系统工程，涉及金融、财务、保险、法律及飞机制造等多个领域，投资金额大、交易时间长、风险因素复杂多变。

一、租赁的内涵

　　租赁（Lease，leasing），就字义上理解，"租"是指将物品借给他人使用而取得报酬，"赁"是指借用他人的物品而付出费用，即出租人将其所有的资产租给承租人使用并向承租人收取租金作为报酬的一种经济活动或契约形式。作为经济活动，习惯上称为租赁业务，作为契约形式，通常称为租约。

（一）国际上比较有代表性的租赁定义

　　租赁的含义有广义与狭义之分。狭义的租赁又称现代租赁，它以融资为目的，以设备为对象，双方签订合同，承租人取得设备使用权，并定期交纳租金；广义的租赁泛指

----

①详细内容请见章连标等编《民用飞机租赁》第二章，中国民航出版社，2005年版。

一切财产使用权的有偿转让活动，不仅包括现代租赁，还包括为满足短期、临时需要的或以不动产为对象，不立契约的财产使用权的转让活动。租赁是一个历史的范畴。尽管各个国家对租赁字面上的含义有大体一致的理解，但迄今为止，世界各国和地区对租赁尚未形成一个被普遍认可的统一的定义。

1. 国际统一私法协会的定义。设在罗马的国际统一私法协会（IIUPL）1988年5月，审定并通过了《国际融资租赁公约》。公约第一条是关于租赁的概念和特点，着重说明了融资租赁所涉及的三方当事人的关系、权利和义务，同时确定了关于租金的规定和内容。

本公约适用于融资租赁交易，在这种交易中，一方当事人（出租人）依照另一当事人（承租人）提供的规格，与第三方（供货方）设立一项协议（供货协议），据此协议，出租人在与其利益有关的范围内所同意的条款取得工厂、资本货物或其他设备（以下简称设备），或与承租人订立一项协议（租赁协议），以承租人支付租金为条件授予承租人使用设备的权利。

其间所述的融资租赁是指包括如下特点的交易：承租人指定设备和选择供货商，并不是主要依靠出租人的技能和断；出租人所取得的设备是和一项租赁协议关联的，这项协议，据供货方所知，已经或将在出租人与承租人之间订立；根据租赁协议应支付的租金是固定的，并须考虑到摊提全部或部分设备成本。

2. 国际会计标准委员会的定义。国际会计标准委员会在制定的国际会计标准（IAS17）中对融资租赁做如下的定义："融资租赁是指出租人在实质上将属于资产所有权上的一切风险和报酬转移给承租人的一种租赁。至于所有权的名义，最终时可以转移也可以不转移。"这个定义强调的是：资产经济所有权的转移，不重视法律名义所有权的转移；实质上转移给承租人资产经济所有权才算作融资租赁。在这一点上，它反映了国际会计标准委员会将融资租赁的财产在承租人资产负债表上资本化的主张。

3. 美国财务会计准则委员会的定义。美国财务会计准则委员会（FASB）于1976年11月在"财务会计准则委员会第13号公告——租赁会计"中对"租赁"所下的定义是："租赁是转让财产或设备（土地和/或应折旧的资产）的使用权通常达一定时期的一种协议。"公告还明确规定，租赁不包括转让"原料（如石油、天然气、矿物和木材）的勘探或开采权，以及诸如电影、剧本、原稿、专利权和版权等各项的使用许可协议"。

公告把所有租赁分为两个基本组：即凡是租赁不属于融资性租赁，就属于经营性租赁。认为融资性租赁不是一项真正租赁，对出租人来说，它只是一种有条件的销售，对承租人来说则是一种设备购置。相反，不论是从出租人还是从承租人的角度来观察，经营租赁才是一项真正的租赁。

4. 欧洲设备租赁联盟的定义。租赁，既非分期付款，也非担保债权的一种形式，且非单纯设备租赁，更非为回避所有权所附带的风险手段，"而是别无其他更恰当名称的，在一合同基础上建立的一种自成一类的三边交易。"

5. 英国设备租赁协会（ELA）的定义。所谓"租赁"，就是承租人从制造商或卖主选择租用资产，而在出租人与承租人之间订立合同。根据该合同出租人保留对该资产的所有权；承租人在一定期间内支付规定的租金并取得使用该资产的权利。

6. 中国的定义。过去，中国法律没有对租赁的定义做一个明确的规定，如属涉外的租赁业务一般参照国际惯例来办理。2001年，中华人民共和国财政部制定并颁布了《企业会计准则——租赁》指南。该指南对租赁作了如下定义：

"租赁，是指在约定的期限内，出租人将资产使用权让与承租人以获取租金的协议。"租赁的主要特征是："在租赁期内转移资产的使用权，而不是转移资产的所有权，这种转移是有偿的，取得使用权以支付租金为代价，从而使租赁有别于资产购置和不把资产的使用权从合同的一方转移给另一方的服务合同，如劳务合同、运输合同、保管合同、仓储合同，以及无偿提供使用权的借用合同。"

（二）租赁的基本分类

租赁的形式及其内容多种多样，各国的做法和分类方法也不尽相同。但租赁的基本分类各国基本相同，即将租赁分为融资租赁和经营租赁两类。

2001年，财政部颁布的《企业会计准则——租赁》，对租赁的分类做了如下说明："本准则对租赁的分类，是根据租赁的目的，以与租赁资产所有权相关的风险和报酬归属于出租人或承租人的程度为依据，将其分为融资租赁和经营租赁。如果实质上转移了与租赁资产所有权有关的全部风险和报酬，则该项租赁为融资租赁。反之，则为经营租赁。"该准则明确指出：企业对租赁进行分类时，应当全面考虑租赁期届满时租赁资产所有权是否转移给承租人、承租人是否有购买租赁资产的选择权、租赁期占租赁资产尚可使用年限的比例等各种因素。该准则还详细规定了判定为融资租赁的5条具体标准，只要符合5条标准中的一条，即应当认定为融资租赁：

1. 在租赁期满时，资产的所有权转移给承租人。即如果在租赁合同中已经约定，或者根据其他条件在租赁开始日就可以合理地判断，租赁期届满时出租人会将资产的所有权转移给承租人，那么该项租赁应当认定为融资租赁。

2. 承租人有购买租赁资产的选择权，所订立的购价预计远低于行使选择权时租赁资产的公允价值，因而在租赁开始日就可合理确定承租人将会行使这种选择权。这条标准有两层含义：第一，承租人拥有在租赁期届满时或某一特定的日期购买租赁资产的权利。第二，在租赁期届满时或某一特定的时期，当承租人行使购买租赁资产的选择权时，在租赁合同中订立的购价远低于行使这种选择权日的租赁资产的公允价值，因此在租赁开始日就可合理地确定承租人一定会购买该项资产。

3. 租赁期占租赁资产尚可使用年限的大部分。这里的"大部分"是指租赁期占租赁开始日租赁资产尚可使用年限的75%以上（含75%，下同）。需要注意的是，这条标准强调的是租赁期占租赁资产尚可使用年限的比例，而非租赁期占该项资产全新时可使用年限的比例。如果租赁资产是旧资产，在租赁前已使用年限超过资产全新时可使用年限的75%以上时，则这条判断标准不适用，不能使用这条标准确定租赁的分类。

4. 就承租人而言，租赁开始日最低租赁付款额的现值几乎相当于租赁开始日租赁资产原账面价值；就出租人而言，租赁开始日最低租赁收款额的现值几乎相当于租赁开始日租赁资产原账面价值。这里的"几乎相当于"是指90%（含90%）以上。这条标准分别适用承租人和出租人，是从租赁开始日最低租赁付款额现值或最低租赁收款额现值占租赁资产原账面价值的比例来判断租赁的类别。

5. 租赁资产性质特殊，如果不做重新改制，只有承租人才能使用。这条标准是指租赁资产是出租人根据承租人对资产型号、规格等方面的特殊要求专门购买或建造的，具有专购、专用性质。这些租赁资产如果不做较大的重新改制，其他企业通常难以使用。这种情况下，该项租赁也应认定为融资租赁。

（三）租赁对经济发展的贡献

租赁被誉为未来型行业。在各工业发达国，租赁业作为有前途的投资市场，由于受到大资本的瞩目而逐渐发展起来，在一些发达国家，租赁投资在固定资产投资中的比重已经超过了贷款投资的比重。事实上，租赁对各国经济发展做出了不容忽视的贡献，被称为"经济起飞的垫脚石"。

1. 租赁提供了新型的融资便利，促进了工业融资的发展。租赁这种以设备为媒介的弹性融资手段，已成为许多国家发展最快的融资方式。在工业融资方面，不仅弥补了传统中长期信贷方式在数量和质量上的不足，而且提供了可供广泛选择的融资形式，增加了工业界可利用的信贷种类，革新了信贷方式，促进了金融手段多样化发展。具体表现在：提供了辅助销售的便利，支付方式灵活方便，更适合用户需要，为金融机构招徕了一种并非一定要以货币形式来获得融资便利的新型顾客。

2. 促进了生产性投资。这主要体现在以下两方面：第一，稳定了投资来源。尤其在经济衰退时，采取租赁方式使得在少投入资金的情况下获得设备的使用权，减少投资风险，提高资金使用效率。第二，保证资金投入在设备更新方面，不挪作非生产性使用，促使资金流向新设备投资，从而促进生产性投资。

3. 促进了销售。租赁作为销售的辅助手段，起到了增加工业产量、加速产品流通、扩大出口贸易等作用。通过租赁设备可以使得用户首先去使用设备，最终更加容易接受该设备，并促进设备的研发。这是一种常用的市场占有手段。

二、租赁的历史

租赁，从最初的简单经济合作行为，发展到今天这样一个拥有数百万承租人、数万家租赁公司，租赁年交易额达5000多亿美元的庞大产业，经历了一段漫长的发展历程。租赁的起源及其演变大致可划分为四个阶段：

（一）古代租赁（简单租赁）

古代租赁是历史上最早、最古老的租赁行为，出现于农耕和游牧社会。据考证，公元前2000年前后亚洲巴比伦地区，居住在幼发拉底河下游的苏美尔人就有租赁的习惯。当时，一些富有者将暂时闲置的物件，如农具、牲畜、土地等出租给需求者，以换取自己暂时短缺的物件使用权，或取得租金收入，租金一般采用实物形式。到了公元前1400年前后，在地中海西海岸的腓尼基人也有了租赁活动，一些船主把闲置的船只租给商人使用。这些较早认识到财富主要来自于对物品的使用的腓尼基商人，利用租赁的船只远航，开始了早期的商贸活动。

古代租赁的租赁形式较为简单，租赁的对象主要限于土地、房屋、农具和牲畜等。受制于当时的生产力水平，作为流通手段的货币还很不发达，因此，该阶段的主要特点是实物租赁，而且租赁双方往往没有固定的契约形式和报酬条件。

在我国，租赁最早出现在夏、商时代（公元前2100—前1600年，公元前1600—前1100年），基本与世界租赁的起源同步。

（二）传统租赁（早期租赁）

传统租赁阶段比较漫长，一直延续至工业革命前夕。该阶段已进入以买卖利润为目的的商业资本时期，人们被鼓励经商，不仅在国内，而且扩张到海外，而去海外需要船舶，但商人对买船不感兴趣，其主要兴趣是将他的货物运载出去。所以，该时期的租赁标的物是以船舶等运输工具为主要对象。由商人与船主签订租船契约，这种契约至今尚在使用，成为现代租约的雏形。我国早在周秦时期，就出现了传统租赁方式，汉唐以后，以农具、土地、房屋为对象的财产租赁已相当普遍。

该阶段的特点是：以现有闲置物件为租赁对象，以获取租赁物的使用价值为目的，以出租方和承租方订立一定的共同遵守的契约和报酬条件为前提。

（三）近代租赁

近代租赁开始于工业革命时期，是伴随着资本主义社会的发展而发展的。工业革命的出现是人类历史上的重大里程碑。工业革命使租赁产生了第一次飞跃。到19世纪初，整个西方社会确立了以产业资本为主体的经济体制，从而使租赁产生了第一次飞跃。该时期的主要特征是以制造商生产的自家设备为租赁主体的标的物，以促进销售为主要目的。

第二次世界大战前的租赁体制，基本上属于借贷资产使用权的传统租赁制度。利用租赁的主要目的是鼓励人们利用资产所有权人的资产，租金是使用资产的代价。所以，有人把早期租赁和近代租赁并称为传统租赁。

（四）现代租赁

1936年，美国人塞夫韦在理论上突破了传统的租赁概念，认识到租赁不仅仅是一种借贷方式，更重要的是一种金融手段，因而研究出"售后回租"（Sale and Lease-back）的做法。但现代租赁体制的真正确立和现代租赁业务的开始是以1952年5月美国金融贴现公司（美国租赁公司的前身，以后又改称美国国际租赁公司）在旧金山的成立为标志的。该公司由美国加利福尼亚州一家食品工厂的老板杰恩费尔德创立。他该改变了传统的"先一次性投资，购买设备后再进行生产的理念"，而悟出来了生产资料在于使用这一真理。这是世界上第一家严格遵循法律、税制和会计制度等各项规定建立起来的租赁公司。这家公司的成立，标志着租赁的第二次飞跃。

在此以后，美国政府于1962年颁布了"投资抵税法"（ITC），以减税的利益来鼓励投资，并规定可以采用加速折旧方式提前享有财产全值的折旧扣减利益（目的在于延期付税）。1963年，美国政府又规定银行也可以拥有并出租其本身并不需要的资产。租赁一旦与金融资本相结合，就促使租赁作为一个新兴行业在美国迅猛发展。到20世纪70年代末80年代初，租赁行业迅速扩展到欧洲各发达国家、日本和澳大利亚等国。到现在，租赁业的触角已遍及全球的每个角落，成为世界性的财产融资手段之一。

现代租赁是改革传统信贷方式的产物，融资机能是现代租赁体制的核心。在现代租赁中，随着金融因素的大大强化，所有权因素已被淡化。利用租赁的动机已远远超过了资产所有权的局限，而主要取决于现金流量短缺，扩大再生产资金不足，银行贷款受到限制等因素。因此，租金是融通资金的代价。

现代租赁的标的物范围广泛，无所不包。与传统租赁不同，现代租赁除了通过租赁获得出租物的使用价值外，更重要的是将租赁变为融通资金的一种手段，租金是融通资金的代价。现代租赁以融资租赁为代表，甚至有人认为现代租赁就是融资租赁。

贯穿租赁体制各个不同发展阶段的基本思想是"利润来自对财产的使用，而不是拥有"。然而这种使用价值的观念在第二次世界大战前并未被充分认识并得到重视。直到第二次世界大战后，随着科技的飞速发展，设备现代化、经营合理化成为迫切需要解决的问题时，这种观点才成为产业界的新经营思想。以租赁设备的形式，取代一次性投资购买设备所有权的传统筹资方式，通过融通设备使用权这一直接作用，不仅获得了扩大再生产所必需的资金，还提高了资金利用率，降低了设备陈旧化风险，从而使传统租赁概念注入了融资和投资的新内容。租赁作为一种新的融资手段在资本市场上崭露头角，并逐渐成为各个领域设备融资的新方式。

三、飞机租赁的内涵

在世界飞机租赁产生之前，各国航空公司获得飞机的方式比较传统。从20世纪50年代开始，世界航空运输业蓬勃发展，不断增长的客货运输量加大了对航空公司运力的需求。飞机制造商为了适应市场需求，不断开发出技术更加先进、性能更加优越的新型飞机。与此同时，各航空公司购买飞机的资金几乎全部是自有资金、政府投资或银行贷款。各航空公司在市场竞争面前，面临着购买飞机满足市场需求和资金短缺的矛盾，因此飞机租赁应运而生，不仅为航空公司带来了新的融资方式和渠道，也为航空公司适应运输需求的增长、提高生产效率以及优化机队结构，创造了外部条件。

1960年，美国联合航空公司以杠杆租赁的形式获得了一架喷气式客机，揭开了飞机租赁的序幕。此后飞机租赁市场迅速扩展，从美国发展到欧洲、日本以及第三世界国家，由区域市场发成为国际性市场。飞机租赁成为航空公司引进飞机的重要方式。

（一）飞机租赁的概念

租赁是以收取租金为条件让渡资产使用权的经济行为。在这种经济行为中，出租人将自己所拥有的某种资产交与承租人使用，承租人由此获得在一段时期内使用该资产的权利，但该资产的所有权仍保留在出租人手中，承租人为其所获得的资产使用权需向出租人支付一定的费用（即租金）。传统的租赁业是以融物为目的，而现代租赁业一般是将融资和融物相结合，以融资为主要目的。飞机租赁泛指标的资产为航空飞行器及航空设备的金融租赁活动。一般而言，飞机租赁的主要标的物以民用飞机为主而以航空设备为辅。

（二）飞机租赁的特征

飞机租赁是一项复杂的系统工程，一方面，飞机租赁的专业性强，业务涉及面广，涵盖金融、财会、税务、保险、担保、法律、航空运输及飞机制造等诸多领域：另一方面，飞机融资租赁交易的投资金额大（动辄数千万甚至美元）、交易时间长（一般10～12年）、风险因素复杂多变。其特点总结起来有以下几点：

1. 所有权与使用权分离。在租赁合同期间内，航空租赁物的所有权属于出租人，承租人在合同期内交付租金只能取得对租赁物的使用权。

2. 产业一体化特征明显。出租人提供的包括金融融资、贸易以及围绕航空租赁物的各项服务，不仅仅是纯粹的租借行为。航空租赁既是对金融活动的创新，也是对商品贸易和服务贸易的创新。

3. 产业发展环境要求高。由于航空租赁业务环节较多，需要各项法律法规来规范涉及的各类主体的行为，需要国内外会计准则界定统一的规则和披露信息方法，另外国家的税收优惠鼓励，以及适度的监管制度支持对于航空租赁业的发展也至关重要。

4. 对经济带动作用强。航空租赁能够有力地促进飞机销售，并拉动相关投资，同时利用税收优惠投资减税并带动消费。同时能够促进金融业、物流业、会展业、旅游业和服务业的发展，并带动航空港基础设施建设和房地产的长期繁荣。

（三）飞机租赁的功能

1. 飞机租赁的宏观功能。飞机租赁是一种较为稳定的投资方式，且通过租赁公司这个载体，飞机租赁业务可吸收股东的投资，或在货币市场、资本市场采取借贷、拆借、发债、上市等融资手段拉动银行贷款，吸收社会资金，从而促进了整个社会投资。同时，飞机租赁业的发展也有助于本国飞机制造能力的提升，飞机租赁业在为飞机研制提供资金来源的同时，也势必激励各飞机制造商研制出性能更为优良、更能满足市场需求的飞机，以期能在航空运输市场中获取收益。

2. 飞机租赁的微观经济功能。对于航空公司而言，飞机租赁为其增加了一条新的融资渠道，利用飞机租赁，航空公司不需要一次支付巨额购机资金，只需按期支付租金就可以使用飞机，从而较大程度地缓解了航空公司资金需求。对于租赁公司和银行等投资者而言，飞机租赁为其提供了一个新的投资品种和投资领域。在飞机租赁业务中，投资企业可获得因折旧所导致的延迟纳税或是投资抵税等税收优惠。飞机的使用寿命为25～30年，飞机租赁期结束后飞机一般还留有一定的市场价值，且航空公司有足够的营运能力用创利偿还租金；同时飞机是通用的交通工具，变现能力强，即便出现拖欠租金等支付问题，也可以立即收回飞机进行转租或再销售。以上因素都使得飞机租赁业务已成为较好的投资载体，为各投资方带来较为稳定的长期投资回报。

对于飞机制造商而言，飞机租赁也促进了飞机销售。购置飞机需要巨额资金，大批量购买飞机会给航空公司造成财务负担，而飞机租赁通过其融资作用使得航空公司大批订购飞机成为可能，从而促进了飞机销售。事实上，促销已成为现代租赁最具特色的功能，世界上主要的工业生产厂家都建立了自己的现代租赁公司，并通过租赁的方式推销自己的产品。特别地，广大发展中国家在引进大型设备时常面临资金不足的问题，现代租赁便成为发达国家生产商向发展中国家销售设备的重要手段。

四、飞机租赁与其他租赁行业的比较

飞机租赁作为租赁的一个重要领域，与其他租赁相比有其显著的特点。

（一）出租物——飞机的价格昂贵，租金高

飞机是一种高技术、高资本密集型的产品，其价格十分昂贵。而且随着科学技术的不断进步，飞机的机载电子设备越来越先进，制造飞机的工艺和材料也在不断改进，大量的高科技复合型材料（主要是碳纤维蜂窝状复合材料）应用于机身的各个部位，使得飞机的科技含量越来越高，飞机价格也不断呈上升趋势。

（二）飞机租赁的租期较长

对于融资租赁飞机，租期一般都在10年或10年以上，已基本接近飞机的使用寿命或折旧年限，即使是租期较短的经营租赁飞机，租期一般也在3～5年，甚至更长。我国航空公司经营租赁飞机的租期大多在8年左右（指新飞机）。

（三）飞机租赁公司的实力雄厚

由于飞机价值高达数千万美元甚至上亿美元，所以大多数飞机租赁公司或者由一些实力雄厚的财团、银团、保险公司以及飞机制造商组成，或者与金融部门和飞机制造商有着密切的联系。如果飞机租赁公司没有实力雄厚的资本和高水平的融资能力和技巧，它们是无法大量购置飞机的。此外，绝大多数飞机租赁公司都采用直接融资方式，多方筹资，既降低融资成本，又可分散投资风险。世界上最大的两家专业性飞机租赁公司，通用电气金融航空服务公司和国际租赁融资公司的母公司分别是全球著名的通用电气公司和美国著名的保险机构AIG。

（四）融资租赁飞机承租人仍可以获得购置飞机及发动机的优惠让款

采用融资租赁飞机，出租人可以将原来飞机和发动机购买协议中的优惠让款（即购买回扣）全部转让给承租人。这样，承租人既获得了飞机的使用权，又获得了一笔数目

可观的、长期的、低息的外汇资金。这笔优惠让款将包括在承租人支付的租金中，逐期偿还。由于目前世界两大飞机制造厂商（波音飞机制造公司和空中客车飞机制造公司）和三大飞机发动机制造厂商（通用电器公司、罗尔斯–罗伊斯发动机公司和普惠发动机公司）之间的竞争日趋激烈，飞机及发动机的购买回扣已逐年提高，在飞机的总价中占有可观的比重，其多少依购买的型号、数量、市场行情以及谈判情况而定。

（五）飞机租赁的交易结构复杂、种类繁多

飞机租赁交易涉及的环节多、当事人多、结构复杂，成交时间较长，是最复杂的租赁交易之一。如果是国际飞机租赁，还将至少涉及两个国家或地区之间的法律、税务、会计准则等方面。一般而言，一项融资租赁飞机交易从开始到完成签约至少需要3个月的时间，大多数情况下需要6个月到一年时间，而经营租赁飞机交易的时间则较短一些。此外，飞机租赁的形式多样，已开展和正在开展的租赁形式多达十余种（将在下节介绍），而且不断有新的租赁形式出现。可以说，飞机租赁无论是在内容还是方式上都已走在世界租赁业的前列。

（六）飞机租赁以融资租赁为主，而融资租赁飞机以杠杆租赁为主

飞机租赁的基本类型包括融资租赁和经营租赁两大类。而在融资租赁飞机时，大多采用杠杆租赁结构，这是区别于其他租赁的一个很重要的特征。之所以以杠杆租赁为主，是因为飞机租赁的标的物——飞机价格昂贵。中国民航融资租赁的飞机绝大多数采用杠杆租赁结构。而在飞机租赁交易中，又以融资租赁为主。目前全球飞机租赁交易中融资租赁交易占75%左右。我国民航的数字与此类似。不过，从20世纪90年代，全球经营租赁飞机的数量逐年上升，在租赁飞机总数中的比重也在不断攀升。目前欧美国家的许多航空公司经营租赁飞机数已超过了融资租赁飞机数；我国东方航空公司机队中，经营租赁的飞机数量也已超过了融资租赁。导致这种转变的主要因素是航空公司越来越看重经营租赁的表外租赁特性；同时，许多国家（包括我国）都明确规定经营租赁的租金可计入运输成本，这将有利于航空公司减少税赋。

五、租赁飞机与直接购买飞机的比较

相对于直接购买飞机来说，用租赁的形式来使用飞机，更有资金融通方面的优势，当然也存在有一定的缺陷。

（一）租赁飞机的优势

从飞机产权归属的角度，在租期内，出租人拥有飞机的所有权，承租人拥有飞机的使用权。从承租人角度分析，租赁飞机与拥有飞机的所有权（如购买）相比，具有以下优势。

1. 飞机租赁在财务方面提供了迅速而灵活的资金融通。资金的运用效率高，缓解航空公司资金不足的压力。利用租赁，航空公司不需要一次性支付巨额购机资金，只需按期支付一小部分租金就可以使用飞机。因此，航空公司可以保留充裕的资金用于其他方

面，例如购买航材和其他设备，扩大运输生产能力，从而提高资金的使用效率。租赁飞机增加了资金筹措方式，使资金筹措方式多样化。租赁融资是在利用自有资金购置飞机和贷款购置飞机的传统方法上，又增加的一种新的筹资方式。与贷款融资相比，其筹措资金比较容易。如果采用减税租赁，还可使租赁的融资成本低于贷款的融资成本。

租赁融资提供了全额的资金融通。租赁飞机原则上不需要承租人做任何抵押。航空公司可以先不付资金或先付很少资金，就能获得飞机使用权。租赁飞机不影响承租人财务报表的资金流动比例。这项优势主要体现在经营租赁方式上。由于在经营租赁期内，飞机的所有权属于出租人，因此，租赁飞机通常不作为资产在承租人的财务报表上表现出来，也不作为企业对外负债，而是在支付租金时计入成本。这对承租人保持良好的财务状况十分有利，也有利于承租人今后的对外融资。但对融资租赁而言，则不具备此项优势。

租赁飞机，可以获得飞机的优惠让款。这主要是针对融资租赁交易。航空公司决定采用融资租赁飞机时，需要将原来与飞机制造商签订的购买协议转让给出租人，但通常购买协议的转让并不影响承租人获得购机优惠让款，这就为航空公司在获取飞机的同时，又为企业的运输生产取得了宝贵的外汇资金。所得的优惠让款在租金中抵付，这实际上相当于企业获得了一笔长期、低息的优惠贷款。优惠让款既可以用于支付购买其他飞机的预付款、支付租金和购买其他固定资产，还可作为流动资金使用。

2. 租赁飞机可以获得税务优惠。在以税款为基础的租赁国家，如美国、英国和日本等国，其税务优惠措施与租赁密切相关，决定着出租人和承租人双方的利益。这些国家的租赁公司所确定的租金高低取决于税务优惠条件，税务优惠条件好租金就低，租赁的优越性就越显著。因此，采用租赁飞机而享受的税务优惠就多。另外，我国为了鼓励飞机租赁，在税收方面也采取了特殊的优惠政策，如对租赁飞机征收的关税和增值税的减征，以及对出租人的租金收入，经申请批准后，免征预扣税等（免征租金预扣的优惠已于1999年取消）。

3. 飞机租赁可以防止飞机陈旧化，使折旧合理化。随着科学技术的不断进步，有许多设备往往在其自然寿命未到期之前其经济寿命已经到了。因此，该设备尽管尚可使用，但已不经济了。这就是陈旧化风险。要避免这种陈旧化风险，采用租赁方式要优于购买方式。尤其是采用经营租赁方式，这一优势更加明显。因为经营租赁可以在租期内退租，一旦所租飞机出现陈旧化风险，可以通过正常退租来避免。而且，采用经营租赁方式还不必考虑淘汰旧飞机的问题，从而避免了飞机残值的风险。当然，采用融资租赁方式，并不具备这方面的优势（因为融资租赁在租期未满时不得退租）。但采用融资租赁方式可以通过确定合理的租期来规避陈旧化风险，即将租期确定在飞机的经济寿命内。而且，这样做还可使飞机折旧更加合理，从而使飞机及时更新。

4. 租赁飞机可以避免通货膨胀的影响。在当代世界经济的发展中，通货膨胀已成为一个非常普遍的现象，几乎每个国家均会出现不同程度的通货膨胀。由于通货膨胀，飞机的制造成本势必提高，导致价格上涨。但是，采用租赁方式，由于在签订飞机租赁协议时，可以将全部租金固定下来，不论以后是否因通货膨胀而引起飞机价格上涨，租金仍按原定数额支付，从而避免了由于通货膨胀和物价上涨等因素而造成的损失。

5. 租金固定利于企业的经济核算。由于租金固定，使现金外流和经费支付均衡化，有利于航空公司确定营运成本和长期负债规模，便于企业加强经营管理。航空公司经营的好坏，关键在于企业的经营与管理，而控制成本和长期负债规模是现代企业在市场经济竞争和发展中的一项重要内容。采用租赁方式，使租金固定，便于企业核算成本和长期负债的规模，使航空公司及时合理地安排资金。

6. 简化获得飞机的手续，节省交付时间。购买飞机，特别是购买需求量大的热门飞机，常常要提前3～4年订购。而采用租赁飞机方式只需半年到一年时间，如果是经营性租赁，所需时间更短，甚至一个星期即可解决，从而大大节省飞机的交付时间，更快地获得飞机。缩短了飞机的交付期，可以使航空公司及时更换飞机，扩充机队，最大限度地增加企业的经营效益。

7. 采用售后回租可以使固定资金周转流动，使"死钱"变"活钱"。航空公司采用售后回租，可以使固定资金周转流动，既改善了航空公司的财务状况，提高了资金的使用效率，又不影响航空公司继续使用飞机。此外，航空公司采用售后回租还可能获得市场价值与账面价值差额的盈利，并可以避免旧飞机的残余价值风险。因此，采用售后回租实际上是给旧飞机上了残值风险保险。

8. 租赁飞机使航空公司的经营策略十分灵活。与拥有飞机所有权相比，租赁飞机在经营策略上的灵活性也是显而易见的。租赁方式在更换机群方面具有灵活性。这种灵活性可以使航空公司最大限度地合理更新机队，提高生产效率，以满足迅速开拓市场的需要。采用租赁方式可以使新成立的航空公司的初始成本降到最低点。因为如果采用购买方式，会使航空公司占用大量的资金，不利于其他方面的建设。如果采用贷款购买方式，还将使航空公司从一开始就背上沉重的债务包袱，影响航空公司今后的融资。

航空公司可以利用租赁飞机解决空运需求急剧增长的情况，若此种状况持续不变，航空公司可以订购新飞机以长久地填补空缺。如果交通流量上升是暂时的，则可以退租，而购买飞机则没有这种灵活性。租赁飞机有利于航空公司迅速开辟新航线，以及早占领市场。这主要是因为租赁的飞机交付时间短，从而有利于航空公司迅速开通新航线。如果采用购买飞机，由于飞机交付时间长，很可能贻误战机，市场被竞争对手夺取。而且，采用租赁方式还可以避免航线经营风险。因为，如果新开航线经营效果不佳，航空公司可以退还飞机，停飞航线。而如果飞机是购买的，则很难处理。

9. 租赁飞机促使航空公司更加注重经济效益。采用飞机租赁，相应的租赁风险由航空公司承担，这将使航空公司在租赁飞机前要认真分析租赁飞机方案的可行性，并全面考虑方案的经济效益和社会效益。无论以何种方式租赁飞机，当飞机租赁后，都必须按时交纳租金，这种定期支付租金的压力使航空公司必须要充分提高飞机的利用率，改善经营管理，提高经营效益。

（二）租赁的弱点

当然，通过租赁来获得飞机的使用权也存在一些不足之处，无法替代直接购买的市场。第一，租赁飞机的交易要比购买飞机的交易复杂得多，特别是采用飞机租赁最常采用的杠杆租赁方式，其交易结构十分复杂。第二，由于飞机的所有权不属于承租人，在某些方面限制了航空公司使用飞机。这些限制主要指对飞机的处置权，如承租人无权自行对飞机进行重大的技术改造，更不能将租赁的飞机出售或抵押，从而在一定范围内限制了承租人充分使用飞机。第三，对融资租赁飞机而言，租期内退租比较困难，通常必须使用较长一段时间后（例如5年后）方可退租，否则，必须支付较高的终止值（带有惩罚性）。第四，出租人和承租人在飞机租赁中承担的风险较大。对于出租人，其租赁风险主要是投资风险和残值风险。其中，融资租赁方式风险较小，经营租赁风险较大。而对承租人而言，租赁飞机的风险主要指市场风险、经营风险、自然风险、金融风险、税务风险、残值风险等。

市场风险是航空公司发展面临的外部风险，即整个航空业的竞争环境及市场变化带来的风险。金融风险主要包括汇率风险、利率风险，是由汇率和利率变动而带来的风险。经营风险是由于负债过高引发的财务管理危机以及内部管理不善等内部控制薄弱而带来的损失可能性。残值风险是指在飞机租期结束时过高估计飞机残值、旧飞机市场疲软以及飞机性能过时等因素而造成的难以变现的风险。残值风险的产生与租赁合同期限长、中途难以解约、机型选择失误等因素有关。总之，租赁飞机的优势很多，如果计划制订得当，有些不足和风险是可以避免或减少的。至于究竟采用购买飞机还是租赁飞机，应取决于航空公司的经营策略和科学的评估，不能把两者绝对化。

第二节　飞行器租赁的种类

由于文化习俗、法律法规、金融体系等主客观原因，飞行器在租赁的实践操作中，逐渐形成了不同的操作模式。这些模式经过长期的互相借鉴，最终由此形成了目前常见的租赁种类。

一、飞行器租赁分类

通过不同的视角来观察飞行器租赁，可以将其进行不同类型的分类。

（一）金融租赁和经营租赁

金融租赁，又称为融资租赁，具体是指由出租人根据承租人的请求，按双方的事先合同约定，向承租人指定的出卖方购买承租人指定的飞机等资产，在出租人拥有资产所有权的前提下，以承租人支付所有租金为条件，将飞机等资产的占有、使用和收益权让渡给承租人。飞机金融租赁具有融物和融资的双重功能。它以融通资金为直接目的，以飞机为主要租赁对象，以航空企业为承租人，是一种通过融资租赁形式获得资金支持的金融业务，是一种长期的完全支付的租赁业务。

经营租赁是承租人从租赁公司租入所需要的飞机等资产，承租人在租期内按期支付租金，并获得租期内飞机的使用权的行为。飞机经营租赁一般不购买飞机，是一种可撤销的租赁。出租人在租期满时只能部分收回投资，属于不完全支付的飞机融资形式。

金融租赁和经营租赁的相同点：第一，在法律上同受《合同法》第十四章融资租赁中相应条例约束；第二，操作原理和本质类似；第三，税务部门的定义相同。但在监管、财税政策、国家统计口径等方面仍不相同。表9-1显示了航空金融租赁和航空经营租赁的区别。

表9-1　飞机金融租赁与经营租赁的区别

	飞机金融租赁	飞机经营租赁
租金依据	占用资金的成本及时间	飞机等使用时间
风险和责任	物权和债权分离	物权和债权分离
租赁的目的	承租人获得飞机	承租人短期使用飞机
物件的选择	承租人自由选择	出租人购买，承租人选择使用
租赁合同期限	中长期	一般多是短期使用
标的物管理责任	承租人(客户)	出租人
保险购买	按约定购买	出租人购买
中途解约	不可以	可以
合同期满的处理	留购	归还出租人

（二）直接航空租赁、杠杆航空租赁、回租航空租赁和转航空租赁

从交易的程度分为直接航空租赁、杠杆航空租赁、回租航空租赁和转航空租赁等。

直接航空租赁是指一项由出租人独自承担购买飞机等设备全部资金，获得所有权后出租给航空公司并收取租金的租赁行为，即"购进租出"。由于出租人承担了所有的飞机购买资金，对出租人的资金实力要求很高。经济发达国家的一些租赁公司普遍采用直接租赁的做法。

杠杆航空租赁又称衡平航空租赁，是融资性航空租赁的一种方式，也是减税租赁的一种形式。在杠杆航空租赁中，出租人投资飞机等资产总购买价20%～40%的资金，其余大部分资金以出租人的名义向银行借贷，购买飞机并出租给承租人使用。出租人必须以飞机作抵押并将有关权益转让给贷款人。在航空租赁中，由于飞机等资产价值高昂，杠杆租赁使用非常广泛。

回租航空租赁是指承租人将拥有的飞机等资产的所有权按市场价格卖给出租人，然后又以租赁的方式租回飞机的一种租赁方式。回租航空租赁的优点在于使承租人迅速回笼资金，加速资金周转，同时在租赁期满后还可以根据需要决定续租还是停租，提高承租人对市场的应变能力。一般在回租航空租赁中以二手飞机和设备为主要标的资产。

转航空租赁是转租人向其他出租人租入飞机等资产再转租给第三人，转租人以收取租金差为目的。飞机等资产的所有权归第一出租人。转航空租赁的主要目的，一是为了从其他租赁公司手中获得租金融通，从而扩大自己的租赁业务；二是为了利用各国间关于飞机租赁的税务规定的差别以获得更多的税收优惠。

二、影响航空公司选择飞机租赁方式的因素

对航空公司而言，飞机融资租赁和经营租赁相比有本质的不同，前者偏重于融资，后者偏重于融物。实际上，航空公司扩充和更新机队的方式有两类：一种是最终获得飞机产权的方式（直接购买和融资租赁），另一种是不获得飞机产权的方式（经营租赁）。

选择何种方式，取决于航空公司自身的市场战略、财务状况、对特定飞机或该机型使用期限的需求，以及对于飞机未来市场价值走势（即残值）和飞机取得成本等方面的判断。再结合经营租赁和融资租赁的自身特点，航空公司会综合考虑，最终选择合适的租赁方式，以满足航空公司的不同需求。航空公司在选择飞机融资租赁或经营租赁时经常考虑的两个因素：航空公司计划使用飞机的期限与航空公司自身财务结构和财务规划。

（一）航空公司计划使用飞机的期限

一般认为，如果航空公司立足于长期投资、融资，扩大企业资产规模和稳定扩充机队等方面的需要，计划长期使用飞机，且使用期限基本接近飞机的使用寿命，则应采用融资租赁。

融资性租赁可进一步分为投资租赁、杠杆租赁等方式。其中，杠杆租赁是融资租赁的一种特殊方式，又称平衡租赁或减租租赁、举债经营融资租赁，即由贸易方政府向出租者提供减税及信贷刺激，而使租赁公司以较优惠条件进行出租的一种方式。它是目前较为广泛采用的一种国际租赁方式，是一种利用财务杠杆原理组成的租赁形式。杠杆租赁至少有三方面的人参与：贷款人、出租人和承租人。使用这种租赁方式时，出租人自筹租赁设备购置成本的20%～40%的资金，其余60%～80%的资金由银行或财团等以贷款提供，但出租人拥有设备的法定所有权。这样，在很多工业发达国家，出租人按其国家税法规定就可享有按设备的购置成本金额为基础计算的减税优惠。

但是，出租人需将设备的所有权、租赁合同和收取租金的权利抵押给银行或财团，

以此作为其取得贷款的担保，每期租金由承租人交给提供贷款的银行或财团，由其按商定比例扣除偿付贷款及利息的部分，其余部分交出租人处理。如果航空公司为满足短期内缓解运力紧张、机队扩充等的要求，计划短期使用飞机，使用期限远小于飞机的使用寿命，则应采用经营租赁。

经营性租赁可进一步分为湿租、干租和半干租等方式。所谓干租是指航空运输企业将飞机在约定的时间内出租给他人使用，出租方只提供飞机，不承担运输过程中的各种费用，收取固定租赁费，机组人员、维修、保险及备件等均由承租方自己解决。湿租是相对于干租而言的。湿租要求航空公司不仅要提供飞机，还要提供相应的机组人员、机务维修人员、保险及备件，以提供飞行服务。半干租（潮租）是介于湿租和干租之间的租赁方式，出租人提供部分服务，而承租人航空公司也需要自己承担一些关于飞机的运营服务，其手续相对简单，经营灵活，风险较小。

（二）航空公司自身财务结构和财务规划

从宏观的方面考虑，在任何时点，航空公司最理想的引进飞机方式应该是——让航空公司加权平均资本成本和财务调剂成本最低的方式。

在航空公司初创期，一般实施的是扩张型财务战略，此时公司主要以实现企业资产规模的快速扩张为目的，大量地进行外部筹资，以弥补内部积累相对于企业扩张需求的不足，会表现出高负债、高收益、少分配的特征。在航空公司发展到稳定期，一般会实施稳健型财务战略，主要以实现企业财务绩效的稳定增长和资产规模的平稳扩张为目的，首要任务是优化现有资源的配置和提高现有资源的使用效率与效益，此时可采取适度负债、适度收益、适度分配的政策。在航空公司衰退期，大多会采取防御收缩型财务战略，以预防出现财务危机和求得生存及新的发展为目的，积蓄力量，盘活存量资产，节约成本支出，会呈现低负债、低收益、高分配的特点。

总而言之，航空公司选择飞机租赁方式，不但要分析对飞机的具体需求，还要配合公司的财务结构或财务调整的走向，结合经营性租赁和融资性租赁的特点与优势，做出决策。

三、飞机租赁公司的类型

从上述租赁方式的介绍中，不难看出租赁业务在实际操作中需要高度的专业程度，这就决定了开展飞机租赁业务的公司，也会由于承担业务的不同而有不同的类型。除此之外，还可以通过公司的归属权和经营许可权利进行分类。

（一）按照控制权归属不同分类

国内航空租赁市场上有三类公司可以从事航空租赁业务，第一类是外资背景的租赁公司，如GECAS、AerCap等；第二类是银行背景的银行系租赁公司，如交银租赁、国银租赁、农银租赁、工银租赁、民生金融租赁等；第三类是行业背景租赁公司，如中航租赁、渤海租赁等。

（二）按照特许经营分类

从事航空租赁的公司分为经金融监管部门批准的金融租赁公司和一般的从事航空租赁业务的租赁公司。对于金融租赁公司而言，由于可以吸收符合要求的存款，因此需获得银行监管部门的特许。目前，银行背景的租赁公司在我国航空租赁市场上发挥着核心作用。根据我国银监会2007年颁布的《金融租赁公司管理办法》中规定，经过特许的金融租赁公司可以开展的业务包括融资租赁业务、吸收股东一年期（含）以上定期存款、接受承租人的租赁保证金、向商业银行转让应收租赁款、经批准发行金融债券、同业拆借、向金融机构借款、境外外汇借款、租赁物品残值变卖及处理业务、经济咨询以及经批准的其他业务。由于涉及吸收存款以及发行债券等金融业务，我国金融监管部门对金融租赁公司的监管相对严格。

第三节　飞行器经营租赁的结构、框架和流程

飞机租赁业务的开展程序复杂，金额巨大，涉及面广，这就决定了在实践的租赁流程中需要注意的细节非常复杂。鉴于此，本教材将飞行器租赁的两种常见形式：经营租赁和融资租赁分开来介绍。

一、飞机经营租赁基本交易结构

经营租赁涉及三个当事人：飞机制造厂商、出租人（租赁公司）、承租人（航空公司）。承租人与出租人签订租赁合同，出租人与飞机制造商签订购机合同。

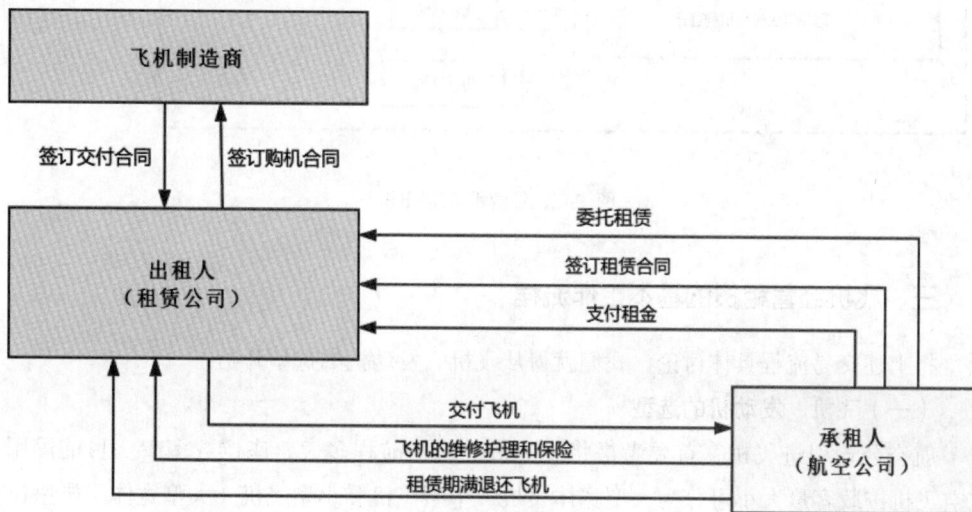

图 9-1　经营租赁交易结构

二、飞机经营租赁工作流程框架

飞机经营租赁大致包括三个阶段：租赁准备阶段、租赁实施阶段和合同执行阶段（见图9-2）。

其中，准备阶段包括：飞机、发动机选择。租赁实施阶段包括：飞机租赁招标、商务方案评价、商务谈判、签订合同。合同执行阶段包括：履约和交还飞机两个方面。履约包括：按时支付租金和维修储备金；定期提供飞机的使用报告和航空公司的财务信息等。交还飞机阶段也是非常重要的，租赁期结束，按照合同需要安排一次退租检修，其级别远远比一般的飞机大修复杂得多，双方意见一致时整个飞机租赁阶段才结束。

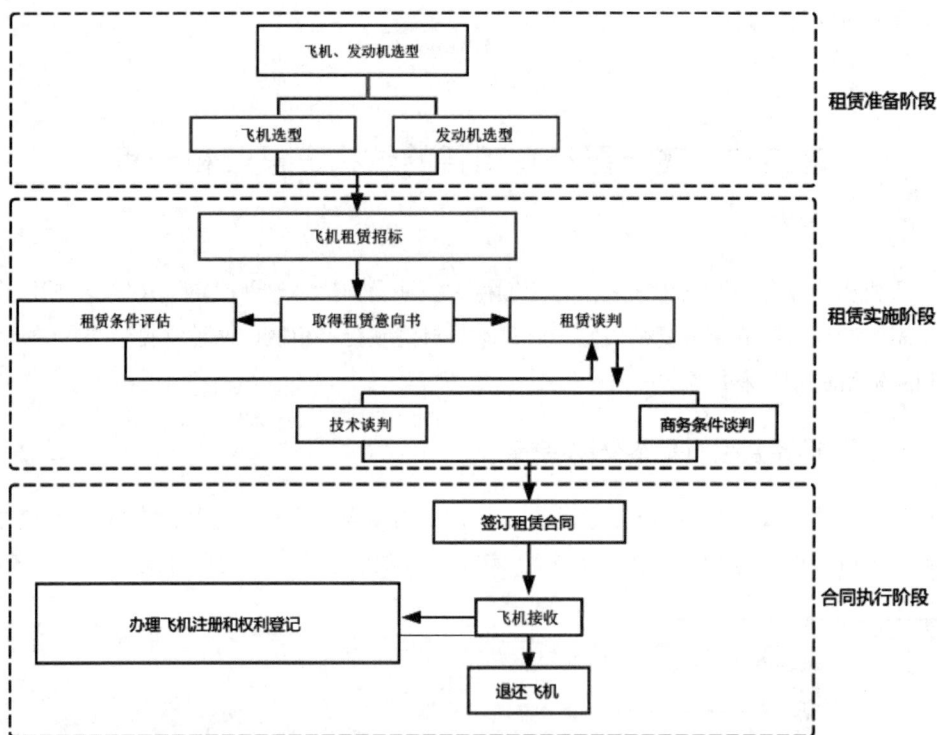

图 9-2　经营租赁流程图

三、飞机经营租赁的基本工作流程

将上述交易流程具体讨论，我们就得从飞机、发动机的选型开始。

（一）飞机、发动机的选型

航空公司引进飞机，首要考虑将要引进的飞机航程多大，座位数多少。目前民用航空飞机按载客量大小可分为大型宽体飞机、中型飞机和小型飞机。大型宽体飞机座位数在200以上，飞机上有双通道通行，如：波音B747、B777、B787和空客A340、A330、

A380等，满载航程都在10000千米以上。中型飞机载客在100～200人，为单通道飞机，典型的有波音B737系列飞机和空客A320系列飞机，航程超过3000千米。载客量在100人以下的民用飞机，称为支线飞机，主要用于短程航线的飞行，有巴西的ERJ系列飞机和加拿大的CRJ系列飞机以及德国D328飞机等。飞机选型要通过规划分析以确定飞机等级，并根据航线、机场等情况，对预选的若干型号、相同等级飞机进行综合评估，选择出最适合的机型。

发动机选型是一个航空公司的重大决策之一。在选型中，发动机成本（获得成本与使用成本）和可靠性是首要的问题。在成本和可靠性相当的情况下，影响发动机选型决策的因素还可能是航空公司和生产厂家之间其他方面商务合作的条件。发动机选型同时也是一项比较复杂的技术经济工作，工作内容包括：发动机的技术分析，如发动机的安全性分析、先进性分析、可靠性分析；发动机的经济分析，如购买成本分析和使用成本分析等。

在实践操作中，各航空公司并没有必要每次租赁都做出完整的分析，他们可以选择品牌购买来节约选型的过程。世界著名航空发动机厂家有：GE公司、RR公司、PWA公司、HONELL公司、PWC公司和SNECMA公司。以经营租赁方式引进飞机，发动机厂家很少能向航空公司提供更多的优惠条件。同时，航空公司租赁二手飞机对发动机型号一般没有太大选择空间。因此，航空公司主要根据现有机队中飞机的发动机型号选择即将经营租赁的飞机发动机，以增加机队发动机的通用性，降低运营的成本。

（二）飞机租赁实施

决定好型号后就可以开始进行租赁的实际流程了，这包括飞机租赁的招标、商务方案评价、商务谈判、签订合同、执行合同等。

1. 飞机租赁招标。航空公司的飞机租赁招标一般不发招标通知书，也不签任何书面的意向书、委托书等。通常，航空公司与租赁公司在平时接触时，会有意识地向租赁公司透露飞机引进需求的相关信息，如计划租赁的飞机和发动机型号与架数、交付日期、租赁期限等。航空公司通过广泛接触各个飞机租赁公司或飞机运营人后，收集市场上一定时间范围内可供租赁的飞机信息，找出适合航空公司需要的飞机，有针对性地索要飞机技术规范和商务条件。在综合飞机技术规范和出租人租赁商务条件的基础上，对提供的租赁飞机进行比较，找出适合航空公司需要的飞机。

2. 商务方案评价。飞机租赁市场是一个循环周期性市场，一般周期为10～15年。周期性对融资有着很大的影响：通常情况下，周期处于顶部时，来自航空公司的运力需求大，飞机来源缺乏；周期处于底部时，航空公司的需求最低，但市场上飞机来源充裕。另外，突发事件的出现，例如世界大型航空公司破产倒闭、出现疫情（如SARS）或遭遇恐怖袭击（如"9·11"恐怖袭击事件）等，在这种情况下，航空市场将突然出现一定量剩余运力，飞机租赁市场上往往就能找到条件较好的租赁交易。此外，租赁双方在飞机租赁中的利益是对立的。航空公司评估飞机租赁条件的优劣主要有7个方面：

（1）飞机租金。前面已经提到，由于航空市场的周期性，经营租赁的租金水平很大程度上取决于租赁市场飞机的供求状况。此外，影响飞机租金高低的还有资金成本和市场利率水平。经营租赁的飞机租金可以是固定租金或浮动租金，按月支付或按季度支付。固定租金在飞机交付时租金数量确定，通常在整个租期保持不变。采用浮动租金方案，飞机实际租金根据利率上下波动。新飞机租金报价通常包括基本租金加租金的调整，调整取决于预设利率和飞机交付时的利率差值与调整系数的乘积。全新飞机每月租金一般相当于其价值的0.75%～1.5%。

（2）飞机保证金数量和其他担保条件。飞机经营租赁合同常常包含飞机租赁保证金的条款。飞机保证金一般相当于2～3个月的飞机租金。如果航空公司不想占用太多资金，也可同飞机出租方协调以信用证作为飞机保证金。历史上，在经营性租赁方式下，国外飞机出租方要求国内承租人提供银行担保的情况很常见。一方面银行由于担保业务的利润少，不太愿意办理担保业务；另一方面由于银行向境外企业提供银行担保需要到外管局审批，办理的过程烦琐。因此，航空公司在交纳一定的租赁保证金外，通常不愿意提供担保。

（3）维修储备金支付。维修储备金的本质是支付给飞机出租方由出租方保管，在飞机进行大修时提供必要费用的资金储备。其目的是在飞机需要进行大修时，保证有必要的资金储备作为大修的费用。通常针对机身、发动机、发动机LLP和起落架收取维修储备金。维修储备金是航空公司经营的成本之一。为避免飞机集中在某一时期内大修，对公司现金流产生巨大冲击，航空公司定期预提一定数量的维修基金，将可减少飞机集中大修的高额维修费支出对航空公司财务的影响。

（4）飞机租赁航空公司承担的税费。飞机经营租赁中涉及的税费主要有：关税、进口增值税、印花税和预提所得税。现行税收政策规定，国外公司在国内没有设有机构，其开展的飞机租赁业务，从境内企业取得的租金所得应交纳租金预提所得税，税负为全部租金收入的6%～10%，由承租人代扣代缴（1999年9月1日前签订的租赁合同免征预提所得税）。外国公司对飞机的租赁价格处于垄断地位，国外飞机出租人处于有利地位，为保证其利润收益，境外出租人通常会采用将飞机租赁定义为净租赁结构的方式，将税负转嫁给国内航空公司。

尽管我国与很多国家有避免重复征税的协议，但各国的税制不同，国外很少对境外机构开征预提所得税。租金收入10%的预提所得税税负转嫁到航空公司，是一项令航空公司无法承受的负担。由于不同国家的出租方征收的预提所得税不同，因此，飞机出租方在哪个国家非常重要。现在通常的一种做法，是将飞机的产权注册在爱尔兰或者其他低税率国家，税率可以大大下降，节省航空公司的成本。这是几个有代表性国家的预提所得税税率大致情况，可以看到爱尔兰的税率最低为6%。

（5）飞机的登记、运营和维修的要求。经营租赁飞机的登记方式一般有两种：一种是在航空器所有人（出租人）所在国登记注册，使用出租人所在国的国籍标志和登记标志；一种是在航空器使用人（承租人）所在国登记注册，使用承租人所在国的国籍标志和登记标志。航空器在出租人所在国登记会有诸多不便。比如，从美国租赁飞机，在美国登记注册，其国籍标志和登记标志为美国的注册号，因此必须执行FAA的有关规定，如维修机构必须经FAA批准，飞机放行人员须持FAA的A&P执照，等等。由于这些规定，航空公司不得不花费大量的资金委托持有FAA维修执照的维修厂来维护和放行飞机。此外，美国注册的飞机还要定期飞到美国接受FAA的检查。

航空公司现经营租赁的飞机一般在承租人所在国（航空器经营国）登记，受中国民航适航部门管辖，具有中国国籍和登记标志。飞机交付前，航空公司必须持设备进口批文和飞机引进合同到民航总局申请航空器注册，在中国民航适航部门进行适航检查，符合新登记国的适航要求后，登记入册。飞机退租时，飞机国籍需要变更，则由中国民航适航当局进行必要的适航检查，合格后颁发出口适航证。

中国注册的飞机的运营，需要满足中国民航当局相应的适航规章。飞机的维护必须在具有中国民航维修资格的维修厂进行。但由于中国民航和国外民航当局所遵循的规章的差异性，境外出租方往往要求国内承租方在飞机租赁期间，按照FAA相应或者相似的要求维护飞机，而且要求将飞机退机前的最后一个大修委托具有FAA维修执照的维修厂完成，使飞机满足FAA适航状态，便于在国际上出租。对于在飞机退租时发现飞机退租状态不满足相关要求的，航空公司往往花费大量的费用去调整，以满足飞机退租的技术要求。

（6）租赁的附加服务和期末选择权。租赁谈判时，承租方应取得出租方转让的所有飞机机身和发动机的保修和索赔权利，最大限度要求出租方提供附加服务，这些服务包括航材、发动机和培训方面的服务。承租方在租赁期间争取飞机可以被转租，以方便在经营淡季或根据其他需要将飞机转租给其他航空公司或成员公司。承租方还应争取飞机在租赁期末的购买选择权，因为一旦市场上扬，承租方就得到了飞机残值升高带来的好处。

（7）飞机保险。这个内容已经在第八章中详细介绍过了，这里就不再多讲。

3. 商务谈判。合同草本提供后，双方即可开始合同谈判，谈判人员一般包括法律人员、商务人员、技术人员和销售人员。合同谈判中航空公司承租人需要审核和确认的主要合同条款包括付款条件、保险条款、担保和法律意见书的格式与责任保证部分。

4. 签订合同。合同签约时，承租人（航空公司）需要通报航空公司内部作好相应的工作调整，包括市场计划、运营保障和相应的资金准备。合同签署后，航空公司作为承租方还需准备飞机租赁的有关先决文件，办理有关手续，如授权书、飞机国籍登记申请、银行担保函（若有）、保险单、律师意见书等。

5. 合同执行阶段。经营租赁的飞机在使用过程中，要严格履行飞机的租赁合同，包括：按时支付租金和维修储备金；定期提供飞机的使用报告和航空公司的财务信息；严格按经营租赁合同的条件维护和使用飞机，通报出租方飞机计划中的大修时间，对飞的维护做好记录并按要求保存等。

经营租赁的飞机返还是一个巨大的工程。在经营租赁合同中，飞机所有人（出租人）为保证飞机的残值，常常对飞机的维护和返还有严格的规定。

租赁合同结束前，航空公司需要承担飞机所有的适航责任。一旦飞机的租赁期结束，按照合同航空公司就需要安排一次退租检修，其级别远远比一般的飞机大修复杂得多。按照国际的惯例，退租检修需要航空公司整理所有的飞机维修档案，查看飞机和飞机技术记录的完整性和连续性，发动机的技术状态、起落架技术状态、飞机部件的标签完整性等；大量的零部件需要更换、取证、返修和测试；飞机外表需要全面退漆进行详细的结构检查、记录、评估和修理所有的损伤；最后按照合同要求，通常会在检修以后按照FAA或者EASA进行飞机适航检查，通过后交还给租赁方。

对于不符合合同返还要求的飞机，出租方往往按飞机租赁合同，提出严厉的补救措施。因为租赁方回收飞机后，如果没有下家接手的时候，他们不得不自己保管飞机，需要承担大量的维护费用。所以他们聘请的代表不仅熟悉合同和各种适航法规，也会不遗余力的将飞机尽量拖在航空公司的手里，降低租赁方的成本和费用。

航空公司如果不能按条件返还飞机，将遭受重大的损失。对于飞机不能按时返还出租方，飞机租金将按天计算，最高达到正常租金的2倍。总之，航空公司要采取各种方法尽量避免在飞机退租时投入不必要的资金。尤其是发动机，十分昂贵，是租赁方验收代表专攻的主要阵地。

第四节　飞机融资租赁的模式及流程

在融资租赁基本交易中，除了在经营租赁中涉及3个当事人：飞机制造厂商、出租人（租赁公司）、承租人（航空公司）外，增加了另外2个当事人——担保人和出资人（即投资人或银行）（见图9-3）。

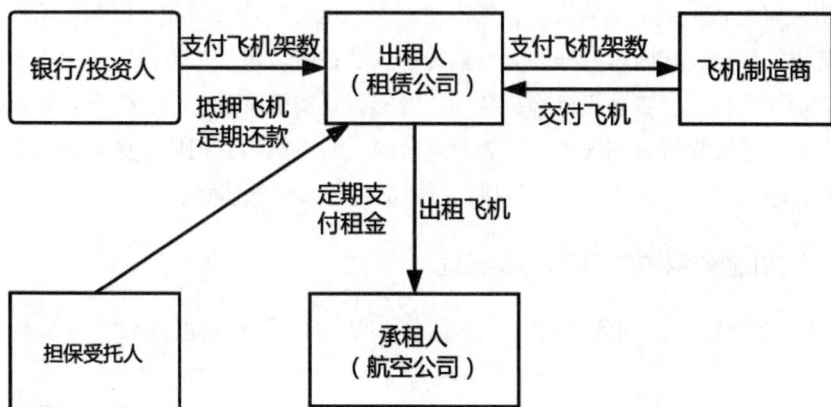

图 9-3 飞机融资租赁基本交易结构

　　承租人与出租人之间仍签订租赁合同，出租人与飞机制造商仍签订购机合同。但出租人与银行或投资人由于有资金借贷或投资关系，签订有借款合同或投资合同，需要定期还款；而且由于有资金借贷，所以需要担保人，所以担保人与出租人之间有担保关系。至于他们之间的具体交易程序及流程，可以用飞机融资租赁工作流程框架反映出来（见图9-4）。

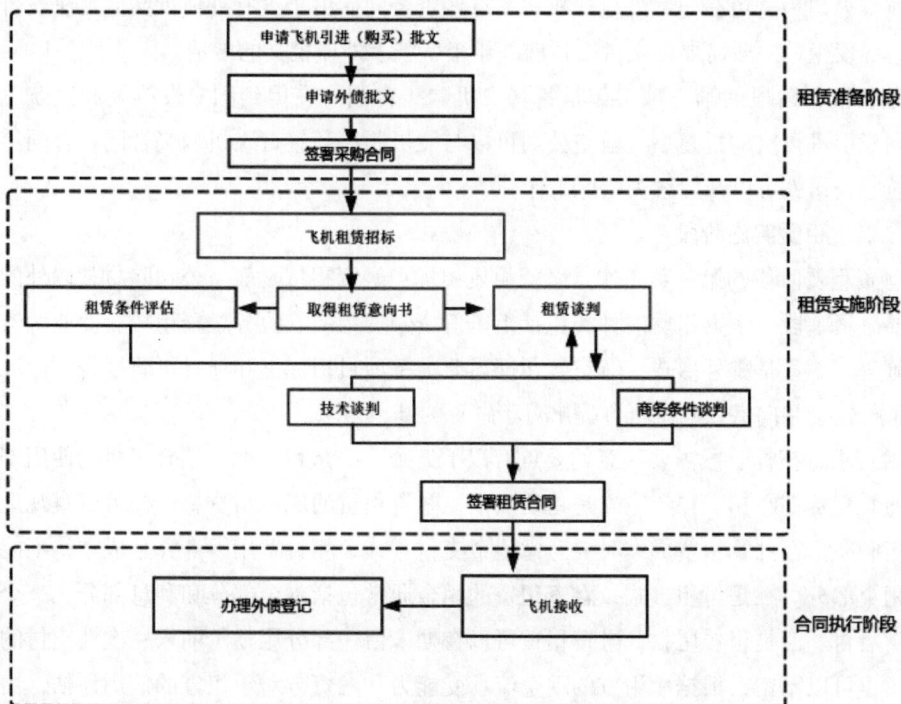

图 9-4　飞机融资租赁工作流程

飞机融资租赁包括三个阶段：租赁准备阶段、租赁实施阶段和合同执行阶段。但与飞机经营租赁相比，其内容差异较大。融资租赁准备阶段包括：申请飞机引进（购买）批文、申请外债批文、签署飞机购买合同。融资租赁实施阶段包括：融资租赁招标、融资方案评估、融资租赁合同谈判、签署融资合同。与飞机经营租赁实施阶段的主要程序基本相同。融资租赁合同执行阶段包括：飞机交付和办理外债登记。

一、飞机融资租赁的基本交易流程

根据飞机融资租赁的实践操作，对融资租赁中的各个流程进行学习是最直接有效的。

（一）租赁准备阶段

融资租赁的第一项工作是申请飞机引进（购买）批文。航空公司根据自身战略发展的需要和市场需求，确定飞机的座级后，向中国民航总局提出引进飞机的申请，由民航总局经过审查、选型和综合平衡，然后上报国家发改委批准。如获同意，国家发改委将出具同意航空公司引进一定数量飞机的批文。

租赁准备阶段的第二项工作是申请外债批文。航空公司需要根据资金市场情况和自身融资需要，向国家发改委申请飞机引进的外债批文，获得境外融资租赁或境外银行直接贷款的额度。由于发改委的审批需要较长时间（至少半年），且最终批复存在不确定性，航空公司为避免在与境外金融机构签订融资合同后由于没有外债批文而无法履行合同的情况发生，一般需要在飞机交付前一年半就着手外债批文的申请。

租赁准备阶段的第三项工作是签署飞机购买合同。在得到国家发改委和民航总局关于同意引进飞机的批复后，航空公司可以与飞机制造商签订飞机购买合同。合同签署后，航空公司就可以开始融资招标工作。

（二）租赁实施阶段

融资租赁阶段的第一项工作是融资租赁招标：融资租赁是航空公司除贷款以外的一项重要融资手段，融资租赁的种类包括出口信贷融资租赁、税务融资租赁、商业融资租赁，等等。不管是哪种形式，航空公司都需要准备项目招标书和项目可研报告，论证项目的可行性，并向潜在的融资方提出对于融资的基本要求。

融资租赁招标阶段需要注意的要点有以下五个。一是租赁期，结合飞机的使用寿命长，通常租赁期在10~15年。二是租赁成本，融资租赁的成本与贷款一样可以直观地反映为年利率。在计算租赁成本时要考虑租金支付方式、相关费用，计算总成本，不能仅考虑租金部分。三是付租方式，融资租赁的租金通常包括本金部分和利息部分，三个月或半年后付。四是租赁尾款，融资租赁可以在期末留一部分尾款（期末一次性支付的本金），也可以不留，根据承租方的现金流承受能力和融资方对承租方的信用评估，由双方协商确定。五是相关费用，融资租赁的交易费用，包括但不限于法律费用、融资方的手续费、项目公司成立费用等，通常由承租方承担。

在选定融资方并就上述要点达成一致后，双方签署融资租赁意向书，约定融资租赁的主要商务条件。承租人需注意约定交易完成时限，对融资方有一定的约束，避免交易完成时间拖沓，难以控制。

租赁实施阶段第二项工作是融资方案评估：航空公司根据各银行、投资人和租赁公司提供的融资建议书，将各主要条款列出并作逐一比较，对各建议书进行全面评估，评估内容包括融资成本、结构与潜在风险、融资期限、货币和汇率风险以及报价方资信等。如果标的物金额较大或飞机架数较多，需要经过两三轮，逐步缩小考虑的范围，并一一与报价方谈判，选出一个经济、安全、可靠的方案，并签订融资意向书。该项工作一般应在飞机交付前半年左右完成。

租赁实施阶段第三项工作是融资租赁合同谈判：在双方签署融资租赁项目意向书后，即进入合同谈判阶段，约定交易的细节。航空公司一般会聘请在国际上有影响并具有飞机租赁经验的律师事务所，一同审阅出租方起草的融资租赁文件并与融资方/投资方进行谈判。融资租赁文件的审阅应是全面的，避免由于少数条款的疏漏而给航空公司带来不必要的或没有预测到的风险和损失。谈判一般要经过多轮，前期可通过电子邮件和电话会议等方式进行谈判，当各方立场已较接近或时间较紧迫时，各方还需进行面对面的谈判来解决尚存的关键问题。融资租赁合同谈判中一般包括的基本内容主要有12项，依次是：

第一，定义交易各方，通常包括出租人、承租人、贷款人等。第二，定义租赁物件，即飞机的规格、价格和交付时间等。第三，约定提款安排。第四，约定租赁期限。第五，约定租赁利率。第六，约定租金支付方式。第七，约定租赁尾款及租赁方式。第八，约定租赁担保事项。第九，约定保险事项。第十，约定飞机的注册、运营、维修等事项。第十一，约定交易费用的承担。第十二，约定协议终止事件、税务承担、管辖法律以及其他事项。

租赁实施阶段第四项工作是签署融资合同：在解决了所有问题、确定合同文本的结构和内容后，各方正式签订融资租赁有关的合同。飞机融资租赁交易的主要合同有10个。分别是租赁合同、贷款合同、购买转让合同、保险转让合同、利率选择和互换合同、机身（发动机）保修转让合同、飞机抵押合同、权益转让合同、账户质押合同、股权质押合同。

各个合同的主要内容是：

（1）租赁合同，由航空公司与出租人签订，规定租赁的有关条款。

（2）贷款合同，由出租人与融资方（银行或其代理行）签订，规定融资方向出租人提供贷款的有关条款。

（3）购买转让合同，由航空公司、出租人和飞机制造商签订，规定航空公司将飞机购买权转让给出租人。

（4）保险转让合同，由航空公司与出租人签订，规定在航空公司违约等情下将保险权利和政府征用补偿款等转让给出租人的有关条款。

（5）利率选择和互换合同，由航空公司与融资方（银行或其代理行）签订，规定贷款选择固定利率或浮动利率的有关条款。

（6）机身（发动机）保修转让合同，由航空公司与出租人和飞机／发动机制造厂家签订，规定航空公司将发动机保修的条件转让给出租人。

（7）飞机抵押合同，由出租人与融资方（银行或其代理行）签订，规定将飞机抵押给融资方以获得贷款的有关条款。

（8）权益转让合同，由出租人与融资方（银行或其代理行）签订，规定出租人将其飞机项下的权益转让给融资方，作为其归还贷款／履行义务的保证。

（9）账户质押合同，由出租人与融资方（银行或其代理行）签订，规定出租人将其银行账户等质押给银行／代理行，作为其归还贷款／履行义务的保证。

（10）股权质押合同，由出租人的母公司与融资方（银行或其代理行）签订，规定将出租人母公司所拥有的出租人的股权质押给融资方（银行或其代理行），作为其归还贷款／履行义务的保证。

此外，根据融资租赁结构的不同，视情况而定可能还会有其他一些法律文件需要签署，在此不进行赘述。

（三）合同执行阶段

合同执行阶段最重要的工作是飞机交付：在签署租赁协议后，如果出租方为境外公司，承租方需到当地外汇管理部门进行外债登记和提款登记手续，取得外债登记证。

在预计交机前数个工作日，航空公司须根据合同约定向出租人发出飞机交付日期的通知；出租人随即向融资方和投资人发出提款通知，约定提款的金额和时间；融资方和投资人依提款通知中的时间和金额，提供资金给出租人。在飞机计划交付期前一周，承租方派员到飞机交付地点对飞机进行技术检查，包括文件验收和试飞等，技术验收完成后，承租方通知出租方将飞机款支付给飞机制造商。

在飞机交付日，通过融资方、投资人、出租人、航空公司、飞机制造商以及各方律师都在线的电话会议，航空公司确认飞机可以交付状态，飞机制造商收到全款后将飞机交付给出租方，出租方随即交付给承租方，由承租方派机组调机回国。由此，租赁正式开始。

二、国际飞机融资租赁的主要方式——法式税务租赁

现在，我们已经知道，飞机融资租赁是出租人购买承租人（也就是航空公司）选定的飞机，享有飞机所有权，并将飞机出租给承租人，在一定期限内有偿使用的一种具有融资、融物双重职能的租赁方式。租期届满，承租人可以续租，也可以按市场价格或固定价格优先购买，或者按规定条件把飞机偿还给出租人。

融资租赁有多种做法，较多采用的有投资减税杠杆租赁，利用英、美出口信贷支持

的及利用一般商业贷款的融资租赁。

利用跨国杠杆租赁引入飞机，已成为各国航空公司主要的融资方式。按照惯例，国际飞机融资租赁的主要方式有：日式杠杆租赁（也就是节税租赁）、美国进出口银行担保下的财务租赁、欧洲出口信贷支持下的财务租赁及法国税务租赁等。上述各种租赁方式都是与各国的税收优惠和加速折旧等政策相联系的，但各自又有不同的特点。值得注意的是，在国内银行的实际操作中，我们看到近几年法式税务租赁在飞机租赁市场中更受到推崇。以某航空公司C为例，该航空公司为引进9架空客飞机和4架波音飞机向全球招标，中标银团以融资租赁的方式为C公司安排13架飞机的融资。

代理行在法国注册成立13家SPV，由SPV作为借款人向各家银行借款，然后向飞机制造商购买飞机，并作为出租人与航空公司签订飞机租赁协议。13架飞机融资总额为6.7507亿美元，占飞机总价的85%。其中外资银行作为牵头行，提供贷款1.5亿美元，内资银行作为次级参与行，提供贷款5.2507亿美元。航空公司C自有资金1.1913亿美元，占飞机总价的15%。银行贷款期限为10年，利率为6个月LIBOR+35BP，租赁期结束后由C公司以每架飞机10000美元的价格获得飞机的所有权。

该项目中每架飞机的融资单独签订合同，航空公司在每份租赁合同，开始执行之日，向出租人提供的金额为每架飞机价格15%的出资额。借款人与各次级参与行签订次级参与协议，抵押物托管人与次级参与行签订权益转让协议，抵质押托管行与次级参与行签订权益转让合同。银团在每份租赁合同开始执行之日，向出租人提供的金额为每架飞机价格的85%，承租人以租金的形式每半年支付一次本息。由代理行成立抵押品托管机构，抵押品和权利将分别由航空公司、SPV、飞机制造商转让给抵押托管机构，而抵押托管机构将其整体打包转让给银团。SPV作为飞机的所有人，飞机亦计入SPV的资产，按加速折旧计提折旧。由于租金收入远小于折旧及利息支出，因此SPV公司在前几年均处于亏损状态。而外资银行作为SPV的投资主体即母公司，利用集团合并会计报表方式，将SPV的亏损进行税前列支，从而获得合理避税。

外资银行同时会向政府申请一个税收抵免额度，将通过税务租赁方式享受的税收优惠，部分无偿向SPV公司返回，而SPV公司则通过减少航空公司贷款成本的方式，将优惠返还给航空公司，以降低企业的融资成本。这也是外资银行在投标时得以以低利率中标的原因所在。

之所以法国税务租赁在国内得到大力的发展，另外一个原因就是与之前的几种租赁方式相比对期末残值要求不高，在期末航空公司只需支付一个极低的价款即可获得飞机的所有权，这样大大减轻了航空公司租赁期末的资金压力。

租赁模式的选择与投资人状况、各国税收政策，乃至政治外交关系，密切相关。目前，我国飞机租赁业务主要应用于从国外进口飞机并取得飞机使用权。飞机的进口租赁是当前业务的主流，其涉及飞机制造商、航空公司、租赁公司、贷款银行或资本市场租赁安排人、担保银行、保险公司、国家计委、外汇管理局、民航总局、航材公司等多个主体，交易模式复杂，需要进行周密的安排，签署多项合同。

就杠杆租赁飞机而言，主要的法律文件包括但不限于：

1. 主要文件，包括租赁协议、贷款协议、抵押转让协议、保险转让协议、担保协议、抵押协议。

2. 补充文件，包括租赁的补充协议、提款通知书、保险经纪人关于保险转让协议的函件、出租人母公司的同意书、接受证书。

3. 购买文件，包括购机转让协议、购机转让认可书、购买协议、飞机制造商开具的销售单据等。

4. 法律意见，包括承租人律师的法律意见书、飞机制造商的法律意见书。

5. 公司文件，包括出租人的公司文件、承租人的公司文件、担保人的公司文件、安排人的权利和有关交易方的签字样本等。

6. 批准、保险和其他证书，包括保险单、飞机鉴定人的批准书、预扣税的免征书、外汇批准书、承租人和担保人所在政府的批准。

7. 注册文件，包括出口适航证、适航证、飞机注册证书、抵押注册书。

航空运输业本身竞争激烈，其对经济、政治环境具有高度的敏感性，这样航空公司的经营环境相对复杂多变。为了争夺市场，提高盈利能力，航空公司更加注重成本管理和科学灵活的经营战略，它们除继续在飞机租赁中追求较低的融资成本和财务效益外，对租赁形式的灵活性也提出了更高的要求。同时，投资人对投资的安全性日益关注，也成为飞机租赁形式发展创新的原因之一。部分创新手段已在实践中历练成熟，比如：

（1）可退出的融资租赁。这种租赁向承租人提供一种普通的融资租赁办法，但允许承租人在某一个或多个特定日期（"窗口"）将租赁的飞机归还出租人，此后承租人便不再负有债务。它使航空公司获得了全额支付和表外融资的双重好处。

（2）租金支付结构的创新。租金支付变得更加灵活，从而使航空公司可以根据经营特点灵活安排租金支付。如美国税法允许采用如下租金结构：第一，"租金假期"（Rent Holidays）：该段时期内承租人不支付租金，出租人支付债务利息和（或）本金。第二，锯齿（Saw Tooth）结构：允许租金支付额在一年里上下起伏。第三，空翻（Flip）结构：租金在租期的一个或多个时间点上在后付与先付之间交替。

（3）在经营租赁中增加购买选择权。日本出现过这样的做法：航空公司在租赁满约10年后享有一个提前购买选择权。如果航空公司不执行这一选择权，租金就会在未来大约两年内增加，之后飞机由出租人收回。带购买选择权的经营租赁形式虽然对航空公司的现金流提出了更高要求，但也为航空公司提供了购买飞机、获得残值优惠的机会。这种租赁形式的另一个优势是降低了投资人的飞机残值风险，因而更易于吸收投资。

飞机租赁形式的发展打破了融资租赁和经营租赁的固定模式，体现了融资租赁和经营租赁的优势互补。它丰富了飞机租赁的形式，提高了飞机租赁服务的灵活性。同时，目前的融资租赁模式已超出传统三方当事人范畴，银行、信托公司、投资企业等均得以参与其中，比如：①租赁公司作为中介和交易安排人，与其他主体形成良好的合作与互补关系；②整个模式的安排降低了交易风险，银行借以寻求到理想的客户对象；③投资者借以找到理想的投资机会；④灵活的交易安排使承租人更加易于接受。

补充阅读：

香港飞机租赁新税法

2017年7月7日，香港立法会正式通过了《2017年税务（修订）（第3号）条例》，这个条例对香港飞机租赁业有重大影响。由于众所周知的原因，爱尔兰的税收优惠政策是其飞机租赁行业取得全球领先地位的一大利器，因此税收政策的优劣往往决定着飞租赁行业在该市场的存在和发展程度。

香港作为全球重要的飞机租赁市场之一，其主要竞争对手是爱尔兰和新加坡。其中爱尔兰占据了50%以上的市场份额，而近些年来，香港却有逐步被边缘化的趋势。怎么办？穷则思变，深感焦虑的香港最终在2017年7月7日，香港立法会正式通过了《2017年税务（修订）（第3号）条例》，来改变这种不利局面。下面我们对香港这个条例进行一些分析。

首先，我们看一下《2017年税务（修订）（第3号）条例》的核心是什么。条例共38页，但是核心的内容就2条，对于香港租赁公司的飞机经营租赁业务就是：

一是"合格飞机出租人（一般为SPV）就租金总收入减去可扣减费用（不包括折旧）后应税利润的20%缴纳利得税。

二是合格飞机出租人和合格飞机租赁管理人（一般为SPV的实际控制者和管理者，也就是通常意义上的Lessor，比如GECAS等）可按照正常企业所得税（16.5%）的50%来缴纳利得税。其中，关于合格飞机出租人和合格飞机租赁管理人的定义我们在后面会详细说明。在直观上，这个税收政策使飞机租赁业务的有效税率降到1.65%（20%×16.5%×50%）。下面，我们拿一个具体的例子来计算一下这个税率对于租赁公司的利润表影响如何，以及与爱尔兰的税收政策对比一下优劣。

例如：假定购买1架B737-800飞机，售价4000万美元，租期10年，月租金35万美元，飞机每年会计折旧3.4%（25年，15%残值），到期后以110%的账面价值出售，公司每年管理费用为租金的5%，飞机期末处置费用为售价的3%。对应贷款3000万美元，期限10年，balloon（也就是气球贷款）为40%（也就是1200万美元），利率4%。

对于香港来讲，飞机租赁企业所得税税率1.65%，飞机每年折旧3.4%，10年后的残值为2640万美元。香港没有资本利得税，飞机持有期在3年以上可归为资本资产（capital assets）一类。

对于爱尔兰来说，企业所得税税率12. 5%，飞机每年税务折旧12. 5%，10年后的税务残值为0，以前年度亏损可以向后无限期延续以抵扣以后年度利润，直到抵扣完成为止。

假设飞机在第10年以高于账面价值10%出售，在不考虑预提所得税的情况下，那么从项目的整体收益和税收成本角度考虑，租赁公司更应该在香港还是爱尔兰开展相关的业务呢？我们来详细比较一下！

首先，在会计利润方面，无论是香港还是爱尔兰，其实都是一样的，具体计算方式如下：

10Year	Total
+ Rental Revenue	42,000,000
+ Aircraft Dispose Revenue	29,040,000
− Interest Expense	8,992,370
− Administration Expense	2,971,200
− Accounting Depreciation	13,600,000
− Aircraft Dispose Cost	26,400,000
Accounting Profit	**19,076,430**

其中，每年具体的会计利润情况如下：

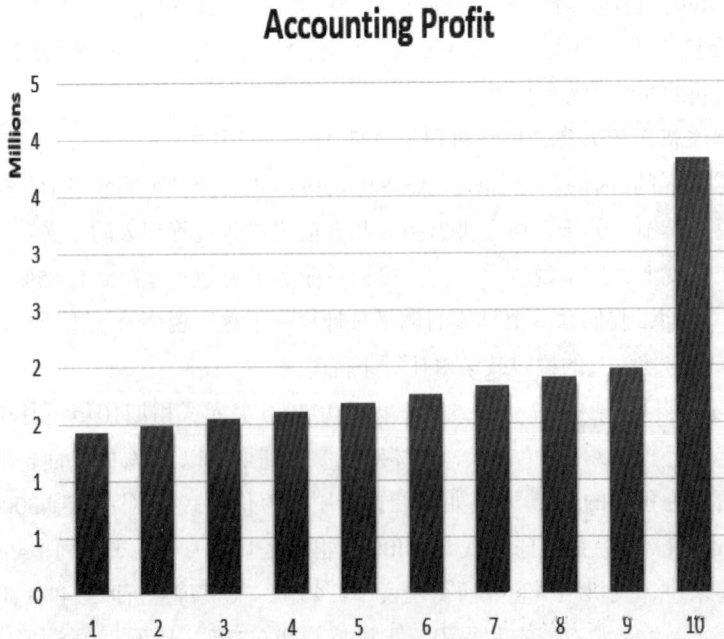

Accounting Profit

也就是说，无论是香港还是爱尔兰，此项目十年合计会计利润都是1907万美元。接下来是重点，公司在两地缴纳的税费却是大相径庭。

首先看看香港公司如何缴税：

+	Accounting Profit	19,076,430
	Add	
+	Accounting Depreciation	13,600,000
−	Aircraft Disposal Cost	26,400,000
	Less:	
−	Capital Asset Disposal Revenue	29,040,000
	Tax Profit	30,036,430
	Income tax expense	**495,601**
	Effective tax(Income tax expense/Accounting−Profit)	**2.60%**

对这个表，我们解释一下：首先，根据香港税法，折旧不允许税前抵扣，所以要在会计利润的基础上加回来；其次，当符合条件的出租人持有飞机超过3年时，飞机相当于资本资产，而公司在处置资本资产时所得收益是无须缴纳所得税的。因此在第10年出售飞机时，公司无须就飞机处置所得进行纳税，需要将飞机处置的成本加回，并将处置收入减去。

经过上面的两步调整，我们得到了公司的应税利润，公司应税利润中只有20%需要纳税，并且税率为8.25%，由此得到实际税费49.5万美元，用实际税费除以会计利润，我们就得到了公司的整体有效税率为2.6%。这个税率是非常低的。

当然，2.6%其实是一个整体有效税率，而在十年中每一年有效税率其实各不相同，具体原因是利息费用逐年递减，导致会计利润逐年递增，并且其增长速度大于税费增长速度，从而有效税率逐年递减，具体情况如下：

+	Accounting Profit	19,076,430
	Add	
+	Accounting Depreciation	13,600,000
–	Aircraft Disposal Cost	26,400,000
	Less:	
–	Capital Allowance	40,000,000
	Tax Profit	19,076,430
	Income tax expense	**495,601**
	Effective tax(Income tax expense/Accounting–Profit)	**2.60%**

　　接着，我们再来看看爱尔兰公司如何缴税：

　　解释一下，根据爱尔兰税法，飞机在税务上采用8年加速折旧政策，因此在计算应税利润时首先应该将会计折旧加回，然后再减去税务折旧。这导致该项目从第1年到第8年一直亏损，而第8年累计亏损达到峰值（负1586万美元），因为飞机在前8年已经完成税务折旧，从第9年开始就不会再有税务折旧产生，但由于前期积累了大量亏损，这些亏损还是可以延续到以后年度抵扣，所以在第9年公司的累计亏损仍然为负值。公司在该租赁的前9年，都不用缴纳所得税。

　　第10年，公司处置了飞机，虽然在计算会计利润时扣除了飞机的会计账面成本（2640万美元），但是在税务上飞机的账面价值已经为零，因此处置飞机的账面成本应该加回，然后继续抵扣以前年度亏损，经过调整后得到了一个金额较大的应税利润（1907万美元）。而公司需要就此利润按照12.5%税率缴纳所得税，实际税费为238万美元。公司在第十年的有效税率为62.2%，但是整体有效税率为12.5%。

　　通过以上分析，我们知道香港公司十年累计纳税49.5万美元，而爱尔兰公司十年累计纳税达到238万美元。进一步，为排除货币时间价值的影响，现在以9%的折现率对两者进行折现，得到下图：

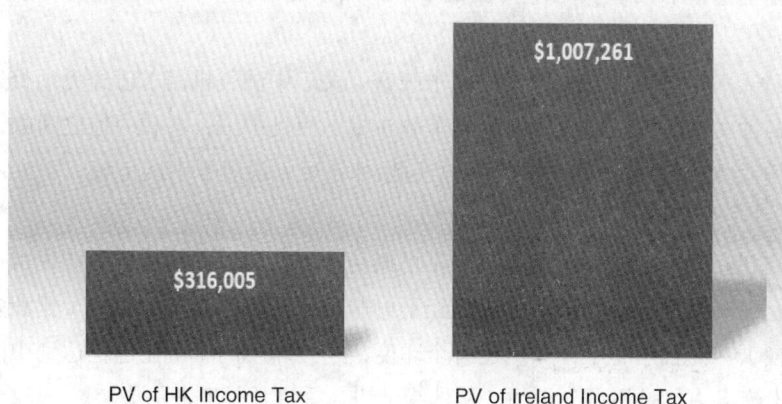

PV of Tax paid in HK and Ireland

$1,007,261

$316,005

PV of HK Income Tax   PV of Ireland Income Tax

通过比较，现在我们终于可以说，还是香港新税法的实际税率低！

那么，香港如此优惠的税率有限制条件吗？

其实在该法令最早的版本中是有个影响较大的限制条件，就是要求飞机承租人必须是"non-Hong Kong Operator"，但由于凡在香港有收入的航空公司（比如有航线或者经停）都可以被香港政府征税，都可以化为"Hong Kong Operator"这一类，因此很多国际上的大航空公司就不适用这套税法，导致优惠税收政策适用范围减小。但是最终的版本里，这个限制已经被拿掉了。

香港新税法中还是有一些限制条件的，总结下来是如下三条：

第一是关于合格飞机出租人的：（1）不能是航空公司；（2）必须是单机公司（也就是SPV）；（3）公司管理和经营活动集中在香港。

第二是关于合格飞机租赁管理者：（1）不能是航空公司；（2）满足safe-harbour rule，即飞机租赁年度利润占年度总利润不得小于75%，飞机租赁资产占总资产不得小于75%（即使这两条没有满足，公司也可以向Commissioner申请认定）；（3）公司管理和经营活动集中在香港。

第三是关于租赁：必须是经营租赁，不能是融资租赁或者是有条件出售等类似的租赁。

就实际情况而言，这几条限制条件，世界上大多数飞机经营租赁公司都是可以满足的。真正能够限制香港飞机租赁行业发展的可能是另外一些东西，比如双边税收协定，香港现在的协定数量是37个，相比于爱尔兰73个和新加坡84个处于明显劣势。由于税收协定数量少，某些国家的飞机租赁业务就做不了，进而就无法吸引国际性租赁公司将公司的主体迁移到香港。

但这次香港的飞机租赁新税法仍然不失为其打开局面的一剂良药，原因包括三个方面：

一是税率确实低，不是一般的低。租赁公司在转移租赁地点时难免会考虑转换成本，但如果能够节省的税费大于转换成本，虽然不能说100%会转，但也将极大促进转换的发生。

二是背靠大树好乘凉，中国飞机需求旺盛。关于中国飞机需求已经无须赘述了，各种预测，各种文章，关于这方面的论述车载斗量。而且中国香港和内地之间的预提税是5%，比爱尔兰和中国之间的预提所得税还低1%，可以说对于中国市场，香港占尽了天时地利。

三是飞机租赁行业的全球重心已经不可避免地开始向亚洲偏移。不能说得亚洲者得天下，但是飞机租赁行业的全球重心已经不可避免地开始向亚洲偏移了（亚洲多新增，欧美多替换）。而且别忘了，亚洲还有个印度，一旦印度的城市化进程达到中国目前的水平，其发展潜力也是不可限量的。从地缘上讲，香港才是亚洲的中心。

补充阅读：

融资租赁税收有关的规章及文件汇总

1. 关于融资租赁业营业税计税营业额问题的通知
（财税字〔1999〕183号）

各省、自治区、直辖市、计划单列市财政厅（局）、国家税务局、地方税务局：

财政部、国家税务总局《关于转发〈国务院关于调整金融保险业税收政策有关问题的通知〉的通知》（财税字〔1997〕045号）规定：纳税人经营融资租赁业务，以其向承租者收取的全部价款和价外费用（包括残值）减去出租方承担的出租货物的实际成本后的余额为营业额。出租货物的实际成本，包括由出租方承担的货物购入价、关税、增值税、消费税、运杂费、安装费、保险费等费用。最近，一些地方来函询问融资租赁企业的境外外汇借款利息支出在征税时能否予以扣除，现明确如下：

纳税人经营融资租赁业务，以其向承租者收取的全部价款和价外费用减去出租方承担的出租货物的实际成本后的余额为营业额，并依此征收营业税。出租货物的实际成本，包括纳税人为购买出租货物而发生的境外外汇借款利息支出。

本规定自1999年7月1日起执行。此前各地在执行中不论是否允许扣除境外外汇借款利息支出，对纳税人以往的营业额均不再调整。

2. 关于营业税若干政策问题的通知
（财税〔2003〕16号,节选有关融资租赁内容）

各省、自治区、直辖市、计划单列市财政厅（局）、地方税务局，新疆生产建设兵团财务局：

经研究，现对营业税若干业务问题明确如下：

二、关于适用税目问题

（六）双方签订承包、租赁合同（协议，下同），将企业或企业部分资产出包、租赁，出包、出租者向承包、承租方收取的承包费、租赁费（承租费，下同）按"服务业"税目征收营业税。出包方收取的承包费凡同时符合以下三个条件的，属于企业内部分配行为不征收营业税：

1.承包方以出包方名义对外经营，由出包方承担相关的法律责任；

2.承包方的经营收支全部纳入出包方的财务会计核算；

3.出包方与承包方的利益分配是以出包方的利润为基础。

（十一）经中国人民银行、外经贸部和国家经贸委批准经营融资租赁业务的单位从事融资租赁业务的，以其向承租者收取的全部价款和价外费用（包括残值）减除出租方承担的出租货物的实际成本后的余额为营业额。

以上所称出租货物的实际成本，包括由出租方承担的货物的购入价、关税、增值税、消费税、运杂费、安装费、保险费和贷款的利息（包括外汇借款和人民币借款利息）。

本通知自2003年1月1日起执行。

3. 国家税务总局关于融资租赁业务征收流转税问题的补充通知

按照《国家税务总局关于融资租赁业务征收营业税问题的通知》的规定，对经对外贸易经济合作部批准的经营融资租赁业务的外商投资企业和外国企业开展的融资租赁业务，与经中国人民银行批准的经营融资租赁业务的内资企业开展的融资租赁业务同样对待，按照融资租赁征收营业税。因此，《国家税务总局关于融资租赁业务征收流转税问题的通知》的有关规定，同样适用于对外贸易经济合作部批准经营融资租赁业务的外商投资企业和外国企业所从事的融资租赁业务。

4. 关于融资租赁业务征收流转税问题的通知
（国税函〔2005〕514号）

据了解，目前一些地区在对融资租赁业务征收流转税时，政策执行不一，有的征收增值税，有的征收营业税，为统一增值税政策，严肃执法，现就有关问题明确如下：

对经中国人民银行批准经营融资租赁业务的单位所从事的融资租赁业务，无论租赁的货物的所有权是否转让给承租方，均按《中华人民共和国营业税暂行条例》的有关规定征收营业税，不征收增值税。其他单位从事的融资租赁业务，租赁的货物的所有权转让给承租方，征收增值税，不征收营业税；租赁的货物的所有权未转让给承租方，征收营业税，不征收增值税。

融资租赁是指具有融资性质和所有权转移特点的设备租赁业务。即：出租人根据承租人所要求的规格、型号、性能等条件购入设备租赁给承租人，合同期内设备所有权属于出租人，承租人只拥有使用权，合同期满付清租金后，承租人有权按残值购入设备，以拥有设备的所有权。

本通知自公布之日起执行，此前规定与本通知相抵触的，一律以本通知为准。

5. 关于执行企业所得税优惠政策若干问题的通知
（财税〔2009〕69号，节选有关融资租赁内容）

各省、自治区、直辖市、计划单列市财政厅（局）、国家税务局、地方税务局，新疆生产建设兵团财务局：

根据《中华人民共和国企业所得税法》（以下简称企业所得税法）及《中华人民共和国企业所得税法实施条例》（国务院令第512号，以下简称实施条例）的有关规定，现就企业所得税优惠政策执行中有关问题通知如下：

十、实施条例第一百条规定的购置并实际使用的环境保护、节能节水和安全生产专用设备，包括承租方企业以融资租赁方式租入的、并在融资租赁合同中约定租赁期届满时租赁设备所有权转移给承租方企业，且符合规定条件的上述专用设备。凡融资租赁期届满后租赁设备所有权未转移至承租方企业的，承租方企业应停止享受抵免企业所得税优惠，并补缴已经抵免的企业所得税税款。

6. 关于房产税城镇土地使用税有关问题的通知
（财税〔2009〕128号，节选有关融资租赁内容）

各省、自治区、直辖市、计划单列市财政厅(局)、地方税务局，西藏、宁夏、青海省(自治区)国家税务局，新疆生产建设兵团财务局：

为完善房产税、城镇土地使用税政策，堵塞税收征管漏洞，现将房产税、城镇土地使用税有关问题明确如下：

三、关于融资租赁房产的房产税问题

融资租赁的房产，由承租人自融资租赁合同约定开始日的次月起依照房产余值缴纳房产税。合同未约定开始日的，由承租人自合同签订的次月起依照房产余值缴纳房产税。

7. 融资租赁船舶出口退税管理办法

第一章　总则

第一条　根据《财政部海关总署国家税务总局关于在天津市开展融资租赁船舶出口退税试点的通知》（财税〔2010〕24号）的规定，制定本办法。

第二条　主管融资租赁船舶出口企业的国家税务局负责融资租赁船舶出口退税的认定、审核、审批及核销等管理工作。

第三条　融资租赁船舶享受出口退税的范围、条件和具体计算办法按照财税〔2010〕24号文件相关规定执行。

第二章　认定管理

第四条　从事融资租赁船舶出口的企业，应在首份《融资租赁合同》签订之日起30日内，除提供办理出口退（免）税认定所需要的资料外，还应持以下资料办理融资租赁出口船舶退税认定手续：

（一）从事融资租赁业务资质证明；

（二）融资租赁合同（有法律效力的中文版）；

（三）税务机关要求提供的其他资料。

第五条　开展融资租赁船舶出口的企业发生解散、破产、撤销以及其他依法应终止业务的，应持相关证件、资料向其主管退税的税务机关办理注销认定手续。已办理融资租赁船舶出口退税认定的企业，其认定内容发生变化的，须自有关管理机关批准变更之日起30日内，持相关证件、资料向其主管退税税务机关办理变更认定手续。

第三章　申报、审核及核销管理

第六条　采取先期留购方式的，融资租赁企业应于每季度终了的15日内按季单独申报退税；采取后期留购方式的，融资租赁企业应于船舶过户手续办理完结之日起90日内一次性单独申报退税。不同《融资租赁合同》项下的租赁船舶应分开独立申报。

第七条 融资租赁出口船舶企业申报退税时，需使用国家税务总局下发的出口退税申报系统，报送有关出口货物退（免）税申报表。

第八条 采取先期留购方式分批退税的，融资租赁企业首批申报《融资租赁合同》项下出口船舶退税时，除报送有关出口货物退（免）税申报表以外，还应报送《融资租赁出口船舶分批退税申报表》（见附件），从第二批申报开始，只报送《融资租赁出口船舶分批退税申报表》，同时附送以下资料：

（一）首批申报

1.《出口货物报关单》（出口退税专用）；

2.增值税专用发票（抵扣联）；

3.消费税税收（出口货物专用）缴款书（出口消费税应税船舶提供）；

4.与境外承租人签订的《融资租赁合同》；

5.收取租金时开具的发票；

6.承租企业支付外汇汇款收账通知；

7.税务机关要求提供的其他资料。

（二）第二批及以后批次申报

1.收取租金时开具的发票；

2.承租企业支付外汇汇款收账通知；

3.税务机关要求提供的其他资料。

第九条 采取后期留购方式一次性退税的，附送以下资料：

（一）《出口货物报关单》（出口退税专用）；

（二）增值税专用发票（抵扣联）；

（三）消费税税收（出口货物专用）缴款书（出口消费税应税船舶提供）；

（四）与境外承租人签订的《融资租赁合同》；

（五）融资租赁企业开具的该租赁船舶的销售发票；

（六）所有权转移证书以及海事局出具的该租赁船舶的过户手续；

（七）税务机关要求提供的其他资料。

第十条 对属于增值税一般纳税人的融资租赁船舶出口企业，主管退税税务机关须在增值税专用发票稽核信息核对无误的情况下，办理退税。对非增值税一般纳税人的融资租赁船舶出口企业，主管退税税务机关须进行发函调查，在确认发票真实、发票所列船舶已按照规定申报纳税后，方可办理退税。

第十一条 主管退税税务机关应通过出口退税审核系统受理企业申报，并按照财税〔2010〕24号中规定的计算方法审核、审批融资租赁出口船舶退税。

第十二条 凡采取先期留购方式实行分批退税的，租赁期满后，融资租赁企业于90日内，持以下资料向主管退税税务机关办理退税核销手续：

（一）开具的租赁船舶销售发票；

（二）所有权转移证书以及海事局出具的该租赁船舶的过户手续；

（三）税务机关要求提供的其他资料。

第十三条 对于逾期未办理退税核销手续以及核销资料不齐备的，主管退税的税务机关应追缴已退税款。

第十四条 对承租期未满而发生退租的，主管税务机关应追缴已退税款，同时按当期活期存款利率收取利息。收取利息的计息期间由税款退付转讫之日起到补缴税款入库之日止。

第四章 附则

第十五条 对融资租赁船舶出口企业采取假冒退税资格、伪造《融资租赁合同》、提供虚假退税申报资料等手段骗取退税款的，按照现行有关法律、法规处理。

第十六条 本办法由国家税务总局负责解释。

第十七条 本办法从2010年4月1日起执行。

8. 关于融资性售后回租业务中承租方出售资产行为有关税收问题的公告 (国家税务总局公告〔2010〕13号)

现就融资性售后回租业务中承租方出售资产行为有关税收问题公告如下：

融资性售后回租业务是指承租方以融资为目的将资产出售给经批准从事融资租赁业务的企业后，又将该项资产从该融资租赁企业租回的行为。融资性售后回租业务中承租方出售资产时，资产所有权以及与资产所有权有关的全部报酬和风险并未完全转移。

一、增值税和营业税

根据现行增值税和营业税有关规定，融资性售后回租业务中承租方出售资产的行为，不属于增值税和营业税征收范围，不征收增值税和营业税。

二、企业所得税

根据现行企业所得税法及有关收入确定规定，融资性售后回租业务中，承租人出售资产的行为，不确认为销售收入，对融资性租赁的资产，仍按承租人出售前原账面价值作为计税基础计提折旧。租赁期间，承租人支付的属于融资利息的部分，作为企业财务费用在税前扣除。

本公告自2010年10月1日起施行。此前因与本公告规定不一致而已征的税款予以退税。

9. 关于在天津市开展融资租赁船舶出口退税试点的通知
(财税〔2010〕24号)

天津市财政局、国家税务局，天津海关：

经国务院批准，对融资租赁企业经营的所有权转移给境外企业的融资租赁船舶出口，在天津市实行为期1年的出口退税试点。现将有关事项通知如下：

一、本通知所称"融资租赁"是指，出租人根据承租人对租赁物和供货人的选择或认可，将其从供货人上取得的租赁船舶按合同约定出租给承租人占有、使用，向承租人收取租金的交易活动。

二、本通知所称"融资租赁企业"是指，在天津市辖区内登记注册并属于中国银行业监督管理委员会批准设立的金融租赁公司、商务部批准设立的外商投资融资租赁公司、商务部和国家税务总局共同批准开展融资业务试点的内资融资租赁企业。

三、本通知所称《融资租赁合同》是指，出租人根据承租人对出卖人、租赁物的选择，向出卖人购买租赁物，提供给承租人使用，承租人支付租金的合同。

四、本通知所称"所有权转移给境外企业的融资租赁船舶出口"是指：

（一）先期留购方式，即：在已经签订的《融资租赁合同》中明确约定承租人对该租赁船舶在承租期满后已经选择了留购方式。

（二）后期留购方式，即，在已签订的《融资租赁合同》中并未对租赁船舶是否留购进行选择。但是，在融资租赁期满时承租人对该租赁船舶选择了留购方式的交易行为。

五、融资租赁企业从事融资租赁船舶出口，在天津海关报关出口时，在《海关出口货物报关单》上填写"租赁货物（1523）"。

六、融资租赁出口的租赁船舶实行增值税"免退税"办法，即：该出口租赁船舶的出口销项免征增值税，其购进的进项税款予以退税。涉及消费税的应税消费品，已征税款予以退还。

七、退税办法

（一）对采取先期留购方式的融资租赁船舶出口业务，实行分批退税。即，按照租赁合同规定的收取租赁船舶租金的进度分批退税。

1.融资租赁出口企业凭购进租赁船舶的《增值税专用发票》、《海关出口货物报关单（出口退税专用）》、与承租人签订的《融资租赁合同》、收取租金开具的发票以及承租企业支付租金的外汇汇款收账通知，到当地主管退税的国家税务机关办理退税。具体退税计算公式为：

当期应退税款=应退税款总额÷该租赁船舶的租金总额×本次收取租金的金额

应退税款总额=购入该租赁船舶增值税专用发票上注明的不含税金额×该租赁船舶的适用增值税退税率+购入该租赁船舶增值税专用发票上注明的不含税金额（或出口数

量）×适用消费税税率（或单位税额）

2.对承租期未满而发生退租的，由国家税务局追缴已退税款，同时按当期活期存款收取利息。

3.租赁期满后，融资租赁企业应持融资租赁企业开具的该租赁船舶的《销售专用发票》、《所有权转移证书》、海事局出具的该租赁船舶的过户手续，及以税务部门要求出具的其他要件，在当地税务机关结清应退税款，办理核销手续。

（二）对采取后期留购方式的融资租赁船舶出口业务，实行租赁船舶在所有权真正转移时予以一次性退税。

融资租赁出口企业凭购进租赁船舶的《增值税专用发票》、《海关出口货物报关单（出口退税专用）》、与承租人签订的《融资租赁合同》、融资租赁企业开具的该租赁船舶的《销售发票》、《所有权转移证书》、海事局出具的该租赁船舶的过户手续，以及税务部门要求出具的其他要件，在当地税务机关办理退税手续。

增值税应退税款计算公式为：

应退税款=购入该租赁船舶增值税专用发票上注明的不含税金额×该租赁船舶的适用增值税退税率

消费税应退税计算公式为：

应退消费税税额=购入该租赁船舶增值税专用发票上注明的不含税金额×适用消费税税率。

八、对采取后期留购方式的，在租借期间发生租赁船舶归还进口的，海关不征收进口关税和进口环节税。

九、对非留购的融资租赁出口租赁船舶出口不退税，无论在租赁期满之前，还是期满之后，发生租赁船舶归还进口，海关不征收进口关税和进口环节税。

十、融资租赁船舶出口退税的具体管理办法由国家税务总局另行制定；进口税收的具体管理办法由海关总署另行制定。

十一、本通知自2010年4月1日起施行。具体以《海关出口货物报关单（出口退税专用）》上注明的出口日期为准。

十二、有关部门要密切关注试点情况，发现问题应及时反馈上级部门，并提出解决问题的建议。

10. 关于进一步规范飞机租赁中的大修储备金、赔偿金和企业所得税等费用的海关税收问题 (海关总署公告2010年第47号)

为进一步规范飞机租赁中的大修储备金、赔偿金和企业所得税等费用的海关税收问题，便利企业通关和海关管理，根据《海关审定进出口货物完税价格办法》（海关总署令第148号，以下简称《审价办法》）及其他有关规定，现就有关事宜公告如下：

一、维修费用

（一）在飞机租赁合同中约定的由承租人承担的维修检修（即通常所称的大修），无论发生在境内或境外，其费用均按租金计入完税价格。

（二）在飞机租赁合同约定范围外，由承租人自行从事的维修，其费用发生在境内的不征税；发生在境外的，按照《审价办法》第31条的规定审价征税。

（三）飞机租赁结束时未退还承租人的维修保证金，按租金计入完税价格。

（四）对飞机租赁结束时，承租人因未符合交还飞机条件而向出租人支付的赔偿费用，按租金计入完税价格。

二、国内税收

对于出租人为纳税义务人，而由承租人依照合同约定，在合同规定的租金之外另行为出租人承担的国内税收（包括企业所得税、营业税等），视为间接支付的租金，计入完税价格。

三、保险费用

在飞机租赁合同中约定的由承租方支付的机身、零备件一切险，不管发生在国外还是国内，视为间接支付的租金，应计入租金的完税价格；承租人为飞机租赁期间保持正常营运投保，如旅客意外伤害险等，不计入完税价格。

在航空保单无法区分飞机的机身、零备件一切险、第三者责任险、运营险等险种保费的情况下，有关航空保费不计入租金的完税价格。

四、溯及力

本公告发布以前，租赁合同已经履行完毕的，原征税款不再依据本公告进行调整；租赁合同未履行完毕的，应依据本公告做出相应的税款调整。

11. 关于跨境设备租赁合同继续实行过渡性营业税免税政策的通知
（财税〔2011〕48号）

各省、自治区、直辖市、计划单列市财政厅(局)、地方税务局，北京、西藏、宁夏、青海省(自治区、直辖市)国家税务局，新疆生产建设兵团财务局：

经国务院批准，现对2008年12月31日前签订的并在此前尚未执行完毕的境外向境内出租设备合同(以下简称跨境设备租赁老合同)有关营业税政策通知如下：

一、自2010年1月1日起至合同到期日，对境外单位或个人执行跨境设备租赁老合同(包括融资租赁和经营性租赁老合同)取得的收入，继续实行免征营业税的过渡政策。

二、跨境设备租赁老合同是指同时符合以下条件的合同：

（一）2008年12月31日前(含)以书面形式订立，且租赁期限超过365天；

（二）合同标的物为飞机、船舶、飞机发动机、大型发电设备、机械设备、大型环保设备、大型建筑施工机械、大型石油化工成套设备、集装箱及其他设备，且合同约定的年均租赁费不低于50万元人民币；

（三）合同标的物、租赁期限、租金条款不发生变更；

合同标的物、租赁期限、租金条款未变更而出租人发生变更的，仍属于本通知所称跨境设备租赁老合同。

（四）2009年12月31日前(含)境内承租人(或通过其境外所属公司)按合同约定的金额已通过金融机构向境外出租人以外汇形式支付了租金(包括保证金或押金，下同)。

三、境内承租方应于2011年9月30日前持跨境设备租赁老合同、已付租金的付款凭证及出租方相应的发票(或账单)的原件和复印件，以及主管税务机关要求的其他材料到主管税务机关办理备案手续。

四、自2010年1月1日至发文之日，纳税人已缴、多缴或扣缴义务人已扣缴、多扣缴的上述应予免征的营业税税款，允许其从以后应缴或应扣缴的营业税税款中抵减，2011年年底前抵减不完的予以退税。

12. 关于进一步明确飞机租赁中相关费用税收问题
（海关总署公告2011年第55号）

为规范飞机租赁的海关税收管理，海关总署发布了2010年第47号公告（以下简称47号公告）对有关问题予以明确。根据47号公告的执行情况，现将有关问题进一步明确如下：

一、47号公告中所称"租赁"是指经营性租赁。

二、47号公告中所称"在飞机租赁合同中约定的由承租人承担的维修检修（即通常所称的大修）"，是指在飞机租赁合同中约定的针对机身、起落架、辅助动力装置（APU）、发动机、发动机时寿件等5部分进行的检修（以下简称飞机大修），即承租方在租赁期内根据飞机生产厂商维修方案的要求定期进行的飞机机身结构检修、发动机核心机深度维修、发动机时寿件更换、辅助动力装置性能恢复、起落架翻修等。

三、飞机大修在境内进行的，承租人所支付费用发票中单独列明的增值税等国内税收、境内生产的零部件和材料费用及已征税的进口零部件和材料费用不计入完税价格。

四、承租人应在支付大修费用后30日内向其所在地海关（以下简称主管海关）申报办理纳税手续。

五、按照47号公告第二条规定，承租人因对外支付租金而代出租人缴纳的企业所得税、营业税等国内税收，视为间接支付的租金计入完税价格的，应随下一次支付的租金一同向主管海关申报办理纳税手续；对于为支付最末一期租金而代缴的上述国内税收，承租人应在代缴国内税款后30日内向主管海关申报办理纳税手续。

六、承租人在实际送大修前对外支付飞机大修储备金的，海关暂不征收税款或保证金。

七、在租赁合同期满承租人退租时，海关审核飞机大修费用的最终实际结算情况，根据实际结算费用调整的情况征税或退税。经审核需要退税的，海关按承租人此前最后一次申报租金征税时适用的税率、汇率计算应退税款。

八、飞机大修在境外进行的，承租人应在出、进境的报关单备注栏注明"租赁合同规定的大修货物"。进境时海关按照"修理物品"监管方式、"一般征税"征免性质、"全免"征免方式办理进境手续。承租人在主管海关集中办理大修费用纳税手续时，应在报关单备注栏注明此前飞机在境外大修后进境申报时的报关单编号。

九、送往境外进行维修检修的飞机及其零部件，进境时不能证明属于租赁合同规定的大修的，海关按"修理物品"的相关规定办理征税进口手续。

十、对于租赁合同在47号公告发布之日尚未完全履行完毕的，海关对已履行部分所征税款不再调整，对未履行部分依照47号公告的规定计征税款。

13. 天津东疆保税港区融资租赁货物出口退税管理办法

为确保在天津东疆保税港区顺利试行融资租赁货物出口退税政策，国家税务总局制定了《天津东疆保税港区融资租赁货物出口退税管理办法》。现予以公布，自2012年7月1日起开始施行。

第一章 总则

第一条 根据《财政部海关总署国家税务总局关于在天津东疆保税港区试行融资租赁货物出口退税政策的通知》（财税〔2012〕66号）的规定，制定本办法。

第二条 享受出口退税政策的融资租赁企业（以下称融资租赁出租方）的主管国家税务局负责出口退税资格的认定及融资租赁出口货物、融资租赁海洋工程结构物（以下称融资租赁货物）的出口退税审核、审批等管理工作。

第三条 享受出口退税的融资租赁出租方和融资租赁货物的范围、条件以及出口退税的具体计算办法按照财税[2012]66号文件相关规定执行。

第二章 税务登记、退税认定管理

第四条 融资租赁出租方应在所在地主管国家税务局办理税务登记。

第五条 融资租赁出租方在首份融资租赁合同签订之日起30日内，除提供办理出口退税资格认定所需要的资料外（经营海洋工程结构物融资租赁出租方仅提供银行开户许可证），还应持以下资料办理融资租赁货物退税资格认定手续：

（一）从事融资租赁业务资质证明；

（二）融资租赁合同（有法律效力的中文版）；

（三）税务机关要求提供的其他资料。

本办法下发前已签订融资租赁合同的融资租赁出租方，可向主管退税税务机关申请补办出口退税资格的认定手续。

第六条 融资租赁出租方发生解散、破产、撤销以及其他依法应终止业务的，应持相关证件、资料及时向其主管退税税务机关办理注销退税资格认定手续。退税资格认定内容发生变化的，融资租赁出租方须自有关管理机关批准变更之日起30日内，持相关证件、资料向其主管退税税务机关办理变更手续。

第三章 申报、审核管理

第七条 融资租赁出租方应在融资租赁货物报关出口或购进海洋工程结构物增值税专用发票开票之日次月起至次年4月30日前的各增值税纳税申报期内，收齐有关凭证，向主管税务机关办理融资租赁货物增值税、消费税退税申报。不同融资租赁合同项下的融资租赁货物应分开单独申报。申请退税时，须附送以下资料：

（一）融资租赁出口货物

1.《出口货物报关单》（出口退税专用，仅限天津境内口岸海关签发）；

2.购进出口货物取得的增值税专用发票（抵扣联）或海关（进口增值税）专用缴款书；

3.消费税税收（出口货物专用）缴款书或海关（进口消费税）专用缴款书；

4.与境外承租人签订的租赁期在5年（含）以上的融资租赁合同；

5.税务机关要求提供的其他资料。

（二）融资租赁海洋工程结构物

1.向海洋工程结构物承租人收取首笔租金时开具的发票；

2.购进海洋工程结构物时取得的增值税专用发票（抵扣联）或海关（进口增值税）专用缴款书；

3.消费税税收（出口货物专用）缴款书或海关（进口消费税）专用缴款书；

4.与承租人签订的租赁期在5年（含）以上的融资租赁合同；

5.列名海上石油天然气开采企业收货清单；

6.税务机关要求提供的其他资料。

第八条 属于增值税一般纳税人的融资租赁出租方购进融资租赁货物取得的增值税专用发票，融资租赁出租方应在规定的认证期限内办理认证手续。属于增值税一般纳税人的融资租赁出租方的退税申请，主管退税税务机关应在增值税专用发票稽核信息、海关（进口增值税）专用缴款书核对无误的情况下办理退税。属于非增值税一般纳税人的融资租赁出租方的退税申请，主管退税税务机关应发函调查，在确认增值税专用发票真实、发票所列货物已按照规定申报纳税后，方可办理退税。

第九条 融资租赁出租方采购融资租赁货物的增值税专用发票、海关（进口增值税）专用缴款书已申报抵扣的，不得申报退税。已申报退税的增值税专用发票、海关（进口增值税）专用缴款书，融资租赁出租方不得再申报进项税额抵扣。

第十条 主管退税税务机关应按照财税[2012]66号中规定的计算方法审核、审批融资租赁货物退税。

第十一条 对承租期未满而发生退租的融资租赁货物，融资租赁出租方应及时主动向主管退税税务机关报告，并按下列规定补缴已退税款：

（一）对上述融资租赁出口货物再复进口时，主管退税税务机关应按规定追缴融资租赁出租方的已退税款，并对融资租赁出口货物出具货物已补税或未退税证明。

（二）对融资租赁海洋工程结构物发生退租的，主管退税税务机关应按规定追缴融资租赁出租方的已退税款。

第四章 附则

第十二条 融资租赁出租方采取假冒退税资格、伪造、擅自涂改融资租赁合同、提供虚假退税申报资料等手段骗取退税款的，按照现行有关法律、法规处理。

第十三条 本办法从2012年7月1日起执行。

14. 关于将铁路运输和邮政业纳入营业税改征增值税试点的通知
（财税〔2013〕106号，节选有关融资租赁内容）

附件1：营业税改征增值税试点实施办法

第一章 纳税人和扣缴义务人

第二条 单位以承包、承租、挂靠方式经营的，承包人、承租人、挂靠人（以下统称承包人）以发包人、出租人、被挂靠人（以下统称发包人）名义对外经营并由发包人承担相关法律责任的，以该发包人为纳税人。否则，以承包人为纳税人。

第二章 应税服务

第八条 应税服务，是指陆路运输服务、水路运输服务、航空运输服务、管道运输服务、邮政普遍服务、邮政特殊服务、其他邮政服务、研发和技术服务、信息技术服务、文化创意服务、物流辅助服务、有形动产租赁服务、鉴证咨询服务、广播影视服务。

第三章 税率和征收率

第十二条 增值税税率：

（一）提供有形动产租赁服务，税率为17%。

（二）提供交通运输业服务、邮政业服务，税率为11%。

（三）提供现代服务业服务（有形动产租赁服务除外），税率为6%。

（四）财政部和国家税务总局规定的应税服务，税率为零。

附件2：营业税改征增值税试点有关事项的规定

（四）销售额

1.融资租赁企业

（1）经中国人民银行、银监会或者商务部批准从事融资租赁业务的试点纳税人，提供有形动产融资性售后回租服务，以收取的全部价款和价外费用，扣除向承租方收取的有形动产价款本金，以及对外支付的借款利息（包括外汇借款和人民币借款利息）、发行债券利息后的余额为销售额。

融资性售后回租，是指承租方以融资为目的，将资产出售给从事融资租赁业务的企业后，又将该资产租回的业务活动。

试点纳税人提供融资性售后回租服务，向承租方收取的有形动产价款本金，不得开具增值税专用发票，可以开具普通发票。

15. 融资租赁货物出口退税管理办法
（国家税务总局公告2014年第56号）

根据《财政部海关总署国家税务总局关于在全国开展融资租赁货物出口退税政策试点的通知》（财税〔2014〕62号），国家税务总局制定了《融资租赁货物出口退税管理办法》。现予以公布，自2014年10月1日起施行。

第一章 总则

第一条 根据《财政部海关总署国家税务总局关于在全国开展融资租赁货物出口退税政策试点的通知》（财税〔2014〕62号）的规定，制定本办法。

第二条 享受出口退税政策的融资租赁企业（以下称融资租赁出租方）的主管国家税务局负责出口退（免）税资格的认定及融资租赁出口货物、融资租赁海洋工程结构物（以下称融资租赁货物）的出口退税审核、审批等管理工作。

第三条 享受出口退税的融资租赁出租方和融资租赁货物的范围、条件以及出口退税的具体计算办法按照财税〔2014〕62号文件相关规定执行。

第二章 税务登记、出口退（免）税资格认定管理

第四条 融资租赁出租方在所在地主管国家税务局办理税务登记及出口退（免）税资格认定后，方可申报融资租赁货物出口退税。

第五条 融资租赁出租方应在首份融资租赁合同签订之日起30日内，到主管国家税务局办理出口退（免）税资格认定，除提供《国家税务总局关于发布（出口货物劳务增值税和消费税管理办法）的公告》（国家税务总局公告2012年第24号）规定的资料外（仅经营海洋工程结构物融资租赁的，可不提供《对外贸易经营者备案登记表》或《中华人民共和国外商投资企业批准证书》、中华人民共和国海关进出口货物收发货人报关注册登记证书），还应提供以下资料：

（一）从事融资租赁业务的资质证明；

（二）融资租赁合同（有法律效力的中文版）；

（三）税务机关要求提供的其他资料。

本办法发布前已签订融资租赁合同的融资租赁出租方，可向主管国家税务局申请补办出口退税资格的认定手续。

第六条 融资租赁出租方退（免）税认定变更及注销，按照国家税务总局公告2012年第24号等有关规定执行。

第三章 退税申报、审核管理

第七条 融资租赁出租方应在融资租赁货物报关出口之日或收取融资租赁海洋工程结构物首笔租金开具发票之日次月起至次年4月30日前的各增值税纳税申报期内，收齐有关凭证，向主管国家税务局办理融资租赁货物增值税、消费税退税申报。

第八条 融资租赁出租方申报融资租赁货物退税时，应将不同融资租赁合同项下的融资租赁货物分别申报，在申报表的明细表中"退（免）税业务类型"栏内填写"RZZL"，并提供以下资料：

（一）融资租赁出口货物的，提供出口货物报关单（出口退税专用）；

（二）融资租赁海洋工程结构物的，提供向海洋工程结构物承租人收取首笔租金时开具的发票；

（三）购进融资租赁货物取得的增值税专用发票（抵扣联）或海关（进口增值税）专用缴款书。融资租赁货物属于消费税应税货物的，还应提供消费税税收（出口货物专用）缴款书或海关（进口消费税）专用缴款书；

（四）与承租人签订的租赁期在5年（含）以上的融资租赁合同（有法律效力的中文版）；

（五）融资租赁海洋工程结构物的，提供列名海上石油天然气开采企业收货清单；

（六）税务机关要求提供的其他资料。

第九条 融资租赁出租方购进融资租赁货物取得的增值税专用发票、海关（进口增值税）专用缴款书已申报抵扣的，不得申报退税。已申报退税的增值税专用发票、海关（进口增值税）专用缴款书，融资租赁出租方不得再申报进项税额抵扣。

第十条 属于增值税一般纳税人的融资租赁出租方购进融资租赁货物取得的增值税专用发票，融资租赁出租方应在规定的认证期限内办理认证手续。

第十一条 主管国家税务局应按照财税〔2014〕62号文件规定的计算方法审核、审批融资租赁货物退税。

第十二条 对融资租赁出租方申报退税提供的增值税专用发票，如融资租赁出租方为增值税一般纳税人，主管国家税务局在增值税专用发票稽核信息比对无误后，方可办理退税；如融资租赁方为非增值税一般纳税人，主管国家税务局应发函调查，在确认增值税专用发票真实、按规定申报纳税后，方可办理退税。

第十三条 对承租期未满而发生退租的融资租赁货物，融资租赁出租方应及时主动向主管国家税务局报告，并按下列规定补缴已退税款：

（一）对上述融资租赁出口货物再复进口时，主管国家税务局应按规定追缴融资租赁出租方的已退税款，并对融资租赁出口货物出具货物已补税或未退税证明；

（二）对融资租赁海洋工程结构物发生退租的，主管国家税务局应按规定追缴融资租赁出租方的已退税款。

第四章 附则

第十四条 融资租赁出租方采取假冒出口退（免）税资格、伪造或擅自涂改融资租赁合同、提供虚假退税申报资料等手段骗取退税款的，按照有关法律、法规处理。

第十五条 融资租赁货物出口退税，本办法未作规定的，按照视同出口货物的有关规定执行。

第十六条 本办法自2014年10月1日起施行。融资租赁出口货物的，以出口货物报关单（出口退税专用）上注明的出口日期为准；融资租赁海洋工程结构物的，以融资租赁出租方收取首笔租金时开具的发票日期为准。《国家税务总局关于发布（天津东疆保税港区融资租赁货物出口退税管理办法）的公告》（国家税务总局公告2012年第39号）同时废止。

16. 关于租赁企业进口飞机有关税收政策的通知
（财关税〔2014〕16号）

各省、自治区、直辖市、计划单列市财政厅（局）、国家税务局，新疆生产建设兵团财务局，海关总署广东分署、各直属海关，财政部驻各省、自治区、直辖市、计划单列市财政监察专员办事处：

经国务院批准，自2014年1月1日起，租赁企业一般贸易项下进口飞机并租给国内航空公司使用的，享受与国内航空公司进口飞机同等税收优惠政策，即进口空载重量在25吨以上的飞机减按5%征收进口环节增值税。自2014年1月1日以来，对已按17%税率征收进口环节增值税的上述飞机，超出5%税率的已征税款，尚未申报增值税进项税额抵扣的，可以退还。租赁企业申请退税时，应附送主管税务机关出具的进口飞机所缴纳增值税未抵扣证明（格式见附件）。

海关特殊监管区域内租赁企业从境外购买并租给国内航空公司使用的、空载重量在25吨以上、不能实际入区的飞机，不实施进口保税政策，减按5%征收进口环节增值税。

17. 关于飞机租赁企业有关印花税政策的通知
（财税〔2014〕18号）

各省、自治区、直辖市、计划单列市财政厅（局）、地方税务局，西藏、宁夏、青海省（自治区）国家税务局，新疆生产建设兵团财务局：

为落实《国务院办公厅关于加快飞机租赁业发展的意见》（国办发〔2013〕108号）的有关精神，促进飞机租赁业健康发展，现将有关印花税政策通知如下：

自2014年1月1日起至2018年12月31日止，暂免征收飞机租赁企业购机环节购销合同印花税。

18. 关于营业税改征增值税试点期间有关增值税问题的公告
（国家税务总局公告2015年第90号，节选有关融资租赁内容）

为统一政策执行口径，现将营业税改征增值税试点期间有关增值税问题公告如下：

三、纳税人提供有形动产融资性售后回租服务，计算当期销售额时可以扣除的有形动产价款本金，为书面合同约定的当期应当收取的本金。无书面合同或者书面合同没有约定的，为当期实际收取的本金。

四、提供有形动产融资租赁服务的纳税人，以保理方式将融资租赁合同项下未到期应收租金的债权转让给银行等金融机构，不改变其与承租方之间的融资租赁关系，应继续按照现行规定缴纳增值税，并向承租方开具发票。

本公告自2016年2月1日起施行，此前未处理的事项，按本公告规定执行。

19. 关于融资租赁合同有关印花税政策的通知（财税〔2015〕144号）

各省、自治区、直辖市、计划单列市财政厅（局）、地方税务局，西藏、宁夏回族自治区国家税务局，新疆生产建设兵团财务局：

根据《国务院办公厅关于加快融资租赁业发展的指导意见》（国办发〔2015〕68号）有关规定，为促进融资租赁业健康发展，公平税负，现就融资租赁合同有关印花税政策通知如下：

一、对开展融资租赁业务签订的融资租赁合同（含融资性售后回租），统一按照其所载明的租金总额依照"借款合同"税目，按万分之零点五的税率计税贴花。

二、在融资性售后回租业务中，对承租人、出租人因出售租赁资产及购回租赁资产所签订的合同，不征收印花税。

三、本通知自印发之日起执行。此前未处理的事项，按照本通知规定执行。请遵照执行。

（资料来源：前海融资租赁俱乐部）

【重要名词】

飞行器租赁、SPV模式、经营租赁、融资租赁

【思考题】

1. 飞行器租赁的一般程序包括什么？

2. 请说明飞机租赁业务SPV模式的结构设计和操作流程，并指出你认为最重要的环节是什么？

3. 飞机租赁业务SPV模式与传统融资租赁模式的主要区别是什么？

4. 飞行器租赁爱尔兰模式的优势是什么？你认为我国应从中学习哪些方面？

第十章

我国飞行器租赁业务的发展

第十章

我国飞行器租赁业务的发展

▌【内容提要】

本章通过回顾我国飞机租赁业发展的历史，并对我国飞机租赁市场主体发展状况进行分析，主要讲述了我国飞机租赁公司的两种盈利模式及未来的发展趋势，并提出了我国飞机租赁业务发展面临的几个主要问题。

第一节　我国飞机租赁业发展现状分析

一、我国飞机租赁业发展历史回顾

伴随民航事业的快速发展，我国飞机租赁业从无到有，从单一业务到多样化，对航空产业尤其是民航业的发展起到了积极的作用。1980年初，经中国国际信托投资公司推荐，民航总局与美国汉诺威尔制造租赁公司和英国劳埃德银行美国分行合作，首次采用杠杆租赁方式从美国引进一架波音747SP飞机，标志着中国航空租赁业务的开始。

中国国家民航总局数据显示，中国航空公司的飞机在1998年以前主要是通过直接购买的方式取得的，航空公司自行向银行申请贷款购买飞机并自己拥有飞机的所有权。金融租赁业作为支撑航空公司机队规模发展的主要工具和载体并没有发挥应有的作用，这与当时我国金融租赁公司发展相对滞后有关。20世纪90年代，我国的金融租赁公司经营相对混乱，租赁公司的业务比较分散，航空公司很难借助租赁公司获得飞机，不得不利用自主资金购买飞机。金融租赁的行业整体负债率较高，系统风险很大，银行业资金在监管部门的压力下推出了金融租赁行业，这使得整个金融租赁行业一度到了崩溃的边缘，全国金融租赁业务几乎停顿。直到1999年深圳金融租赁公司成功重组，才为金融租赁公司发展提供了契机和改革样板。2000年中国人民银行出台了《金融租赁公司管理办法》，对金融租赁业进行政策支持，并强调只有人民银行审批的融资性租赁公司才可以冠以"金融"头衔，对我国金融租赁业进行特许经营，设置了较高的进入门槛，强调了金融租赁公司的稳健性经营。我国的金融租赁业开始逐渐恢复元气，但是由于没有银行业等大规模资本的进入，我国金融租赁业发展始终处在停滞状态。

直到2004年《融资租赁法》准备工作引起了整个社会对租赁行业的关注，金融租赁业务开始缓慢复苏。以2007年银监会颁布《金融租赁公司管理办法》为标志，我国金融租赁业开始步入高速发展期，银行业资本开始大规模进入租赁行业，银行系金融租赁公司开始成为我国租赁市场的生力军。同时大型民用飞机的研制被正式列为国家战略，伴随着银行系金融租赁公司的不断壮大，航空金融租赁业务也开始快速发展。尤其在2004年以后，飞机租赁在我国航空公司机队规模中所占比重不断提高。2011年，我国航空公司飞机中的约70%为租赁形式取得，经营租赁和金融租赁大约各占35%。飞机租赁是各国航空公司更新和扩充机队的基本手段之一，也成为我国航空公司扩大机队规模和提高市场占有率的捷径。截至2015年6月，中国民航运输类飞机约2528架，资产规模超过1250亿美元，同比增长超过15%。其中，以租赁方式引进的飞机约占2/3，资产规模超过800亿美元，同比增长超过20%。①

二、我国飞机租赁业发展现状

中国的航空租赁业虽历经20余年，但迄今仍处于起步阶段。国外租赁公司在我国飞机租赁市场上处于垄断地位。虽然在20世纪80年代，国家开发银行就控股成立了国银金融租赁公司，但是直到2000年，深圳金融租赁有限公司（国开行旗下国银金融租赁前身）才涉足飞机租赁业务，成为首家开展航空租赁的本土租赁公司，我国航空金融租赁业才开始起步。然而此后由于政策、资金等诸多限制，飞机租赁业务陷入停滞。随着2007年《金融租赁公司管理办法》的出台，银行资本大量进入租赁业，大量银行系金融租赁公司成立，我国航空租赁业才迎来了发展新时期。表10-1显示了我国从事航空租赁业务的主要租赁公司。相比GECAS、ILFC为代表的国外航空租赁公司，我国从事航空金融租赁的租赁公司从业时间较短，资金实力较弱，拥有的飞机数量较少，存在较大的差距。更重要的是，国外的航空金融租赁行业面临较为宽松的市场环境，法律法规比较健全，税负相对较低，行业政策环境比我国更加有利于航空金融业的发展，这使得这些外资航空金融租赁公司不仅占据了世界航空租赁市场的主要份额，也占据了我国航空金融租赁行业的半壁江山。

①数据来源：http://news.ccaonline.cn/hot/6819.html

表10-1　金融租赁业国内十强

名次	企业（母公司）	获批时间	注册资金	主要业务
1	国银金融租赁(国家开发银行)	1984	80亿元	飞机、船舶、商用车
2	渤海租赁（海航集团）	2008	62亿元	飞机、设备等
3	工银金融租赁（中国工商银行）	2008	50亿元	飞机、船舶和设备等
4	建银金融租赁（建设银行）	2007	45亿元	飞机、船舶等
5	交银金融租赁（交通银行）	2007	40亿元	飞机船舶、设备等
6	民生金融租赁（民生银行）	2007	34亿元	公务机、船舶等
7	长江租赁（海航集团）	2004	38亿元	大飞机、船舶等
8	招银金融租赁（招商银行）	2008	20亿元	飞机、船舶等
9	新疆金融租赁（长城资产管理）	1993	15亿元	飞机、船舶等
10	华融金融租赁（华融资产管理）	1984	14亿元	飞机、船舶等

　　2015年9月8日，国务院办公厅出台《关于促进金融租赁行业健康发展的指导意见》，提出要把金融租赁放在国民经济发展整体战略中统筹考虑，力争形成安全稳健、专业高效、充满活力、配套完善、具有国际竞争力的现代金融租赁体系，航空金融租赁业深受鼓舞及关注。该意见从行业指导方向、配套政策实施、行业自律等多个方面，进一步明确了金融租赁产业的发展路径，对加快航空金融租赁行业发展进行了全面部署。其中，在市场准入方面，明确积极引导各类社会资本进入金融租赁行业，支持民间资本发起设立风险自担的金融租赁公司，推动有条件的金融租赁公司依法合规推进混合所有制改革。在租赁企业融资方面，允许符合条件的金融租赁公司上市和发行优先股、次级债，丰富金融租赁公司资本补充渠道。允许符合条件的金融租赁公司通过发行债券和资产证券化等方式多渠道筹措资金。研究保险资金投资金融租赁资产。适度放开外债额度管理要求，简化外债资金审批程序。支持金融租赁公司开展跨境人民币业务，给予金融租赁公司跨境人民币融资额度。积极运用外汇储备委托贷款等多种方式，加大对符合条件金融租赁公司的支持力度。建立形式多样的租赁产业基金，为金融租赁公司提供长期稳定的资金来源。这项政策的出台被认为是我国金融租赁行业发展进入新阶段的标志。

三、我国飞机租赁市场主体发展状况分析

　　目前，我国航空租赁市场主体主要有两类：一类是以GECAS、AerCap和BCC为代表的外资金融租赁巨头，另一类是以国银租赁、民生租赁和长江租赁为代表的内资新生力量。目前，在我国航空租赁市场中，90%的份额为外资租赁公司所有，呈现高度垄断的市场特征。

（一）外资租赁公司

1. GECAS（General Electric Capital Aviation Services）。GECAS为通用电气金融集团下属的通用电气金融航空服务公司，主要从事通用电气集团的飞机采购和租赁业务，是当今世界上最大的专门从事飞机租赁的专业租赁公司之一。其前身为GPA公司，该公司始建于1975年，在爱尔兰成立，是全球第一家真正意义上的飞机租赁巨头。在1993年，GPA被美国通用电气公司下属的通用电气投资公司兼并，更名为GECAS，中国租赁的第一架飞机就是通过GECAS完成的。

2016年底，GECAS飞机机队规模已经突破2000架，不仅可以为用户提供各种型号的飞机，还可以提供飞机采购与生产解决方案、债务担保、租赁飞机、发动机和零部件维护、飞行培训等多种服务。目前通用电气金融航空服务公司在全球设立三个总部，分别位于新加坡、爱尔兰克莱尔郡的香农、美国康涅狄格州的诺沃克，并在全球22个城市设有办事处，为全球将近60个国家的200家航空公司提供服务。在全球市场占比方面，GECAS在美国飞机租赁占比22%，亚洲占比16%，英国和加拿大占比21%，中国占比11%，拉丁美洲占比8%。在飞机租赁方式方面，GECAS经营租赁占比79%，融资租赁占比8%。目前，GECAS在我国航空租赁市场占据主导地位。

2. AerCap。AerCap公司成立于1995年，起初总部设立在阿姆斯特丹，2016年迁址爱尔兰的都柏林。该公司在2013年12月16日收购国际租赁金融公司（ILFC），共耗资约为54亿美元，其中30亿美元以现金支付，其余以新发行普通股支付。通过这项交易使得AerCap的总资产达430亿美元，拥有超过1300架飞机。AerCap的业务主要由租赁与贸易、资产管理、航空涡轮机发动机组成。截至2015年12月31日，AerCap拥有1697架飞机，机队平均机龄为7.7年，平均剩余合同租赁期为5.9年。

值得一提的是，ILFC是美国一家全球著名的飞机租赁及销售公司，总部设于加州的洛杉矶，作为AIG下属的一家租赁机构，曾经是除GECAS之外的另一全球飞机租赁巨头。ILFC是AIG的全资子公司，建于1973年，旗下拥有近1000架各种型号的飞机，总价值超过550亿美元。ILFC已与中国的主要航空公司之间都开展了飞机租赁业务，累计对中国租赁飞机达30余架。

3. BCC（Boeing Capital Corp）。BCC为Boeing的全资子公司，公司资产65亿美元，包括约350架飞机，其主要任务是支持波音业务部门，负责安排、组织和提供资金，提供综合性的客户金融服务，重点借助第三方融资，以促进波音产品服务的销售和交付。其民用飞机相关业务包括支持性承诺、运营租赁、融资租赁、销售/售后回租、货机改造融资、长期和短期融资以及有担保的优先和次级贷款。近年来，波音金融公司与中国主要的航空公司业务往来增多，并设立了中国融资部，为中国航空公司提供更多航机方面的借贷和租赁。

（二）国内主要飞机租赁公司

1. 中国飞机租赁集团控股公司。该公司是目前我国国最大的独立经营性飞机租赁商。公司成立于2006年3月，集团发展的愿景为凭借其丰富且具国际市场经验的精英团队及全球化融资的能力，成功打造成为飞机全产业链解决方案提供商。在提供经营性租赁、融资租赁、售后回租等常规服务的基础上，中国飞机租赁更为客户提供机队规划咨询、结构融资、机队退旧换新、飞机拆解等广泛的增值服务，为客户提供量身订制的飞机全生命方案。集团总部位于香港，在北京、天津、上海、深圳、哈尔滨、马来西亚纳闽岛、法国图卢兹、爱尔兰都柏林均设有办事处。截至2017年12月，公司已拥有飞机达90架。中国飞机租赁于2014年7月11日在港交所主板上市，是亚洲首家上市的飞机租赁商；目前是恒生环球综合指数及恒生综合指数成分股股份，及MSCI中国小型股指数成分股股份。

2. 国银金融租赁有限公司。国银租赁是在2008年国家开发银行对深圳金融租赁有限公司进行股权重组并增资后变更设立的非银行金融机构，注册资本80亿元，是国内注册资本和资产规模最大的金融租赁公司。截至2012年，国银金融租赁有限公司占据国内金融租赁公司飞机租赁资产总额的56.9%，在国内航空租赁市场的占有率位居第三，仅次于世界著名飞机租赁公司AerCap和GECAS，在全球飞机租赁公司资产排名中位列第十一位。截至2017年12月，公司已经拥有197架飞机，用户遍及海内外，航空租赁资产余额达217亿元。同时，与近30家境内外航空公司及波音、空客、庞巴迪、巴西航空工业公司、中国商飞等航空制造企业及GECAS、ILFC、AerCap、AIRCASTLE、RBS等世界主要飞机租赁机构建立了战略和业务合作关系。在航空租赁业务带动下，公司业务蓬勃发展，资产规模已经突破千亿人民币，盈利水平不断提高。2010年11月，该公司与中国商用飞机有限责任公司签订了《C919客机启动用户协议》，确认订购15架C919大型客机，成为国内首家订购该客机的金融租赁公司。

3. 天津渤海租赁有限公司。渤海租赁的前身是2007年成立的天津海航租赁控股有限公司，2008年海航租赁更名为天津渤海租赁有限公司。作为海航集团与天津市政府共同组建的专业金融租赁公司，渤海租赁利用海航集团和天津市政府的股东优势，大力发展航空租赁和基础设施租赁，目前已成为国内第二大金融租赁公司。渤海租赁打造以融资租赁业为轴心，以天津市市政和其他重点项目为契机，联结制造业及其相关上下游产业和其他金融服务业在内的完整的产业链，实现产业与金融协同发展的良性循环。尤其在天津作为空客A320的总装基地，渤海租赁在2009年完成天津空客A320总装线厂房在建工程融资租赁项目，有力地促进了天津航空产业发展。2011年，渤海租赁成为国内首家拥有上市融资平台的金融租赁公司。

4. 中银航空租赁公司。中银航空租赁的前身是新加坡飞机租赁公司，2006年被中国银行收购后，成为其下属的专业飞机租赁机构，其客户遍及全球30多家航空公司，包括美国西南航空公司、俄罗斯国家航空公司、加拿大航空公司、深圳航空有限责任公司和德国TUI集团。截至2011年底，中银航空租赁机队组合包括183架飞机，其中自有飞机158架，代管飞机25架，服务于全球47家航空公司。公司另有71架飞机订单以及2架已承诺交付的购机回租飞机。截至2017年12月，公司飞机数量已达到261架，总资产达到144亿美元。中银航空租赁机队机型主要是空客A320和波音737新一代飞机，也包括部分宽体机型，例如空客A330和波音777等。中银航空租赁从飞机制造商处直接订购飞机，也通过与航空公司进行购机回租的方式购买飞机。此外，中银航空租赁亦直接或通过母公司中国银行提供各类租赁管理与飞机融资服务，也可以通过中国银行安排条件有利的贷款业务，为航空公司客户的自有飞机提供融资。

5. 长江租赁有限公司。该公司成立于2000年6月，注册资本目前已达38亿元人民币，是经国家商务部批准的首批融资租赁试点企业。该公司是一家具有航空技术背景的专业化租赁公司，依托海航集团强大的航空产业优势及注册地天津滨海新区金融改革试验区的良好投资环境，积极开展境内外飞机及各种航空设备的买卖及租赁业务。长江租赁自成立起，便致力于国内飞机的租赁业务，特别是在支线航空市场业绩不俗。截至2012年底，长江租赁拥有合同飞机72架，已经成为目前国内规模领先、技术雄厚、拥有丰富飞机资源的民族航空租赁企业，在全球飞机租赁公司排名进入前30名。依托股东方强大的产业背景，公司在发展过程中与国内航空制造企业建立起了良好的业务关系。公司已将大力发展国产飞机租赁业务作为长期发展方向之一。

6. 中航工业集团国际租赁有限责任公司。中航租赁成立于1993年，是由中国航空工业集团公司控股的专业金融租赁公司，是国内唯一拥有航空工业背景的航空租赁公司。该公司致力于为中航工业在产品研发、生产和销售等领域提供融资租赁为主要形式的金融支持和相关增值服务。中航租赁的主营目标定位于促进国产飞机销售、提供飞机租赁服务，是中航工业国产民用飞机制造的重要销售平台。依托中航工业的专业优势、业务优势技术支持等背景，中航租赁在国内飞机租赁服务领域具有较明显的竞争优势。在强大的航空产业集团支持下，中航租赁于2007年7月与奥凯航空公司签订10架国产支线飞机"新舟60"融资租赁合同，通过租赁销售模式大大提升了新舟60飞机的竞争力和市场开拓能力，而且对国产飞机的销售起到了较好的示范作用。

7.中原航空融资租赁股份有限公司。2016年5月，中原航空融资租赁股份有限公司经河南省政府批准成立，为河南省内唯一一家致力于航空产业发展的综合性融资租赁公司。公司立足于河南，秉承"根植中原、放眼全国、特色鲜明、专业专注"的经营理念，坚持"专业化、市场化、国际化"的发展战略，面向全国以航空及相关产业租赁为重点，协同社会公用事业、新能源汽车、高端装备制造、轨道交通、医疗器械租赁等业务，为企业提供专业的综合性服务。近年来，沿着"一带一路"倡议、郑州—卢森堡"空中丝绸之路"和郑州航空港综合实验区战略，公司各项租赁业务迅猛发展。截至2018年9月，公司总资产规模超100亿，已完成6架飞机租赁业务的投放，均为经营性租赁项目，租期8～12年，累计完成飞机租赁业务投放3亿美金，先后成功实现河南省首单和第二单飞机保税经营租赁业务的落地。

第二节　我国飞机租赁盈利模式及未来发展趋势

改革开放发展以来，无论从飞机数量还是运输数量上来看，我国航空运输业都取得了飞速发展，中国的航空市场已经排在了全球第二的水平。航空运输业是一个投入高、风险性强、投入收益比相对低的行业。航空企业发展需要大量的资金投入，而这是一般企业所无法实现的。因此，租赁的盈利模式非常重要。随着我国《租赁公司管理办法》的明确实施，国内的飞机租赁行业逐渐兴起。下面，我们对飞机租赁行业内的2个主要主体，也就是飞机租赁公司和航空公司的盈利模式简单分析一下。

首先，我们看一下飞机租赁公司的盈利模式，包括经营性租赁和融资性租赁两种租赁盈利模式。先看经营性租赁，包括两种收益：

一是利差收益：利差收益也即租赁收入。目前来说，飞机租赁公司主要的经营性盈利模式就是利差收益。飞机租赁是租赁公司从制造厂商或者其他机构购买飞机，然后将飞机租给航空公司或其他承租人，飞机租赁公司与航空公司签署租赁协议，并从中获取月度或季度的租金收入。租赁公司通过对航空公司或银行收取一定比例的利率或租赁费。租赁收入水平主要取决于航空公司中飞机数量和当时租赁市场利率高低。通过规模大小、信用高低、知名度等不同收取不同比例的利率，赚取中间的利差收益。

二是余值收益：余值收益也即处置旧飞机获得飞机处置收入。余值收益主要针对大型通用飞机等设备，当飞机使用到达合同期限或回收年限时，飞机租赁公司会依据租赁合同进行回收飞机或折合租赁费等方式获取余值。回收飞机残值的价值和扣除租金、维修费用等收益都可算作余值收益。飞机租赁公司可以把整机放入二手飞机市场进行卖出，也可改造为货运飞机或把飞机拆分成各个零件进行卖出。余值收益是由飞机市场价格决定。

其次是融资性租赁，包括三种收益：

1. 运营收益：飞机租赁公司可以在自有资金运作的前提下，回收一定比例的租赁资金，再通过银行借款、与上游企业签订首付款等方式进行资金运转。通过运营方式获取一定的息差收益。

2. 服务收益：服务收益是飞机租赁企业根据租赁合同的项目情况收取的一定比例的手续费、项目咨询费、贸易佣金等费用，是随着租赁行业的发展，提供的人性化、全方位的降低风险的一种服务费用，是保障行业稳定发展、专业贸易合作的体现。

3. 风险收益：飞机租赁公司也有一定比例的租赁债权转为相应价格的股权，实现风险性收益。

现在，我们看一下航空公司租赁飞机的盈利模式，包括四个方面：

1. 短期内快速扩大机队规模。航空公司普遍采用租赁飞机组建自己的机队。如果一个航空公司全额或贷款购买飞机，则首先需要大笔的资金投入，这无疑对于航空公司来说是个沉重的负担。但是如果转为租赁飞机，则可以在同样资金消耗的前提下，短期内获得更多的机队规模。

2. 租赁飞机可以保持飞机资产组合的灵活性。航空领域的快速发展和公司自身发展情况，为飞机的机型投入、不同机型的分配组合带来非常大的不确定性。租赁飞机可以减少整机购买的风险性，并减少改变机型组合带来的二手折旧损失和时间占用损失。

3. 降低资金占用成本。租赁飞机，可以使航空公司的资金迅速回流，并进一步用来扩充机队或自身的运营投入、服务投入等方面的资金消耗，减少资金占用。租赁飞机，还使得公司的资产组合更为灵活、资金流动也更为快捷。

4. 获得更高的评级，融资更便捷。航空公司在提供规模化机队和专业化服务的同时，相对轻资产模式运营的航空公司，在市场上更容易获得较高等级的评价和服务肯定，口碑、信誉、知名度等都会迅速提升，从而使得航空公司的融资更容易、更便捷，甚至在自身盈利许可的情况下实现一定数量的自购飞机经营。

接下来，我们看一下国内飞机融资租赁的发展趋势，包括四方面：

1. 租赁融资将成为中国民航飞机租赁的新热点。进出口银行出口信贷担保的利率相较于银行的商业贷款要低，对于飞机租赁行业来说，具有非常大的吸引力。由于租赁行业的减税租赁模式日渐艰难，银行信贷担保的租赁模式则成为一个新的融资租赁发展趋势。我国几个大型航空公司均采用了这种租赁新模式。

2. 渠道多元化。国内贷款融资渠道多年来比较单一，使得国内租赁发展模式也受到制约。银行融资贷款已经不能满足行业发展和资金需求。新的融资租赁渠道也被不断提出，比如由保付代理商提供的融资渠道，航空公司向社会发放证券的融资渠道，信托融资等。通过社会化的多方融资，转移融资风险和降低融资难度，可以获取更快的资金回流和更多的资金收益。

3. 由融资租赁向经营租赁转变。传统的飞机租赁，一般在租赁合同到期以后，由航空公司购买飞机或折合租金等方式购买整机。但是由于飞机制造行业的发展，航空技术的革新，飞机更新换代的实现，航空公司在购买旧型的飞机型号后，承担了更大的经营风险和折旧损失。因此，越来越多的航空公司选择经营租赁，减少旧机在本公司运营的成本消耗、资金占用，以及飞机残值带来的损耗。

4. 向国际市场发展。飞机租赁企业要瞄准眼光，放眼国际市场，拓展行业发展。租赁行业发展初期，主要以租赁国外机型、通过国外飞机租赁公司进行租赁。随着我国租赁市场的不断发展和壮大，以及我国飞机制造业的技术成熟，飞机租赁不仅仅局限在国内航空公司，也逐渐向国际市场发展，尤其向其他发展中国家的租赁市场发展。飞机租赁行业的国际化发展已经成为不可替代的趋势。

总之，飞机金融租赁盈利模式的发展经过了单一性盈利模式向多样化盈利模式发展，融资模式也从企业化走向市场化，经营范围也从国内走向国外。一体化经营和全球化盈利成为飞机金融租赁行业的发展趋势，飞机租赁行业将会面临更大的机遇和挑战。

第三节　我国飞机租赁业务发展面临的主要问题

一、租赁公司融资困难

飞机是一种高技术和资本密集型的产品。飞机租赁是一个资本推动的行业，国际上几乎所有涉及飞机租赁的公司，都离不开上千亿美元资产的大集团的支持。这些租赁公司资金力量雄厚，资金来源多样化，资金筹集能力强，可以通过向母公司拆借、银行贷款、发行金融债券、发行定向股票、资产证券化、信托等多样化方式融资。而对于我国国内租赁公司而言，融资困难和资金不足已经成为困扰租赁业发展的重要问题。非银行系的租赁公司的融资方式单一，往往只能依靠银行贷款解决，而银行系的融资公司虽然融资途径除了银行贷款外，可以通过同业拆借等其他途径进行融资，但是总体上相比国外租赁公司融资途径仍然匮乏。国内资本市场不发达，发行股票困难，发行债券的条件不具备，债权融资和股权融资两条渠道都不通畅。整体而言，目前国内租赁公司的融资成本高，贷款期限不能与飞机租赁租期相匹配，存在巨大的资产负债匹配风险，租赁公司的融资手续烦锁效率低，国内租赁公司存在巨大融资需求。

二、租赁公司税负较重

我国目前对设备融资租赁和设备购买的不同税收待遇，限制了飞机租赁业务的开展。根据《关于调整国内航空公司进口飞机有关增值税政策的通知》，从2004年10月1日起，国内航空公司进口空载重量在25吨以上的客货运飞机，享受进口关税1%和增值税4%的税收优惠。但是对于金融租赁公司而言，进口同样规格的飞机，则执行进口关税5%和增值税17%的税收政策。国内租赁公司仍需缴纳25%的所得税、5%的营业税等。虽然国家在北京、天津、上海等城市的保税区开展税收优惠试点工作，但这些试点远远不够支持国内飞机租赁业的发展。相比其他国家比如爱尔兰，企业只需要缴纳12%的所得税，此外没有任何其他的收费，因此吸引了全球众多的飞机租赁公司。我国飞机租赁公司总体税负远远高于国际市场。此外，我国飞机租赁公司还面临所得税投资抵免政策不明确和重复纳税的问题。

需要说明的是，2014年6月，海关总署颁布《关于租赁企业进口飞机有关税收政策的通知》，明确从2014年1月1日起，租赁企业一般贸易项下进口飞机并租给国内航空公司使用的，享受与国内航空公司进口飞机同等税收优惠政策，即进口空载重量在25吨以上的飞机减按5%征收进口环节增值税，将税率上调了1%。自2014年1月1日以来，对已按17%税率征收进口环节增值税的上述飞机，超出5%税率的已征税款，尚未申报增值税进项税额抵扣的，可以退还。

三、担保困难重重

目前我国航空公司拥有的大中型客机大都是从国外租赁引进的，我国的商用大飞机还没有正式进入航空市场。航空公司租赁飞机的前提条件是，不管是金融租赁业务还是经营租赁业务，都必须要有银行的担保，实际上是政府的隐性担保。在飞机金融租赁业务中，国外贷款人在提供融资时往往要求两项保证条件：中国的银行担保和飞机抵押权。在经营租赁业务中，出租人也要求中国的银行对承租人按时偿付租金提供担保。我国大部分租机担保是由中国银行承担的，相当于政府担保。然而，自开办民航飞机租赁担保业务至今，随着对外担保额的增加，中国银行账外的或有负债有了相应增加，已超过有关规定，促使中国银行不愿再继续承担为国外飞机租赁出具保函等被认为风险大而收益低的业务，并在保函保证金和收费方面做了很大调整，使国内航空公司难以承担。

然而，在一些国家，例如俄罗斯通过设立基金为飞机租赁提供担保，较好地解决了困扰航空租赁业发展的担保问题。1997年，俄政府及国家杜马与联邦议会，针对国家航空领域的状况，从国家预算中拨出4万亿卢布作为偿还基础上的组织国产飞机租赁的国家担保，即国家将为这个数目内的贷款提供担保，使得俄罗斯航空公司能够低成本地引入先进飞机，有力地促进了俄罗斯航空业的发展。

四、租赁专门人才短缺

飞行器租赁作为一种特殊的融资方式和交易方式，既是资本密集型的，更是智力密集型和知识密集型的，要求从业人员具备高学历、高素质和外向型的特征。航空租赁尤其是航空金融租赁的一些租赁业务的交易结构、法律关系、合同文本相当复杂，需要既懂飞机性能、航空市场等领域专业知识，又需要金融投资、保险精算、信托、法律、国际贸易、税收、国际会计、外语、计算机等专业技能的综合型高素质人才。这些人才目前在我国的飞机租赁公司中缺口较大，已经开始滞后于我国航空租赁业务的快速发展。

第四节　天津东疆保税港区SPV飞机租赁业务模式及流程

中国民用航空局（CAAC）的数据显示，国内航空公司在1998年以前主要通过直接购买的方式取得飞机，自1998年以后，国内飞机租赁业才开始起步，自此飞机租赁逐渐成为国内航空公司飞机引进的重要方式。但很长一段时间内，国内的飞机租赁市场仍由国外的租赁公司占据大部分市场份额，造成了国家隐性税款收入的流失等问题，同时也不利于国内航空运输业、飞机租赁产业的长远发展。要打破这种格局，唯有学习国外飞机租赁产业发展的优势，创新业务模式，寻求适应中国航空运输市场的飞机租赁方式。在此背景下，国内部分地区率先成立保税区或保税港区，开展飞机租赁的SPV业务，以求能够契合国内飞机租赁市场的发展需求。天津东疆保税港区通过几年的努力，成功将国际飞机租赁SPV模式引进至国内并加以延伸，为推动国内飞机租赁产业发展起到了非常好的推动作用。

一、天津东疆保税港区

天津东疆保税港区，是继上海洋山保税港区后，中国批准设立的第二个保税港区，面积10平方千米，成立于2008年，是经国务院批准成立的迄今为止面积最大、条件最好、政策最优、效率最高、通关最便捷、环境最宽松的保税港区，是中国政府设立在天津市滨海新区的区域性自由贸易园区的主要组成部分。

东疆保税港区集保税区、出口加工区、保税物流园区功能于一体，在拥有开发区、保税区、高新技术产业园区等区域的全部政策的同时，充分享受国家批准的涉及税收、口岸监管、外汇管理等方面的众多优惠政策。

东疆保税港区是在浅海滩涂人工造陆形成的三面环海半岛式区域，是一个了不起的成就。同样，天津东疆保税港区的飞机租赁行业发展，也可以用一飞冲天来形容。

东疆保税港区从2010年开始推动飞机、船舶、海洋工程构件的租赁业务。当年完成租赁飞机32架，随后在飞机租赁业务方面，东疆一直保持着每年增加百分之百的速度在发展。

数据显示，截至2017年2月底，东疆累计注册租赁公司2164家（含金融租赁公司1家、外商投资融资租赁公司884家、内资试点融资租赁公司21家、单一项目公司1165家、其他租赁公司和分公司93家），累计注册资本金达2840亿元人民币。

现阶段，东疆的飞机、国际航运船舶和海工平台租赁业务分别占全国的90%、80%和100%。截至2017年2月底，东疆共完成858架飞机（含大飞机648架、公务机134架、训练机22架、直升机54架）、90台发动机、104艘国际航运船舶和11座海上石油钻井平台的租赁业务，飞机、船舶、海工设备租赁资产累计总额达510.6亿美元。

在飞机租赁的路上，东疆保税港区走在了前头，诞生了"东疆模式"，也成为我国租赁业的领先聚集地。

"东疆模式"引人注目的关键在于创新。可以说，全国最具创新的租赁模式都在东疆产生。2009年以来，东疆相继开发出保税租赁、SPV租赁、出口租赁、进口租赁、离岸租赁、联合租赁、资产包转让租赁、人民币跨境结算等近40种租赁交易结构。2016年，东疆又率先探索完成了全国首单使用外币支付租赁价款、国内首笔通用航空器资产评估等创新项目，积极探索推动了无形资产融资租赁模式。

通过与目前国际上比较流行的爱尔兰模式、新加坡模式等飞机租赁模式进行比较，东疆模式的优势也逐步显现出来了。根据对97家企业的统计，与爱尔兰模式做对比，中国的航空公司如果通过东疆保税港区来完成飞机租赁业务，在直租的情况下，可以节省8%的租金成本和10%的税务成本；如果是转租，则能节省7%到9%的税务成本。

放眼全球，爱尔兰是世界融资租赁业的重要中心，也是世界最大的航空租赁服务机构聚集地。而作为中国唯一的飞机租赁创新试点区，东疆保税港区正努力把国家租赁创新示范区建成"东方的爱尔兰"。

二、飞机租赁业务SPV模式的发展历程

SPV（Special Purpose Vehicle）即特殊目的公司，是指为了实现特殊目的而成立的法律实体。由SPV公司作为出租人，向承租人租赁单架或多架飞机用以营运，已成为目前飞机租赁业务普遍采用的模式。

SPV租赁方式起源于爱尔兰和开曼群岛。爱尔兰和开曼群岛采取低赋税水平和综合配套的金融服务，吸引了众多国际间的飞机租赁贸易在那里完成，飞机租赁产业十分发达。

自2009年起，国内逐渐有地区通过设立保税区或保税港区的方式，借鉴国外先进模式，支持国内外各租赁公司在保税区或保税港区设立SPV公司，通过政策准入、税收优惠和流程完善等方法，进而降低飞机租赁业务成本，创新飞机租赁业务模式。

目前，国内开展飞机租赁SPV业务最广泛、税收及相关政策较为全面的区域主要集中在天津东疆保税港区，已有工银租赁、民生租赁、中航租赁等十数家国内主流的飞机租赁公司在该保税港区设立了SPV公司。从试水飞机租赁业务以来，通过东疆保税港区完成的飞机租赁业务正在以每年增长100%的速度飞速发展。2012年交付的飞机达到120架左右。目前，天津的融资租赁业务规模已经占到全国的25%以上。东疆保税港区正逐步成为我国融资租赁尤其是飞机租赁产业发展的重要创新平台。

东疆的飞机租赁业务主要是以租赁公司为主体、航空公司享受减免税收的租赁模式。根据对97家企业的统计，与爱尔兰模式做对比，中国的航空公司如果通过东疆保税港区来完成飞机租赁业务，在直租的情况下，可以节省8%的租金成本和10%的税务成本；如果是转租，则能节省7%到9%的税务成本。

三、东疆保税港区飞机租赁业务SPV模式的结构设计和操作流程

飞机租赁不同于设备等其他标的物的融资租赁业务，具有行业监管严、涉及交易方和相关方广泛（涉及的交易方和相关方包括：飞机供应商、代理人、购买方、租赁公司、民用航空局、海关、外汇监管局、发改委等单位）、承租人需求差异化大、融资金额大和融资结构多样化等特点。飞机租赁业务SPV模式是基于传统飞机融资租赁业务，

在飞机引进的税收、承租人的现金流及出租人的风险控制等方面利用SPV公司对业务结构进行的特殊设计。

由于目前主流飞机厂商仍为国外企业，飞机租赁业务牵涉到支付外汇、飞机进关等相关的业务操作，我们则以飞机供应商为国外企业、SPV公司为国内保税区或保税港区的作为出租主体，对飞机租赁业务SPV模式加以讲解。根据承租人的一般融资需求，飞机租赁业务SPV模式按照其内容分为三个模块：

1. 飞机融资租赁模块。该模块主要由出租人和承租人经过协商，确定以既定的融资成本、采取飞机租赁的SPV模式进行操作。主要的工作包括：

（1）承租人将飞机购机权转让给出租人且通知飞机供应商（飞机供应商可以是飞机厂商或飞机代理商、代理人或飞机所有权人，如二手公务机交易中的中间商等），或承租人同出租人、飞机供应商签订新的飞机购买合同（Aircraft Purchase Agreement），根据项目实际情况，可确定是否签署三方"账户共管协议"

（2）同时承租人与出租人签订飞机融资租赁合同（Aircraft Leasing Agreement），如项目要求有担保方，则担保方与出租人、承租人共同签订保证合同或其他担保合同。

（3）出租人依据租赁合同和购机权转让合同（或新购机合同）向飞机逐次支付飞机价款（新订购飞机的预付款，（Prior Delivery Payment，"PDP"）或一次性支付飞机全部的购买价款（二手飞机或无PDP阶段的新订购飞机），支付至三方确认的共管账户或其他指定账户。

（4）飞机价款支付完成后，出租人根据需要可以将飞机交付接收的权利全部或部分地转让给承租人，签署书面的授权委托书，或出租人直接参与飞机交付接收的具体工作。

（5）飞机供应商交付飞机给承租人或出租人，并办理相关的产权转移证明文件、飞机交付接收证书和飞机权利登记证书等，如此前承租人已支付飞机部分或全部预付款给飞机供应商（视承租人与出租人确认的融资租赁交易的操作时间和实际情况而定），则由飞机供应商退还或转换该飞机预付款给承租人。

（6）租赁期末，出租人根据融资租赁合同的约定，在承租人支付完所有租赁款项、飞机期末购买价款和其他应付款项后，将飞机的所有权转移至承租人名下，整个飞机租赁交易完成。

2. 飞机进关模块。飞机进关在飞机融资租赁业务SPV模式的实务操作中，主要由承租人来具体实施。由于融资租赁交易中做出飞机购买决策的实质方为承租人，且由于国内目前飞机引进的政策限制，承租人作为航空公司拥有飞机引进的权利，因此，飞机进关的主要工作由承租人来负责处理。主要工作包括：向民用航空局和发改委申请飞机以融资租赁方式引进的批文（该项工作在签订融资租赁合同后，飞机引进前办理完成）;向飞机引进的主管海关（在国内SPV模式的实务操作中一般会牵涉SPV公司注册地主管海关和飞机引进时受管辖的机场海关）报关。

以天津东疆SPV模式为例，涉及的海关包括天津东疆海关和天津机场海关。按照主管海关要求进行飞机的查验、引进，办理相关的海关手续;向SPV公司注册地海关按照租金支付进度分期缴纳飞机进口关税和进口增值税（实务操作过程租金可以按照期末或期初的形式支付，但海关关税的分期缴纳均为期初缴纳，即飞机初次进关时即应缴纳飞机的零期租金和首期租金的关税）。但在此过程中，出租人（SPV公司）则应主动协助承租人申请和享受相应的海关优惠政策，必要时出租人（SPV公司）应作为实际的申报主体。飞机在按照国内政策要求办理完成引进手续后，即可获准在国内进行运营。

3. 项目融资模块。出租人根据项目的实际情况及自身资金需求情况可选择向境内或境外金融机构申请项目的部分或全部融资，可以选择人民币或美元等外币融资。如国内租赁公司向境外金融机构申请外币融资，则出租人需向国家外汇管理局申请相应的外汇额度。如果出租人选择人民币融资，则出租人需进一步进行人民币购汇操作，同时出租人可选择相关金融机构的理财或外币转换融资业务。

传统飞机租赁业务主要涉及三方当事人。具体的交易方式是作为承租人的航空公司选定飞机和出卖人（飞机制造商），作为出租人的租赁公司购买并出租给航空公司使用的租赁方式。区别于传统融资租赁模式，SPV模式要求出租人和承租人在确定租赁交易成本和项目操作结构后，由出租人提前在保税区或保税港区预设或现设SPV公司（国内实务操作中保税区或保换港区的SPV公司设立周期一般为25～60天，根据不同的保税区或保视港区设立程序及设立效率确定），承租人在确定以SPV模式进行融资后，需向民用航空局申请以SPV公司融资租赁方式引进飞机的批文。如果承租人已申请了购买方式引进的批文，则需承租人报商务部进行进口机电许可证备案，并协调民航局办理批文转换。

四、SPV模式与传统融资租赁模式比较

由于从国外购买飞机面临较重的关税负担，因此选择飞机租赁业务的SPV模式对承租人和出租人均较为有利，不仅有助于降低飞机引进的税负、增加收益，更能充分享受政策优惠带来的好处。同时，如国内租赁公司进行飞机的境外融资租赁交易或开展全球间的飞机经营性租赁业务，采用在爱尔兰、开曼群岛或新加坡、中国香港设立SPV公司，以SPV结构模式操作业务，大大有益于出租人和承租人节税，实现境外低成本融资，有效控制交易成本。这里我们仍主要探讨国内保税区或保税港区飞机租赁SPV模式对出租人和承租人的主要益处。

（一）SPV模式与传统融资租赁模式比较

区别于传统融资租赁模式，SPV模式要求出租人和承租人在确定租赁交易成本和项目操作结构后，由出租人提前在保税区或保税港区预设或现设SPV公司（国内实务操作中保税区或保换港区的SPV公司设立周期一般为25～60天，根据不同的保税区或保视港区设立程序及设立效率确定），承租人在确定以SPV模式进行融资后，需向民用航空局申请以SPV公司融资租赁方式引进飞机的批文。如果承租人已申请了购买方式引进的批

文，则需承租人报商务部进行进口机电许可证备案，并协调民航局办理批文转换。

（二）辨别SPV模式操作新飞机和二手飞机租赁业务的异同

新机采购和二手飞机交易的最大不同在于：二手飞机无预付款（PDP）融资阶段，利用SPV模式操作飞机租赁业务，国内监管要求飞机的全额价款均须SPV公司（出租人）全额付汇给境外供应商，以保证与飞机进关时报关金额相符，便于进行外汇监管等事项。该项要求致使承租人将飞机购机权益转让给SPV公司或签署新的购机协议之后：

（1）承租人就自己承担时飞机价款部分应先行支付给SPV公司（出租人），并由SPV公司（出租人）全额付汇给境外飞机供应商；（2）承租人之前支付给飞机供应商的外汇须原路径退回，需承租人与付汇时的外汇管理局协调办理；（3）如存在飞机的预付款（PDP）要求，则SPV公司（出租人）应按照注册地所在外汇管理局备案、付汇银行多次付汇、飞机交付后一次性核销的方式处理。

（三）SPV模式对于承租人飞机引进的有利之处

国内针对空载重量25吨以下的飞机征收进口关税为5%，进口增值税为17%，即复合税率高达22.85%。国内对于空载重量25吨以上的飞机给予进口关税1%和进口增值税4%的优惠。如果以经营租赁方式从国外引进，除关税、增值税外，还包括6%～10%的预提所得税。出租人所在地不同，税率有所不同。国内保税区或保税港区（指已经施行飞机租赁优惠政策的国内保税区或保税港区）一般规定在其辖区内注册的租赁公司，境内融资租赁飞机进口税金可按照每期支付的租金进行分期缴纳。大多飞机运营商为航空企业，其每日都伴随着大幅的现金流入和流出，因此，良好、稳定的现金流是保障航空企业正常运营的根本所在。通过SPV模式融资租赁引进飞机能大大降低承租人飞机引进当期的现金流出，有利于承租人优化经营所需的现金流。

此外，承租人选择SPV模式融资租赁引进飞机，由于飞机的全额价款需由SPV公司（出租人）支付给飞机供应商，飞机价格较为公允，可以获取租赁公司较高的融资比例。出租人可以根据对飞机市场价值的判断，选择飞机购买价款85%～100%的融资引进飞机。

以一架全新的湾流G550公务机为例，目前国内的飞机引进价格约为5300万美元、复合进口税率为22.85%。且假设：该项目由国内租赁公司融资租赁给公务航空公司使用（不涉及预提所得税和营业税等税项），租赁期限为8年，租赁利率为7%，期末购买价格为1亿美元，按季度等额年金期初支付租金，人民币融资，可以对比获得SPV模式对承租人现金流的影响。由此可以得到一个比较明显的结论，同等利率条件和租赁条件下，SPV模式为承租人大大节省了成本支出和当期现金流出，对承租人的财务结构和费用支出有很大裨益。

（四）SPV模式对于出租人项目收益和风险控制的有利之处

（1）保障融资本金不被挪用，控制项目融资风险。用国内保税区或保税港区的SPV公司作为出租主体，承租人需将与飞机供应商的飞机购买权益转让给SPV公司或与

SPV公一司签订新的购机协议，由SPV公司向飞机供应商全额支付飞机价款，有利于出租人防范承租人挪用融资本金的风险，并有利于在飞机交付时即取得飞机的所有权

（2）可享受税收优惠。国内保税区或保税港区对在其辖区内设立的出租人（SPV公司），营业税和所得税可视同经营性租赁业务，享受差额征税，并享受地方税收部分税收减免优惠。即使在营业税改增值税后，出租人仍可享受地方税收分成部分的返还，降低实际税负。

（3）可起到风险隔离的效果。单机（SPV）租赁模式可以起到有效的隔离风险，通过设立特殊目的公司，每个项目公司只对应一笔租赁合同，实行单独管理、单独核算。

（4）可突破政策瓶颈，直接向飞机供应商批量订购飞机，并获取外汇额度。国内部分保税区或保税港已逐渐突破国内飞机购买的政策瓶颈，允许在其辖区内设立的实体租赁公司（区别SPV公司）直接向飞机供应商批量订购飞机，并在融资途径上取得突破，可以放宽外汇额度审批条件，便于租赁公司进行境外低成本外币融资

通过国内保税区或保税港区SPV模式融资租赁引进境外飞机，不仅承租人（航空公司）可以降低的融资成本，而且有利于承租人优化现金流结构，实现飞机机队规模的快速扩充，提升运营效率，增长经营效益;对于出租人（租赁公司），不仅可以获取税收政策带来的优惠，而且便于控制风险，进一步保障项目收益。随着国内飞机租赁市场的蓬勃发展，国内保税区或保税港区的飞机租赁SPV模式在不断完善和成熟，并逐步向国内的大型城市普及，政策、法规的支持和匹配力度不断加强，其操作优势不断得以体现和被认可。

五、天津东疆保税港区SPV租赁模式面临的问题及建议

天津东疆保税港区飞机租赁SPV模式发展得非常迅速，而且天津东疆保税港区的创新意识非常好，这可以从东疆保税港区的宣传视频中明确看到。我们看到东疆保税港区非常重视服务和创新，但现实中东疆保税港区的飞机租赁SPV模式存在一些问题，通过指明这些问题，并提出一些发展建议，更有助于东疆保税港区今后的发展。

（一）天津东疆保税港区融资租赁业SPV模式面临的问题

飞机融资租赁业需要低成本和长期资金的供给，国际上开展飞机融资租赁已经有20多年的历史，具有成熟的商业运作模式和完善的融资租赁法，这些都是东疆港租赁业尚待完善的内容。从实际情况看，由于东疆航空融资租赁业起步晚，且多模仿国外的运作模式，国内航空租赁公司在机队规模、运营管理经验及市场网络空间上尚有较大的差距。加之国内在税收、法律、会计和监管上的差异，导致东疆港所处的国内政策环境与国外有所不同，影响了其经营成本和融资环境。

1. 税收体制一直是困扰东疆港融资租赁业发展的重大问题。税收优惠政策是国外航空租赁市场发达的重要根源。爱尔兰是全球重要的飞机融资租赁基地，其无须缴纳增值

税，且所得税税率只有12.5%。但目前我国融资租赁企业涉及的主要税目有进口关税、增值税、营业税和企业所得税。东疆港自开展融资租赁业务以来，财政部、国家税务总局就在财税政策上给予了一定支持，融资租赁税收制度的框架基本形成，但在税收优惠措施方面仍比境外其他国家有明显差距，尚未出台针对融资租赁业的专门独立的税收规定，特别是相同的进口业务执行不同的税率。根据财政部和国家税务总局的规定，东疆港对国内航空公司进口空载重量在25吨以上的客货运飞机，按4%征收进口环节增值税。此项政策仅适用于从事国内航空运输业的航空公司，但包括金融租赁公司在内的其他公司进口飞机仍按17%的法定税率征收进口环节增值税。

2. 东疆港融资租赁行业的监管环境有待完善。目前东疆港融资租赁行业实行的是多头平行监管体制：一类是由银监会审批监管的金融租赁公司，另一类是由商务部批准设立的非金融机构的内外资融资租赁公司。由于不同种类的融资租赁公司分属于不同的主管部门监管，监管过程中对两类不同的融资租赁公司在市场准入、法律地位、税收优惠政策等方面均有不同的要求。一般说来，对外资融资租赁公司监管相对较为宽松，但对银监会批准的金融租赁公司进行全面的监管，监管力度远远超过对外资租赁公司的监管。该二元结构的存在并不符合市场经济公平竞争的要求。同时，民航总局对于东疆港内的国内航空公司从国外引进飞机实行审批制，作为承租人的航空公司拥有飞机引进的权利，但对融资租赁公司直接办理引进飞机的资格还没有明确的政策规定。因此，融资租赁公司要完成飞机融资租赁业务只能通过境外的融资租赁公司做转租赁，繁多的中间环节增加了经营成本，成为制约东疆港航空租赁业发展的主要因素。

3. 东疆港融资租赁业融资渠道单一。目前，东疆港内SPV公司资金来源仍主要集中于公司自有资金、股东增资、银行贷款等传统的融资方式，融资渠道比较狭窄。而目前金融租赁公司主要的资金来源方式之一同业拆借也只是权宜之计，是以短期融资满足长期投资的使用，这必将带来短贷长投的资金错配风险，无法满足融资租赁业务发展中低成本长期资金的需求。鉴于此，金融租赁公司可以尝试上市融资、资产证券化、信托基金等方式，以拓宽其融资渠道。同时，根据东疆融资租赁业迅速发展的需要，以东疆融资租赁企业为主，吸收国内其他地区各类融资租赁企业参加，共同出资组建"天津东疆融资租赁同业拆借市场"，为融资租赁企业提供资金拆借服务。

4. 东疆港融资租赁业市场退出机制不健全。融资租赁比银行贷款安全的原因在于出租人在租期内始终拥有租赁物的所有权，当承租人违约时可以收回租赁资产，通过市场退出机制得到补偿，挽回其经济损失，在一定程度上保证融资租赁公司的经济利益。但东疆港由于缺少权威的租赁物价格评估机构等原因，港区内二手租赁物流通市场不发达，加之交易过户手续繁杂，融资租赁公司收回的租赁资产很难按照市场公允价值迅速变现。这使得融资租赁业务绝大多数都约定了所有权转让条款，租赁公司被迫接受承租人的欠租行为，使融资租赁的优势无法显现出来，制约了行业的发展。

（二）天津东疆保税港区促进融资租赁业发展的对策与建议

1. 以优惠的税收政策促进东疆港融资租赁业发展。目前东疆港与融资租赁业相关的税种主要有增值税、营业税、所得税和关税。对于融资租赁业务而言，无论租赁资产的所有权是否最终转让给承租人，均不征收增值税；"营改增"试点前，金融租赁公司和内外资融资租赁公司均按5%税率征收营业税。融资租赁公司的营业税按差额征收，经营性融资租赁公司按租赁费全额征收营业税；东疆关于融资租赁企业所得税的规定，主要体现在计提折旧、租赁费税前扣除、投资税收抵免这三个方面。融资租赁的设备可按租赁期限提取折旧，但最短折旧年限不少于三年；此外，融资租赁的固定资产发生的租赁费也可按租期提取折旧，但租赁期满后，租赁资产的所有权必须转移至承租人，否则必须补缴企业所得税；关于投资税收的抵免也只是针对融资租赁环境保护、节能节水、安全生产等专用设备，该设备可按投资额的10%从应纳税额中抵免。

2. 创新融资方式，拓宽东疆港租赁公司的融资渠道。拓宽融资渠道的实质就是创新融资方式。东疆港租赁业作为资本密集型产业，资金来源是其发展的关键之所在。但根据商务部规定：融资租赁企业的风险资产不得超过资本总额的10倍。以目前的发展速度，融资租赁业在不立即增加资本总额的前提下，公司发展将普遍受到制约，这会导致大量应收账款的未来现金流只能体现在资产负债表中，无法立即变现。而资产证券化方案将是解决这些问题的创新性途径。飞机融资租赁资产证券化是中国证监会监管下的结构性创新融资产品，是航空租赁公司将缺乏流动性，但性能、租期相同或相近的应收账款的未来现金流集合起来通过结构性重组，并进行一系列的信用评级与信用增级等措施，将其转换成可在金融市场上出售和流通的证券的过程。资产证券化为航空融资租赁公司提供了低成本的直接融资渠道，并将租赁公司的经营风险转嫁给SPV公司，实现了应收账款的快速变现，盘活了公司资产。其交易过程中资金的流动方向为：在东疆港设立特殊目的公司（SPV），航空融资租赁公司作为飞机租赁债权的拥有者，将此债权销售给SPV，然后由SPV以该飞机租赁债权为抵押发行飞机租赁证券给投资者，从投资者那里取得销售飞机租赁证券的资金。飞机融资租赁资产证券化是被实践证明了的提高航空融资租赁公司资产流动性的手段之一。

3. 适度监管，营建东疆港公平的竞争环境。从美国、德国和日本融资租赁的实践来看，这三个国家均采用通过监管融资租赁公司母公司的形式，实现对其各个特殊目的公司（SPV）监管的目的。适度监管的内容主要集中在两个方面：一是对融资租赁行业准入的监管，包括设立审批和注册资本要求等；二是对融资租赁风险的控制，包括控制租赁公司风险资金的比例以及兼营相关业务的规定等。针对目前国内存在的二元监管结构的特点，可通过政策的局部调整，促进东疆融资租赁业的有序发展。这需要由国务院进行有效协调，商务部统一负责融资租赁公司的市场准入监管，将日常对融资租赁公司业务的监管让渡给银监会，由银监会统一制定市场规则，统一管理，营造平等的竞争平台。

4. 推动东疆融资租赁产品创新，打造融资租赁的核心竞争力。各国融资租赁行业的发展，就是不断创新能够融合工业、金融和贸易产品的过程。在美国、德国等租赁业发达的国家，信息与通信设备和服务类设备租赁是目前增长较快的领域。而在东疆港租赁产品结构中，飞机和船舶的融资租赁占有较高比重，但利润空间有限。大型设备租赁以工程建设和能源设备为主，东疆港融资租赁产品仍主要集中于制造业。东疆租赁行业仍处于发展初期，在进行产品创新的过程中，应以开发轨道交通类和战略性新兴产业租赁为主攻方向。在租赁产品创新的同时，注意及时将创新产品进行流程和管理的标准化，提升核心资源，进而推动租赁咨询服务业务的开展，最终提高融资租赁行业的核心竞争力。

补充阅读：

飞机SPV租赁业务模式与传统融资租赁模式的区别

一、SPV融资租赁贸易模式的优势

（一）可享受保税区的优惠政策

SPV融资租赁贸易模式充分利用了东疆港保税区的优惠政策如区内商品免征关税、增值税的政策优势，降低了成本。以飞机为例，如果国内租赁公司从国外购买飞机租给国内的航空公司，要缴纳总计高达22.85%的进口税费，而在国内保税地区设立单机项目公司（SPV）进行飞机租赁，SPV免交关税和增值税，国内航空公司用报关方式缴纳的关税和增值税可分期缴纳，并可申请优惠税率（关税1%，增值税4%）。

（二）实现风险隔离的目标

SPV融资租赁贸易模式可以有效地隔离风险，通过设立SPV公司，将飞机、船舶等作为租赁标的物出租给承租人，每个项目公司只对应一笔租赁合同，实行单独管理、单独核算，融资租赁公司以投入的资本金为限承担有限责任。这样，一旦出现风险，单项子公司即与母公司实现"破产隔离"。

（三）传统的融资租赁模式与东疆港SPV模式的比较

有别于传统融资租赁模式，SPV模式要求由出租人预先在东疆港注册一家SPV公司，承租人在确定以SPV模式进行融资租赁后，需向民航总局申请以SPV公司融资租赁方式引进飞机的批文。承租人在办理飞机入关手续时，可充分享受东疆保税港区的税收优惠政策。例如东疆港对于空载重量25吨以上的飞机给予进口关税1%和进口增值税4%的优惠，营业税和所得税可享受差额征税。比较而言，若以传统融资租赁模式从

境外引进飞机，除需缴纳累积高达 22.85%的关税和增值税外，还包括 6%预提所得税及5%的营业税。另外，出租方通过设立特殊目的公司（SPV），使每家SPV公司仅对应一笔飞机融资租赁业务，这种单独管理、单独核算的单机SPV 融资租赁模式可以实现风险隔离的效果。此外，由SPV公司直接向境外飞机供应商批量订购飞机，飞机的报价较为公允，并且外管局可以放宽外汇额度的审批条件，便于融资租赁公司进行境外低成本的外币融资。

以一架全新的空中客车ACJ380超大型公务机为例，目前国内飞机引进价格约为 6800 万美元，复合进口税率为 22.85%，租赁期限为 8 年，租赁利率为7%。当期中国银行公布的外汇牌价为 USD1= CNY6.16，对比传统融资租赁模式与 SPV 模式对承租人现金流的影响可以得到一个比较明显的结论，同等利率和租赁期限下，SPV贸易模式为航空公司大大节省了税款和租金的支出，有利于航空公司优化经营结构。

二、SPV模式比较传统模式的优势分析

融资租赁自 19 世纪出现以来，在世界经济发展过程 中一直扮演着重要角色。传统的租赁例如经营租赁、融资租赁、杠杆租赁、售后回租等方式被现在所常用，而更为灵活的SPV 租赁模式，在许多方面都有着传统租赁无法替代的优越性，主要表现在以下方面。

（一）租赁流程的优势

传统的融资租赁需要三方当事人，分别为租赁标的物制造者（卖方）、融资租赁公司（买方，出租人）、使用者（承租人）。而对于SPV模式来说，在传统租赁三方当事人的基础上增加了SPV——特殊目的公司这一当事人。对于飞机、船舶等大型租赁物，租赁公司首先会在保税区成立一家SPV公司，该类公司的性质为有限责任公司。实际上，SPV公司是一个"空壳公司"，由母公司受托进行单项租赁标的物的租赁经营。在整个租赁经营过程中，SPV公司作为名义出租人，完成租赁经营。通过这种新型的租赁方式，有效地将大型租赁标的物的风险与母公司相隔离，同时也保障了承租人的权益。

（二）税收缴纳方式的优势

传统的融资租赁模式下，在第一次引进租赁标的物时，就要按照标的物价款作为税基进行一次性的税收缴纳，包括增值税与关税等。对于当事人来说，一次性缴纳的数额与压力都是巨大的。而在SPV模式下，关税、增值税等税款可以根据租赁期分期进行缴纳，大大分散了承租人的经济压力，降低了租赁成本。

（三）对租赁公司资质要求的优势

只有具备租赁资质的公司才可以在传统模式下进行租赁经营；而在SPV情况下，只要租赁公司设立了SPV公司，即可以使用SPV租赁模式进行融资租赁。

（四）租赁经营所签订合同不同

在两大模式下所签订的合同内容与数量是不同的。无论在传统模式还是SPV模式下，都必须签订三大合同——购货合同、租赁合同和保证合同，才能确保租赁行为的正常进行。而SPV模式在三类合同的基础上，又增加了标的物购买协议或转让协议。这是因为如果使用者已经签下了购买协议，就需要另外签署一份协议，将购买协议转让给SPV公司或签订新的购买协议。这样由SPV公司进行标的物的支付，从价格上更加合理，有利于节省开支。

【重要名词】

发展现状、盈利模式、发展趋势、主要问题、SPV租赁业务模式

【思考题】

1. 飞机租赁的定义及其与其他融资方式相比的优劣势有哪些？

2. 飞机租赁行业面临的困境有哪些？你认为该如何解决？

第十一章

飞行器贸易的其他方式

> > > > > >

第十一章

飞行器贸易的其他方式

▌【内容提要】

　　本章主要讲了飞行器经销与代理的含义、种类、特点，飞行器寄售与拍卖的特点及区别。正确理解飞行器贸易中其他方式的含义，把握飞行器贸易方式之间的区别。

第一节　飞行器经销与代理

一、飞行器经销

　　经销是指在国际贸易中经销商按照约定条件为国外供货商销售产品。双方订立协议或相互约定，由供货商向经销商定期、定量供应货物，经销商在本国市场上销售。经销商与供货商之间也是买卖关系，经销商必须自垫资金购买供货商的货物，自行销售，自负盈亏，自担风险。

　　经销也是售定，供货人与经销人之间是一种买卖关系，但又与通常的单边逐笔售定不同，当事人双方除签有买卖合同外，通常须事先签有经销协议，确定对等的权利和义务。按经销商权限的不同，经销可分为：包销，是指经销商在规定的期限和地域内，对指定的商品享有独家专营权；定销，经销商不享有独家专营权，供货商可在同一时间、同一地区委派几家商号来经销同类商品。采用经销方式出口时，应注意以下问题：

　　首先，要慎重选择经销商。供货商与经销商之间存在一种相对长期的合作关系。如果经销商选择得当，对方信誉好，能够重合同、守信用，而且经营能力强，即使市场情况不好时，也能充分利用自己的经验和手段，努力完成推销定额。这样，业务会越做越大，供销双方都会受益。然而，如果经销商选择失当，其经营能力不佳或资信不好，则会使供货商作茧自缚，这一问题在独家经销方式下尤为明显。有些包销商在市场情况不利时，拒绝完成协议中规定的承购数额，结果使供货商原定的出口计划无法完成，又失去了其他客户。也有的包销商凭借自己独家专营的特殊地位，反过来在价格及其他条件上要挟供货商，为自己谋利，却损害对方利益。为防止这类情况发生，在选择经销商时，应先做认真的资信调查，了解对方的信誉和经销能力，在任命独家经销商之前，这项工作尤为重要。

其次，要注意当地的有关法律规定。在独家经销方式下，要制订有关专营的规定。对于"限制性商业惯例"的一般解释是，企业通过滥用市场力量的支配地位，限制其他企业进入市场，或以其他不正当的方式限制竞争，从而对贸易或商业的发展造成不利的影响。在有些包销协议中，规定包销商品的种类及经销区域时，有时做出下列限制性规定："包销商不得经营其他厂家的同类产品"，"禁止将包销的产品销往包销区域以外的地区"。这类规定就有可能违反有些国家管制"限制性商业惯例"的条例和法令，如反托拉斯法。因此，在签订独家经销协议时，应当了解当地的有关法规，并注意使用文句，尽可能避免与当地的法律发生抵触。

最后，要综合考虑经销商的能力。首先要考虑经销商的信誉，经销商在当地有好的口碑，对产品的销售推广有很大的帮助。其次要考虑经销上的能力：一方面是经销商对厂家产品的认知，另一方面是经销商的规模、人脉等。

二、飞行器代理

代理是指代理人按照本人的授权（Authorigation）代本人同第三者订立合同或作出其他法律行为。由此而产生的权利与义务直接对本人发生效力。代理商在代理业务中，只是代表委托人招揽客户，招揽订单，签订合同，处理委托人的货物，收受货款等并从中赚取佣金，代理商不必动用自有资金购买商品，不负盈亏。代理双方通过签订代理协议建立起代理关系后，代理商有积极推销商品的义务，并享有收取佣金的权利，同时代理协议一般规定有非竞争条款，即在协议有效期内，代理人不能购买、提供与委托人的商品相竞争的商品或为该商品组织广告；代理人也无权代表协议地区内其它相竞争的公司。

在国际贸易中，诸如销售、采购、运输、保险、广告、金融、诉讼等都广泛采用代理方式。当前世界贸易中有较大的比重是通过代理商这条渠道进行的，我国在进出口业务中也广泛地运用了代理方式。委托人通过代理方式，利用代理人在国际市场上的地位、销售渠道及其专业知识，委派代理人去开拓市场，组织销售和进货，进行售后服务，传播信息等，可避免因设立分支机构带来的人员、财务上的负担以及由此可能产生的法律等各种问题。

代理人与委托人之间的关系属于委托买卖关系，通常运用委托的资金进行业务活动，代理不以自己的名义与第三者签订合同，代理人赚取的报酬即为佣金。总的来说，代理可以分为以下三种类型：

第一，总代理，是在指定地区委托人的全权代理。除了有权代理委托人进行签订买卖合同、处理货物等商务活动外，也可进行一些非商业性的活动。他有权指派分代理，并可分享代理的佣金。在我国出口业务中，只指定我国驻外的贸易机构作为我国外贸公司的总代理。如香港地区的华润集团、德信行、五丰行和澳门地区的南光公司，分别是我国外贸专业总公司在香港和澳门地区的总代理。

第二，独家代理，是指在规定的地区和时间内独家享有委托人给予的指定商品经营权的代理。只要在指定地区和期限内做成指定商品的生意，无论是由代理商做成还是由企业自己与其他商人做成，代理商都享有收取佣金的权利。根据协议的规定，代理商可在适当的时候以出口企业的名义代签销售合同。

第三，佣金代理，又称一般代理，是指在同一代理地区、时间及期限内，同时有几个代理人代表委托人行为的代理。佣金代理根据推销商品的实际金额和根据协议规定的办法和百分率向委托人计收佣金，委托人可以直接与该地区的实际买主成交，也无须给代理佣金。在我国的出口业务中，运用此类代理商的较多。

三、飞行器经销与代理的区别

具体来说，代理与经销主要有以下几点区别：

（1）代理的双方是一种代理关系，而经销双方则是一种买卖关系。

（2）代理是以委托人即厂商的名义销售，签订销售合同，而经销则以自己的名义从事销售。

（3）代理商的收入是佣金收入，而经销商的收入则是商品买卖的差价收入。

（4）从法律关系上讲，代理行为即委托人行为，代理商与第三人之间在授权范围内发生的民事行为的法律后果归于委托人（供货商），而经销商与用户之间发生的民事行为的法律后果须由其自己承担。

第二节　飞行器寄售与拍卖

一、飞行器寄售

寄售是一种有别于代理销售的贸易方式，也是国际贸易中习惯采用的做法之一。它是指货主先将货物运往寄售地，委托另外一个代销人（受委托人），按照寄售协议规定的条件，由代销人代替货主进行，货物出售后，由代销人向货主结算货款的一种贸易做法。在我国进出口业务中，寄售方式运用并不普遍，但在某些商品的交易中，为促进成交，扩大出口的需要，也可灵活适当运用寄售方式。

飞行器寄售是凭实物进行买卖的现货交易。寄售不是出售，在寄售商未将商品出售以前，商品的所有权仍属委托人（出口商）。寄售人与代销人之间是委托代售关系，而非买卖关系。寄售是先出运、后成交的贸易方式，因此，寄售人承担寄售货物在售出之前的一切费用和风险。

飞行器寄售的模式有库存商按料寄售和交易平台寄售两种。库存商按料寄售是指库存商根据物料的价值来选择，然后放在仓库里面售卖。这种方式优势在于拓宽了销售路径，但是由于门槛高，此模式只对高值物料起作用。交易平台寄售是将物料以平台的身份放在平台网站上，平台偶尔会以第三方的身份直接采购该物料。此模式的优势在于门槛低，且供应商不会受到过多询价的打扰，由平台直接受理询价报价。当然像库存交易平台，除了寄售以外，其他所有类型的销售模式，也都提供平台受理询价报价降低打扰。

二、飞行器拍卖

拍卖是由专营拍卖行接受货主的委托，在一定的地点和时间，按照既定的章程和规则，以公开叫价竞购的方法，最后拍卖人把货物卖给出价最高的买主的一种现货交易方式。拍卖一般是由从事拍卖业务的专门组织，在一定的拍卖场所进行。按照当地特有法律和规章，拍卖大致要经过准备、看货、出价成交和付款交货等四个阶段。拍卖时间较短，交易数量往往较大。

第三节　飞行器招标与投保

一、飞行器招标、投保的概念

招标是指招标人在时间、地点、发出招标公告或招标单，提出准备买进商品的品种、数量和有关买卖条件，邀请卖方投标的行为；是由参加投标的企业按照招标人所提出的条件，一次性递价成交的贸易方式，双方无须进行反复磋商；是一种竞卖的贸易方式，在指定的时间和指定的地点进行，并事先规定了一些具体的条件。因此，投标必须根据招标规定的条件进行，如不符合其条件，则难以中标。

其组织形式分为委托招标和自行招标两种。委托招标是自主选择招标代理机构，不受任何单位和个人的影响和干预，并且招标人和招标代理机构的关系是委托代理关系。自行招标是指招标人依靠自己的能力，依法自行办理和完成招标项目的招标任务。

　　投标是与招标相对应的概念，它是指投标人应招标人特定或不特定的邀请，按照招标文件规定的要求，在规定的时间和地点主动向招标人递交投标文件并以中标为目的的行为。实际上招标、投标是一种贸易方式的两个方面。

二、飞行器招标与投标的程序

　　由于招投标实际上是一种贸易方式，因此这里我们通过一个程序的介绍来认识它们。通常来讲，通过招投标方式进行的交易往往从买方招标开始，包括发布招标通告、预审投标人资格、编制招标文件三个步骤。招标结束后，卖方就开始了投标的程序，包括研究标书，并编制投标书；按标书规定缴纳投标保证金或提交保函；寄送投标书三个步骤。

　　这两个程序进行完毕，就可以开标和评标了。开标有公开开标和秘密开标之分。公开开标是按照规定的时间、地点，在投标人均可自由参加的情况下，当众拆开密封的投标文件宣读文件内容的方式。秘密开标是指没有投标人参加，由投标人自行根据投标内容选择不同的开标方式。开标的作用只是把各投标人的投标内容计入正式记录或公布于众，并不当场评出中标人。

　　评标或评审标书就是招标人对投标文件进行评审、比较，选出最佳投标人作为中标人的过程。中标签约是投标招标业务活动的最后阶段，即在决标后，招标人以书面形式通知中标人在规定时间内到招标人所在地与招标人签订买卖协议或承包项目协议，并按规定缴付履约保证金。

第四节　飞行器展卖

　　展卖也称为展销，是具有悠久历史的交易方式之一，其最早的雏形是区域性的集市。在国际贸易不断扩大和现代化交通、通信条件日益完善的情况下，展卖日趋国际化、大型化和综合化，在当今的国际贸易中得到越来越广泛的运用。展卖就是利用展览会和博览会及其他交易会形式，对商品实行展销结合的一种贸易方式。

　　展卖将出口商品的展览和销售有机地结合起来，边展边销，以销为主。这有利于宣传出口商品，扩大影响，招揽潜在买主，促进交易。展销活动中的商品种类多，规格齐全，品质好，可吸引众多的买主参与。有利于建立和发展客户关系，扩大销售地区和范围，实现市场的多元化。有利于开展市场调研，听取消费者意见，改进产品销售。集中展销有利于收集市场信息，买卖双方直接见面，便于交流商情，掌握市场动态。当然，展卖也有不足之处，如季节性的商品参与展卖活动有很大局限性；集中交易易于出现争市场、争客户、争资源的问题，造成内耗；还会出现畅销货和滞销货销售不平衡的现象，等等。

展卖的形式主要是国际博览会和出口商品交易会两种，介于飞行器交易的特殊性，飞行器的展卖通常都在世界各大航展上进行。国际性专业航空航天展览，以实物展示、贸易洽谈、学术交流和飞行表演为主要特征。国际航空展是起源于人类早期的航空活动，并伴随着航空工业的孕育和成长而产生和发展起来。从1909年世界上第一次航展至今，世界航展已走过了将近百年的历程。

1903年，莱特兄弟首次完成载人动力飞行，掀开了人类航空史崭新的一页。从1905年起，在部分工业国家，开始出现一些群众性的飞行活动。这种由航空爱好者自发组织的、没有丝毫商业色彩的航空集会，它们便是现代国际航展的雏形。

1909年，世界上第一个经过系统组织的全国性航展——巴黎航空展览会在法国问世。这个最初以保护航空遗产为宗旨的飞机静态展示会，随着第一次世界大战的迫近和军事订货的显著增长而迅速发展成为法国飞机制造商展示战机、争夺军事订单的竞技场。1949年，它进一步冲出国界，发展成为一项国际盛事。今天，巴黎航展是世界公认的规模最大的航空航天技术交流和商贸集会，被视作世界航空航天工业厂家状况的晴雨表。继法国之后，英国、德国、日本也开始举办航展。20世纪80年代以来，不少亚洲国家也先后加入航展主办国的行列。

每年全球会举行数不胜数大大小小的航展，仅在美国参加人数就多达1000多万，经济效益可超10亿美元。现如今我国也开始如火如荼地开展各种展会，特别是2017年，除了已经举办了几届的亚洲商务航空展（ABACE）、澳门公务航空展、天津直博会、西安通航大会、郑州航展等，在各地方政府以及企业的大力支持和推动下，很多新的航展如四川航展、武汉航展等也在通航业界以及大众中间产生了不小的影响。

【重要名词】

飞行器经销、飞行器代理、飞行器寄售、招标、投标

【思考题】

1. 飞行器寄卖与拍卖的区别是什么？
2. 代理的含义及其种类有哪些？

第十二章

飞行器技术贸易

第十二章

飞行器技术贸易

■【内容提要】

本章介绍了飞行器的工业技术及其分类，对飞行器的技术贸易进行了概括介绍，说明了飞行器技术贸易的程序及合同内容。

第一节　飞行器工业技术及分类概述

飞行器工业技术与飞行器设计技术、制造技术息息相关，飞机设计具有复杂度高、周期长、投资大的特点，一般情况下可以把整个过程分为以下几个阶段来进行：论证阶段→方案阶段→工程研制阶段→设计定型阶段→生产定型阶段→使用维护阶段。

首先进行方案可行性分析，进行技术需求分析；在此基础上，完成飞机总体技术方案设计，确定飞机总体布局、设计参数、发动机动力装置以及飞机整体结构；工程研制阶段：确定飞机总体技术方案，进行整体详细设计，完成部分实验验证；设计定型阶段：进行飞行器的详细试飞过程，结束后递交正式报告，批准后可小规模生产；生产定型阶段：进行较小的改动，特别是生产工艺的改进，通过鉴定试飞后，由生产厂完成批量生产。

中国航空工业集团公司下属公司主要分为两类：一类是以预先研究设计、型号设计改进为主的设计单位，如沈阳601飞机设计研究所、西安第一飞机设计研究院、成都611飞机设计研究所；一类是以生产具体型号、零部件为主的制造生产单位。与此对应的航空工业技术主要分为两大类：一类是飞行器设计技术，一类是飞行器制造技术。

一、飞行器设计技术

飞行器工业技术的发展相伴于飞机总体设计、空气动力学、飞行力学、电子信息技术、飞机结构力学、控制技术、有限元分析、计算机技术等相关学科的发展，飞行器设计是以上多种学科技术的融合，特别是现代飞机的出现，使以上学科之间关系更加密切，学科交叉部分要求更高。

现代飞行器设计是一门多学科技术，随着计算机技术、数学的发展，飞行器设计已经实现全程数字化。在飞行器初始设计阶段，可采用建模软件实现飞行器模型的数字化模型建立。争取在各个学科建立几何外形分析模型、学科理论分析模型，采用学科相关可视化分析软件对设定目标进行初始分析，随着学科的发展，这也是比较精确的分析，这一过程涉及几何建模软件如CATIA、AutoCAD、UG等。飞机总体设计阶段，制造企业已开始进行工艺总方案设计，并通过采用基于成熟度的协同工艺审查的方法，依据设计成果，同步展开后续工艺策划工作，包括装配协调、零件制造技术、工艺分离面、部件装配图表等一系列工艺指导性文件的定义与编制（见图12-1）。

图 12-1 某客机三维建模效果图

国内飞机制造企业经过长期的三维工艺设计与仿真、CAX/CAPP/MES系统集成等技术的研究，突破了基于模型的定义，三维工艺设计可视化，三维装配过程仿真验证及优化，三维工作指令的创建、发放及浏览，多系统集成和业务流程优化等关键技术瓶颈，构建了体系完整的、能支撑装配、机加、钣金、冶金等各类工艺设计业务需求的三维化、系统化、集成化的企业级数字化工艺设计平台，实现了传统二维工艺设计制造体系向三维数字化工艺设计制造体系的成功转型（见图12-2）。

图 12-2　三维建模效果图局部

　　通过三维建模软件，在三维工艺模式下，三维数据（模型等）替代了二维工程图纸和纸质工艺指令。三维工艺电子数据包（指令）成为生产现场工作的技术依据，通过工艺设计平台与生产管理系统的集成，将三维工艺指令等工艺数据信息发放到车间生产现场，并以三维的、动态的、交互式的定制界面展示、描述工艺过程，将生产工艺、人员、设备、工装及工具等资源信息有效集成，通过直观的界面显示产品的设计结构关系、工艺结构关系和几何模型，显示工艺仿真过程和工装使用定位方法，显示与仿真过程相应的操作说明等，使工人按指令进行操作，准确快速地查阅工艺过程中需要的信息，提高工作的准确性和效率（见图12-3）。

图 12-3　三维建模效果图的应用

　　三维工艺设计与仿真、基于轻量化模型的工艺过程可视化技术以及CAX/PDM/MES多系统集成技术的应用，有效地缩短产品研制周期，提高产品质量和生产效率，真正实现无二维图纸、无纸质工作指令的三维数字化集成制造，有效改善生产现场工作环境，使现场工人容易理解，减少了操作错误，提高了产品质量和生产效率。三维数字化工艺设计技术的深入应用必将推动我国飞机制造业的快速发展（见图12-4、12-5）。

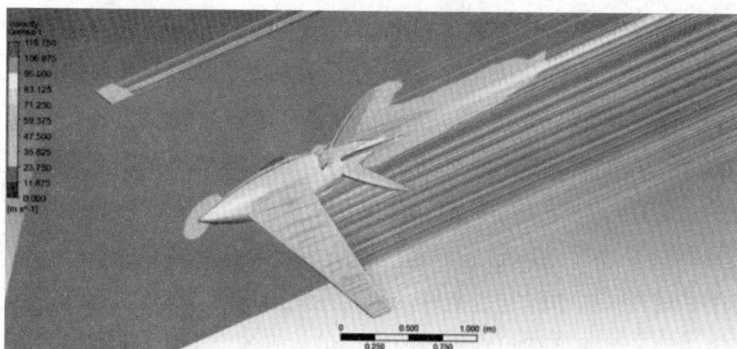

图 12-4　三维数字化工艺

7 boundary makers

■ 1　■ 2　■ 3　■ 4　■ 5　■ 6　■ 7

图 12-5　某飞行器Fluent数值分析结果

二、飞行器制造技术

随着现代科学技术的发展，航空制造业也发生了巨大的变化。纵观航空业近百年的历史，尤其是近十几年来，该领域不断以创新的科技和先进的制造技术引领着整个产业向前发展。为了适应现代国防建设和国民经济的发展需要，航空科技工业的主要产品也正向新型的高性能、高轻型、高可靠性、高舒适型及长寿命和低成本的方向发展和更新。因此，为了满足现代航空业发展的需求，飞机先进制造技术得到了广泛的应用和发展。

飞机机体制造要经过毛坯制造、零件加工、装配安装和检验等几个过程。原材料依次要在锻压车间和铸造车间制造毛坯。然后在机加车间或钣金车间进行零件的加工。各零件制造完成后，在部装车间将相应的零件组装成各个组件；最后在总装车间将各组件和零件装配成成品。飞机装配完成后要送到试飞中心进行试飞实验，检验飞机的性能（见图12-6）。

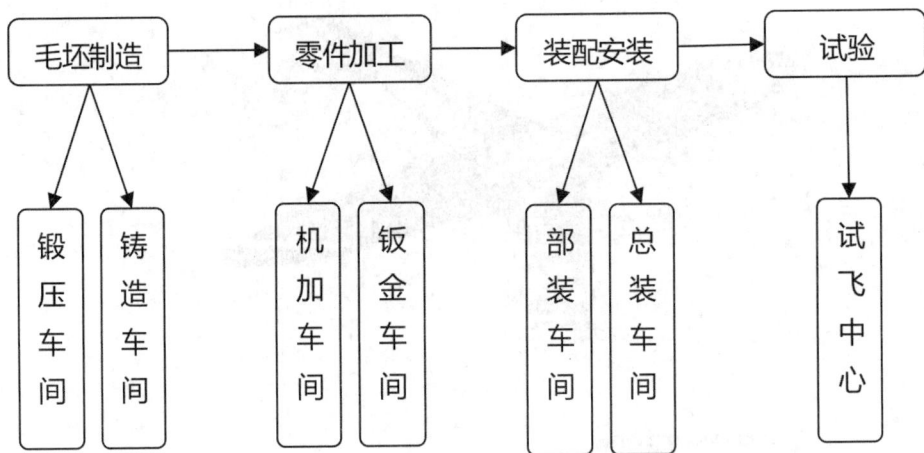

图 12-6 飞机制造的一般过程

（一）运用先进的数控加工技术

随着计算机技术的不断发展，许多国家把数控技术运用到了各个领域，尤其是西方一些发达国家，早在50年前就将数控技术应用到了飞机制造业中，基本实现了飞机加工数控化，广泛采用CAD/CAPP/CAM系统和DNC技术，提高了数控加工效率，建立了柔性生产线并发展了高速切削加工技术。

实现高效数控加工：西方发达国家在航空制造业中数控机床的占比高达50%～80%，波音、麦道、空中客车等飞机制造公司都配置了大量的大型、多坐标数控铣和加工中心及与之相关的配套设备等，基本实现了数控加工的高效率化。例如，波音公司在Auburn民机制造分部建立了铝、钛、钢结构件机加车间和机翼蒙皮与梁结构件机加车间，机加工设备380台，配置CNC机床约200台，数控化效率达60%左右，数控技术应用水平较高。

广泛应用CNC技术：进入21世纪，CNC技术已普遍应用在各个领域。如波音、空中客车、麦道等公司都在生产制造线建立了CNC系统，连接分布在若干不同车间中的上百台数控设备，包括加工中心、大型铣床、数控测量机。美国大约有2万家小型飞机零部件转包制造商，85%都使用了CNC系统。采用CNC技术具有明显的经济和技术效益，可提高20%～25%的生产效率。

广泛应用先进的CAD/CAPP/CAM系统：广泛应用CAD/CAPP/CAM自动化设计制造应用软件以及DFX等并行工程，并有足够的工艺知识数据库、切削参数数据库、各种规范化的技术资料作为工具。因而设计与工艺手段先进，工艺精良，NC加工程序优质，缩短了工艺准备周期，提高了设备利用率和生产效率，大大缩短了零件生产周期。

（二）运用先进的复合材料构件制造技术

复合材料主要是指树脂基复合材料、先进聚合物基复合材料等，它本身具备了较高的比强度、比模量，具有抗疲劳、耐腐蚀、成形工艺性好及可设计性强等特点，现已成为飞机结构中与铝合金、钛合金和钢并驾齐驱的四大结构材料之一。复合材料将成为21世纪航空制造技术新材料发展的主流方向之一。复合材料制备技术不断得到发展和完善，目前，该技术主要包括：真空袋压、真空成型和热压罐成型工艺，模压成型工艺，热压、冷压模塑成型工艺，注射模塑成型工艺，缠绕成型工艺，拉挤成型工艺，复合材料液体成型工艺等。

应用热压罐制造技术：为扩大飞机上复合材料的应用范围，飞机制造商在不断地完善复合材料层压板真空袋——热压罐制造技术。该项技术普遍地应用于复合材料构件生产，热压罐/VARTM组合成型新工艺是树脂基复合材料成型工艺的一个新发展，特别适用于平面、立体织物增强高黏度树脂基复合材料的液体注射成型，航空、航天等先进复合材料制造领域。目前，许多飞机制造厂均采用了计算机控制自动下料设备、多坐标数控自动铺层设备、激光辅助铺层定位系统、实时监控热压罐固化设备、多坐标数控加工及高压水切割设备、计算机控制无损检测设备等，实现了复合材料工艺参数的优化及工艺过程的仿真，保证了复合材料构件生产质量的稳定。

应用缝合/（RTM，RFI）复合材料技术：缝合织物增强复合材料是用高性能纤维缝线将多层二维纤维织物缝合在一起，经复合固化而成的纺织复合材料，它通过引入贯穿厚度方向的纤维来提高抗分层能力，增强层间强度、模量、抗剪切能力、抗冲击性能、抗疲劳能力等力学性能。采用缝合复合材料可以提高复合材料制件的力学性能，从而进一步提高复合材料的结构效率，降低结构重量。缝合技术还可以将两个或多个零件（如长桁和蒙皮）的增加织物叠层缝合在一起，制成大型整体结构预制件，从而满足新型制件的要求。目前，该项技术已被广泛应用于航空、航天领域，如广泛应用于F22、JSF及大型飞机A380的研制和生产中。

应用胶接结构制造技术：胶接技术可用于连接不同材料、不同厚度、二层或多层结构，主要包括金属胶接结构制造技术、蜂窝夹层胶接结构技术和金属复合层板胶接技术。金属胶接结构可以实现大面积连接而减少（或取消）紧固件，具有比强度高、比刚度高、结构重量轻、劳寿命长等一系列优点，已被广泛用于飞机结构，特别是次承力结构上。至今，胶接结构已成为飞机机体的重要结构形式。

金属蜂窝夹层胶接结构是由两片薄表层材料、中间用轻质芯子隔开组合而成的结构形式。夹层结构件质轻，强度和刚度高，吸音，绝热，广泛用于航空、建筑、造船等工业。夹层结构件的外皮通常选用金属薄板，芯子为蜂窝结构件或低密度塑料，采用胶接技术制造并组装成夹层结构件。目前，金属蜂窝夹层胶接结构已被大量地应用于飞机结构，其比重能比铆接结构减轻25%左右。

金属复合层板胶接技术是利用胶接技术将各向同性的铝合金（含铝锂合金）薄板与各向异性的纤维复合材料结合起来的新型结构材料——纤维铝合金复合层板胶接结构，基于芳纶纤维的复合层板称为ARALL结构，基于玻璃纤维的复合层板称为GLARE结构。ARALL层板的芳纶纤维抗压性能差，在循环压应力作用下容易断裂，因此，ARALL层板只能用做机翼下蒙皮，而不适合用做机身蒙皮。GLARE层板结构不存在这个问题。如：Airbus公司研制的A380大型宽体客机（550座~660座）采用CLARE制造机身上壁板，包括整个客舱的上半部分，比采用铝合金板减重8000公斤，这也表明该项技术未来在航空领域有着显著的发展趋势。

（三）运用先进的自动化连接技术

飞机结构所承载荷通过连接部位传递，形成连接处应力集中。据统计，飞机机体疲劳失效事故的70%起因于结构连接部位，其中80%的疲劳裂纹发生于连接孔处，因此，连接质量极大地影响着飞机的寿命。现代飞机的制造中大量地采用了先进的自动化连接技术，大大提高了飞机的使用寿命和安全可靠性。

应用自动化焊接技术：飞机、发动机对减重、提高性能的要求越来越高，先进的连接技术将起到越来越重要的作用。新材料、新结构、新工艺的有机结合，使得焊接技术成了航空制造领域的主导技术之一。它的进步与发展不仅能减轻飞机、发动机的重量，还能为其新构思提供技术支持，促进飞机、发动机性能的提高。焊接结构件在喷气发动机零部件总数中所占比例已超过50%，焊接的工作量已占发动机制造总工时的10%左右。在飞机结构中，焊接技术的应用几乎遍及全机，除了将点焊用于蒙皮、组合梁、框、长桁等零件的高强铝合金构件焊接外，还有电子束焊、穿透焊、双弧焊、高频感应组装钎焊等广泛采用了焊接新技术，焊接件达到数千件。采用由计算机控制的焊接设备和检测设备，可以改变工艺可变性控制，提高焊接速度和焊接质量，降低焊接机构的成本。国外将激光焊接技术应用于飞机大蒙皮的拼接，蒙皮与长桁、翼盒，机翼与内隔板、加强筋的焊接等。用激光焊接技术取代传统的铆钉进行铝合金飞机机身的制造，可达到减轻飞机机身重量、提高强度的目的，这也将是国内激光焊接技术在飞机制造应用领域的发展趋势（见图12-7）。

图 12-7　飞机制造过程中的自动化焊接

　　应用自动化钻铆技术：随着现代飞机的安全使用寿命日益增长，手工铆接难以保证寿命要求，必须采用自动钻铆装配设备实现稳定的高质量的连接。美国、俄罗斯、法国、德国等国家设计制造了系列化钻铆机，有中小型钻铆机、大型自动钻铆机、安装特种紧固件的钻铆机和微型自动钻铆机等。自动钻铆机与托架系统相配套，能提高效率，对尺寸较大、结构复杂、尤其是双曲度的飞机机身和机翼壁板可进行自动钻铆，配备全自动托架系统以实现工件的自动定位和调平，而对于外形较平直的中小结构的壁板大多配置手动、半自动托架系统。

　　应用自动化装配技术：发达国家的飞机连接装配已由单台数控自动钻铆机配置向由多台数控自动钻铆机、托架系统配置发展，或者向由自动钻铆设备和带视觉系统的机器人、大型龙门机器人、专用柔性工艺装备及坐标测量机等多种设备、不同配置组成的柔性自动装配系统发展。柔性自动钻铆、装配系统使生产效率大大提高、费用降低、废品率降低（见图12-8、12-9）。

图 12-8　空客公司组装线

图 12-9　波音公司组装线

　　将各零部件或组件按照设计技术要求进行组合、连接，形成高一级的装配件直至整机的过程，是整个飞机制造过程中最为关键的一环。飞机装配技术经历了从人工装配、半机械/半自动化装配到机械/自动化装配的发展历程，而目前得到发达国家高度重视的数字化装配技术，正成为现代飞机制造的科技制高点。

　　飞机数字化装配技术体系涉及装配工艺规划、数字化柔性定位、装配制孔连接、自动控制、先进测量与检测以及系统集成控制等众多先进技术和装备，是机械、电子、控制、计算机等多学科交叉融合的高新技术集成。

　　随着计算机信息和网络技术的飞速发展，以美国波音、洛克希德·马丁公司和欧洲空客公司为代表的大型飞机公司均开始并采用飞机数字化装配技术。波音777、A380、JSF等新型军、民机的生产研制过程，充分体现了国外发达国家飞机制造过程中数字化装配技术的现状和发展趋势。

　　应用机械手和机器人：采用自动机器人装配系统可实现对不开放、难加工部位的装配。工业机械手与一机器人作为柔性装配系统中一个不可分割的部分，能有效提高装配效率和装配质量，降低装配成本。目前，多数飞机制造商都普遍采用该技术，如波音、空中客车公司等（见图12-10）。

图 12-10 波音公司机身处理机器人

（四）运用高精密的钣金成形技术

在飞机制造业中，钣金零件是组成飞机机体的主要组成部分，约占飞机零件总量的70%，制造工作量约占整架飞机劳动量的15%，并有品种多、数量少、结构复杂、外廓尺寸大、刚性小等特点，直接影响飞机整机质量和生产周期。因此，钣金件的制造成了现代航空业成型技术的突破点。现代先进制造技术中充分运用了高精密钣金成形加工技术，该技术是将金属板料、型材、管材等半成品，利用材料的可塑性，在不产生切削的情况下制成各种薄壁零件的加工技术，常用的方法有橡皮囊液压成形、数控蒙拉、型拉、滚弯成形、超塑成形、扩散连接及冲击成形等。目前，这些技术已被广泛应用于飞机制造中并成为钣金成形的传统方法。

先进飞机钣金壁板的明显特点是蒙皮厚、筋条高、结构网格化、整体集成度大、结构刚度大和难以成形。第三代飞机和大型飞机气动外形要求严，寿命要求长，钣金件不允许敲击成形，大都采用精密成形技术。加强精密钣金成形技术研究，大力发展成形过程的数值仿真和变形过程的预测技术；重视材料在成形后的性能研究；特别重视成形过程的精确监测、控制技术和在线检测技术的研究。这也表明该项技术未来在航空领域中有较大的发展空间。

第二节　飞行器技术贸易概述

一、飞行器技术的含义与特点

技术是技术贸易的重要对象，目前国际上对于"技术"一词尚无明确、统一的定义。世界知识产权组织（WIPO）在1977年版的《供发展中国家使用的许可证贸易手册》中给技术下的定义是："技术是为制造某种产品、采用某种工艺过程或提供一项服务，为设计、安装、开办、维修、管理某个工厂和某个工商企业或提供其他协助所需要的系统知识。"这是迄今为止国际上给技术所下的最为全面和完整的定义。实际上世界知识产权组织把世界上所有能带来经济效应的科学知识都定义为技术。不难理解，飞行器技术就是能给飞行器技术所有者带来经济效应的与飞行器相关的所有科学知识。

具体来讲，飞行器技术具有以下特点：

第一，飞行器技术是无形的知识。飞行器技术虽然经常伴随着飞行器出现，并依附于飞行器或其零部件进行交易，但是飞行器技术本身的交易，价值往往远远超越货物本身。这样的交易价值体现的就是看不到、摸不着的技术的价值。

第二，飞行器技术是整套的系统知识。飞行器若要顺利投入使用必须具备整套的系统知识，而不是零散的专业窍门。精密的器械配合完整的技术支撑，任何一个环节出现问题，飞行器的交易就不能完成。飞行器技术涵盖知识的广泛性，决定了其交易的复杂性。

第三，飞行器技术同时具有商品的属性。广义来讲，飞行器技术本身跟其他商品一样，也具有使用价值、价值和交换价值。它能够带给技术受方实用功能，协助飞行器顺利工作；能够通过保证飞行器安全、可靠帮助技术受方增加服务增加值；能够拿来在市场上交换，不管它有没有依附在飞行器本身。

二、飞行器技术贸易的含义与特点

技术贸易又称为有偿的技术转让。技术转让是指拥有技术的一方通过某种方式把一项技术转让给另一方的活动。技术转让分为无偿转让和有偿转让两种。无偿的技术转让主要是以政府援助、学术交流、技术考察和交换技术情报等方式进行的技术转让；而有偿的技术转让则是通过贸易的途径，以企业为主体进行的具有商业性质的技术转让。

那么，飞行器技术贸易就应该是不同的工商企业、经济组织或个人之间，按照一般商业条件，将其飞行器技术使用权授予、出售或购买的一种贸易行为。与商品贸易和其他技术贸易相比，飞行器技术贸易有以下几个特点：

第一，飞行器技术贸易的标的是与飞行器相关的无形知识。一般商品贸易是以有形的物质产品作为交易的标的，可以用一定的规格、尺寸或具体标准来检验其质量的好坏与优劣。而技术贸易的标的是某种特定的、无形的技术知识和经验，如新产品或工程的设计、制造工艺、材料配方、测试技术和计算机软件等。在实践中，技术贸易往往把技术知识的买卖和机器设备的买卖结合在一起，前者称为"软件"，后者称为"硬件"。但是要构成技术贸易，必须包含"软件"的买卖，否则只是一般的货物买卖，不属于技术贸易。绝大多数飞行器的买卖就是典型的技术贸易。

第二，飞行器技术贸易一般只限于技术使用权的转让。一般商品贸易中的标的（商品）一经出售，卖方即失去了对该商品的所有权，无权继续使用和支配该商品，也不可能将同一商品出售给多个买主。飞机一经出售，飞机制造商就没有这架飞机的使用和支配权了。买方对所购进的商品享有完全的所有权，享有对该商品占有、使用、转售、出租、赠送等任何权利。飞行器技术贸易则完全不同，由于技术贸易的标的可以不经"再生产"而多次出售（转让），因此技术贸易的标的在转让后，标的的所有者（也就是卖方）并没有丧失其所有权。飞行器技术贸易转让的仅仅是技术的使用权和相应产品的制造权、经销权等，即技术的受方只拥有在规定期限内该技术的使用权及其相应的产品制造、销售的许可而已。

第三，飞行器技术贸易的当事人是合作与竞争的关系。与其他技术贸易相似，飞行器技术贸易的当事人一般也是同行。一方面，在技术知识的传授、使用和消化吸收过程中，双方当事人之间保持较长时间的合作关系；另一方面，双方又存在竞争关系。因为技术受方希望从供方那里获取最先进的技术，以尽快提高自己的生产能力和技术水平；而技术供方既想通过技术转让获取更多利润，又不希望受方成为自己的竞争对手，所以总是千方百计地对技术受方转让使用技术施加种种限制。从这个意义上来说，技术贸易双方是竞争的关系。而在一般商品贸易中不存在上述性质的竞争与合作的双重关系。

第四，飞行器技术贸易的价格确定更为复杂。飞行器技术贸易中技术的价格不像商品价格那样主要取决于商品的成本。飞行器技术转让后，技术输出方并没有失去对该项技术的所有权，他仍可以继续使用该项技术或进行多次转让，以获取经济上的利益。另外，构成飞行器技术价格的主要因素之一是引进方使用该项技术后所能获得的经济效益，而引进方所获得的经济效益在谈判和签订合同时往往是难以准确预测的，这就构成了确定飞行器技术贸易价格的复杂性。

第五，飞行器技术贸易涉及的问题更多、难度更大、时间更长。技术贸易涉及的问题，除了技术转让双方的权利、义务，技术使用费的确定外，还涉及对工业产权的保护，对技术秘密的保守、限制与反限制，技术风险的防范等特殊而复杂的问题。技术合同的有效期一般长达几年，甚至十几年，技术使用费的支付也要延续若干年。此外，技术贸易所涉及的法律也比一般商品贸易复杂，除合同法外，还有工业产权法、税法、投资法、技术转让法等。在此基础上，由于飞行器技术交易受到严格监管，飞行器技术在贸易之前往往还需要通过国家的审批程序，这就更增加了贸易的复杂性。

第三节　知识产权与飞行器技术贸易内容

技术贸易主要包括专利、商标、专有技术、知识产权的买卖。飞行器贸易主要涉及的是知识产权的买卖与保护。

一、知识产权的概念

知识产权是由特定的国家机关，依据特定的法律，对特定人的符合特定条件的特定的发明创造和可识别性标记，经过特定的程序而授予的受特定保护的有特定激励效果的特定权利。该定义具有如下几个特点：九个特定（特定国家机关、特定法律、特定人、特定条件、特定发明创造和可识别性标记、特定程序、特定保护、特定激励效果、特定权利），基本上涵盖了知识产权的所有内容。人们通常将知识产权的保护客体分为两部分：工业产权和版权（包括著作权）。

工业产权又称工业所有权，是国际通用的法律术语，是发明专利、实用新型、外观设计、商标的所有权的统称。有些国家的法律和国际条约还将服务标记、厂商名称、产地标记和原产地名称以及制止不正当竞争（最常见的是以专利为依据的专利权）的权利包括在内。此权利不仅适用于工业本身，也适用于商业、农业、矿业、采掘业以及一切制成品或天然品，如酒类、谷物、烟叶、水果、牲畜、矿产品、矿泉水、花卉和面粉等。它是一种独占权，具有严格的地域性和时间性，即根据一国法律取得的权利，只能于一定期限内在该国境内有效。如要在别国境内得到承认和保护，必须通过该国的法律程序才能实现。为了巩固工业产权的权利和维护独占权的利益，国家可用商标法来规定工业产品及其他任何商品的登记。

著作权是指作者或者得到作者许可的其他人依法所享有的权利。能够享受著作权保护的客体是作品，即创作者表现其思想、观点的，属于文学、艺术和科学技术领域内的智力劳动成果。

二、知识产权的特征

知识产权具有很多种的存在形式，与普通商品相比，知识产权的交易更加复杂，这都源于知识产权的以下特征：

（一）专有性

知识产权具有专有性，也称为垄断性、排他性，即除非权利人同意或许可或法律规定，任何其他人都无权享有。这种专有性表现在：第一，知识产权权利主体的专有性。指知识产权的授予只有一次，知识产权的主体是特定的，权利人以外的任何人不能享有这项权利。权利人垄断所有权，受法律保护。第二，知识产权权利客体的专有性，从事智力创造活动极为艰苦，一旦成果落入他人之手，便能很快传播，并被他人复制、利用，因此，对同一发明创造或可识别性标志，被授予权利只有一个客体。第三，知识产权权利内容的专有性。权利人对自己的知识产权权利，可以由本人行使，也可转让或许可他人行使，但这些权利具有稳定性和可授予性特征，具有特定的内容。

（二）地域性

知识产权作为法律确认和保护的一种专有权利，在空间上的效力是有限的，受国家领土限制，具有严格的地域性。目前，全球经济的发展，促进了国际间的合作与交流，使知识产权制度逐步统一化、国际化。

在自由资本主义向垄断资本主义过渡时期，没有地域性有利于发达国家将不发达国家的智力成果拿过来进行复制、利用、经营，不受他国法律禁止，实现我的就是我的、你的也是我的的强盗信条。而发展中国家由于技术梯度的问题，无法消化或吸收发达国家的先进技术，需要知识和时间的积累。

垄断资本主义时期，地域性又危及发达国家的利益即有形财产没有严格的地域限制，原则上有域外效力。即一项有形财产到了他国境内，权利人不会丧失财产，只要他国法律承认，也能得到他国冲突规范保护，而知识产权由国内法调整，一般不发生域外效力。发达国家便迅速抛出法律，强化地域性，保证其不丧失摄取高额利润的机会，《保护工业产权巴黎公约》（1883年）、《保护文学艺术作品伯尔尼公约》（1886年）、《商标国际注册马德里协定》（1887年）即在此历史背景下由发达国家发起并签订的盟约，这有利于发达的工业国家而不利于发展中国家。因为具有国际经济技术垄断能力的智力成果，90%集中在工业国家，国际知识产权公约只能认为是法律上的平等而事实上的不平等，也是东西方矛盾、南北方症结的一个重要内容。

（三）实效性

知识产权的时效性，是指知识产权在时间上的效力限制。知识产权中财产性质的权利受法律保护，在时间上不是无限的、永恒的，而是有一定的期限，这种期限称为保护期或有效期，即知识产权只在有效期内才受法律的保护，期限届满即进入公有领域，知识产权成为整个社会的财富。

时效性制度是在保护时间过短、不利于激励发明创造，如永久占有、对社会公众不利的两难境地时均衡与协调的结果，即一定程度的时间限制，有利于鼓励竞争。时效性制度成为世界普遍采用的制度。

《中华人民共和国专利法》规定从申请之日起计算，发明专利权保护期为20年，实用新型专利和外观设计专利保护期为10年。《中华人民共和国商标法》也规定：注册商标保护期为10年，自核准注册之日起计算，期满可以续展。《中华人民共和国著作权法》也规定：自然人作者保护期为作者终生及死后50年，截止于作者死亡后第50年的12月31日。而作者的人身权（署名权、修改权、保护作品完整权等）却没有时间限制。

（四）无体性

有体是指有实体的存在，人们可用五官触觉去认识，如土地、房屋等。无体是指无实体，只有一种拟制的物体，是一种知识产品。

广义的无体产权不只限于对知识产品所享有的权利，还包括因债券、商业票据、合同文件、股票等产生的权利。对作品、专利、商标、发明、发现等产生的权利只是无体财产权的一部分。人们对作品、专利、商标、发明等享有的独占权、专有权，称为知识产权。

无体与有体相比有两个区别：第一，无体财产往往要通过特定的申请、审查、批准或登记手续而取得或确认，而有体财产权则依据法律事实而产生，如购买、赠与等；第二，对有体财产的侵害行为通常表现为毁损或非法占有，而知识产权侵害行为往往表现为剽窃、仿冒等。

三、有关知识产权保护的国际公约和国际组织

随着生产工具及流程管理水平的不断提高，商品的价值中知识产权的比重越来越高，对知识产权保护的力度也就越来越大。为了统一各国对知识产权意识及实际保护措施的实施，专门针对知识产权保护的国际公约和国际组织相继问世。

（一）《保护工业产权巴黎公约》

《保护工业产权巴黎公约》（Paris Convention on the Protection of Industrial Property以下简称《巴黎公约》），是于1883年3月20日在巴黎缔结的保护工业产权的国际公约，是世界知识产权组织管理下的条约之一。巴黎公约的调整对象即保护范围是工业产权。该公司1884年7月7日生效。最初的成员国为11个，到2004年12月底，缔约方总数为168个国家。1985年3月19日，中国成为该公约成员国。我国政府在加入书中声明：中华人民共和国不受公约第28条第1款的约束。

《巴黎公约》是世界上参加国最多和影响最大的一个保护知识产权的国际公约。它为世界各国在工业产权保护方面提供了一个基本准则，其主要原则有：

1. 国民待遇原则。在工业产权保护方面，公约各成员国必须在法律上给予公约其他成员国相同于其本国国民的待遇；即使是非成员国国民，只要他在公约某一成员国内有住所，或有真实有效的工商营业所，亦应给予相同于本国国民的待遇。

2. 优先权原则。《巴黎公约》规定凡在一个缔约国申请注册的商标，可以享受自初次申请之日起为期6个月的优先权，即在这6个月的优先权期限内，如申请人再向其他成员国提出同样的申请，其后来申请的日期可视同首次申请的日期。优先权的作用在于保护首次申请人，使他在向其他成员国提出同样的注册申请时，不致由于两次申请日期的差异而被第三者钻空子抢先申请注册。发明、实用新型和工业品外观设计的专利申请人从首次向成员国之一提出申请之日起，可以在一定期限内（发明和实用新型为12个月，工业品外观设计为6个月）以同一发明向其他成员国提出申请，而以第一次申请的日期为以后提出申请的日期。其条件是，申请人必须在成员国之一完成了第一次合格的申请，而且第一次申请的内容与日后向其他成员国所提出的专利申请的内容必须完全相同。

3. 独立性原则。申请和注册商标的条件，由每个成员国的本国法律决定，各自独立。对成员国国民所提出的商标注册申请，不能以申请人未在其本国申请、注册或续展为由而加以拒绝或使其注册失效。在一个成员国正式注册的商标与在其他成员国——包括申请人所在国——注册的商标无关。这就是说，商标在一成员国取得注册之后，就独

立于原商标，即使原注册国已将该商标予以撤销，或因其未办理续展手续而无效，但都不影响它在其他成员国所受到的保护。同一发明在不同国家所获得的专利权彼此无关，即各成员国独立地按本国的法律规定给予拒绝、撤销或终止某项发明专利权，不受其他成员国对该专利权处理的影响。这就是说，已经在一成员国取得专利权的发明，在另一成员国不一定能获得；反之，在一成员国遭到拒绝的专利申请，在另一成员国则不一定遭到拒绝。

4. 强制许可专利原则。《巴黎公约》规定：各成员国可以采取立法措施，规定在一定条件下可以核准强制许可，以防止专利权人可能对专利权的滥用。某一项专利自申请日起的四年期间，或者自批准专利日起三年期内（两者以期限较长者为准），专利权人未予实施或未充分实施，有关成员国有权采取立法措施，核准强制许可证，允许第三者实施此项专利。如在第一次核准强制许可特许满二年后，仍不能防止赋予专利权而产生的流弊，可以提出撤销专利的程序。《巴黎公约》还规定强制许可，不得专有，不得转让；但如果连同使用这种许可的那部分企业或牌号一起转让，则是允许的。

（二）《商标国际注册马德里协定》

《商标国际注册马德里协定》（Madrid Agreement Concerning the International Registration of Marks），于1967年7月14日签订于斯德哥尔摩，它是《巴黎公约》成员国之间签订的专门协定之一。我国于1989年10月4日参加了这一协定。根据协定，某成员国的国民或在成员国有居所或营业所的非成员国国民，在该国取得商标（包括服务商标）后，可向设在瑞士日内瓦的世界知识产权组织公约中的知识产权局（以下简称"国际局"）申请国际商标注册，申请经国际局核准后，即予以公告，并通知申请人制定要求保护的成员。成员国接到通知后1年内，如不声明不同意保护的理由，则这项国际注册就在该国生效，并且有与在本国注册同等的效力。通过《商标国际注册马德里协定》办理商标国际注册，可以简化手续，节约费用。国际注册经核准后，可以在指定成员国取得商标权保护，无须逐个向各国申请注册和缴纳申请注册费。

（三）《专利合作条款》

《专利合作条款》（Patent Cooperation Treaty，PCT）于1970年在华盛顿签署，1978年1月24日生效。其成员国必须首先成为《巴黎公约》的成员国。到目前为止，共有60多个国家参加了这一条约。我国于1994年1月1日正式成为其成员国。中国专利局成为该条约的受理局、国际检索单位和国际初步审查单位。

《专利合作条款》是一个程序性的国际专利申请公约，其主要作用是简化了其成员国国民在成员国范围内申请专利权的手续，降低了在多国申请专利权的费用。该条款规定：凡旨在条约其他成员国获得专利保护的条约成员国国民或者居民，可以向其本国专利局（受理局）提出专利的国际申请，并在申请中指明他希望在条约的哪个成员国取得专利权。本国专利局对上述国际申请进行审查，然后将符合规定的申请案转送到世界知识产权组织国际局和条约成员国大会指定的任何一个国际检索机构（目前共有7个，即澳大利亚专利局、日本专利局、美国专利局、欧洲专利局、奥地利专利局、瑞典专利局和俄罗斯国际发明与发现委员会），由受理转送申请案的国际检索机构比照有关现有技术的资料，对该发明进行新颖性检索，然后将检索报告再送交申请人和通过国际局送交申请人已申请专利的成员国的专利局，由后者在该申请首次提起国际申请日后的20个月起，按照各自国家专利法的规定对该申请进行专利审查。此时，专利申请人可以最终确定申请国，并缴纳各国的专利申请费以及在各国指定委托专利代理人，最后由被申请国专利局根据本国法律独立做出是否授予专利权的决定。世界知识产权组织国际局在自该申请的优先权日算起18个月后，公告该专利申请的内容。

（四）《商标注册用商品和服务国际分类尼斯协定》

《商标注册用商品与服务国际分类尼斯协定》于1957年6月15日在法国尼斯签订，于1961年4月8日生效。我国于1988年11月开始使用国际商标注册用商品分类法，在1993年7月1日实施商标法修改案后，也开始使用国际服务分类法。1994年8月9日我国加入该协定。尼斯协定主要规定的是商品与服务分类法，它将商品分为三十四大类，服务项目分为八大类，该分类为商标检索、商标管理提供了很大方便。自生效以来，《尼斯协定》曾进行了几次修订，目前使用的《尼斯协定》是1990年10月底通过的第6版，该版于1992年1月1日生效。截至1994年底，《尼斯协定》共拥有36个成员国，另外还有96个国家、地区及组织采用了《尼斯协定》所确定的分类。

（五）《与贸易有关的知识产权协定》

《与贸易有关的知识产权协定》（Agreement on Trade-related Aspects of Intellectual Property Rights, TRIPs, 以下简称《知识产权协定》）是关贸总协定乌拉圭回合中所签署的一揽子协议的一部分。将知识产权纳入关贸总协定的议题是1990年通过的。1994年4月15日，与贸易有关的知识产权等一揽子协议在摩洛哥的马拉喀什签署。中国政府代表也在协议上签了字。《知识产权协定》主要包括以下内容：

1. 知识产权的范围。《知识产权协定》规定，知识产权包括：版权以及邻接权、商标权、地理标志权、工业品外观设计权、专利权、集成电路设计权、未披露的信息保护权（商业秘密保护权）、对许可合同中限制性商业条款的限制。

2. 基本原则。《知识产权协定》规定，所有缔约国应遵守《巴黎公约》《专利合作条款》《商标国际注册马德里协定》，并继续承担对《伯尔尼公约》《罗马公约》《有关保护集成电路知识产权的华盛顿公约》的义务；所有缔约方在保护知识产权方面除了要遵守世界知识产权组织确定的原则外，还必须遵守规定的国民待遇和最惠国待遇原则；知识产权的保护和实施应有利于促进技术的更新，有利于增强国际技术交流，使科学技术的发明者和使用者都能从中受益。

3. 知识产权的生效、范围及用途的标准。《知识产权协定》指出，成员必须把计算机程序作为《伯尔尼公约》1971年文本中所指的"文字作品"予以保护，包括源码或目标码、数据、方法以及相关的说明资料。其保护期限不应少于50年。《知识产权协定》

同时规定，要保护表演者、录音制作者和广播组织的权利，前两者的保护期限为50年，后者保护期为20年，并根据《伯尔尼公约》对他们实施追溯保护。对于专利，《知识产权协定》规定："专利应适用于所有技术领域的发明，不论是产品还是方法，只要是新颖的，具有发明高度，并有实用性。"专利保护期限至少为15年。该协定规定，由成员国内法律排除于专利保护对象之外的内容有：诊治人类或动物、植物的医疗方法；动物、植物以及生产动物、植物的主要生物方法。但对于植物新品种，成员应以专利等有效方式加以保护。这就把许多发展中国家不予保护的药品、化学物质等列入了专利保护对象之中。对于商标，《知识产权协定》增加服务标记作为受保护对象。对于商标的共同使用，协定作了强制性的禁止规定，这使许多发展中国家对涉外合资企业的商标使用所作的"共同使用"的规定变为无效。

4. 关于知识产权执行的指定。《知识产权协定》详细规定了实施知识产权保护的具体措施，如海关对侵权进出口货物进行合理扣留或销毁，争端的解决使用关贸总协定的争端解决机制，解决争议可采用交叉报复措施。也就是说，如果发展中国家侵犯发达国家的知识产权而得不到妥善解决，发达国家可以对与之没有联系的货物进行报复和制裁，如通常采用停止关税减征义务和提高关税的方法。此外，协定规定对知识产权进行追溯保护，包括工业产权和著作权。

《知识产权协定》对知识产权的行政与司法规定包括：防止侵权的有效救济与防止进一步侵权的救济。由于知识产权保护的复杂性和特殊性，除了一般的民事与刑事救济外，它还将包括某些临时性措施和边境措施。

5. 发展中国家享有过渡期。《知识产权协定》规定，所有缔约国应在协定生效1年后实施本协定，并使国内法与协定规定相一致。发展中国家或处于由计划经济向市场经济转型的国家还可推迟4年；最不发达国家可推迟10年，经申请批准此期间还可以延长。但在过渡期内，享受宽限期的发展中国家，对尚未实施专利保护的医疗、化工产品、食物等，应给予专利人或享有该专利销售许可权人5年的独占销售权；过渡期满后，还应依本国专利法对这些产品的专利剩余期给予保护。

（六）世界知识产权组织

世界知识产权组织是关于知识产权服务、政策、合作与信息的全球论坛。是一个自筹资金的联合国机构，直到2014年4月为止，有187个成员国。世界知识产权组织是一个致力于促进使用和保护人类智力作品的国际组织。总部设在瑞士日内瓦的世界知识产权组织，是联合国组织系统中的16个专门机构之一。它管理着涉及知识产权保护各个方面的24项（16部关于工业产权，7部关于版权，加上《建立世界知识产权组织公约》）国际条约。

世界知识产权组织的宗旨主要有两个：一是通过国家之间的合作，必要时通过与其他国际组织的协作，促进全世界对知识产权的保护；二是确保各知识产权联盟之间的行政合作。其职责主要有：鼓励缔结新的国际公约，协调各国立法，给发展中国家以法律、技术协助，帮助收集情报和传播情报，办理国际注册和促进成员国之间的行政合作等。

在世界贸易组织成立之前，世界知识产权组织是唯一的在知识产权保护方面对各国影响最大的国际组织。它管理的20多个国际公约构成了知识产权国际保护的主要内容。但现在世界贸易组织的知识产权协议使知识产权的国际保护直接与国际贸易联系，并使国际贸易成为影响知识产权国际保护的重要因素。

第四节　飞行器技术贸易程序和合同

类似商品贸易，飞行器技术贸易在长期的实践过程中，形成了很多大家公认的交易程序和合同范式。遵循这种程序和范式，可以优化交易过程，提高交易效率。

一、飞行器技术贸易的交易程序

国际技术贸易是一项复杂的工作，其交易程序一般都要经过三个阶段：交易前的准备阶段、商务谈判阶段、合同的签订与履行阶段。具体到飞行器的技术贸易，我们将按照这个顺序逐一介绍。

（一）交易前的准备阶段

交易的当事人不外是买方和卖方，在技术贸易中，我们把他们称为技术的受方和供方。由于在我国飞行器技术的交易中，关注更多的是技术的购买方，因此这里将重点介绍技术受方的准备工作。

第一，机会研究，即进行项目选择，确定投资方向。技术引进是一种投资行为，投资是需要获得收益的，所以，在选择投资项目前首先需要进行机会研究（opportunity study）。在中国，企业引进飞行器技术项目需要编制项目建议书，建议书内应对技术引进项目的经济效益和社会效益做出初步评估。项目建议书批准之后，才能进行（或委托）项目可行性研究，开展对外工作。因此，企业在确定了投资方向后，需要作进一步的研究论证。

第二，初步可行性研究与项目建议书。初步可行性研究又称预可行性研究（pre-feasibility study）。大中型项目在提交项目建议书申请立项时，需附初步可行性研究报告。初步可行性研究报告的内容可以参照可行性研究报告，采用比较简单的计算方法，精确度略低，一般误差率为±20%。初步可行性研究报告可委托有资格的规划、设计单位或工程咨询单位编制，已经列入国家专项计划、明确不需另行审批项目建议书的项目除外。

第三，可行性研究。项目建议书经业务主管部门同意、审批机关批准后，便被纳入部门的年度计划中。这时企业可以直接跟外商接洽，进行技术交流，出国考察，为可行性研究报告做好必要的准备工作，但此时还不能与外商签订任何有约束性的协议。在这个阶段，企业需要组织力量着手进行项目可行性研究，编制可行性研究报告。

第四，评估与决策。项目可行性研究完成后，需要委托专门的咨询机构对该项目的财务效应、经济效应和社会效应做出综合评估。进口技术的选定是否合理，一般应从技术性与经济性两个方面进行评估。就技术性而言，引进的技术首先是先进的、适用的。此外，还应该是成熟的、可靠的。就经济性而言，技术引进项目的评估不仅应该考察项目本身的财务效益，而且还应该考察企业、行业长远的经济效益，以及国家和地区的社会效益。

第五，送交审批。无论是项目建议书，还是可行性研究报告，都需按项目、总额大小和项目隶属关系，送交国务院对外经济贸易主管部门审批；省、自治区、直辖市、计划单列省辖市安排的技术引进项目，由当地人民政府对外经济贸易主管部门审批。

至此，技术的受方才完成了技术贸易前的准备工作，凡事"预则立、不预则废"，从飞行器技术贸易前的准备来看，这一系列程序的安排，就是要确保飞行器技术引进工作的顺利完成。

（二）商务谈判阶段

在项目建议书批准后，就可以着手与外国厂商进行直接的技术交流，包括探询价格、技术考察等。但此时还不能全面地对外开展工作，更不能做出什么承诺。只有当技术引进项目可行性报告批准下来，项目列入年度成交计划后，有关公司才可以根据对外经贸主管部门下达的任务书，正式对外开展工作。

第一，选择贸易对象。选择贸易对象的途径很多，比如：通过互联网搜寻相关信息，了解技术供方的情况；通过我国驻外领事馆、商务机构、中国银行或外商银行的介绍；通过国际友好组织与协会、各国商业或工业民间组织、国际咨询公司的咨询；也可以从国内外报纸、杂志广告或行业名录、企业年鉴中了解和物色对象；还可以通过举办各种科技博览会、商品展销会、广交会结识外商。飞行器贸易的专业性更强，在长期的市场竞争中，逐渐被大型的飞行器制造企业所垄断，因此飞行器技术贸易的交易对象通常就局限在几家知名的企业。

第二，组织谈判团。技术引进项目涉及经济、技术与法律等问题，因此，谈判团（组）的成员组成应该包括这些人员。一般来说，成员包括项目负责人、项目技术负责人、项目经济负责人、法律顾问、翻译人员、标准化人员。

第三，准备资料。广泛搜集有关情报，包括该技术的国际价位，同类技术的竞争情况，技术供方的资信、财务、技术、设备等状况，技术供方的谈判风格与谈判人员的组成，本企业的情况介绍，有关法律和政策的规定等。

第四，拟订谈判方案。包括价位的确定、交付方式、付款条件、税费安排等。确定谈判的最高目标与底线，设想可能会遇到的问题，并拟订出几个方案，以便谈判中对原有目标进行修正。方案的拟订需要征求有关部门的意见。

第五，其他准备工作。如果谈判是在技术引进方进行的，就需要安排场所，准备谈判所需的通信工具与办公用品，如电脑、投影仪、电话、传真机、话筒、白板、笔、纸、文件夹等，并准备好回赠的小礼品或纪念品。

（三）合同的签订与履行阶段

经过艰苦的谈判，最后达成了一致意见，此时便可以签订合同了。合同草稿应该事先草拟好，其后根据谈判的最后结果进行修改。应当采用书面形式订立。

合同的内容由双方约定，一般包括以下条款：技术受方与供方名称、地址；标的；数量；质量；价款或者报酬；履行期限、地点和方式；违约责任；解决争议的方法。贸易双方可以参照各类技术贸易合同的示范文本订立合同。

2001年11月16日，国家颁布了《技术进出口合同登记管理办法》。根据该管理办法，技术进出口合同包括专利权转让合同、专利申请权转让合同、专利实施许可合同、技术秘密许可合同、技术服务合同和含有技术进出口的其他合同，均实行登记管理制度。自由进出口技术合同实行网上在线登记管理。2004年，国家又颁布了新的《中华人民共和国对外贸易法》，根据该法第15条、第19条的规定，属于自由进出口的技术，进出口应当向国务院对外经贸主管部门或者其委托的机构办理合同备案登记；属于限制进口或出口的技术，实行许可证管理。

在我国，自由进出口技术合同自依法成立时生效，不以登记为合同生效的条件；限制出口技术的技术出口合同自技术出口许可证颁发之日起生效。合同生效后，当事人应当遵循诚实信用原则，根据合同的性质、目的和交易习惯，履行通知、协助、保密等义务。有下列情形之一的，即刻终止合同的权利和义务：债务已经按照约定履行；合同解除；债务相互抵消；债务人依法将标的物提存；债权人免除债务；债权债务同归于一人；法律规定或者当事人约定终止的其他情形。

合同的权利和义务终止后，当事人应当遵循诚实信用原则，根据交易习惯履行通知、协助、保密等义务。有下列情形之一的，当事人可以解除合同：因不可抗力致使不能实现合同目的；在履行期限届满之前，当事人一方明确表示或者以自己的行为表明不履行主要债务；当事人一方迟延履行主要债务，经催告后在合理期限内仍未履行；当事人一方迟延履行债务或者有其他违约行为致使不能实现合同目的；法律规定的其他情形；当事人协商一致，不再继续履行合同。

二、飞行器技术许可合同的条款内容

飞行器技术许可合同通常分为两大部分，即合同的一般条款和合同的特殊条款。一般条款通常包括所有交易中都会包括的必要项目，而特殊条款则是具体某一项交易中特别需要详细说明的内容。

（一）合同的一般条款

1. 序文。包括合同的名称、编号、签约时间和地点、双方当事人以及"鉴于条款"。"鉴于条款"英文以"whereas"开头，用以说明当事人双方的背景，解释签约的理由，表明双方的目的、意图和愿望，陈述所转让飞行器技术的合法性。序文也是许可合同的重要内容，不可忽视。

2. 关键名词术语的定义。在国际飞行器技术贸易中，交易双方所在的国家不同，既有语言上的障碍，又有法律上的差异，各国对同一名词的解释也不完全一样。为了避免日后在执行合同中产生分歧或争议，许可合同中一般均列一条专门条款，对关键性的飞行器名词、术语规定符合合同标的的定义，例如什么是合同产品、专利、专有技术、技术资料、商标、质量指标、净销售价等。

3. 转让技术的内容和范围。飞行器转让技术的内容和范围是许可合同的核心内容和标的，是合同中所确定的当事人双方各项责任、权利和义务的基础。它主要对转让技术的具体内容以及技术受方对该项技术享有使用权、制造权和销售权的权利范围作出规定。其主要内容一般包括三个方面：基本技术的确定，使用或活动领域的确定，制造和销售地区的规定。

4. 技术的价格与支付。和其他技术贸易相同，飞行器技术的价格和支付问题是合同双方必须明确规定的最重要和最复杂的问题。

5. 保证。保证条款主要是规定供方的保证，一是要对技术做出保证，即保证按合同规定及时交付资料，所交付的飞行器资料要完整、正确清晰，保证达到合同规定的性能，能生产出合格的产品；二是要对供方转让技术的有效性和合法性加以保证，保证不受第三方对技术权利的控告。

6. 技术培训。为了使许可项下的技术能够顺利地付诸实施，在供方出售有关飞行器技术的同时，还应承担为受方培训技术人员的责任。在合同中要详细规定培训的形式、质量，受训人员的种类、资格和人数，训练的时间、期限、地点、次数和使用的语言，以及一切有关费用的负担等项目。

7. 税费。在许可贸易合同中，为了明确国内外涉及的各种税费究竟由哪一方负担，一般都必须规定税费条款。在技术转让中所遇到的税收问题，主要是预提所得税的问题。所谓预提所得税，是指技术受方国家对技术转让费即软件费用要征收一定的所得税。所征收的所得税是从技术转让费中预先扣除，再将余额支付给技术供方，所以叫作"预提"。世界各国都这样做，我国也采取同样的办法。在许可合同中，税费条款应明确规定，根据受方所在国现行税法，对供方课征的与执行本合同有关的一切税费由供方支付，对受方应课征的税费由受方支付；在受方所在国境外课征的与执行本合同有关的一切税费则需由供方支付。

8. 考核验收。考核验收时对转让飞行器技术所生产产品的性能进行检查。因此，合同中要对验收的内容、项目、标准、方法、步骤、地点以及双方的责任详加规定。尤其是对第一、二次考核不合格时，应当如何处理，要加以具体规定。

考核验收的办法一般在附件中规定。对产品的考核一般可允许进行1~3次，考核合格后，双方签署验收合格证书。如果考核不合格，双方应共同研究，找出原因，然后进行第二次考核试验（如有必要，再进行第三次）。若产品在第二次考核中未能合格，其责任在许可方，则许可方第二、三次派出技术人员的一切费用全由许可方自理；如产品不合格责任在引进方，则由引进方提供上述费用。若产品第三次考核时仍未通过，责任在许可方，引进方有权视情况要求许可方给予经济补偿（对许可方罚款或要求降低合同价格）或按许可方违约终止合同。若责任在引进方，而且引进方仍愿意继续完成合同，许可方则仍有义务协助引进方查出原因，继续调试，直至考核合格为止。

9. 附件及其他。飞行器技术许可合同附件是附在合同之后用以说明合同正文不便详细罗列的内容，其地位与合同正本是相等的。双方当事人有必要在合同中明确这一点，如："本合同附件系合同不可分割的一部分，与合同正文同样有效"。许可贸易合同的附件至少要有飞行器技术附件与产品附件。所有附件应与合同正文提到的附件相对应，并按前后顺序一一排列，不可任意颠倒。其他条款，如索赔、仲裁、不可抗力等，和一般买卖合同差不多，因此不再一一介绍。

10. 尾部。合同的尾部主要是关于合同的生效、期限、终止以及双方的签字等条款。

（二）合同的特殊条款

作为特殊商品，飞行器技术贸易合同也有它的特殊性，除了具备上述的一般共同点之外，不同内容的技术转让合同都有其各自的特殊条款，下面将作进一步的解释。

1. 专利许可合同的特殊条款

（1）专利条款。鉴于专利问题的复杂性，在洽谈飞行器专利许可合同时，必须要求许可方把项目中所包括的专利内容一一列出，并标明专利号、专利申请国别、申请的时间和有效期限，目的是使引进方得以鉴别专利的真伪，有利于引进方选择适用的专利技术，比较准确地核算应支付的专利使用费。

（2）专利的保持有效条款。根据各国专利法的规定，专利申请后，专利权人应按期向主管部门缴纳一定的费用，称为专利年费。年费的缴纳金额通常采取累进制，即越接近专利期末，年费就越高。所以，为了保持专利的有效，合同中应规定，许可方应按期向专利主管部门缴纳年费，以保持专利在合同有效期内的有效性。这样做对于当事人双方，特别是引进方是有利的，否则，合同有效期尚未届满，专利却可能因未缴纳年费而失去法律的保护。当第三者利用该专利时，当事人均无法援引法律，要求法院或专利局追究第三者的法律和经济责任，而且当事人之间亦会因此而发生纠纷。此外，供方为了维护自身的利益，往往要求在合同中订立供方对许可项下的专利权不负担保责任的条款，这显然对受方不利。受方为了维护自身的利益，则要求供方对专利权的有效性承担责任，并在合同中做出相应的规定。例如，当申请专利遭到拒绝或专利权被宣告无效时，受方有权终止许可合同，并有权收回预付的报酬。

（3）侵权的处理。关于飞行器技术许可项下的专利权被第三者侵犯，或被第三者提出异议或指控时，在法律上成为侵权行为。但是，是否真正构成侵权行为，要通过一定的司法程序由法院判决。为此，在合同中也必须加以明确规定。一般规定包括：通知的义务，起诉或应诉的义务，关于诉讼期间提成费的支付。

2. 商标许可合同的特殊条款

（1）商标的内容和特征。要明确写明商标名称、图样及使用该商标的商品。

（2）商标权的合法性和有效性。为了表明商标权的合法性和有效性，合同中必须明确规定商标注册的国别、时间、有效期限和适用的区域范围。

（3）引进方使用商标的形式。飞行器技术引进方活动商标使用权许可的形式有多种，具体采用哪种形式要在合同中作出规定。一般有： 直接使用、联合使用、联结使用、注明许可使用。

一般多使用后三种，因为这涉及企业商标战略问题。引进方引进商标使用权的主要目的在于利用许可方商标的信誉，以利于产品的推销，并且希望以此逐步建立引进方自己产品的信誉。而第一种形式由于在合同期满后，引进方不得继续使用许可方的商标，这样就会大大影响将来产品的销路和市场。在引进制造技术时，也可以在合同中规定若干年内先用许可方商标，若干年后改用许可方、引进方的联合或联结商标，再过若干年后变为完全使用引进方的商标。

在一项商标许可或包含有商标许可的合同中，究竟采用何种方式，我国法律和政策都未作限制性规定。引进方应当有战略眼光，从企业的长远发展考虑，同时也要根据国际市场情况和产品的销售情况来决定具体采用哪种形式。

（4）商标许可的备案或注册。商标许可合同或包含有商标转让的许可合同，均应视情况向引进方国家商标管理机关办理备案或注册手续，从而使转让的商标在引进方国家受到法律保护。办理备案或注册可由引进方或共同委托商标注册代理人办理。

（5）关于商品的质量监督权。引进方在使用许可的商标时，许可方一般均要求对引进方生产产品的质量进行监督，即取得产品质量监督权，其目的在于维护商标的信誉。对于许可方的这一权利，各国法律大都予以承认。

3. 专有技术许可合同的特殊条款

由于飞行器专有技术具有秘密性，所以专有技术许可合同一般都规定有保密条款。保密条款一般包括以下几方面：

（1）保密的内容。保密的内容是指究竟哪些技术需要保密。对此在合同中必须加以明确规定。在我国技术引进合同中一般规定为："在合同有效期内，受方保证不向任何第三方泄露本合同规定的技术秘密；如果发现本合同规定的技术秘密的部分或全部被供方或第三方公开泄露，并有充分的证据，受方不再负责保守已泄露的技术秘密。"也就是说，只有当供方继续保守秘密时，受方才承担保密义务，一旦供方或第三方已将其技术秘密公开，受方就没有义务再予保密。

（2）保密的范围。保密的范围是指究竟对谁保密。通常只有对第三方保密，即受方保证不向第三方泄露合同规定的保密内容，但受方有权让自己企业的有关人员知悉。同时受方应限定接触核心技术秘密的人员。如在合同中规定，在整个保密期内，引进方能够接触许可方提供的核心技术秘密的人员，仅限于某些具体执行该合同的技术人员。凡是接触技术资料的人，都要与引进方或许可方签订保密协议。另外，对于技术资料的保管人员的要求也应在合同中加以规定。

（3）保密的期限。保密的期限是指受方承担保密义务的截止日期。保密的期限一般应与合同的有效期限相一致。但供方有时要求，合同期满后仍让受方继续承担保密义务，受方一般是不会接受供方的这种要求的。只有在少数情况下，如供方将继续提供改进技术，受方才承担超过合同期限的保密义务。

（4）泄密的责任。该条款通常包括承担违约责任的条件、方式、违约赔偿的范围以及违约金的数额等。承担违约责任的办法包括：立即停止违约行为，将非法所得交给对方；按照对方的要求停止合同的继续执行，退还全部技术资料；赔偿对方损失等。确定违约赔偿的范围是一个复杂的问题。为了避免一旦发生违约，在赔偿范围问题上纠缠不清，应尽可能在合同中对违反保密义务的赔偿范围及计算方法做出明确规定。

此外，由于在专有技术许可交易过程中，受方有时也将自己的某些技术秘密提供给供方，尤其是合同中规定了相互交换改进技术时，这样受方也要求供方承担保密义务。对此，有的合同也对供方的保密义务具体加以规定。

补充阅读：

飞行器未来重要制造技术

随着人们对于飞机性能要求的不断提高，飞机的制造技术日益精进，并且得到持续发展和广泛应用。

一、薄膜沉积技术

隐身技术是现代飞行器的重要技术需求，雷达探测成为其主要手段，迫切需要实现其雷达低可探测；座舱是飞行器的三大散射源，通过对座舱玻璃进行表面改性，可提高其隐身性能。风挡玻璃、舷窗玻璃等在飞行器穿越云层时，由于气象变化或空气动力因素引起表面，结雾和结冰现象，直接影响飞行安全，电加热是解决这一问题的有效途径之一。在材料工作表面，沉积数纳米至微米厚度的单层膜或多层膜，用于提高原材料机械强度、耐磨性、耐划伤、光性能、电性能、磁性能等。

对飞行器而言，一些关键零部件需要进行表面改性处理，以大幅提高表面性能参数。如对先进战斗机，用于隐身的座舱玻璃，一般会进行电磁屏蔽薄膜沉积，最早由金膜层组成，考虑到参数性能和寿命，目前已基本被透明导电氧化物代替，且透光率有一定提升；航空发动机是制约我国航空产业发展的巨大障碍，涡喷发动机、压气机和涡轮叶片、燃烧室内壁工作时均处于高温环境中，有时甚至可达1500℃以上，对发动机材料提出了严格要求，其耐高温性能、耐摩擦性能等尤其突出。鉴于以上情况，可通过复合薄膜沉积来满足以上要求（见图12-11）。

图 12-11 美国F-22隐身战机的黄金座舱

近年来，欧美发达国家陆续提出了全透明飞机的概念，英国科技研发公司"工艺创新中心"（The Centre for Process Innovation，CPI）提出了一项客机全透明设计新概念，将OLED应用于机身上，可全视野浏览外部风光，增加可观赏性；此外由于采用了更轻更坚固的有机材料作为透明件，可有效降低飞机重量和燃油损耗，降低CO_2排放，可增加空间利用率；同时，透明件的大量采用，有利于安检工作的有序进行，可提高工作效率并降低工作成本。法国也设计了无窗透明式私人飞机，可全方位观看外景，美国波音公司、欧洲空客公司也有该方面研究计划（见图12-12）。

图 12-12　某客机全透明概念图

对全透明飞机，其透明件的节能性能、紫外光过滤性能等参数必须经过调整控制，需要借助薄膜沉积技术，以控制其表面光学、电学性能改变。

因此，薄膜沉积技术在未来飞行器的制造中具有重要地位，薄膜沉积技术可划分为两种：物理气相沉积和化学气相沉积。物理气相沉积利用离子撞击的作用，在需要加工的材料表面累积形成一层或多层膜，以达到改变其材料属性的一种生产技术；化学气相沉积是指将反应源以气体形式通进反应腔中，经过氧化还原或与加工材料表面反应之方式，在加工材料表面沉积出薄膜，从而实现表面改性。

二、3D打印技术

3D打印是快速成型技术的一种，它是一种以数字模型文件为基础，运用粉末状金属或其他可粘合材料，通过逐层打印的方式来构造物体的技术。3D打印在航天航空领域的应用可谓是硕果累累，未来的应用发展更是令人期待。在未来10年，3D打印技术将会带来20亿美金的收益，由此可以看出，3D打印技术在航天航空领域的应用前景十分广阔。以下是其未来在航天航空领域的五大应用领域：

飞机机翼制造：当前很多飞机的零部件都是使用3D打印技术进行制作，未来，将可以制作整个波音飞机的机翼。3D打印技术在大型零部件的制作上有很大的局限性，因其内部压力的变化，所以会使零部件变形。

复杂零部件制作：通用电气已经3D打印出了GE9X引擎，可以在未来的波音77X长途客机上使用。3D打印技术也可以用于原型测试和数控机器的角度和公差测试等。Autodesk和Stratasys合作，3D打印出涡轮螺旋桨发动机，展示了3D打印技术在发动机零部件制作的前景。

按需制作零部件：NASA在下一代太空探索装置上将使用70个3D打印的零部件。按需进行零部件的制作将直接降低发送火箭到天空的成本和制作周期。3D按需打印航空零部件已经被很多公司使用，像Made in Space等，通过与美国航天局合作，该公司已经将一台零重力的3D打印机送向了国际空间站，让宇航员可以3D打印零部件。

无人驾驶航空系统：BAE Systems已经公布了2040个飞机零部件，将3D打印技术用于无人机的研究。这一概念将阐释无人机如何检测灾情，将工程数据传回地面指挥中心。目前尚处于概念化设计阶段，BAE Systems投资1.17亿元用于无人机研发，希望可以将概念变为现实。

原型机或验证机：科学家正在探索3D打印作为快速预原型制造，使用3D打印技术，工程师可以获得同行评审、替代设计概念、最终原型的认可，并用于验证原型机各项性能。

当前，3D打印还无法实现大规模生产，且不能满足高精度需求，无法实现高效率制造等。此外，制约3D打印发展的一个关键因素就是其设备成本的居高不下，大多数民用领域还无法承担起如此高昂的设备制造成本。但是随着材料技术、计算机技术以及激光技术的不断发展，其制造成本将会不断降低，从而提高制造业对生产成本的承受能力。

【重要名词】

飞行器工业技术、技术贸易、贸易程序、合同内容

【思考题】

1. 什么是飞行器技术贸易？

2. 飞行器技术贸易的特点有哪些？

3. 有关知识产权保护的国际公约有哪些？

4. 某家飞机制造厂需要从国外引进一项发动机技术，其在交易前应该进行哪些准备工作？

第十三章

航空服务贸易

> > > > > >

第十三章

航空服务贸易

■【内容提要】

— —

　　本章将简要介绍服务贸易，然后就航空贸易的领域，介绍了《服务贸易总协定》框架下的国际法规。接着对与航空有关的其他服务行业进行了介绍，包括飞机保养、维修和大修；机票订购；机场服务和飞行器驾驶技术培训等。

第一节　服务贸易概述

　　人们对当今世界社会性质的认识有三种：一是信息社会，二是后工业化社会，三是服务性社会。据相关资料统计，发达国家和地区的服务业产值，在其国内生产总值中一般高达70%。当发达国家和地区的国内市场容纳不了日益增长的服务性生产时，开拓国外市场，争夺世界市场，就必然成为发达国家对外经济扩张的新焦点。因而，国际服务贸易也就成为国际贸易新的增长点。

一、服务

　　"服务"是一个人们经常使用的词，但其含义却不尽相同。在日常生活用语中，它往往是指"为组织（或他人）工作"。而在经济学中的含义，则各有各的说法，其中一种说法是："不以实物形式而以提供活劳动的形式满足他人某种特殊需要。"可见，服务是相对于产品的一个经济学概念，可将其表述为：服务是对其他经济组织（或单位）的个人、商品或服务增加价值，并主要以活动形式表现的使用价值或效用。

　　严格地说，服务是社会劳动分工的产物，是生产力发展的表现；在生产活动过程中，服务生产的特点是服务生产者必须具备劳动者和生产资料，其劳动对象由消费者来提供（或指定）。在农业社会，服务业的就业和产值在整个社会总产值中的比重很小，没有成为经济学的主要研究对象。进入20世纪后，各主要发达国家经济的结构性调整和周期性波动日益剧烈。服务经济在促使成分就业、缓解总供求矛盾以及抑制经济过分波动等方面的特殊功能日渐突出，所以经济学界才对服务经济的研究投入了更大精力。

（一）服务的基本要素

实际上，经济学界对服务的认识也是一个不断深入的过程。服务是一种特殊的商品，但它具有与一般商品相同的属性，其基本要素包括资本、劳动力、知识与技术（即人力资本）。资本是服务生产的一个重要因素，许多服务生产必须拥有一定的生产资料，此外，服务生产者本身也需要资本投入后的专业培训，这就决定了要提供服务，必须要有一定的资本投入。劳动力作为服务的提供者也可以成为载体，同样是一种很重要的不可缺少的因素，比如，一个企业里有各种自动化设备，但都是以人提供管理为前提，这种服务被称为物化的人的劳动。知识与技术既属于人力资本的基本要素，又是所提供服务的基本内容，除了直接接触式服务外，大多数服务都是提供知识或技术的。

服务与一般有形商品具有不同的特征，这就决定了在估算服务产品的价值时，应考虑到劳动的不同质量。人力资本与实物资本之间存在显著差异。首先，信息、训练或知识是不易消失的。其次，大部分劳动者在劳动和学习中，会不断地提高他们的知识和技能，即人力资本的增值。在一定的产出范围内，要素之间是一种互补的关系，就像人力资本和劳动资本之间一样。

（二）服务的基本特征

概括起来，服务主要有无形性、不可分离性、异质性和不可储藏性等特征。无形性和无可感知性是服务最主要的特征。因为，首先，与有形的消费品或产业用品相比较，服务的物质及组成服务的元素在很多情况下都是无形的；其次，使用服务后的利益很难被察觉，或是要等一段时间后，享用服务的人才能感觉到"利益"的存在。

有形产品从生产、流通到最后的消费过程，是一个实际存在的实实在在的过程，各个过程之间有一定的时间间隔。而服务却具有不可分离性，生产和消费是两个同时进行的过程，即服务人员向顾客提供服务时，也正是顾客消费服务的过程，两者在时期上不可分离。

同一种服务的消费效果和品质往往存在显著的差异。统一的服务质量标准只能规定一般的要求，难以确定特殊的、个别的要求。服务质量的差异或者弹性，既为服务行业的优质服务开辟了广阔的空间，也给劣质服务留下了活动的余地。基于第一与第二个特征，服务不可能像有形商品一样被储存起来，而只能当期消费，否则就会造成机会的丧失和折旧的发生。

综合以上特征，还可以得到服务的一个特征——效果的相对不确定性，这使得服务具有较强的经验特征和信任特征。

二、国际服务贸易

（一）国际服务贸易的含义

国际服务贸易是智慧不同国家之间所发生的服务买卖与交易活动。服务的提供国成为服务的出口国，服务的消费国成为服务的进口国，各国的服务出口额之和构成国际服务贸易额。1994年4月15日关贸总协定在乌拉圭回合上达成了《服务贸易总协定》，并在该协定中从服务贸易提供方式的角度给服务下了较为准确的定义，具有一定的权威性和指导性，并为各国和各界所普遍接受。在关贸总协定各缔约方提交的材料中列出的服务项目达150多种。一般地，按照上述协定，国际服务贸易有以下四个分类：

1. 跨境交付（cross-border supply），术语中又称"第一种方式（Mode 1）"，即自一成员领土向任何其他成员领土提供服务，如视听、金融服务等；

2. 境外消费（consumption abroad），术语中又称"第二种方式（Mode2）"，即在一成员领土内向任何其他成员的服务消费者提供服务，如旅游、境外就医、留学等；

3. 商业存在（commercial presence），术语中又称"第三种方式（Mode3）"，即一成员的服务提供者通过在任何其他成员领土内的商业存在提供服务，如，某国的一家公司到外国开饭店、零售商店或会计师事务所等；

4. 自然人流动（movement of natural persons），术语中又称"第四种方式（Mode4）"，即一成员的服务提供者通过在任何其他成员领土内的自然人存在提供服务，例如，某国教授、高级技术人员或医生到另一国从事以个人身份提供的服务等。

（二）国际服务贸易的特点

对于国际服务贸易特点的描述主要是针对其相对于国际货物贸易的不同之处来说的，主要有以下几点：

1. 贸易标的一般具有无形性。服务的进出口是以肉眼所看不到的方式进行的，对于边境的一些活动如人们出国探亲访友、售后服务、参加会议、提供咨询等，边境人员很难知道这些服务的存在，但是人们却可以看到实实在在的货物的运输与传送。

2. 交易过程与生产消费过程的同时性。实物产品贸易从其生产、流通，到最后消费的过程，一般要经过一系列的中间环节，而服务贸易则不同。服务的生产过程与消费过程是同时进行的。服务发生交易的时间，也就是消费者消费服务的时刻，这两个过程同时存在，不可分割。

3. 贸易主体地位的多重性。服务的卖方即服务的生产者作为物质要素直接加入服务的消费过程，服务的买方即服务的消费者作为劳动对象直接参与服务产品的生产过程。

4. 服务贸易市场具有高度的垄断性。国际竞争力的不平衡、综合国力的差异、服务市场开放程度的不同造成了国际服务贸易市场极强的垄断性。

5. 贸易保护方式更具刚性和隐蔽性。服务贸易所具有的特点决定了各国的服务贸易保护方式也只能是采取立法的方式，同时以行业性贸易保护和"限入"式的防御型保护为主。这种以国内立法形式实施的"限入"式非关税壁垒，使国际服务贸易受到的限制和障碍往往更具刚性和隐蔽性。

6.营销管理具有更大的难度和复杂性。对服务的管理，既是对物的管理又是对人的管理。国家立法的实施也是需要时间的，往往是落后于形势，宏观调控的实际效果和预期目标相背离。另外，服务的异质性使得服务的质量标准具有不确定性。

第二节　航空贸易的国际法规

一、《服务贸易总协定》的框架

1995年1月1日正式生效的《服务贸易总协定》是多边国际贸易体制下第一个有关服务贸易的框架性法律文件，是乌拉圭回合达成的三项新议题之一。服务业的蓬勃发展是20世纪经济发展的主要特征之一，但是在第二次世界大战以前，国际上有关服务贸易的法律仅限于个别领域，且多为双边条约，1948年开始实施的关贸总协定也只是对货物贸易进行了调整。为了在服务贸易领域建立多边原则和规则，增强各国服务贸易管制的透明度，促进服务贸易的逐步自由化，乌拉圭回合最终达成了《服务贸易总协定》。该协定的制定与生效时国际服务贸易的一个重要里程碑，它不仅扩大了关贸总协定机制的管辖范围，而且是迄今为止服务贸易领域内第一个比较系统的国际法律文件。

《服务贸易总协定》正文共6个部分29条，内容包括适用范围、一般义务、具体承诺、逐步自由化、组织机构与争端解决。其中，《服务贸易总协定》正文是服务贸易规则的核心内容，是所有成员国制定服务贸易政策应遵循的原则，同时，它也为其后制定的若干具体服务部门的协定奠定了基础。

二、航空运输服务和空间运输服务及适用附件

航空运输的工具是飞机，飞机的运送速度在各种运输方式中是最高的。一方面为商品强行就市、卖得好价钱提供了有利的手段；另一方面，这一运输方式最适合鲜活商品、易腐商品和季节性商品的运输，而且也为高价商品的快速运送，减少在途资金积压提供了可靠的保证。

航空运输的主要业务形式有班机运输和包机运输两种。班机运输是指定期开航的定航线、始发站、到达站和途经站的航空运输。班机能安全、迅速并准确地到达世界上各个地点，使收、发货人能掌握货物启运和到运的时间和地点。班机运输一般是客货混合运输，并以客运为主，这时货运有限且运价较高。包机运输又可分为整架包机和部分包机两种。整架包机是指航空公司或包机代理公司，按照与租机人事先约定好的条件和

租机费率，将整架飞机租给包机人，从一个或几个航空站装运货物至指定目的站的运输方式。它适合于运输大宗货物，运费随市场的供需情况而变化，一般来说，低于班机运输。部分包机是指几家航空货运代理公司或发货人联合包租一架飞机，或者是由包机公司把一架飞机的舱位分租给几家货运代理公司，它适合于不足整机的货物运输。

空间运输服务是指在空间运输系统中的运输服务。空间运输系统由航天飞机、空间试验室、空间拖船和各辅助系统组成。原苏联的载人飞船、货运飞船、航天站和各辅助系统实际上也可看作空间运输系统。

《服务贸易总协定》的附件中有专门针对航空服务的附件——关于空运服务的附件（annex on transport services）

1. 本附件适用于影响定期或不定期空运服务贸易及附属服务的措施。各方确认在本协定项下承担的任何具体承诺或义务不得减少或影响一成员在《WTO协定》生效之日已生效的双边或多边协定项下的义务。

2. 本协定，包括其争端解决程序，不得适用于影响下列内容的措施：

（1）业务权，无论以何种形式给予；或

（2）与业务权的行使直接有关的服务，但本附件第3款中的规定除外。

3. 本协定适用于影响下列内容的措施：

（1）航空器的修理和保养服务；

（2）空运服务的销售和营销；

（3）计算机预订系统（CRS）服务。

4. 本协定的争端解决程序只有在有关成员已承担义务或具体承诺且双边和其他多边协定或安排中的争端解决程序已用尽的情况下方可援引。

5. 服务贸易理事会应定期且至少每5年一次审议空运部门的发展情况和本附件的运用情况，以期考虑将本协定进一步适用于本部门的可能性。

6. 定义：

（1）"航空器的修理和保养服务"指在航空器退出服务的情况下对航空器或其一部分进行的此类活动，不包括所谓的日常维修。

（2）"空运服务的销售和营销"指有关航空承运人自由销售和推销其空运服务的机会，包括营销的所有方面，如市场调查、广告和分销。这些活动不包括空运服务的定价，也不包括适用的条件。

（3）"计算机预订系统（CRS）服务"指由包含航空承运人的时刻表。可获性、票价和定价规则等信息的计算机系统所提供的服务，可通过该系统进行预订或出票。

（4）"业务权"指以有偿或租用方式，往返于一成员领土或在该领土之内或之上经营和/或运载乘客、货物和邮件的定期或不定期服务的权利，包括服务的地点、经营的航线、运载的运输类型、提供的能力、收取的运费及其条件以及指定航空公司的标准，如数量、所有权和控制权等标准。

三、我国在航空运输中的水平承诺和具体承诺

鉴于我国的国情，我国在加入WTO时对航空领域进行了详细的说明和承诺。水平承诺中就国民待遇的限制中提及："对于给予视听服务、空运服务和医疗服务部门中的国内服务提供者的所有现有补贴不作承诺。"

具体承诺中对航空运输和航空器的维修做以下承诺：

市场准入限制中模式一不作承诺，模式二没有限制，模式三允许外国服务提供者在中国设立合资航空器维修企业。中方应在合资企业中控股或处于支配地位。设立合资企业的营业许可需进行经营需求测试。模式四除水平承诺中内容外，不作承诺。

国民待遇限制中模式一不作承诺，模式二没有限制，模式三中外合资、合作航空器维修企业有承揽国际市场业务的义务，模式四除水平承诺中内容外，不作承诺。

与发达国家比较，我国的航空开放的程度是适中的。德国、英国、瑞士等签订的部分投资协定对覆盖的部门基本没有限制。同时，该类投资协定通常未将航空运输的营运及直接相关服务排除在准入范围之外。而北美国家、日本等签署的BITs，倾向于开放超越GATS承诺的部门数。但日本将通信、运输服务排除在国民待遇范围之外，美国在BITs中则未将海洋、航空运输等置于开放部门之列。

四、航空服务全球化的先驱者

航空公司国际化的趋势由来已久。然而，随着制造业跨国公司的经济增长以及金融市场的全球化，对航空旅行和货物运输的需求也大大增加。这种需求已经引起了航空公司更大规模的国际融合以及跨国所有制的发展。

这个变化过程的先决条件早在20世纪70年代到80年代就已经出现。1978年美国航空业开始放松管制，随后其他国家也纷纷效仿。原本国有的航空公司被允许私有化，并且国家对路线、定价、乘客和货物的限制也有所放宽。20世纪80年代美国航空业面临重重危机，迫使人们重新审视对航空公司的战略以及政府的支持政策。20世纪80年代早期，美国航空业公布的各种损失之和大约为80亿美元。之后不久，航空业又受到经济衰退，以及由于海湾战争带来的油价高涨和航空旅行急剧下滑的影响。1978年美国有43家航空公司，到了1988年就只剩下15家了。

为了帮助航空公司进入新生市场，美国政府采取强硬态势克服国家管制。1992年布什政府同荷兰政府签订了第一份"开放领空"协议，从而使两国的航空公司能够在两国领土之间和之外无限制地提供航空服务。1993年美国西北航空公司和英国皇家荷兰航空公司首次结成跨大西洋合作关系。克林顿政府还签订了三十多项"开放领空"协议，涵盖欧洲、中东、亚洲和中美洲。此外，美国还跟日本、法国、加拿大达成了双边协议。而且，美国的交通部也提案允许航空公司组建联盟，并且特批它们不受反

垄断条例的约束。

现如今有两大主要的全球联盟，即星空联盟和寰宇一家。联盟似乎很受航空公司的欢迎，因为联盟能够使航空公司扩大自己的客源，保证客户不会被竞争者吸走。一个联盟内的公司可以形成一个全球的服务网络，提供高级服务的能力远比各组成部分的简单相加高得多。在这么一个充满激烈竞争，主要竞争者在其他基地很少有分化机会的产业中，这点尤为重要。航空公司大多面对相似的成本（燃油、运营和人事成本）、技术以及政府管制。为了追求规模经济效应，提高服务供应，除了公司进行合并之外，联盟对于航空公司来说也是一种不错的选择。过去十年中，美国航空业有过22次公司的合并，不过没有哪次是特别成功的。

目前已有的全球联盟反映了这个以客户为中心的行业全球化的程度。寰宇一家联盟（美国航空、英国航空、加拿大航空、国泰航空、澳洲航空、西班牙航空、芬兰航空）每年航班1783次，运载20600万旅客至143个国家的680个目的地。这个联盟每天航程将近700万英里，相当于环球280圈。

星空联盟也吸引了大量成员，包括加拿大航空公司、新西兰航空公司、安捷航空、德国汉莎航空公司、泰国航空公司、斯坎迪纳维亚航空公司、联合航空公司、巴西航空公司，还有从1999年底，全日空航空公司。它们的服务可以到达全世界110个国家的720个目的地。

提供不同的服务使得联盟更加具有竞争力。而航空业也再次成为投资者青睐的行业。在"股神"沃伦·巴菲特（Warren Buffett）旗下伯克希尔哈撒韦公司宣布增持美国四大航空公司的股份，并称行业整合将终结所谓的"盛衰周期"后，美国航空公司的股价周三（2017年2月15日）创下历史新高。

增持股票后，伯克希尔哈撒韦公司成为达美航空公司和联合大陆控股公司的最大股东，并成为美国航空公司和西南航空公司的第二大股东。对于巴菲特掌控的伯克希尔哈撒韦公司来说，这是其多年来最大的普通股投资之一，巴菲特曾称航空公司为"投资者的死亡陷阱"。

据彭博社汇编的数据显示，由于燃油价格下降和在多年并购交易中主要竞争对手减少，美国最大的六家航空公司在2016年中连续第五年实现盈利，经过调整后的收入约为140亿美元。这有助于缓解过去10年里的亏损，在此期间，这些公司的损失超过了500亿美元。

Evercore ISI分析师杜安·芬尼沃斯（Duane Pfennigwerth）在15日发给客户的报告中表示："尽管有些较长期投资者已经认识到，多年来航空行业出现积极的结构性和行为变化，但这些投资提供了进一步的验证。"芬尼沃斯称，伯克希尔哈撒韦公司对航空公司态度的改变是"投资史上最大的转变之一"。

2月15日，彭博美国航空公司指数上涨了2.4%，此前最高涨幅为3.4%，达到历史最高水平。西南航空公司的股价上涨幅度最大，涨幅3.58%，报57.29美元。彭博美国航空公司指数11家成分股公司中有10家公布了收益情况。

根据美国监管机构2月14日公布的文件显示，伯克希尔哈撒韦公司持有美国航空公司、达美航空公司以及联合大陆控股公司的股票价值都超过20亿美元。伯克希尔哈撒韦公司总部位于美国内布拉斯加州的奥马哈，该公司还透露，截至2016年12月31日，其持有美国西南航空公司的股票估值约为22亿美元。

彭博社2月曾报道，伯克希尔哈撒韦公司美国首席执行官道格·帕克（Doug Parker）在去年赢得了巴菲特副手泰德·韦施勒（Ted Weschler）的支持，他认为转型中的航空业正在稳步获得回报。CFRA Research分析师吉姆·克利多尔（Jim Corridore）说，通过控制扩张，以及更好地匹配座椅和满足航空需求，航空公司正以积极的方式回馈股东。他在采访中说："他们不会不惜任何代价地进行扩张，并非每个人都想成为最大的航空公司。他们想要成为最赚钱的公司，这促使他们改变了策略。"

第三节　飞机保养、维修和大修服务行业分析

许多服务行业本身的性质决定了他们的价值链上的许多活动都必须在买方身边或附近进行。这样一来，很多服务行业就变得高度分割，形成许多小公司，并为其所在地提供服务。但是，市场上的全球化以及新技术的引进，导致产业结构和许多服务行业中的竞争优势的来源发生了变化。市场越来越全球化，以及高效率的物流和通信系统的出现，再加上新一代的信息技术，使得许多服务行业正快速的合并，开始出现大型的复合公司。反过来这些大型公司又加速了服务业竞争的国际化进程。

这些趋势，在越来越国际化的飞机维护、修理和大检修（MRO）的服务业中，得到了很好的体现。在这个行业中，越来越激烈的竞争表现在四个方面：快速的全球化，激烈的价格竞争，公司合并以及联盟协作。可以预知，这种竞争必然会从技术导向转变为以客户和市场为导向以及控制成本和提高服务质量。

一、商用飞机引擎的大检修服务

MRO业是一个很大的产业。大型机身、引擎和零件的大检修，以及线路维修的年市场运营额将近240亿美元。

和其他服务行业一样，飞机维护、修理和大检修的服务业为应对它们的主要客户群——各大航空公司——的需求，已经开始了全球化的进程。由于航空公司的运营越来越趋于全球化，它们要求维修供应者也做出相同的反应。这个市场中大约30%的业务是被外包出去的。引擎大检修的市场运营额大约为66亿美元，其中将近一半也通过契约的形式外包给第三方供应商。

现如今航空业有两大主要的全球联盟，即星空联盟和寰宇一家，采用的是品牌分化战略。然而，飞机维护、修理和大检修的服务不大可能被分化。航空公司并不依靠对MRO服务的承诺或它们的安全记录与其他公司竞争。因为客户会认为提供合适的维修和安全承诺是航空公司理所当然的事情。正是出于这个原因，MRO业务可以进行外包，而且不会因此对航空公司的市场营销战略产生明显的影响。也正因为如此，MRO产业慢慢地变为一个独立的产业，从航空服务中剥离出来，独自面对全球服务供应的需求。

二、商用飞机引擎的大检修市场

商用航空业的商业环境从有调控的竞争转变到自由化的市场；从通过内部增长到通过制定战略联盟实现共同增长。商业飞机的大检修服务关注的焦点也已经从单纯的维修技术转向企业经济学。和其他服务行业一样，企业管理越来越关注资产利用、成本削减、网络管理、核心竞争力、服务外包以及组建合作关系和联盟。

虽然许多航空公司正在寻求外包MRO活动，但其实外包服务并非人们想象的那么简单。对航空业来说，最重要的事情是保障飞行的安全。外包维修服务时，公司不能只考虑价格因素，将业务交给要价最低的投标者，它们必须要考虑该服务商提供的服务的质量。虽然最正确的外包对象或许未必能够最大程度地削减成本，但它可以提高飞行安全系数，提升公众对航空业的信心。

尽管生产力过剩是当下很普遍的问题，但维护、修理和大检修的业务中蕴含的商机却不断增多。参与这个业务的主体主要有一些航空公司，原始设备生产商和维修公司。原始设备生产商是推动MRO全球化的核心力量，特别是几大引擎生产商，如通用电气，普拉特·惠特尼集团公司，以及劳斯莱斯。原始设备生产商一直以来都在提供大检修服务，这项服务在其业务中所占比例也越来越大。

1993年，劳斯莱斯组建了劳斯莱斯航空引擎服务有限公司作为一个独立公司，来处理引擎维护、修理和大检修。两年后，这个有限公司的创收约占整个公司年收入的10%。普拉特·惠特尼集团公司在大检修服务的创收从1995年的2.5亿美元增加到1998年的10亿美元。而在1993—1995年期间，通用电气跟八家航空公司签订合同，期限由5~20年不等，价值在10亿美元左右。另外，通用电气1994年的飞机引擎服务净收入中3/4是来自于引擎维修服务的。原始设备生产商在这个市场中所占份额越来越大，这个市场已经成为它们的一个重要利润增长点，并且能帮助它们的航空公司客户控制成本，这给过去的第三方维修商带来了更激烈的竞争。

随着航空业的衰退以及引擎可靠性的提高，这些原始设备生产商接到的引擎订单也越来越少。全球生产能力过剩正加剧着原本就激烈的竞争，这促使了维修联盟的出现，通过这种方法来节约成本。

总而言之，所有竞争参与者对商用引擎大检修市场份额的控制将会发生巨大的改变。一方面，随着小型航空公司外包，大型航空公司将精力更多地投入到核心运营部分或直接将维修业务分离出去，组建第三方附属公司，航空公司总体所占的市场份额必定会下降。另一方面，OEM作为引擎大检修市场的主要技术创新者以及带动该产业增长的核心力量，必将占据这个市场大部分的份额。独立经营者的份额也会随着不断增加的外包业务而增长，不过它们还要面对许多的不确定性。由于市场份额的变化，必定不断地会有公司进行合并或者退出这一市场。对于潜在的新的参与者来说，进入这个市场需要大量的投资，拥有高端的技术以及顾客忠诚度，因此它们不会轻易参与到竞争中来。

三、我国通航维修亟待破解发展困境

近年来，我国通用航空业发展得到了政府和社会的普遍关注，各级政府出台了大量促进行业发展的政策法规，我国通用航空机队规模快速扩张。另外，通用航空飞行量的增长明显落后于通航机队扩张，与飞行量息息相关的维修市场规模增长乏力，通航维修业陷入了产能落后的发展困局，被动处于价值链的低端地位。

1. 通航机型种类复杂，单一机型机队规模小。分析我国通航维修发展现状，首先需要直面的问题就是现有通航机型种类复杂，单一机型机队规模小，企业维修能力有限，已成为制约我国通航维修发展的最主要因素之一。

按照《2016适航审定部门年度报告》公布的数据，截至2016年底，我国通用航空器总量达2597架，这些航空器共涵盖190种机型，单一机型机队规模超百架的机型包括Cessna 172R、DA40D、R44和Y5四种，除此之外，通用航空器单一机型平均机队规模约为10架，仅有1架航空器的机型多达39种。过多的机型不利于行业维修资源的共享和有效利用，也不利于行业内部的技术交流和合作，为通航维修业务的发展带来了严峻的挑战。

2. 通航作业种类多，地点灵活多变。通航作业飞行的突出特点是作业类型多样，作业地点灵活多变，大幅增加了通航维修管理的难度。截至2016年底，我国通用航空运营企业总计320家，作业项目覆盖工业、农林、训练、公务飞行等多种作业项目，大部分作业类型都根据市场需求频繁更换作业地点，这给通航企业的维修控制增加了难度。尤其是电力巡线、农化作业、航空护林、物探等作业点多分布在偏远地区，生产控制都是直接交给随机机组自己完成，在计划性维修执行的及时性和效果方面难以监督。

3. 通航企业规模小。我国大部分通航运营企业的机队规模小，截至2016年底，机队规模不超过2架的企业数量为105家。这些小微企业的资源配置相对不足，单独面对OEM厂商想获取技术支援时，缺乏话语权。另外，由于通航企业众多，局方的监管难度大，局方不仅很难考虑企业的个体需求，也很难综合通航企业的共同需求，从而很难获取到足够的信息持续推进监管体系的改进。

4. 通航维修人员紧缺。目前，我国通航维修从业人员数量少，尤其是成熟的机务维修人员紧缺，人员结构难以与快速扩张的通航机队规模相适应。根据飞标司发布的《2014年度国内通用航空企业维修体系调研报告》调研数据，截至2014年8月底，我国

通航企业维修人员共计4070人,其中一线从业人员3089人,包括放行人员1718人,这些维修人员中,年龄在30岁以下人数约占64%,维修工作经验有限。最近5年新加入通航的维修从业人员为1646人,该类人员的经验相对欠缺。

人员短缺带来的另一个负面效应就是维修队伍不稳定,人员流动大。现阶段,通用航空维修人员的来源主要是军转民、社会招聘和少量航空院校飞机维修专业毕业生,由于通航企业吸引力不高,难以留住优秀的人才资源。调研数据表明,过去五年间,相关通航企业流失的维修人员达544人,其中维修管理人员112人,执照和放行人员321人,绝大多数人员进入到新成立的通航企业,通过跳槽等方式提高薪资水平。

5. 通航行业维修能力不足。我国通航维修资源有限,维修能力不足,直接导致通航企业维修成本增加,送修周期长,严重影响了通航运营的可持续发展。目前,全球约有5000家145维修单位,其中约4000家在美国,我国现有通航企业中约60家取得了CCAR145维修资质,近20家独立的145维修单位具备通航维修能力。《2014年度国内通用航空企业维修体系调研报告》调研数据表明,现有我国通航机队的国产航空器机型仅十余种,引进机型中只有PA44、AS350、AS332、EC155、AS365等不超过10种机型可以实现在国内进行机体大修。发动机维修方面,仅涡轴8、莱康明、大陆系列发动机的部分型号能实现国内翻修,甚至连运5发动机在国内也找不到合适的翻修厂家。其他重要部件如直升机的传动部件、自驾组件等都需要到国外进行修理。

国内维修资源的缺乏导致通航企业的送修费用高,送修周期长。有些国外维修单位不愿意取CCAR145资质,导致修理回国的部件没有038表,甚至有些在国内外都找不到维修点,给通航企业的运营带来困难。

第四节　飞行器服务贸易与电子商务

所涉及的典型服务就是订票服务,这里介绍一下我国当前订票服务的竞争现状。2016年10月,在票代新政实施3个月后,去哪儿网与航空公司全面恢复合作,此时,距离南航、海航、国航、东航、四川航空等国内主要航空公司陆续宣布暂停与去哪儿网的合作,已经过去了大半年。

上半年的冲突与机票定价和销售渠道的变迁和博弈有关。航空公司一直在酝酿分销政策的变革,以在乱得不能再乱的机票销售市场试图建立新的行业标准、缩短分销链条,重新评估票代和OTA的价值,这也带来了分销渠道的重构和各利益环节的重新洗牌。

一、航企与平台的博弈

2016年初，与其说航空公司集体对去哪儿网说不，不如说是对去哪儿网平台上的违规代理商和监管模式的不满。

目前的机票销售渠道主要有直销和分销两种。在过去几年里，机票分销市场建立起了一套以去哪儿为先、携程跟进、淘宝效仿的供货商模式，并且成了中国民航机票分销市场的主旋律。

根据相关统计，在2015年3400多亿元的在线机票预订交易额中，去哪儿和携程贡献了其中超过一半的交易量，远远将航空公司的直销渠道甩在身后。包含这3400多亿元在内，2015年整个机票预订市场总交易达到4473亿元。

与传统机票销售代理不同，去哪儿网采取的是搭平台的模式，先是聚集了越来越多的机票代理在平台上进行销售，之后，海航、南航、东航等航空公司也开始陆续进驻去哪儿网的网站及移动端，以旗舰店的形式销售机票。

目前，很多传统航空公司只有25%左右的机票是通过直销卖出，这其中还包括通过去哪儿网等OTA平台旗舰店销售的机票。最近几年，通过航空公司官网、APP、微信等平台加强直销，一直是航空公司努力在做的。

为了加强直销，航空公司越来越多地将最优票价留给自己的官网销售。比如2015年6月南航就率先做出会员最低价承诺，随后国航和东航跟进。南航还宣布4折以下海量优惠国内机票，仅在南航官方渠道独家销售，官方渠道包括南航官网、APP、官方微信，意味着机票代理人无权销售4折以下的南航机票。

此外，传统的代理销售机票获得的佣金，也从最高的10%以上降到了现在的零。在2016年2月，民航局下发的《关于国内航空旅客运输销售代理手续费有关问题的通知》（下称《通知》），更是对利润逐渐萎缩的机票代理的沉重一击。

《通知》要求航空运输企业委托销售代理企业销售国内客票，要合理确定客运手续费基准定额，可适度浮动，这对机票代理们来说，是收入模式的重大改变，意味着从每卖一张机票得到一定的返点（现在只剩后返），到每卖一张机票给予一定定额奖励的转变。

南航是最先按照《通知》细化方案的航空公司，随后，其他航空公司也陆续跟进。从2016年7月1日起，代理费发放标准正式从前后返变为定额。与此同时，包括携程、阿里等平台，也都陆续下架了非自营代理人的机票产品。

二、直销与分销之争

可以说，航空公司目前正在全力发展自己的线上渠道，跟OTA平台在某种意义上也是一种博弈——既需要OTA对客户的销售，也希望更多客户到自己的官网来订票。

在不久前举行的2016中国航空营销高峰论坛上，国航销售部副总经理黄峰就透露，国航对代理政策、分销渠道进行调整与管控后，航司直销、OTA平台和TMC等渠道都有不同程度的增长，传统代理渠道的占比在下降。

南航销售部副总经理朱月波也有类似看法：目前包括OTA旗舰店在内，南航直销占比已在40%以上，航司营销渠道正往扁平化方向发展，之前票代渠道混乱，一张机票从航司到顾客手里，要经过七八道转手，意味着中间有七八个代理商。去平台化、拉平代理费后，将缩短机票从航司到消费者的路径。

不过，要想加大直销也不是一件容易的事。一家航空公司负责直销的管理层就告诉记者，增加电话等呼叫中心，以及网站销售、支付系统的搭建都需要成本，规模要上去可能比支付给代理的佣金还要高。此外，与很多成熟的机票代理商及OTA相比，航空公司的网站销售客户体验也相对逊色，比如退改签困难，没有酒店、租车，以及机票+酒店等丰富的一站式服务。这也导致最近几年航空公司的机票直销比例上升并没有预想中那么快。

尽管以三大国有航空为首的航空公司都在加大直销力度，不过单纯依靠自身的官网、APP等直销渠道也不现实。一方面直销也有成本，另一方面机票产品更全的比价平台对消费者来说搜索更便捷，相比之下，拥有更高效的价格比较途径、更好的售后服务、更顺畅的预订流程，以及类似机+酒+X更完整的一站式旅行解决方案会更受消费者的欢迎。

西部航空市场销售部副总经理腾洋更是坦陈，目前公司的直销比在70%，官网占65%，只有5%的客票是通过OTA的旗舰店以及柜台、呼叫中心卖出去的。但是这65%里面，真正直销旅客可能不到10%，剩下的都是代理人来"搬砖"的。只要把官网价格调到最低，搬砖的人就会到官网上来搬，而我们根本没有触及旅客，也就没有办法把公司的理念、产品完整地传达到旅客那边。

未来3~5年，航司和OTA应该是一个和谐共存的状态，各取所长。深圳航空产品管理中心总经理李毅预计，用户上网比价，在网上买完了机票和产品之后还会回到航司全方位、系统的、真正做到无缝隙的场景化服务，航空公司应该在场景化服务上努力。

而对于传统代理人，也并非没有生存空间。一位自称民航老兵的行业内资深人士就对记者指出，如果将航空公司比作专卖店、OTA比作超市大卖场的话，传统代理人其实还可以转型为便利店。所以传统代理思考如何转型时，需要因地制宜，定位于"小而美"，比如国际票定位于做精一个目的地，服务好一个行业（会议、专业TMC、小众户外俱乐部），为一个熟人社区提供服务等。

第五节 我国机场服务的缺失

2016年，机场又一次成为舆论的焦点，上海和深圳两大机场都不平静。先是上海虹桥机场两架飞机擦肩而过，险些相撞，差一点酿出滔天大祸；紧接着深圳机场集团董事长涉嫌严重违纪正接受调查的消息被公布。

那么问题来了，人流如梭的大机场到底是怎么赚钱的？开机场都能赚钱吗？当前中国最大的四个机场都已经上市，不妨读读财报一探究竟。

一、四大机场成绩单

国内四大机场已经悉数上市，其中上海机场（主要资产是浦东机场）、深圳机场和白云机场在A股，首都机场在港股。

财报显示：2016年上半年，四大一线城市机场的利润全部正增长，半年净赚32.7亿，而深圳机场成为唯一一个营业收入出现下降的机场。表13-1是四大机场上市公司营收与净利润情况。

表13-1 2016年上半年四大上市机场营业收入和净利润（亿元）

公司名称	营业收入	同比增减	净利润	同比增减
北京首都机场	42.4	2.33%	9.05	9.50%
上海机场	33.98	9.82%	14.06	8.90%
白云机场	29.85	7.60%	6.95	12.42%
深圳机场	14.53	-1.54%	2.64	22.11%

四大机场公司上半年总营收达到120.76亿元，净利润合计32.7亿元。其中，营收最高的是首都机场，上半年收入达到42.4亿元，但利润最高的是上海机场，达到14.06亿元。深圳最近几年经济发展势头迅猛，但深圳机场的营收和利润水平和首都机场、上海机场、白云机场仍然有不小的差距。

2018年上半年，深圳机场虽然客运发展形势向好，但受经济下行影响，货运发展却放缓。2016年上半年旅客运输量2.3亿人次，同比增长10.8%。但航空物流大幅下降了37.71%，拖累同期业绩。同时，油价反弹增大航空公司运营成本、人民币贬值抑制出境游需求等因素对深圳航空的业绩造成负面影响。

第十三章 航空服务贸易

二、大机场的盈利途径

航空性收入是机场收入的大头，包括旅客服务费、机起降及相关收费、机场费等。但大型机场借助庞大的飞机起降数和人流量，还拥有巨额的非航空收入，包括零售、广告、租金、餐饮、贵宾服务、地面服务、配餐和停车等项目都在为机场贡献收入。

尤其是北京首都机场和上海机场，来自非航空性业务的收入几乎已经和航空性收入持平。表13-2是四大机场上市公司的收入结构。

表13-2　2016年上半年四大上市机场营业收入结构（亿元）

公司名称	航空性业务收入	非航空性业务收入
北京首都机场	23.38	19.02
上海机场	17.42	16.56
白云机场	23.37	6.48
深圳机场	10.84	3.69

以北京首都机场为例，2016年上半年非航空性业务收入高达19.02亿元，其中零售、广告和租金占大头，三者合计16.04亿元。

三、全国机场运营的不平衡

在大机场收入增加的同时，在航线、服务、规模等当面都相形见绌的小型机场日子却并不好过。2016年，中国民航局局长李家祥曾指出，"全国200个机场，大概有50个是赚钱的，其他都亏损，原因或与现有机场管理体制机制有关。"照此计算，全国超过七成的机场在亏钱。

旅客数量一定程度上代表着机场的收入，根据民航总局发布的《2015年全国机场生产统计公报》显示，全国年旅客吞吐量在100万人以上的机场有70家，千万以上的只有26家。北京、上海和广州三大城市机场旅客吞吐量占全部机场旅客吞吐量的27.3%，货邮吞吐量占50.9%。

在不挣钱的情况下，目前各地仍在兴建机场。官方数据显示：我国的机场数量由2006年的142家增加至2015年的210家，平均每年增加6.8家。图13-1是全国机场数量变化趋势图。

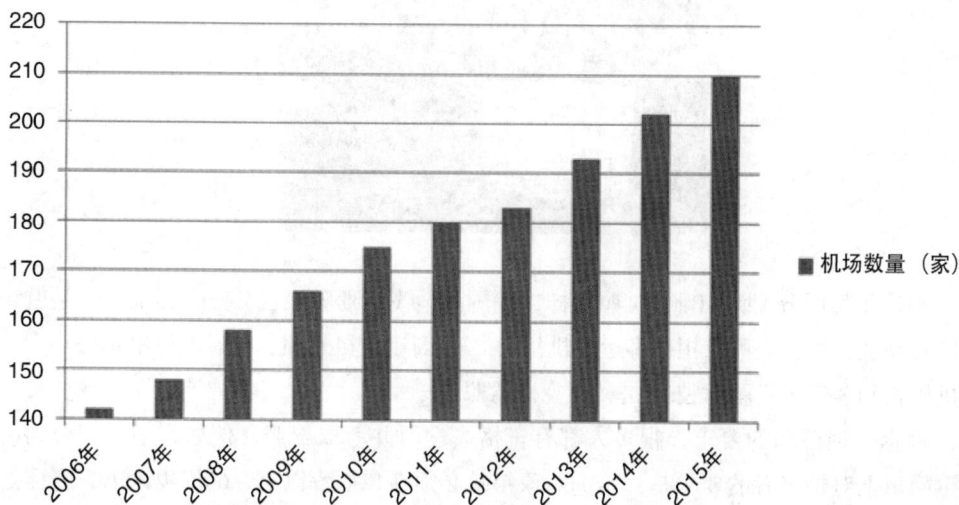

図 13-1　全国机场数量变化趋势图

在机场数量迅速增加的同时，机场周边的配套设施能否相应完成，非航空业务能否带来明显的收益仍是未知数。除了赚不赚钱外，很多机场在安全和安检问题上也不让人省心。不久前成都双流机场使用对人体有害的X射线人体安检设备一事闹得沸沸扬扬，而后不久上海虹桥机场险些发生两机相撞的安全事故。

第六节　飞行器驾驶技术培训

当许多人还在争先恐后报考汽车驾照的时候，已有一部分前卫者学起了飞机驾驶技术。据悉，考取私人飞行驾照，需要经过6～8个月的初级培训，支付15万～20万元的考牌费用就可拿到驾照。私人飞行驾照每两年年审一次，不过每年必须进行一次身体年审。与汽车驾照不同的是，飞行驾照只能针对同一机型的飞机飞行。相当于飞机的执照的适航证，也需要每年年检一次。

"考本"几乎成为年轻人心目中必须要完成的一个理想，不管有没有车。考一个汽车驾驶证所需的费用对于大多数人来说并不是什么难题，但是要考一个飞机驾照的费用却令很多人望而生畏。

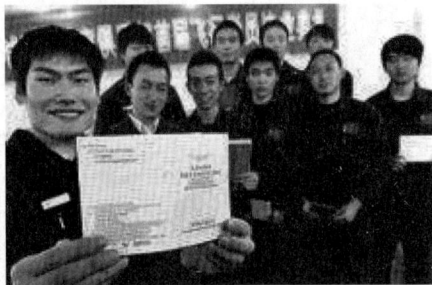

　　和汽车驾照分A照、B照、C照一样，我国内地飞机驾驶证也分三个类别：一是航线运输驾驶证，持有人可以担任客运飞机机长；二是商用飞机驾照，持有人可以担任小型喷气机机长和客运飞机副驾驶；三是私用飞机驾照。

　　根据培训公司的要求，很多人都有资格去学习并考取驾照。例如，某培训公司的招生简章上对报名者的要求是：培训对象年龄必须在17周岁以上，60周岁以下，身体健康，通过民航三类体检标准，表现良好。

　　而培训的内容基本上有体验、理论学习、模拟器训练、飞行训练、飞行考试等6个步骤。实际学习中，前2个步骤可在学员本地完成，其他步骤集中在较短的时间内完成，也可分多次完成。整个学习时间不超过3个月。一般经过70小时的航空理论学习和30小时的空中带飞后，学员即可在简单的气象条件下，驾驶超轻型飞机独立飞行。但是，等到驾照真正拿到手时，光花在驾照上的费用至少也要15万元，收费高的还有几十万元的。目前中国内地私人飞机总数不到200架。私人飞机想上天并非易事，它需要民航局核发的飞机适航许可证，同时要得到军民航空管理部门飞行区域和飞行计划的批准。

　　关于执照资格的要求如下：

　　符合下列条件的申请人，局方可以为其颁发私用驾驶员执照：

　　（a）年满17周岁，但仅申请滑翔机或自由气球等级的为年满16周岁。

　　（b）有良好的道德品质。

　　（c）能正确读、听、说、写汉语，无影响双向无线电对话的口音和口吃。申请人因某种原因不能满足部分要求的，局方应当在其执照上签注必要的运行限制。

　　（d）具有初中或者初中以上文化程度。

　　（e）持有局方颁发的现行有效Ⅱ级或者Ⅰ级体检合格证。

　　（f）完成了本规则第61.125条要求的相应航空器等级的航空知识训练，并由提供训练或者评审其自学情况的授权教员在其飞行经历记录本上签字，证明该申请人可以参加规定的理论考试。

　　（g）通过了本规则第61.125条所要求航空知识的理论考试。

　　（h）完成了本规则第61.127条要求的相应航空器等级的飞行技能训练，并由提供训练的授权教员在其飞行经历记录本上签字，证明该申请人可以参加规定的实践考试。

（i）在申请实践考试之前，满足本章中适用于所申请航空器等级的飞行经历要求。

（j）通过了本规则第61.127条所要求飞行技能的实践考试。

补充阅读：

如何专业地解释飞机延误问题？

如今出差旅游，搭乘飞机是最安全最普遍的，当然也是最娇气的出行方式。很多游客对于飞行的专业知识一般都不太清楚，而中国的航空公司普遍也不善交流。今天，笔者将解答游客不明白的专业名词。飞机如果延误，究竟航空公司有多大责任？又有哪些因素是航空公司控制不了的？

疑问一：凭什么因为空中管制不能飞？

目前，中国的空域管理权属于空军，民航总局只能在空军的允许范围内使用空域，并且要随时接受空军的管理。中国大约80%的领空处于军方的直接管制之下，而民航能够利用的空域只有不到20%比例，这20%还得在军方的严厉管控下方可使用。相比之下，美国逾90%的领空留作民用。一旦空军在某片空域演习，此空域的所有民航飞机将全部禁飞。由于演习的持续时间，管控领域属于军事机密，遇到此种情况的航空公司只能以空中管制为由向旅客交代，不能多说半个字。

空域不大，航路就少，必然会造成航路堵塞。例如京广航路，就是一条宽20公里、高度从0至14000米的空中通道。飞机只能在这一航路上飞行，不能有任何偏离。京广间的所有航班，以及从郑州、武汉、长沙等地至北京、广州方向的航班，从东北等地前往广州方向的航班，都要在这一航路上飞行。

坐汽车时，很可能高速路上不堵，但高速路口堵，坐飞机同样如此。每座机场都有固定的进出港航路，所有飞机都必须按照固定航路飞行，不能乱飞。以广州新白云机场为例，该机场一共只有三个出口，北出口在韶关，东出口在龙门，西出口在南宁。每个进出口到机场上空的距离约两三百公里，这段路程被称为空中走廊。白云机场每天进出港的近千架飞机，在进入机场的管制区后，都只能通过这三个出口起降。一旦起降飞机过多，进出港航路堵塞，航空公司只好以空中管制为由拖延起降。

疑问二：你看X航的飞机都飞走了，凭什么我不能飞？

这种情形有很多种情况。

第一，不同的飞机有着完全不同的安全标准，有些相差十分巨大，很可能在同样的天气条件下，A380可以飞但A320就是不能飞。

第二，对于相同的机型，各个航空公司的安全标准也不一样。在相同的天气条件下，很可能符合了东航的安全标准但不符合海航的安全标准。

第三，国际航班有优先起飞权，这是一个世界范围内都通行的不成文准则。

疑问三：窗外万里晴空，凭什么因为"天气原因"不能飞？

遇到飞机晚点的乘客，一个经常听到的理由就是"天气原因"。但乘客看到眼前天气晴朗，查到目的地同样如此时，难免会怀疑是否被航空公司忽悠了。但事实上，"天气原因"简单的四个字实际包含了很多种情况：出发地机场天气状况不宜起飞；目的地机场天气状况不宜降落；飞行航路上气象状况不宜飞越等。

在漫长的既定航线上，只要有一个地方出现异常气候条件，飞机就只能因"天气原因"停在原地。航空飞行领域对于"天气状况"的判断与普通人的生活经验有很大差别。飞机起降不怕大风大雨，影响的关键气象因素是能见度、机场起飞降落航道附近的低云、雷雨区，强侧风等因素，晴朗不代表飞行意义上的正常天气。

此外，飞机在降落时常常会遇到短时间的恶劣天气，可能5分钟前和5分钟后都允许飞机降落，但你的飞机刚好赶上恶劣天气无法降落，这也是常见现象。

疑问四：既然知道会延误，凭什么要在飞机里等？

飞机从离开至到达需经过十分复杂的管制流程。在航班起飞前，飞行员就要经过与出发许可席联络、与地面台联络、与塔台联络等6个环节。每一个环节必须达到标准方可进行下一个，而且由于跑道等资源有限，相应环节并不可能一直等到符合条件才能进入下一个，而是在规定时间内达不到条件，就得全部退回重来。

在这种规则下就不难解释，为什么航空公司总会劝说乘客尽快登机，因为飞行员一旦延误一分钟申请航班，就要给后面所有正点申请的航班让路，有时候甚至要让过后面十几班飞机才能起飞。常有乘客抱怨航空公司明知航班延误，还要把乘客关在机舱里等待，而不是去更宽敞的候机厅休息。甚至有媒体分析称航空公司此举是为了提高航班准点率。但事实上，只有飞机关闭了舱门才能申请出发许可，从而进入等待起飞的序列。如果乘客这时候中途下机，飞机立刻会被排除出等待序列。

航空服务、国际法规、飞机维修、机票订购、机场服务、飞行驾驶技术培训

【思考题】

1. 国际服务贸易包括哪些类型?
2. 《服务贸易总协定》中对于航空运输服务都有哪些规定?
3. 我国航空领域在国际法律框架内都做了哪些承诺?
4. 为什么各国对于航空领域的控制是最严格的?
5. 我国通航维修行业的困境主要在哪些方面?

第十四章

飞行器贸易案例

> > > > > > >

第十四章

飞行器贸易案例

▌【内容提要】

本章选取了飞行器贸易的相关案例，涉及飞行器技术、飞行器制造企业的转型、飞行器租赁、飞行器的国际合作、航空服务和飞行器国内政策等内容。通过对真实贸易的分析，帮助读者将本书中介绍到的飞行器贸易知识运用的实践中来，实现理论与实践结合的第一步。

第一节　曙光龙腾服务器航天国防应用案例

2011年9月29日，中国全新研制的首个目标飞行器"天宫一号"成功发射升空。作为我国建设首个载人空间站的关键一步，"天宫一号"的成功发射再次彰显了我国强大的航天科技自主研发实力。

航天国防是走在高技术前沿的产业，信息化水平是决定其发展的关键因素。另外，由于航天国防领域关系国家安全，信息化的安全性要求极高。所以航天国防产业必须要求信息系统具有完全自主知识产权，这是未来发展的主旋律，也是IT企业面临的重大挑战。众所周知，国产厂商有了长足的发展和进步，但是在CPU、OS上一直被国外所垄断，这就使得服务器系统无法拥有完全的自主知识产权，存在着安全隐患。要想不受制于人，必须在核心技术上实现突破！

1. 知识产权的保护，对于发展中国家的科技发展意味着什么？
2. 发展中国家如何突破知识产权的控制，实现自主创新？
3. 中国的航天国防产业如何运用识产权的国际规则，保护自有的知识产权？

第二节　MSC. Software 航空航天行业解决方案

　　航空航天飞行器高精尖的工作性能决定了结构设计的极其复杂，飞行任务的特殊性决定了工作环境的恶劣。因而应用的CAE分析软件要求可靠、安全稳定、功能适用和针对航空航天行业、有丰富的航空航天行业应用经验等。

　　MSC. Software 公司从最初的MSC Nastran，到现在已经开发出覆盖结构、机构、控制、流体、电子等多学科领域的一系列软件和集成分析系统。

　　国内某星载发动机，利用MSC Patran/MSC Nastran 分析动力学特性，分析模态频率和振型与实验测试结果完全一致，理论分析对实验测试进行了有效的补充。

　　波音公司在747、757、767、777上用MSC. Marc模拟飞机蒙皮的加工过程，通过分析结构的回弹，优化加工工艺，41段蒙皮减重100磅，每个型号上平均每年节省100多万美元。

　　波音公司利用MSC Nastran、MSC ADAMS、MSC EASY5联合集成技术模拟MD-11飞机着陆过程中各种原因引起飞机左右摇晃时，检测机翼的是否会断裂和可能断裂的位置。

　　"MSC. Software作为多年的可靠合作伙伴，其VPD技术帮助我们改进产品质量、提高设计和试验速度，因而节省了时间和费用。"波音7E7的技术经理Dr. Lng. P. Cerreta这样评价说。

　　空中客车（Airbus）公司利用MSC Actran/MSC Nastran，通过分析发动机噪声和机身湍流边界层对舱内噪声的影响，确定机身选何种材料和材料如何铺设，从而提高舒适性，并最终达到减重目的。

　　"MSC. Software公司人员定期参加我们内部的工作会议。他们的参与和技术支持，为我们的专家提供了非常有价值的帮助。"空中客车公司技术总监Alain Garcia 说道。

【思考题】

1. 科技公司参与飞机制造过程，会对飞行器贸易中的价值流向产生什么影响？

2. 越来越先进的技术，可以模拟或预测飞行器的各项性能，会让飞机制造成本更加便宜吗？

3. 技术的高参与度如此之高，你认为飞机制造是第二产业吗？

第三节　航空国际联盟——斯堪的纳维亚航空公司（SAS）的个例研究

SAS或许是航空业中发展联盟中的先驱。早在1985年，SAS当时的首席执行官卡尔森（Carlzon）在年度报告中写道：我们的所有努力都基于两个主要的策略：第一，通过在欧洲地区的合作扩大我们的客源，并且在其他大陆上建立新的通道。第二，通过跟这些地区的航空公司建立联盟，可以使我们的顾客在他们接下来的旅程中同样享用我们经过整合的系统。

他当时就预言，到1995年为止在欧洲将只有五个主要的航空公司，并宣称SAS将立志成为"1995年五大中的一大"。20世纪80年代后期，SAS努力寻求与其他航空公司建立各种各样的合作关系，但是其他公司的兴趣并不大。SAS想要收购英国金狮航空公司的部分股权，最终输给英国航空公司。20世纪90年代早期，SAS加快了联盟步伐。

1992年的年度报告：

SAS一直都致力于寻找合作伙伴并加入一个盈利的全球性的运输系统。这个系统的中心要设立在欧洲，并能帮助我们完成自己的使命，即以斯坎迪纳维亚半岛为基地向内向外发展运输业务。或者就是跟至少两家中型的公司或一家大型航空公司建立广泛的战略合作关系。在我们看来，让我们的股东和SAS的国内市场成为在欧洲的"第四支力量"的平等合作伙伴，要比成为三大主要的航空公司中的一小部分，其优势要明显得多。将来，那些只知道盲目拥护国家利益，不参与航空业重组的公司，将会被市场淘汰。即便它们侥幸生存下来，顶多只能成为地方性空运运营商，或者为其他产业中的大公司提供专职运输服务。但是长期的生存要求稳定的平台。想要创造一个稳定的平台，公司需要进行结构上、经济上或者商业上的融合才能实现。除此之外，公司还可以选择实行交叉所有权或者与其他公司进行合并。

SAS的联盟之路：

1990年，与奥地利航空公司和瑞士航空公司建立的欧洲质量联盟（EQA）。后来芬兰航空公司也加入了这个联盟，不过不久它们就选择了退出。

SAS在联盟里强调通过航空维修合作来降低成本。

1991EQA同西班牙航空公司开始了广泛的战略合作，即阿尔卡乍（Alcazar）联盟，在1993年失败。

到1992年为止，SAS还跟全日本航空公司、智利航空公司、澳洲航空公司、巴西航空公司和泰国国际航空公司等签订合作协议。

1995年，又跟德国汉莎航空公司、泰国国际航空公司和美国航空公司建立了战略性联盟。

1997年，星空联盟出现，包括了加拿大航空公司和巴西航空公司。仅1997年一年，星空联盟就为SAS带来了将近5000万美元的收入。

在此过程中，SAS发现，涉及股权的合作很难管理。因此SAS之后建立的联盟关系都不再涉及所有权的问题，而是将主要精力放在提供区域服务而非国际运营上，并且力图成为斯坎迪纳维亚地区的主要运营商。

【思考题】

1. 请用经济学原理解释航空产业的联盟趋势。

2. 航空产业联盟可以为企业带来商业利益，这会对国家利益产生什么样的影响？

3. 国际法规中，应怎样协调上述关系？促进国际贸易的开展？

第四节　通用电气飞机引擎公司

引擎大检修长期以来都是通用电气（GE）飞机引擎公司业务的核心组成部分。它们认为这个行业有着巨大的增长前景。通用电气1991年12月从英国航空公司购买了它在美国境外的第一个引擎检修店铺。这个位于卡迪夫附近的店铺（以前叫EMMS）后来发展成为通用电气引擎服务公司：威尔士。除了获得了原属英国航空公司大部分劳动力和生产线之外，它也继承了原航空公司所有的专业知识和管理能力。同时，通用电气还为之提供自己作为OEM所掌握的知识。这将大大提高该公司大检修的能力，特别是在加速维修处理流程方面。

在1996年9月，通用电气引擎服务公司正式成为一个独立的公司。从那以后，它在国际市场动作越来越大。它们跟马来西亚航空公司合作，在苏邦和马来西亚航空公司合资建造了一家提供引擎大检修服务的公司。该公司于1997年初开始全面运营，为CFM国际、CFM56、普拉特·惠特尼PW4000系列以及APS辅助动力装置提供维修服务。

第十四章　飞行器贸易案例

通用电气对格林尼治航空服务公司的收购可以看作是通用公司获取维修更多种引擎能力这一战略的组成部分。这次对GAS/UNC联合实体的收购使得通用电气在原有基础上又具有了修理100多种型号引擎的能力，使其成了世界上引擎修理行业巨头。通用电气依靠这次收购，大规模地扩张了自己的业务，并且掌握了修理竞争对手所生产的引擎的能力。随着这笔交易的完成，独立经营的维修公司实际上已经成了飞机引擎MRO服务市场的弱势群体。因为相当一部分独立经营者已经退出了这个市场。而通用的竞争对手，普拉特·惠特尼和劳斯莱斯也被迫开始进入引擎维修市场以保证它们不会因为缺乏竞争力而被淘汰。

通用电气还积极开展国际间的合作。它们参与了对总部设在中国台湾地区的长青航空技术公司（Evergreen Aviation Technologies Corporation）的投资，拿到了其中20%的股权，而长荣航空公司（Eva Airways）占有其余的80%。除此之外，GE也正在同菲律宾航空公司和巴西航空公司（Varig）进行磋商，以求建立合资公司的事宜。作为世界经验最丰富的飞机引擎管理服务供应商，以及最大引擎生产商之一的主要组成部分，通用电气引擎服务公司已经战略性地在全球范围内建立了自己的分公司；它通过合资等形式不断地收购和积累资源，从而将自己发展成为一个真正全球化的飞机引擎MRO服务组织。同时，它也将零部件业务整合到维修服务里，比如以更换零部件来代替维修工作，以保证为顾客提供最优质的服务。通用电气也重组了自己的零部件业务，将新的或仍可继续使用的二手零部件放在一起来进行销售。它们还提供飞机管理服务以及研发了多种支持资产管理的方式，其中包括每小时的维修成本（MCPH），发动机外场支持，飞机租赁公司；并且与飞机和引擎租赁公司合作，为它们提供维护服务。

【思考题】

1. 如何看待老牌的制造企业的服务业务？

2. 器维修服务行业的行业结构趋向规模化，这将对发展中国家产生什么样的影响？

3. 你能否从飞行器维修行业的发展前景中找到自己的机会？

第五节　飞行器租赁的国际经验借鉴——爱尔兰模式

飞机租赁这个商业模式由托尼·瑞恩于1975年在爱尔兰创立。托尼·瑞恩当时是爱尔兰航空（Aer Lingus）的执行主管，他意识到爱尔兰航空的飞机在旺季使用频率很高，而在淡季由于顾客减少，飞机的使用率也降低了。他对自己说："为什么爱尔兰航空淡季无法运营航班，让飞机闲置在机场呢？但其他世界主流航空公司有能力承运航班。"所以，他创造了新的飞机租赁结构，将爱尔兰航空的一架波音747飞机租赁给暹罗航空（Air Siam）（现在已经没有这家航空公司了）。这一实践让托尼·瑞恩产生了创业想法，于是1975年他在爱尔兰香农（Shannon）创建了吉尼斯·匹特航空公司（Guinness Peat Aviation，GPA）。

在1975—1992年的近20年间，GPA雇用了大量优秀的人才，开始购买许多飞机，并将这些在爱尔兰的飞机租到世界各地。当前，虽然爱尔兰只有约460万人口，但爱尔兰有足够的飞行器租赁人才储备，现在大约有超过1000名飞机租赁的直接从业人员。如果算上所有的飞机租赁公司、SPV、律所、会计师事务所等，整个爱尔兰飞机租赁业的相关从业人数可达到约3000人。爱尔兰有许多懂得如何租赁飞机的专业人员，全国对航空也是非常热爱。在爱尔兰首都都柏林，有一个拥有都柏林最长海岸线的商业小镇Bray，每年这里都举行盛大的航展。

GPA公司就像飞机租赁行业的"黄埔军校"。爱尔兰是当今全球飞机租赁业的聚集地。自GPA公司（Guinness Peat Aviation，GPA）（全球最大飞机租赁公司GECAS的前身）1975年在爱尔兰成立以来，爱尔兰政府陆续推出了多项优惠政策和措施，极大促进了当地飞机租赁业务的发展，爱尔兰逐渐发展成为国际飞机租赁业最重要的聚集地。全球前十大飞机租赁公司全都在爱尔兰开展飞机租赁业务，在爱尔兰设立总部、区域中心或运营中心。目前在爱尔兰注册的飞机租赁公司近50家，拥有飞机总数达9000架。截至2012年末，爱尔兰航空金融企业管理的飞机租赁资产占全球40%以上，在国际市场具有举足轻重的地位。

一、飞行器租赁爱尔兰模式的特征

爱尔兰飞机租赁市场已较为成熟，有三个特征：

一是由若干具有一定寡头性质的公司主导定价。目前，全球的飞机租赁业务相对集中在少数大型租赁公司，按机队数量，全球排名前两位的租赁公司，即通用电气金融服务公司（GECAS）和国际租赁财务公司（ILFC），各自的市场占有率达21%和13%，在市场上居重要地位，可对航空资产的定价发挥重要影响。

二是金融机构背景租赁企业起市场主导作用。当前，居市场主导地位的飞机租赁公司主要由商业银行、私募基金和其他大型金融机构所控股。

三是租赁企业全球化网络作用突出。大型飞机租赁公司多通过全球化机构网络融资、管理资产风险、使用税收优惠政策。在资产处置方面，通过全球化布局分散转移风险：航空资产在发达国家市场淘汰后，进一步通过多次销售、多次出租的方式向发展中国家市场转移，从而使资产风险暴露降到最低。

二、飞行器租赁爱尔兰模式的优势

飞行器租赁的爱尔兰模式具有相当强劲的竞争力，其优势主要体现在：

一是与其他国家广泛签署避免双重征税协定。爱尔兰政府与全球62个国家和地区签署了避免双重征税协定。根据协定，缔约国政府向对方企业在本国缴纳预提所得税实施减免政策。例如爱尔兰租赁企业在我国取得租金收入时仅需缴纳税率为6%的预提所得税。设立在爱尔兰的租赁公司会将在税务上获得的部分优势，转化成给予航空公司的价格优势，提升了爱尔兰租赁企业在全球市场竞争中的优势。

二是优惠的税收条件和灵活的会计折旧政策。爱尔兰政府实行对于符合条件的"税务居民企业"提供12.5%优惠所得税政策，这一税率低于大多数国家和地区，在欧盟国家中也是最低的。此外，爱尔兰对飞机租赁企业的增值税和印花税方面予以豁免；在税务申报时，飞机资产可采取加速折旧政策，年限设定成8年，残值为零，即每年折旧率最高可设定为12.5%，大大降低应税利润总额。

表14-1　各国家或地区对于飞机购买的征税比较

国家/地区	所得税	增值税	亏损抵扣	印花税率	特别政策
中国	25%	17%	当年亏损可在未来五年内应缴税利润中抵扣	飞机购买合同0（暂定5年免征）融资租赁合同0.005%经营租赁合同0.1%	无
爱尔兰	12.5%（租赁）	0	当年亏损可抵扣前一年利润和未来永久利润	0	经营租赁8年加速折旧
中国香港	16.5%	0	当年亏损可抵扣未来永久利润	0	经营租赁国际航线免所得税
新加坡	17%	7%（本地经营租赁）0（对外经营和融资租赁）	当年亏损可抵扣前三年利润及未来永久利润	租约4年以下的收取租金金额的0.4%租约4年以上的为租金金额的1.6%	经特别审批，经营租赁可免所得税，融资租赁所得税可降至10%，或更低

三是政府提供经营便利性和法律保障。在便利性方面，爱尔兰政府提供宽松的经营环境，以促进当地飞机租赁行业的发展。例如，爱尔兰对飞机租赁业务没有特别的监管要求，注册公司流程简单而高效，对资金跨国流动没有外汇管制或类似限制，关于资产取回、设立分支机构等，爱尔兰均没有专门限制。

在法律保障方面，由于英国法对于债权人提供良好的保护，全球飞机租赁业的通行国际规则是选用英国法。而爱尔兰法律体系从英国传统的习惯法派生而来，与英国法具有较高的类似性，促进了租赁业务的开展。此外，政府在立法阶段都能充分听取各利益相关各方意见，这使得爱尔兰法律体系较为稳定，可预期。

四是良好的服务软环境。爱尔兰当地有成熟的飞机租赁关联支持产业、完善的教育体系和高素质专业人才队伍。以会计记账服务为例，当地服务公司可以为飞机租赁公司完成从项目公司设立，到派遣董事、申报税务、编制月度报表、配合审计、档案管理等全过程工作，协助处于发展初期的飞机租赁公司在爱尔兰迅速开展业务，也使成熟的飞机租赁公司更专注核心业务的发展。

为促进航空租赁业发展，都柏林大学、科克大学等校还成立了专门开设航空金融服务课程；当地律师协会、会计师协会定期组织飞机租赁专业培训课程，为境内外企业不同阶段的从业人员提供相应的知识支持。

另外一个使爱尔兰更具吸引力的原因是，爱尔兰政府已与国际航空电讯协会（SITA）合资成立Aviareto公司——一个全球飞机、已出租飞机的国际注册处。所以爱尔兰会有一张全球已出租飞机的详尽列表。如果登记的已出租飞机造成任何纠纷，都将在爱尔兰司法管辖区解决。这一条例依据《开普敦公约》实行，《开普敦公约》是管理飞机等移动设备的国际法律公约。

【思考题】

1. 爱尔兰模式中的飞行器租赁主要采取的是哪种租赁方式？
2. 爱尔兰模式的飞机租赁优势中，哪些可以为我国所借鉴？
3. 与飞行器买卖相比，租赁飞机的优势在哪里？

第六节　飞机融资租赁

1998年10月，ABC航空公司与美国波音公司签订了购买两架B737-800飞机的合同。根据合同约定，两架飞机计划在2000年7月和12月交付。同时，按照购买合同中预付款条款的要求，ABC航空公司必须在交付前支付相当于30%飞机价款的预付款。ABC航空公司与D银行一直存在良好的信贷合作关系，而且飞机融资业务是D银行一项传统业务，因此ABC航空公司通过使用在D银行的授信额度很容易地获得了上述两家飞机预付款贷款，同时将飞机购买合同中的相关权益（主要是飞机提机权），质押给了银行。也就是说，在之后的飞机交付日，如果不能获得D银行的书面许可，波音公司将不会把飞机交付给ABC航空公司。即ABC航空公司与波音公司签订购买合同，但预付款可以通过D银行的贷款来付（见图14-1）。

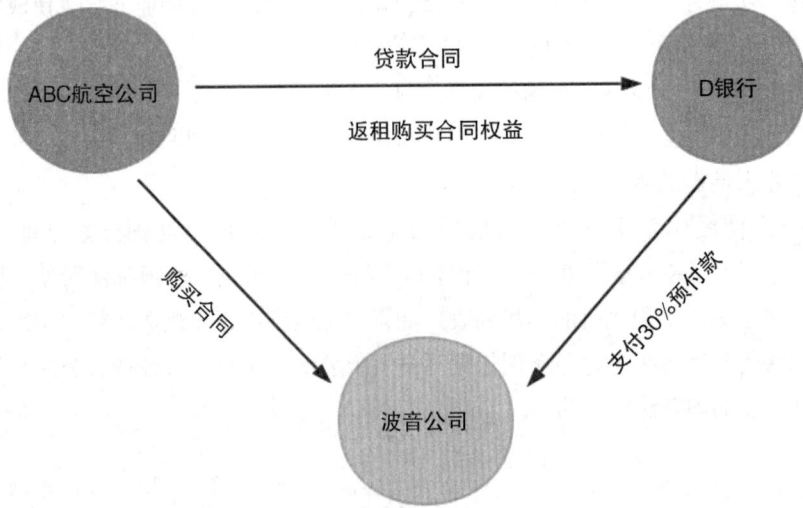

图 14-1　ABC航空公司的飞机租赁合约组合

▌【思考题】

1. 在具体操作此次融资租赁案例时，融资方式该如何选择？

（1）国内银行贷款购买；（2）国内租赁公司售后回租（融咨租赁）：（3）国外金融机构售后回租（经营租赁）；（4）美国进出口银行出口信贷。

2. 上述选择的融资租赁的具体程序该如何进行？

3. 融资过程中需要关注的问题有哪些？

4. 融资租赁中优惠融资成本的取得方式有哪些？

第七节　国际航空制造商服务转型

一、波音案例分析

目前，波音是全球航空航天业的领袖公司，是航空航天领域实施服务型制造模式的典型代表。波音主要的服务转型有以下方面。

其一，在飞机制造过程中实现模块化外包。波音整合了世界上最先进的航空制造资源，把大部分零部件制造业务外包给世界各个地方的优秀制造商，自己则主要负责尾翼生产和整机的组装。

其二，建立完备的服务体系。在售前服务方面，波音将客户内部化，从而设计出更有个性化、能满足客户需求的飞机；在售中服务阶段，波音要求销售人员要能根据客户的飞行计划、客户财务状况及发展战略和文化等为客户设计更合理的购买计划；在售后服务阶段，波音成立了由飞机制造各个领域专家组成的专门客户服务部进行跟踪服务，根据客户的需求提供全面服务。

其三，提供与产品配套的各种培训。波音的全资子公司Alteon针对100座及以上科技市场的波音飞机和非波音飞机提供初始培训和复训。

二、空客案例分析

空客由欧洲航空防务及航天公司共同拥有，同样也是世界上领先的飞机制造商。空客的商业模式大致经历了以下三个阶段的演化。这三个阶段的演化诠释了制造业服务化转型的过程。

第一阶段：技术管理。在该阶段，企业简单地通过制造和销售产品获得利润，企业的利润核心是销售有形产品，也可能包含一些较为简单的服务。

第二阶段：服务管理。在该阶段，企业把制造环节外包给制造商，自己只负责部分生产和整合，并提供各种服务。

第三阶段：协同管理。在该阶段，企业通过各个研发、生产、制造、销售等环节的协同管理，提供服务包。

三、GE案例分析

GE是美国通用电气公司的简称，世界上最大的多元化服务性公司，从飞机发动机、发电设备到金融服务都有涉猎。它的服务化举措主要表现在以下几方面。

第一，不断增加创新科技的投入。根据微笑曲线，在研发、制造、销售的这条产业链中，利润向两端聚集，高利润环节集中在研发和销售的环节。

第二，着力打造开放式工业互联网平台。服务经济是工业社会向信息化社会过渡的标志性结构，信息化给客户和供应链之间提供了一个彼此交流的平台。

第三，提供附加服务、专业服务等，实现服务增强。附加服务最重要的是提供金融业务。随着服务经济地位不断提升，现代服务业所涵盖的行业非常广，与经济发展和工业生产密切相关的服务行业就包括金融。通用资本提供制造业财务的咨询/融资租赁服务和大量贷款，以帮助这些子公司与客户签订大宗合同铺平道路。

四、罗尔斯-罗伊斯案例分析

面对全球航空发动机产业的竞争格局，罗尔斯-罗伊斯公司不断探索服务化转型的途径，推进面向服务的商业模式创新、打造细化市场的服务品牌等。

一是推动商业模式创新，建立集产品和服务于一体的体系。罗尔斯-罗伊斯公司并不直接向客户出售发动机，而是以租用服务时间的形式出售，并承担一切保养和维修服务。

二是打造服务品牌，完善面向服务的产业链。面对全球航空发动机市场的新模式，罗尔斯–罗伊斯公司为客户提供以下三种服务：①全面维护，全面维护服务包括发动机在线监控、维修支持、配件管理等，与客户确定一种长期伙伴关系；②公务机维护，为公司或个人提供从零部件管理到发动机大修的一整套发动机维护服务；③项目管理解决方案，主要指由罗尔斯–罗伊斯公司根据军队需要提供定制化的服务解决方案。

〔思考题〕

你从航空标杆企业转型模式得到的启示有哪些？

第八节　中美签署《适航实施程序》实现全面对等互认

据民航局网站消息，中国民用航空局与美国联邦航空局双方分别于2017年9月28日和2017年10月17日签署《适航实施程序》，该协议于2017年10月17日正式生效。

该协议是根据《中华人民共和国政府与美利坚合众国政府促进航空安全协定》制定，实现了两国民用航空产品的全面对等互认，内容涵盖适航审定在设计批准、生产监督活动、出口适航批准、设计批准证后活动及技术支持等方面的合作。该协议的签署为两国民航当局更深入和广泛的合作奠定了基础，也为两国民用航空产品的交流和工业部门的合作创造了良好的双边环境。

一、双边互认范围

旧版的中华人民共和国/美利坚合众国双边适航协议实施细则第一章13"范围"中，对于中美双边的范围有所规定：

中国认可FAA作为出口国当局为航空器、航空器发动机及螺旋桨颁发的出口适航证和为设备、零件及材料颁发的出口适航批准证件；

美国认可CAAC为中国设计和制造的小飞机（最大合格审定起飞重量为12500磅或以下）和通勤类飞机（乘客为19人或以下而且最大合格审定起飞重量为19000磅或以下）颁发的出口适航证；

美国认可CAAC为中国制造的并已被确认满足FAA TSO设计批准函中适用的美国技术标准规定（TSO）的航空器设备颁发的出口适航批准；

美国认可CAAC为美国型号合格证持有人或FAA-TSO设计批准函持有人在中国设计和制造的更换件及改装件颁发的出口适航批准;

美国认可CAAC对与持有FAA型号设计批准的且与美国制造人签有协议的中国制造人生产产品进行的适航审定。

应该说旧版的中美双边适航协议实施细则还并不是一份全面对等互认的双边协议。FAA对于国内航空产品的认可主要局限于23部飞机及部分TSO产品。《适航实施程序》第二章规定了新的适用范围,扩大了中美双变的适用范围:

表14-2 符合CAAC批准条件的美国为设计国的产品、零部件及其相关FAA批准

产品	FAA型号合格证及其修订	FAA补充型号合格证	FAA技术标准规定项目批准书	零部件制造人批准书
以下类别飞机:				
正常	√	√	不适用	不适用
实用	√	√	不适用	不适用
特技	√	√	不适用	不适用
通勤	√	√	不适用	不适用
运输	√	√	不适用	不适用
以下类别旋翼航空器:				
正常	√	√	不适用	不适用
运输	√	√	不适用	不适用
载人自由气球	√		不适用	不适用
航空发动机	√		不适用	不适用
螺旋桨	√		不适用	不适用
特殊类别航空器				
飞艇	√	√	不适用	不适用
甚轻型航空器	√		不适用	不适用
滑翔机	√	√	不适用	不适用
动力提升	√	√	不适用	不适用
型号审定为限用类的航空器	(见注1)	(见注1)	不适用	不适用
TSO件	不适用	不适用	√	不适用
零件:				
以上飞机、旋翼航空器、气球、航空发动机、螺旋桨、特殊类别航空器和零部件替换或改装	√		√	(见注2)

表14-3　符合FAA批准条件的中国为设计国的产品、零部件及其相关CAAC批准

产品	CAAC型号合格证及其修订（见注3）	CAAC补充型号合格证（见注4）	CAAC技术标准规定项目批准书	零部件制造人批准书
以下类别飞机：				
正常	√	√	不适用	不适用
实用	√	√	不适用	不适用
特技	√	√	不适用	不适用
通勤	√	√	不适用	不适用
运输	√	√	不适用	不适用
以下类别旋翼航空器：				
正常	√	√	不适用	不适用
运输	√	√	不适用	不适用
载人自由气球	√	√	不适用	不适用
航空发动机	√	√	不适用	不适用
螺旋桨	√	√	不适用	不适用
特殊类别航空器	√	√	√	√
飞艇	√	√	不适用	不适用
甚轻型航空器	√	√	不适用	不适用
滑翔机	√	√	不适用	不适用
动力提升			不适用	不适用
型号审定为限用类的航空器	（见注1）	（见注1）	不适用	不适用
TSO件	不适用	不适用	√	不适用
零件：	√	√	√	√
以上飞机、旋翼航空器、气球、航空发动机、螺旋桨、特殊类别航空器和零部件替换或改装	√	√	√	（见注2）

　　从双边范围来看，两国认可范围已经一致，且基本涵盖了主要航空产品的范围，为未来中美航空产品进入对方市场提供了便捷，实现了两国航空产品的全面对等互认。

二、认可方式

1. 认可方式的定义

以型号设计批准为例，有三类认可方式：

（1）接受（Acceptance）。对对方产品无须审查批准直接认可，无须颁证且无须申请人申请。

（2）简化认可（SV）。对对方产品进行认可审查，但无须开展技术评审，需颁发认可文件；《适航实施程序》3.5.3节定义了安全要素，对于不影响这些因素的设计更改适用于简化认可。

（3）技术认可（Technical Validation）。对于不适用于接受和简化认可的航空产品，需开展技术认可审查，并获颁认可文件。技术认可有两种形式：

①全面技术认可（FTV），由认可国局方（VA）开展的认可工作，对航空产品对适用标准的符合性进行评估，明确需要完善的技术内容。理想的FTV是一个审查、认可同时进行的过程。

②有限技术认可（LTV），由VA对航空产品基于安全要素进行认可审查。

2. 认可方式的适用范围

《适航实施程序》对三种认可方式的适用范围进行了规定。对于全面认可，适用于设计更改。对于CAAC，包括2017年7月1日（含）以后颁发的仅适用于单架航空器的修理、改装的MDA和对TSO LODA和VDA的小改。

对于之前未经认可的14 CFR / CCAR 23、25、27、29、31、33、35的型号设计批准或大改的认可工作，VA可进行FTV。

对于之前经认可的14 CFR / CCAR 23、25、27、29、31、33、35的型号设计批准或大改的认可工作，VA基于安全要素进行评估；对于安全要素适用的项目，VA将开展LTV。对于安全要素不适用的项目，VA将开展SV。

【思考题】

1. 中美实现全面互认，将会给飞行器制造和国际合作带来什么样的影响？

2. 全面互认带给"中国制造"的机遇有哪些？我们又该避免走入哪些误区？

飞行器贸易概论

参考文献

[1]《中国大百科全书》总编委会. 中国大百科全书. 中国大百科全书出版社，2009.

[2] 叶德万，李忱编著. 国际贸易实务. 华南理工大学出版社，2012.

[3] 侯铁珊，逯宇铎主编. 国际贸易实务案例与练习，大连理工大学出版社，2015.

[4] 冷柏军编著. 国际贸易实务，对外经济贸易大学出版社，2014.

[5] 谭向东. 飞机租赁实务. 中信出版社，2012.

[6] 章连标. 民用飞机租赁. 中国民航出版社，2005.

[7] 孟平，西格明编. 通用航空飞机手册及选购指南. 航空工业出版社，2007.

[8] 胡艳曦. 汽车贸易理论与实务. 华南理工大学出版社，2006.

[9] 赵培全，刘志强主编. 汽车贸易. 人民交通出版社，2007.

[10] 宫焕久主编. 汽车商品国际贸易. 机械工业出版社，2011.

[11] 钟昌标主编. 国际贸易实务. 人民邮电出版社，2016.

[12] 汤国俊. 民用飞机融资租赁发展研究. 上海交通大学硕士学位论文，2010.

[13] 刘通午，白新宇，林琳. 保税监管区域融资租赁公司发展现状及运作模式调查. 华北金融，2011（10）.

[14] 张帆. 经营性租赁飞机与融资性租赁飞机的比较分析. 重庆文理学院学报（自然科学版），2008（6）.

[15] 章连标，张黎. 天津滨海新区航空租赁业融资的新思路. 财务与会计，2011（3）.

[16] 徐飞. 我国飞机租赁面临的主要问题及政策激励. 上海管理科学，2003（4）.

[17] 何行，许雅玺. 我国民营航空公司融资困境及对策. 中国经贸导刊，2012（2）.

[18] 曾晓新. 国内飞机租赁业振翅高飞有点难——国内租赁公司从事飞机租赁业务面临的问题及建议. 航空金融，2012（7）.

[19] 孙蔚，苏立，席小红. 我国加快发展航空租赁业务初探. 经济问题探索，2008（4）.

[20] 张帆. 经营性租赁飞机与融资性租赁飞机的比较分析. 重庆文理学院学报（自然科学版），2008（6）.

[21] 刘冬平，苟晓锋. 飞机租赁业务的国内保税区SPV模式探讨. 学术论坛，2013（2）.

[22] 季念，梁朝晖. 飞机租赁创新模式的探讨. 华北金融，2013（7）.

[23] 敖小琴，王爱丽，罗杰. 飞机租赁的方式和中国租赁的现状. 理论科学，2008

（4）.

[24] 姜达洋. 城市化进程中生产性服务业的集聚与扩散现象研究. 产经评论，2013（2）.

[25] 夏青. 基于哈肯模型的现代服务业演化机制研究. 中国矿业大学学报，2013（4）.

[26] 刘兵权，王耀中，文凤华. 开放经济下现代生产性服务业、高端制造业与产业安全. 社会科学家，2011（5）.

[27] [美] 毕坚·瓦赛（Bijan Vasigh），雷扎·塔莱加尼（Reza Taleghani），达瑞尔·詹金斯（Darryl Jenkins）著. 飞机金融：波动行业投资成本的管理战略. 姜波，卢英，翟会敏等译. 中国金融出版社，2014.

[28] 夏杰长，戴建军. 依靠科技进步推动北京现代服务业发展. 中国特色社会主义研究，2009（3）.

[29] 姚战琪. 通过技术进步发展中国现代服务业的意义、条件和方向. 学习与实践，2008（12）

[30] 姚战琪. 技术进步与服务业的融合和互动——基于中国投入产出表的分析. 财经研究，2008（7）.

[31] 何德旭，姚战琪. 加快发展现代服务业的几个问题. 财贸经济，2008（5）.

[32] 陈银娥，魏君英，廖宇航. 中国服务业增长中的技术进步作用研究. 华中科技大学学报（社会科学版），2008（5）.

[33] 姜延书，孟东梅，冯亦然. 租赁贸易在我国飞机进口中的应用研究. 商场现代化，2007（3）.

[34] 吴希明. 高速直升机发展现状、趋势与对策. 南京航空航天大学学报，2015（5）.

[36] 2011-2015版中国飞机金融租赁行业发展分析研究报告. 博视研究报告网. http://bossreport. 86mai. com/.

[37] 熊汉富. 现代家庭消费经济研究. 当代中国出版社，2002.

[38] 杨灿明，李景友. 公共部门经济学. 经济科学出版社，2003.

[39] 杨娴等. 家庭经济. 科学普及出版社，1991.

[40] 伊志宏. 消费经济学. 中国人民大学出版社，2000.

[41] 黄铁苗主编. 节约经济学. 中国金融出版社，1990.

[42] 周振东. 旅游经济学. 东北财经大学出版社，2002.

[43] 张严方. 消费者保护法研究. 法律出版社，2002.

[44] 周长城. 社会发展与生活质量. 社会科学文献出版社，2001.

[45] 黄铁苗主编. 消费经济学. 广东人民出版社，2005.

[46] 中华人民共和国消费者权益保护法. 中国法制出版社，1993.

飞行器贸易概论

[47] 马歇尔. 经济学原理（中译本，上）. 商务印书馆，1981.

[48] 魁奈. 魁奈经济著作选集（中译本）. 商务印书馆，1979.

[49] 多恩布什，费希尔·斯塔兹. 宏观经济学（第七版）. 中国人民大学出版社，1999.

[50] 保罗·萨缪尔森，威廉·诺德豪斯. 经济学（中译本）. 中国发展出版社，1992.

[51] 凯恩斯. 就业、利息与货币通论（中译本）. 商务印书馆，1977.

[52] 菲利普·科特勒. 营销管理（中文版）. 上海人民出版社，1999.

[53] 王章留，郝爱民，杨波 等 著. 航空经济理论与实践. 经济科学出版社，2013.

[54] 吴百福，徐小薇，聂清主编. 进出口贸易实务教程（第七版）. 格致出版社. 上海人民出版社，2015.

[55]Engel，J. F.，R. D. Blackwell，and P. W. Miniard. Consumer Behavior. FL：The Dryden Press，1995.

[56]Friedman，Milton A. A Theory of the Consumption Function. Princeton：Princeton University Press，1957.

[57] Modigliani，Franco. The Life Cycle Hypothesis of Saving, the Demand for Wealth, and the Supply of Capital. Social Research，33，160~217.

[58] Mowen，John C.，and Michael S. Minor. 消费者行为学. 清华大学出版社，2003.

[59] Schiffman，L. G.，and L. Kanuk. Consumer Behabior（英文影印版）. 清华大学出版社，1997.

教学参考资料领取说明

各位教师：

    中国商务出版社为方便采用本教材教学的教师需要，免费提供此教材的教学参考资料（PPT课件及/或参考答案等）。为确保参考资料仅为教学之用，请填写以下证明内容，并寄至北京东城区安外大街东后巷28号，中国商务出版社国际经济与贸易事业部，张高平老师收，邮编：100710 电话：010-64269744，13021177828，也可将此证明拍照或扫描后发邮件至：2996796657@qq.com。我们收到并核实无误后，会尽快发出教学参考资料。谢谢您的支持！

证　　明

    兹证明_____大学（学院）_____ 院/系年级_____名学生使用书名是《　　　　　　　　　　　》、作者是_____的教材，教授此课的教师共计_____位，现需电子课件_____套、参考答案_____套。

教师姓名：_____　联系电话：_____

手　　机：_____　E-mail：_____

通信地址：_____

邮政编码：_____

院/系主任_____（签字）

（院/系公章）

_____年_____月_____日